OEUVRES COMPLÈTES

DE

FRÉDÉRIC BASTIAT

LA MÊME ÉDITION

EST PUBLIÉE EN SIX BEAUX VOLUMES IN-8°

Prix des 6 volumes : 30 fr.

———

CORBEIL, typ. et stér. de Crété.

OEUVRES COMPLÈTES

DE

FRÉDÉRIC BASTIAT

MISES EN ORDRE

REVUES ET ANNOTÉES D'APRÈS LES MANUSCRITS DE L'AUTEUR

Deuxième Édition.

TOME DEUXIÈME

LE LIBRE-ÉCHANGE.

PARIS

GUILLAUMIN ET Cⁱᵉ, LIBRAIRES

Éditeurs du Journal des Économistes, de la Collection des principaux Économistes,
du Dictionnaire de l'Économie politique, du Dictionnaire universel
du Commerce et de la Navigation, etc.

RUE RICHELIEU, 14

1862

LE LIBRE-ÉCHANGE [1]

ASSOCIATION POUR LA LIBERTÉ DES ÉCHANGES.

1. — DÉCLARATION.

10 mai 1846.

Au moment de s'unir pour la défense d'une grande cause, les soussignés sentent le besoin d'exposer leur *croyance* ; de proclamer le *but*, la *limite*, les *moyens* et l'*esprit* de leur association.

L'ÉCHANGE est un droit naturel comme la PROPRIÉTÉ. Tout citoyen, qui a créé ou acquis un produit, doit avoir l'option ou de l'appliquer immédiatement à son usage, ou de le céder à quiconque, sur la surface du globe, consent à lui donner en échange l'objet de ses désirs. Le priver de cette faculté, quand il n'en fait aucun usage contraire à

[1] En composant ce volume presque exclusivement d'articles extraits d'une feuille hebdomadaire, lesquels, dans la pensée de l'auteur, n'étaient pas destinés à être ainsi réunis, nous essayons de les classer dans l'ordre suivant: 1º Exposition du but de l'association libre-échangiste, de ses principes et de son plan d'opérations ; — 2º articles relatifs à la question des subsistances ; — 3º polémique contre les journaux, et appréciation de divers faits ; — 4º discours publics ; — 5º variétés et nouvelle série de *sophismes économiques*.

(Note de l'éditeur.)

l'ordre public et aux bonnes mœurs, et uniquement pour satisfaire la convenance d'un autre citoyen, c'est légitimer une spoliation, c'est blesser la loi de la justice.

C'est encore violer les conditions de l'ordre; car quel ordre peut exister au sein d'une société où chaque industrie, aidée en cela par la loi et la force publique, cherche ses succès dans l'oppression de toutes les autres!

C'est méconnaître la pensée providentielle qui préside aux destinées humaines, manifestée par l'infinie variété des climats, des saisons, des forces naturelles et des aptitudes, biens que Dieu n'a si inégalement répartis entre les hommes que pour les unir, par l'échange, dans les liens d'une universelle fraternité.

C'est contrarier le développement de la prospérité publique; puisque celui qui n'est pas libre d'*échanger* ne l'est pas de choisir son travail, et se voit contraint de donner une fausse direction à ses efforts, à ses facultés, à ses capitaux, et aux agents que la nature avait mis à sa disposition.

Enfin c'est compromettre la paix entre les peuples, car c'est briser les relations qui les unissent et qui rendront les guerres impossibles, à force de les rendre onéreuses.

L'Association a donc pour but la LIBERTÉ DES ÉCHANGES.

Les soussignés ne contestent pas à la société le droit d'établir, sur les marchandises qui passent la frontière, des taxes destinées aux dépenses communes, pourvu qu'elles soient déterminées par la seule considération des besoins du Trésor.

Mais sitôt que la taxe, perdant son caractère fiscal, a pour but de repousser le produit étranger, au détriment du fisc lui-même, afin d'exhausser artificiellement le prix du produit national similaire et de rançonner ainsi la communauté au profit d'une classe, dès cet instant la Protection ou plutôt la Spoliation se manifeste; et c'est là le principe que l'Association aspire à ruiner dans les esprit et à effacer complétement de nos lois, indépendamment de toute réciprocité et des systèmes qui prévalent ailleurs.

De ce que l'Association poursuit la destruction complète du régime protecteur, il ne s'ensuit pas qu'elle demande qu'une telle réforme s'accomplisse en un jour et sorte d'un seul scrutin. Même pour revenir du mal au bien et d'un état de choses artificiel à une situation naturelle, des précautions peuvent être commandées par la prudence. Ces détails d'exécution appartiennent aux pouvoirs de l'État; la mission de l'Association est de propager, de populariser le principe.

Quant aux moyens qu'elle entend mettre en œuvre, jamais elle ne les cherchera ailleurs que dans des voies constitutionnelles et légales.

Enfin l'Association se place en dehors de tous les partis politiques (¹). Elle ne se met au service d'aucune industrie, d'aucune classe, d'aucune portion du territoire. Elle em-

---

(¹) L'année suivante, l'auteur commentait ainsi cette phrase :

« Est-il possible de penser de même sur la liberté commerciale et de différer en politique? »

Il nous suffirait de citer des noms d'hommes et de peuples pour prouver que cela est très-possible et très-fréquent.

Le problème politique, ce nous semble, est celui-ci :

« Quelles sont les formes du gouvernement qui garantissent le mieux et au moindre sacrifice possible à chaque citoyen sa sûreté, sa liberté et sa propriété? »

Certes, on peut ne pas être d'accord sur les formes gouvernementales qui constituent le mieux cette garantie, et être d'accord sur les choses mêmes qu'il s'agit de garantir.

Voilà pourquoi il y a des conservateurs et des hommes d'opposition parmi les libre-échangistes. Mais, par cela seul qu'ils sont libre-échangistes, ils s'accordent en ceci : que la liberté d'échanger est une des choses qu'il s'agit de garantir.

Ils ne pensent pas que les gouvernements, n'importe leurs formes, aient mission d'arracher ce droit aux uns pour satisfaire la cupidité des autres, mais de le maintenir à tous.

Ils sont encore d'accord sur cet autre point qu'en ce moment l'obstacle à la liberté commerciale n'est pas dans les formes du gouvernement, mais dans l'opinion.

Voilà pourquoi l'Association du libre-échange n'agite pas les questions purement politiques, quoique aucun de ses membres n'entende aliéner

brasse la cause de l'éternelle justice, de la paix, de l'u-
nion, de la libre communication, de la fraternité entre
tous les hommes ; la cause de l'intérêt général, qui se confond, partout et sous tous les aspects, avec celle du *Public
consommateur.*

2. — LIBRE-ÉCHANGE.

19 Décembre 1846.

On nous reproche ce titre. « Pourquoi ne pas déguiser
votre pensée ! nous dit-on. Les villes hésitent, les hommes
pratiques sentent qu'il y a *quelque chose à faire.* Vous les
effrayez. N'osant aller à vous et ne pouvant rester neutres,
les voilà qui vont grossir les rangs de vos adversaires. »

Quelques défections passagères ne nous feront pas déserter
le drapeau auquel nous avons mis notre confiance. Libre-
échange ! Ce mot fait notre force. Il est notre épée et notre
bouclier. Libre-échange ! C'est un de ces mots qui soulèvent
des montagnes. Il n'y a pas de sophisme, de préjugé, de
ruse, de tyrannie qui lui résiste. Il porte en lui-même et la
démonstration d'une Vérité, et la déclaration d'un Droit,
et la puissance d'un Principe. Croyez-vous que nous nous
sommes associés pour réclamer tel ou tel changement partiel dans la *pondération* des tarifs ! Non. Nous demandons
que tous nos concitoyens, libres de travailler, soient libres
d'échanger le fruit de leur travail ; et il y a trop de justice
dans cette demande pour que nous essayions de l'arracher
à la loi par lambeaux et à l'opinion par surprise.

Cependant, et pour éviter toute fausse interprétation,
nous répéterons ici qu'il est à la liberté d'échanger une li-

à cet égard l'indépendance de ses opinions, de ses votes et de ses
actes. »
Extrait du *Libre-échange*, du 14 novembre 1847.

(*Note de l'éditeur.*)

mite qu'il n'entre pas dans nos vues, en tant qu'association, de conseiller ou de repousser. Échange, propriété, c'est la même chose à nos yeux, malgré l'opinion contraire de M. Billault (¹).

Si donc l'État a besoin d'argent, qu'il le prélève sur la propriété ou sur l'échange, nous ne voyons pas là la violation d'un principe. Peut-être l'impôt sur l'échange a-t-il plus d'inconvénients que l'impôt sur la propriété. On le croit en Suisse, on pense le contraire aux États-Unis. Peut-être la France, avec son budget, n'est-elle pas libre de choisir. En tout cas, l'association ne s'est pas formée pour comparer entre elles les diverses natures de taxes; et ceux qui l'accusent de ne point combattre l'octroi prouvent qu'elle sait se renfermer dans sa mission.

Mais si un simple citoyen vient dire à un autre : « Tu as travaillé, tu as touché ton salaire; je te défends de l'échanger d'une façon qui t'arrange, mais qui me dérange, » nous disons que c'est là une insupportable tyrannie.

Et si, au lieu de prononcer l'interdiction de sa pleine autorité, il a assez de crédit pour la faire prononcer par la loi, nous disons que la tyrannie n'en est que plus insupportable et plus scandaleuse.

Et si, de plus, il a pour lui l'opinion égarée, cela peut bien nous forcer d'agir sur l'opinion pour arriver à la loi ; mais non nous faire reconnaître que l'acte en soit moins tyrannique dans sa nature et dans ses effets.

Nous répétons encore que nous n'avons jamais demandé une réforme brusque et instantanée ; nous désirons qu'elle s'opère *avec le moins de dommage possible,* en tenant compte de tous les intérêts. Sachons une fois où nous allons, et nous verrons ensuite s'il convient d'aller vite ou lentement.

(¹) M. Billault, récemment ministre de l'intérieur, a plusieurs fois émis comme avocat et comme représentant, des vues protectionnistes. (V. tome IV, pages 511 et suiv.)   (*Note de l'éditeur.*)

La Presse (¹) nous disait ces jours-ci que si elle croyait, comme nous, le régime protecteur injuste et funeste, elle réclamerait la liberté immédiate. Nous l'engageons à faire l'application de ce puritanisme à la question de l'esclavage.

Partisans de l'affranchissement du commerce, si le sentiment de la justice entre pour quelque chose dans vos convictions, levez courageusement le drapeau du Libre-Échange. Ne cherchez pas de détours; n'essayez pas de surprendre nos adversaires. Ne cherchez point un succès partiel et éphémère par d'inconséquentes transactions. — Ne vous privez pas de tout ce qu'il y a de force dans un principe, qui trouvera tôt ou tard le chemin des intelligences et des cœurs. On vous dira que le pays repousse les abstractions, les généralités, qu'il veut de l'actuel et du positif, qu'il reste sourd à toute idée qui ne s'exprime pas en chiffres. Ne vous rendez pas complice de cette calomnie. La France se passionne pour les principes et aime à les propager. C'est le privilége de sa langue, de sa littérature et de son génie.

La lassitude même dont elle donne au monde le triste spectacle en est la preuve; car si elle se montre fatiguée des luttes de parti, c'est qu'elle sent bien qu'il n'y a rien derrière que des noms propres. Plutôt que de renoncer aux idées générales, on la verrait s'engouer des systèmes les plus bizarres. N'espérez pas qu'elle se réveille pour une modification accidentelle du tarif. L'aliment qu'il faut à son activité, c'est un principe qui renferme en lui-même tout ce qui, depuis des siècles, a fait battre son cœur. La liberté du commerce, les libres relations des peuples, la libre circulation des choses, des hommes et des idées, la libre disposition pour chacun du fruit de son travail, l'égalité de tous devant la loi, l'extinction des animosités nationales, la paix des nations assurée par leur mutuelle solida-

---

(¹) A cette époque, le journal *la Presse* n'était pas encore converti au principe de la liberté.   (*Note de l'éditeur.*)

rité, toutes les réformes financières rendues possibles et faciles par la paix, les affaires humaines arrachées aux dangereuses mains de la diplomatie, la fusion des idées et par conséquent l'ascendant progressif de l'idée démocratique, voilà ce qui passionnera notre patrie, voilà ce qui est compris dans ce mot : Libre-Échange ; et il ne faut point être surpris si son apparition excite tant de clameurs. Ce fut le sort du *libre examen* et de toutes les autres libertés dont il tire sa populaire origine.

Ce n'est pas que nous soyons assez fanatiques pour voir dans cette question la solution de tous les problèmes sociaux et politiques. Mais on ne peut nier que la libre communication des peuples ne favorise le mouvement de l'humanité vers le bien-être, l'égalité et la concorde ; et s'il est vrai que chaque peuple ait sa mission et chaque génération sa tâche, la preuve que l'affranchissement de l'échange est bien l'œuvre dévolue à nos jours, c'est que c'est la seule où les hommes de tous les partis trouvent un terrain neutre et peuvent travailler de concert. Gardons-nous donc de compromettre ce principe par des transactions inintelligentes, par le puéril attrait d'un succès partiel et prématuré. Vit-on jamais le système des expédients réaliser dans le monde quelque chose de grand (¹) ?

3. — BORNES QUE S'IMPOSE L'ASSOCIATION POUR LA LIBERTÉ DES ÉCHANGES.

3 Janvier 1847.

Nous appelons l'impartiale et sérieuse attention du lecteur sur les limites que nous déclarons très-hautement imposer à notre action.

(¹) V. ci-après, n° 44, la fin du discours prononcé à la salle Taranne. le 3 juillet 1847. (*Note de l'éditeur.*)

Certes, si nous courions après un succès de vogue, nous nous bornerions à crier : liberté ! liberté ! sans nous embarrasser dans des distinctions subtiles et risquer de consumer de longues veilles à nous faire comprendre. Mais ces subtilités, nous les avons regardées en face; nous nous sommes assurés qu'elles sont dans la nature des choses et non dans notre esprit. Dès lors, aucune considération ne nous induira à rejeter la difficile tâche qu'elles nous imposent.

Croit-on que nous ne sentions pas tout ce que, *en commençant*, nous aurions de force si nous nous présentions devant le public avec un programme d'un seul mot : Liberté ? Si nous demandions l'abolition pure et simple de la douane, ou si du moins, ainsi que cela a eu lieu en Angleterre, nous posions comme *ultimatum* la radiation totale et immédiate d'un article bien impopulaire du tarif ?

Nous ne le faisons pas néanmoins. Et pourquoi ? Parce que nous mettons nos devoirs avant nos succès. Parce que nous sacrifions, volontairement, et les yeux bien ouverts, un moyen certain de popularité à ce que la raison signale comme juste et légitime, acceptant d'avance toutes les lenteurs, tous les travaux auxquels cette résolution nous expose.

La première limite que nous reconnaissons à la liberté des transactions, c'est l'honnêteté. Est-il nécessaire de le dire ? et ces hommes ne se découvrent-ils pas, ne laissent-ils pas voir qu'ils nous cherchent des torts imaginaires, ne pouvant nous en trouver de réels, qui nous accusent d'entendre par liberté le droit de tout faire, le mal comme le bien, — de tromper, frelater, frauder et violenter ?

Le mot liberté implique de lui-même absence de fraude et de violence ; car la fraude et la violence sont des atteintes à la liberté.

En matière d'échanges, nous ne croyons pas que le gouvernement puisse se substituer complétement à l'action individuelle, dispenser chacun de vigilance, de surveillance, avoir des yeux et des oreilles pour tous. Mais nous reconnaissons que sa mission principale est précisément de prévenir et réprimer la fraude et la violence ; et nous croyons même qu'il la remplirait d'autant mieux, qu'on ne mettrait pas à sa charge d'autres soins qui, au fait, ne le regardent pas. Comment voulez-vous qu'il perfectionne l'art de rechercher et punir les transactions déshonnêtes, quand vous le chargez de la tâche difficile et, nous le croyons, impossible, de *pondérer* les transactions innocentes, d'équilibrer la production et la consommation (¹)?

Une autre limite à la liberté des échanges, c'est l'IMPOT. Voilà une distinction, ou si l'on veut une subtilité à laquelle nous ne chercherons pas à échapper.

Il est évident pour tous que la douane peut être appliquée à deux objets fort différents, si différents que presque toujours ils se contrarient l'un l'autre. Napoléon a dit : La douane ne doit pas être un instrument fiscal, mais un moyen de protection. — Renversez la phrase, et vous avez tout notre programme.

Ce qui caractérise le droit *protecteur*, c'est qu'il a pour mission d'*empêcher* l'échange entre le produit national et le produit étranger.

Ce qui caractérise le droit fiscal, c'est qu'il n'a d'existence que par cet échange.

Moins le produit étranger entre, plus le droit protecteur atteint son but.

Plus le produit étranger entre, plus le droit fiscal atteint le sien.

Le droit protecteur pèse sur tous et profite à quelques-uns.

(¹) V. au tome IV, pages 327 et 342, les pamphlets *l'État, la Loi*; et dans les *Harmonies*, le chap. XVII.

(*Note de l'éditeur.*)

Le droit fiscal pèse sur tous et profite à tous.

La distinction n'est donc point arbitraire. Ce n'est pas nous qui l'avons imaginée. En l'acceptant nous ne faisons pas une concession, un pas rétrograde. Dès le premier jour, nous avons dit dans notre manifeste : « Les soussignés ne contestent pas à la société le droit d'établir, sur les marchandises qui passent la frontière, des taxes destinées aux dépenses communes, pourvu qu'elles soient déterminées par la seule considération des besoins du trésor. »

Pour rendre notre pensée plus claire, nous comparerons la douane à l'octroi.

Le tarif de l'octroi peut être plus ou moins bien conçu. Mais enfin chacun comprend qu'il a pour but *exclusif* l'impôt. Si un propriétaire parisien, qui aurait des arbres dans l'enclos de son hôtel, venait dire au conseil municipal : « Quadruplez, décuplez, centuplez le droit d'entrée sur les bûches, prohibez-les même, afin que je tire un meilleur parti de mon bois ; et si, les bûches n'arrivant plus du dehors, vous perdez une partie de vos recettes, frappez un impôt sur le peuple pour combler le vide. » N'est-il pas clair que cet homme voudrait enter sur l'octroi un nouveau principe, une nouvelle pensée ; — qu'il chercherait à le faire dévier de son but ; et ne serait-il pas naturel qu'une société se formât dans Paris pour combattre cette prétention, sans pour cela s'élever contre le tarif fiscal de l'octroi, sans le juger, sans même s'en occuper.

Cet exemple montre quelle est l'attitude que la Société du libre-échange entend garder à l'égard des impôts.

Cette attitude est celle de la *neutralité*.

Ainsi que nous l'avons dit dans notre manifeste, nous aspirons à ruiner la protection dans les esprits, afin qu'elle disparaisse de nos lois.

Vouloir en outre détruire la douane fiscale, ce serait nous donner une seconde mission toute différente de la première, Ce serait nous charger de juger les impôts, dire ceux qu'il faut supprimer, par quoi il faut les remplacer.

Certes aucun de nous ne renonce au droit sacré de scruter et combattre au besoin telle ou telle taxe. Nous trouvons même naturel que des associations se forment dans ce but. Mais ce n'est pas le nôtre. En tant qu'association, nous n'avons qu'un adversaire, c'est le principe restrictif qui s'est enté sur la douane et s'en est fait un instrument.

On nous demande : Pourquoi, dans ce cas, demander le libre-échange et non l'abolition du régime des douanes ?

Parce que nous ne regardons pas l'impôt en *lui-même* comme une atteinte à la liberté.

Nous demandons la liberté de l'échange comme on demandait la liberté de la presse, sans exclure qu'une patente dût être payée par l'imprimeur.

Nous demandons la liberté de l'échange comme on demande le respect de la propriété, sans refuser d'admettre l'impôt foncier.

On nous dit : Quand la douane, à vos yeux, cesse-t-elle d'être fiscale pour commencer à être protectrice ?

Quand le droit est tel que, s'il était diminué, il donnerait autant de revenu.

On insiste et l'on dit : Comment reconnaître dans la pratique ce point insaisissable ?

Eh ! mon Dieu, c'est bien simple, avec de la bonne volonté. Que l'opinion soit amenée à comprendre, c'est-à-dire à repousser la protection, et le problème sera bientôt résolu. Il n'y a pas de ministres de finances qui n'y donne la main. La difficulté, la seule difficulté est de faire qu'il soit soutenu par l'opinion publique.

4. — SUR LES GÉNÉRALITÉS.

13 Décembre 1846.

Le grand reproche qui nous arrive de divers quartiers, amis et ennemis, c'est de rester dans les *généralités*. « Abordez donc la *pratique,* nous dit-on, entrez dans les détails, descendez des nuages et laissez-y en paix les principes. Qui les conteste ? qui nie que l'échange ne soit une bonne, une excellente chose, *in abstracto ?* »

Il faut pourtant bien que nous ne nous soyons pas tout à fait fourvoyés et que nos coups n'aient pas toujours porté à faux. Car, s'il en était ainsi, comment expliquerait-on la fureur des protectionnistes ? Qu'on lise le placard qu'ils ont fait afficher dans les fabriques, pour l'édification des ouvriers, et la lettre qu'ils ont adressée aux ministres (¹). Croit-on que ce soit la *pure abstraction* qui les jette ainsi hors de toute mesure ?

Nous sommes dans les *généralités!* — Mais cela est forcé, car nous défendons l'intérêt *général.* — N'avons-nous pas d'ailleurs à combattre une généralité ? Le système protecteur est-il autre chose ? Sur quoi s'appuie-t-il ? sur des raisonnements subtils : *l'épuisement du numéraire, l'intérêt du producteur, le travail national, l'inondation, l'invasion, l'inégalité des conditions de production,* etc., etc. — Charitables

_____

(¹) La lettre adressée au conseil des ministres, et signée de MM. A. Odier, A. Mimerel, J. Périer et L. Lebeuf, finissait par cette menace : « Ne faites jamais que vos ennemis soient armés par ceux qui veulent « toujours contribuer avec vous à la prospérité du pays. »

Quant au placard, en voici quelques phrases :

« Ils (les libre-échangistes) semblent ne pas s'apercevoir que, par là, « ils travaillent à ruiner leur pays et qu'ils appellent l'Anglais à régner « en France.....

« Celui qui veut une semblable chose n'aime pas son pays, n'aime « pas l'ouvrier. »   *(Note de l'éditeur.)*

donneurs d'avis, faites-nous la grâce de nous dire ce qu'on peut opposer à de faux arguments, si ce n'est de bons arguments ?

« Opposez-leur des faits, nous dit-on, citez des faits, de petits faits bien simples, bien isolés, bien actuels, entremêlés de quelques chiffres bien frappants. »

C'est à merveille ; mais le fait et le chiffre n'apprennent rien par eux-mêmes. Ils ont leurs causes et leurs conséquences, et comment les démêler *sans raisonner* ?

Le pain est cher, voilà un fait. Qui le vend s'en réjouit ; qui le mange s'en afflige. Mais comment ce fait affecte-t-il en définitive l'intérêt général ? Tâchez de me l'apprendre *sans raisonner*.

Le peuple souffre ; voilà un autre fait. Souffrirait-il moins si un plus vaste marché s'ouvrait à ses ventes et à ses achats ? Essayez de résoudre le problème *sans raisonner*.

La restriction élève le prix du fer ; voilà un troisième fait. Et remarquez qu'il n'y a pas contestation sur le fait lui-même. M. Decaze ne le nie pas, ni sa clientèle non plus. Seulement l'un dit : *tant mieux* ; et l'autre : *tant pis*. Des deux côtés on raisonne pour prouver qu'on a raison. Entreprenez donc de juger *sans raisonner*.

Nous dirons à nos amis : Vos intentions sont excellentes sans doute ; mais en nous interdisant les *généralités*, vous ne savez pas toute la force que vous portez à nos communs adversaires ; vous abondez dans leur sens, allez au-devant de leurs désirs. Ils ne demandent pas mieux que de voir bannir de la discussion les idées *générales* de vérité, liberté, égalité, justice ; car ils savent bien que c'est avec ces idées que nous les battrons.

Ils ne peuvent souffrir qu'on sorte du fait actuel et tout au plus de son effet immédiat. Pourquoi ? Parce que toute injustice a pour effet immédiat un bien et un mal. Un bien, puisqu'elle profite à quelqu'un ; un mal, puisqu'elle nuit à quelque autre. Dans ce cercle étroit, le problème serait insoluble et le *statu quo* éternel. C'est ce qu'ils veulent. Laissez-nous donc suivre les conséquences de la protection jusqu'à l'effet définitif, qui est un mal général.

Et puis, ne faites-vous pas trop bon marché de l'intelligence du pays? A vous entendre, on croirait nos concitoyens incapables de lier deux idées. Nous avons d'eux une autre opinion, et c'est pourquoi nous continuerons à nous adresser à leur raison.

Les prohibitionnistes aussi en veulent beaucoup aux *généralités*. Que trouve-t-on dans leurs journaux, au rang desquels *le Constitutionnel* vient de s'enrôler? d'interminables déclamations contre le raisonnement. Il faut que ces messieurs en aient bien peur.

Vous voulez des faits, messieurs les prohibitionnistes, rien que des faits ; eh bien ! en voici :

Le *fait* est que nous sommes trente-cinq millions de Français à qui *vous défendez* d'acheter du drap en Belgique, parce que vous êtes fabricants de drap.

Le *fait* est que nous sommes trente-cinq millions de Français à qui *vous défendez* de faire les choses contre lesquelles nous pourrions acheter du drap en Belgique. —Il est vrai que ceci sent un peu la généralité, car il faut raisonner pour comprendre que cette seconde prohibition est impliquée dans la première. — Revenons donc aux faits.

Le *fait* est que vous avez introduit dans la loi dix-huit prohibitions de ce genre.

Le *fait* est que ces prohibitions sont bien votre œuvre, car vous les défendez avec acharnement.

Le *fait* est que vous avez fait charger le fer et la houille, d'un droit énorme, afin d'en élever le prix, parce que vous êtes marchands de fer et de houille.

·Le *fait* est que, par suite de cette manœuvre, les actions, de vos mines ont acquis une valeur fabuleuse, à tel point qu'il est tel d'entre vous qui ne le céderait pas pour dix fois le capital primitif.

Le *fait* est que le salaire de vos ouvriers n'a pas haussé d'une obole ; d'où il est permis d'inférer, si vous voulez bien nous permettre cette licence, que, sous prétexte de défendre le salaire des ouvriers, vous défendez vos profits.

Or, ces faits, d'ailleurs incontestables, sont-ils conformes à la justice ? Vous aurez bien de la peine à le prouver sans raisonner... et même en déraisonnant.

5. — D'UN PLAN DE CAMPAGNE PROPOSÉ A L'ASSOCIATION DU LIBRE-ÉCHANGE.

14 Novembre 1847.

Quelques-uns de nos amis, dans un but louable, nous avertissent que, selon eux, nous manquons de tactique et de savoir-faire.

« Nous pensons comme vous, disent-ils, que *les produits s'échangent contre des produits ; qu'on ne doit d'impôt qu'à l'État, etc., etc.* » Mais, en poursuivant ces idées générales, pourquoi provoquer à la fois toutes les résistances et la coalition de tous les abus ? Que ne profitez-vous du grand exemple de la Ligue anglaise ? Elle s'est bien gardée de sonner l'alarme et d'ameuter contre elle tous les intérêts, en menaçant le principe même de la protection ; elle a sagement fait un choix et appelé au combat un seul champion, clef de voûte du système, et, cette pièce une fois tombée, l'édifice a été ébranlé.

Voilà bien, ce nous semble, ce que répétait dernièrement encore, dans une occasion solennelle, l'honorable président de la chambre de commerce du Havre. Peut-être aussi est-ce la pensée de quelques hommes d'État, gémissant en secret dans leur servitude, dont ils ne seraient pas

fâchés d'être affranchis par une concentration des forces de
notre association contre un des monopoles les plus décriés.

Il vaut donc la peine de répondre.

Que nous conseille-t-on?

Selon la chambre de commerce du Havre, nous eussions
dû attaquer *corps à corps la seule industrie des producteurs
de fer.* -

Eh bien, plaçons-nous dans cette hypothèse. Nous voilà
associés dans un but spécial; nous voilà essayant de démontrer aux consommateurs de fer qu'il serait de leur
avantage d'avoir du fer à bon marché.

Nul ne contesterait cela, et les consommateurs de fer
moins que personne. Ils font souvent des pétitions dans ce
but; mais les chambres, dominées par les intérêts coalisés,
passent à l'ordre du jour motivé sur la nécessité de *protéger
le travail national;* à quoi le gouvernement ne manque jamais d'ajouter que *le travail national doit être protégé.*

Nous voilà, dès le début, amenés à discuter cette théorie
du *travail national;* à prouver qu'il ne peut jamais être
compromis par l'échange, parce que celui-ci implique autant d'exportations que d'importations. Nous voilà alar-
mant, par notre argumentation contre le monopole des fers,
tous les monopoles qui vivent du même sophisme. Nos honorables conseillers voudraient-ils bien nous enseigner les
moyens d'éviter cet écueil?

Est-ce qu'on peut tromper ainsi la sagacité de l'égoïsme?
Est-ce que les privilégiés n'étaient pas coalisés longtemps
avant notre association? Est-ce qu'ils n'étaient pas bien
convenus entre eux de se soutenir mutuellement, de ne pas
permettre qu'on touchât une pierre de l'édifice, de ne se
laisser entamer par aucun côté? Est-ce que d'ailleurs le
système tout entier, aussi bien que chacune de ses parties,
n'a pas sa base dans une opinion publique égarée? N'est-ce
pas là qu'il faut l'attaquer, et peut-on l'attaquer là autre-

ment que par des raisonnements qui s'appliquent à chaque partie comme à l'ensemble?

· Mais, dit-on, la Ligue anglaise a bien fait ce que nous conseillons.

La réponse est simple : c'est qu'il n'en est rien.

Il est bien vrai que l'*anti-corn-law-league*, comme son titre l'indique, a d'abord concentré ses efforts contre la loi céréale. Mais pourquoi?

Parce que le monopole des blés était, dans le régime restrictif de la Grande-Bretagne, la part des mille législateurs anglais.

Dès lors, les Ligueurs disaient avec raison : Si nous parvenons à soustraire à nos mille législateurs leur part de monopole, ils feront bon marché du monopole d'autrui. Voilà pourquoi, quand la loi-céréale a été vaincue, M. Cobden a quitté le champ de bataille; et quand on lui disait : Il reste encore bien des monopoles à abattre, il répondait : *The landlords will do that*, les landlords feront cela.

Y a-t-il rien de semblable en France? Les maîtres de forges sont-ils seuls législateurs et le sont-ils par droit de naissance? Ont-ils, en cette qualité, accordé quelques bribes de priviléges aux autres industries pour justifier les priviléges énormes qu'ils se seraient votés eux-mêmes?

Si cela est, la tactique est tout indiquée. Forçons ceux qui font la loi de ne pas la faire à leur profit, et rapportons-nous-en à eux pour ne pas la faire à leur préjudice.

Mais puisque notre position n'est pas celle de la Ligue, qu'on nous permette, tout en admirant ses procédés, de ne pas les prendre pour modèle.

Qu'on ne perde pas de vue d'ailleurs qu'il est arrivé aux manufacturiers anglais précisément ce qui nous arriverait, disons-nous, à nous-mêmes, si nous appelions à notre aide toutes les classes de monopoleurs, hors une, pour attaquer celle-là.

2.

L'aristocratie anglaise n'a pas manqué de dire aux manufacturiers : Vous attaquez nos monopoles, mais vous avez aussi des monopoles ; et les arguments que vous dirigez contre nos priviléges se tournent contre les vôtres.

Qu'ont fait alors les manufacturiers ? Sur la motion de M. Cobden, la chambre de commerce de Manchester a déclaré qu'avant d'attaquer la protection à l'agriculture, elle renonçait solennellement à toute protection en faveur des manufactures.

En mai 1843, le grand conseil de la Ligue formula ainsi son programme : « Abolition totale, immédiate et sans attendre de réciprocité, de tous droits protecteurs quelconques en faveur de l'agriculture, des manufactures, du commerce et de la navigation (¹). »

Maintenant, nous le demandons, pour suivre la même stratégie, sommes-nous dans la même situation ? Les industriels privilégiés, qu'on nous conseille d'enrôler dans une campagne contre les maîtres de forges, sont-ils préparés, dès la première objection, à faire le sacrifice de leurs propres priviléges ? Les fabricants de drap, les éleveurs de bestiaux, les armateurs eux-mêmes sont-ils prêts à dire : Nous voulons soumettre les maîtres de forges à la liberté ; mais il est bien entendu que nous nous y soumettons nous-mêmes. — Si ce langage leur convient, qu'ils viennent, nos rangs leur sont ouverts (²). Hors de là comment pourraient-ils être nos auxiliaires ? — En ayant l'air de les ménager, vous les amènerez à se fourvoyer, dit-on. Mais, encore une fois, la ruse ne trompe pas des intérêts aussi bien éveillés sur la question, des intérêts qui étaient éveillés, associés et coalisés avant notre existence.

<hr>

(¹) V. tome III, pages 30 et suiv.   (*Note de l'éditeur.*)
(²) C'est l'exemple qu'ont donné M. Nicolas Kœchlin, M. Bosson de Boulogne, — M. Dufrayer, M. Duchevelard, agriculteurs, ainsi que les armateurs de Bordeaux et de Marseille.

Nous ne pouvons donc accepter de tels conseils. Notre arme n'est pas l'*habileté*, mais la raison et la bonne foi. Nous attaquons le principe protecteur, parce que c'est lui qui soutient tout l'édifice; et nous l'attaquons dans l'opinion publique, parce que c'est là qu'il a sa racine et sa force. — La lutte sera longue, dit-on; cela ne prouve autre chose, sinon que ce principe est fortement enraciné. En ce cas, la lutte serait bien plus longue encore, et même interminable, si nous évitions de le toucher.

Hommes pratiques qui nous offrez ce beau plan de campagne, qui nous conseillez d'appeler à notre aide les monopoleurs eux-mêmes, dites-nous donc comment libre-échangistes et protectionnistes pourraient s'entendre et marcher ensemble seulement pendant vingt-quatre heures? Ne voyez-vous pas qu'à la première parole, au premier argument, l'association serait rompue? Ne voyez-vous pas que les concessions de principe, par lesquelles nous aurions dû nécessairement passer pour maintenir un moment cette monstrueuse alliance, nous feraient bientôt tomber, aux yeux de tous, au rang des hommes sans consistance et sans dignité? Qui resterait alors pour défendre la liberté? D'autres hommes, direz-vous. — Oui, d'autres hommes, qui auraient appris par notre exemple le danger des alliances impossibles, et qui feraient précisément ce que vous nous reprochez de faire.

On voudrait encore que nous indiquassions, dans les moindres détails, la manière dont il faut opérer la réforme, le temps qu'il y faut consacrer, les articles par lesquels il faut commencer.

Véritablement ce n'est pas notre mission.

Nous ne sommes pas législateurs.

Nous ne sommes pas le gouvernement.

Notre déclaration de principes n'est pas un projet de loi, et notre programme se borne à montrer, en vue d'éclairer l'opinion publique, le but auquel nous aspirons, parce que sans le concours de l'opinion publique il n'y a pas de réforme possible, ni même désirable[1]. Or ce but est bien défini :

Ramener la douane au but légitime de son institution; ne pas tolérer qu'elle soit, aux mains d'une classe de travailleurs, un instrument d'oppression et de spoliation à l'égard de toutes les autres classes.

Quant aux choix et à la détermination des réformes, nous attendrons que le gouvernement, à qui appartient l'action, prenne l'initiative; et alors nous discuterons ses projets, et, autant qu'il est en nous, nous nous efforcerons d'éclairer sa marche, toujours en vue du principe dont nous sommes les défenseurs.

Et quand nous disons à nos amis qu'il ne nous appartient pas d'isoler un monopole pour le combattre corps à corps, il est bon d'observer que la chambre du Havre, qui n'est pourtant pas une association enchaînée à un principe, mais qui, dans son caractère officiel, est un des rouages du gouvernement du pays, a été entraînée, à son insu peut-être, à agir comme nous; car elle réclame à la fois, et tout d'abord, la réforme des tarifs sur les céréales, sur le fer, la fonte, la houille, le sucre, le café, le bois d'ébénisterie, et jusque sur les bois de construction équarris à la hache, etc., etc. — Sans doute, elle n'entend pas nous conseiller une autre conduite que la sienne; et pourtant, loin de concentrer ses efforts sur un seul point, elle se montre disposée à n'en exclure guère qu'un seul, celui qui a été déjà réduit à si peu de chose par nos traités de réciprocité.

Nous avons appris sans étonnement l'accueil que la chambre de commerce du Havre a fait aux avances du comité

---

[1] V. les chapitres *Responsabilité, Solidarité,* dans les *Harmonies.*
(*Note de l'éditeur.*)

Odier-Mimerel (¹). En fait de liberté commerciale, elle avait fait ses preuves longtemps avant la naissance de notre Association. Nous ne renions certes pas nos parrains ; si nous allons plus loin qu'eux, dans le sens des mêmes principes, sur *la question des sucres* ou sur celle *des lois de navigation*, nous n'en resterons pas moins unis de vues générales ainsi que de cœur avec nos honorables devanciers.

(¹) Naturellement, la chambre de commerce avait repoussé de telles avances.   (*Note de l'éditeur.*)

6. — RÉFLEXIONS SUR L'ANNÉE 1846.

———— ————

30 Janvier 1847.

L'année 1846 sera pour l'économiste et l'homme d'État un précieux sujet d'étude. En France et en Angleterre dans les deux pays les plus éclairés, toutes les lois restrictives, qui devaient amener l'abondance, tombent devant la disette. Chose étonnante ! on a recours, pour nourrir le peuple, à cette même liberté qui, disait-on, est un principe de souffrance et de ruine. Il y a là une contradiction flagrante, et s'il est dans la nature de la restriction d'assurer des *prix de revient* aux industries agricole et manufacturière, et, par suite, des salaires aux ouvriers, c'était le cas plus que jamais de renforcer le système restrictif, alors que les prix de revient échappaient aux agriculteurs, et, par suite, les salaires aux ouvriers ; mais si on eût été assez fou, on n'eût pas été assez fort.

En France comme en Angleterre, les mesures qu'on a décrétées pour ramener l'abondance sont *provisoires*, comme si l'on voulait que la subsistance du peuple ne fût assurée que *provisoirement*. Car, enfin, les régimes opposés de la restriction, et de la liberté ont chacun leurs tendances. Lequel des deux tend à accroître les moyens de subsistance et de satisfaction ? Si c'est le régime restrictif, il le faut conserver en tout temps, et surtout quand les causes d'un autre ordre menacent nos approvisionnements. Si c'est le régime libre, acceptons donc la liberté, non pas d'une manière transitoire, mais permanente.

Un trait fort caractéristique de notre époque, c'est que sous l'empire de la nécessité, on a eu recours, des deux côtés de la Manche, à des mesures libérales, tout en déclamant contre la liberté. On s'est beaucoup élevé au Parlement et dans nos Chambres contre l'avidité des spéculateurs. On leur reproche les bénéfices qu'ils font, soit sur le blé, soit sur les transports ; et l'on ne prend pas garde que c'est précisément ce bénéfice qui est le stimulant de l'importation, et qui fait surgir, quand le besoin s'en manifeste, des moyens de transport.

Ces moyens ont manqué entre Marseille et Lyon ; et l'on reproche, d'une part, aux voituriers d'avoir haussé le prix de leurs services, et, de l'autre, au gouvernement de n'être pas intervenu pour forcer les entrepreneurs de charrois à travailler sur le principe de la philanthropie [1].

Supposons qu'il y ait 100 tonneaux à transporter d'un point à un autre, et qu'il n'y ait de ressources que pour porter 10 tonneaux. Si l'intervention du gouvernement, ou même le sentiment philanthropique empêche le prix de transport de s'élever, qu'arrivera-t-il ? 10 tonneaux seront transportés à Lyon, et les consommateurs de ces 10 tonneaux, s'ils n'ont point un excédant de prix à payer pour le transport, auront cependant à surpayer le blé, précisément parce que 10 tonneaux seulement seront arrivés. En définitive, Lyon aura 90 tonneaux de déficit et Marseille 90 tonneaux d'excédant. Il y aura perte pour tout le monde,

[1] Voir le chap. vi de *Ce qu'on voit et ce qu'on ne voit pas*, tome V, page 356. (*Note de l'éditeur.*)

perte pour le spéculateur marseillais, perte pour le consommateur lyonnais, perte pour l'entrepreneur de transport. Si, au contraire, la liberté est maintenue, le transport
sera cher, nous en convenons, puisque, dans l'hypothèse,
il n'y a de ressources que pour le transport de 10 tonneaux
quand il y a 100 tonneaux à transporter. Mais c'est cette
cherté même qui fera affluer de tous les points les voitures
vers Marseille, en sorte que la concurrence rétablira le
prix du fret à un taux équitable, et les 100 tonneaux arriveront à leur destination.

Nous comprenons que, lorsqu'un obstacle se présente, la
première pensée qui vienne à l'esprit, c'est de recourir au
gouvernement. Le gouvernement dispose de grandes forces ;
et, dès lors, il peut presque toûjours vaincre l'obstacle qui
gêne. Mais est-il raisonnable de s'en tenir à cette première
conséquence et de fermer les yeux sur toutes celles qui
s'ensuivent ? Or, si le premier effet de l'action gouvernementale est de vaincre l'obstacle présent, le second effet est
d'éloigner et de paralyser toutes les forces individuelles,
toute l'activité commerciale. Dès lors pour avoir agi une
fois, le gouvernement se voit dans la nécessité d'agir toujours. Il arrive ce que nous voyons en Irlande, où l'État a
insensiblement accepté la charge impossible de nourrir,
vêtir et occuper la population tout entière.

Un autre trait fort remarquable, c'est l'accès inattendu
de philanthropie qui a saisi tout à coup les monopoleurs.
Eux, qui pendant tant d'années ont opéré systématiquement
la cherté du blé à leur profit, ils se révoltent maintenant
avec une sainte ardeur contre tout ce qui tend à renchérir
le blé, notamment contre les profits du commerce et de la
marine. A la Chambre des lords, le fameux protectionniste
lord Bentinck a fait une violente sortie contre les *spéculateurs;* et rappelant que Nadir Shah avait fait pendre un
Arménien pour avoir accumulé du blé et créé ainsi une

hausse artificielle : « Je suivrais volontiers cette politique, a-t-il ajouté, seulement en modifiant la forme du châtiment. » Hélas ! si depuis 1815 on avait pendu tous ceux qui ont causé artificiellement une hausse du prix des produits, toute l'Angleterre y aurait passé, à commencer par l'aristocratie, et lord Bentinck en tête. En France, il faudrait pendre les trois quarts de la nation, et notamment tous les pairs et tous les députés, puisqu'ils viennent de voter qu'au mois d'août prochain la *cherté artificielle* recommencerait par la résurrection de l'échelle mobile.

7. — DE L'INFLUENCE DU RÉGIME PROTECTEUR SUR LA SITUATION DE L'AGRICULTURE EN FRANCE.

(*Journal des Économistes*, Décembre 1846.)

Il n'est certainement aucun peuple qui se brûle à lui-même autant d'encens que le peuple français, quand il se considère en masse, et, pour ainsi dire, en nation abstraite. « Notre terre est la terre des braves ; notre pays, le pays de l'honneur et de la loyauté par excellence ; nous sommes généreux et magnifiques ; nous marchons à la tête de la civilisation, et ce qu'ont de mieux à faire tous les habitants de cette planète, c'est de recevoir nos idées, d'imiter nos mœurs et de copier notre organisation sociale. »

Que si nous venons, hélas ! à nous considérer classe par classe, fraction par fraction, non-seulement ces puissantes vibrations du dithyrambe n'arrivent plus à notre oreille, mais elles font place à une clameur d'accusations, à un feu croisé de reproches, qui, s'ils étaient vrais, nous réduiraient à accepter humblement la terrible condamnation de Rousseau. « Peuple français, tu n'es peut-être pas le plus esclave, mais tu es bien le plus valet de tous les peuples. »

Écoutez, en effet, ce que disent les Députés des Ministres, les Électeurs des Députés, les Prolétaires des Électeurs! Selon le Commerce, le temple de Thémis est une
forêt noire; suivant la Magistrature, le Commerce n'est plus
que l'art de la fraude. Si l'esprit d'association ne se développe que lentement, le faiseur d'entreprises s'en prend
à la défiance qu'éprouve l'actionnaire, et l'actionnaire à la
défiance qu'inspire le faiseur d'entreprises. Le paysan est
un routinier; le soldat, un instrument passif prêt à faire
feu sur ses frères; l'artisan, un être anormal qui n'est plus
retenu par le frein des croyances sans l'être encore par celui
de l'honneur. Enfin, si la moitié ou le quart seulement de
ces récriminations étaient fondées, il faudrait en conclure que
le misanthrope de Genève nous a traités avec ménagement.

Ce qu'il y a de singulier, c'est que nous en usons d'une
façon tout opposée envers nos voisins d'outre-Manche. En
masse, nous les accablons de nos mépris. «Méfiez-vous
de l'Angleterre, elle ne cherche que des dupes, elle n'a ni
foi ni loi; son Dieu est l'intérêt, son but l'oppression universelle, ses moyens l'astuce, l'hypocrisie et l'abus de la
force. » — Mais, en détail, nous lui élevons un piédestal
afin de la mieux admirer. « Quelle profondeur de vues dans
ses hommes d'État ! quel patriotisme dans ses représentants ! quelle habileté dans ses manufacturiers ! quelle audace dans ses négociants ! Comment l'association mettrait-
elle en œuvre dans ce pays trente milliards de capitaux, si
elle ne marchait pas dans la voie de la loyauté ? Voyez ses
fermiers, ses ouvriers, ses mécaniciens, ses marins, ses
cochers, ses palefreniers, ses grooms, etc., etc. »

Mais cette admiration outrée se manifeste surtout par le
plus sincère de tous les hommages : *l'imitation.*

Les Anglais font-ils des conquêtes? Nous voulons faire
des conquêtes, sans examiner si nous avons, comme eux,
des milliers de cadets de famille à pourvoir. Ont-ils des

colonies? nous voulons avoir des colonies, sans nous demander si, pour eux comme pour nous, elles ne coûtent
pas plus qu'elles ne valent. Ont-ils des chevaux de course?
nous voulons des chevaux de course, sans prendre garde
que ce qui peut être recherché par une aristocratie amante
de la chasse et du jeu est fort inutile à une démocratie
dont le sol fractionné n'admet guère la chasse, même à
pied. Voyons-nous enfin leur population déserter les campagnes pour aller s'engloutir dans les mines, s'agglomérer
dans les villes manufacturières, se matérialiser dans de
vastes usines? aussitôt notre législation, sans égard à la
situation, à l'aptitude, au génie de nos concitoyens, se
met en devoir de les attirer, par l'appât de faveurs dont ils
supportent, en définitive, tous les frais, vers les mines, les
grandes usines, et les villes manufacturières. — Qu'il me
soit permis d'insister sur cette observation, qui me conduit
d'ailleurs au sujet que j'ai à traiter.

Il est constaté que les deux tiers de la population habi-
tent, en Angleterre, les villes, et en France, la campagne.

Deux circonstances expliquent ce phénomène.

La première, c'est la présence d'une aristocratie territoriale. Au delà du détroit, d'immenses domaines permettent
d'appliquer à la culture du sol des moyens mécaniques et paraissent même rendre plus profitable l'extension du pâturage.

D'un autre côté, la situation géographique de l'Angleterre, placée entre le Midi et le Nord de l'Europe, et sur la
route des deux hémisphères, la multitude et la profondeur de ses rades, le peu de pente de ses rivières qui
donne tant de puissance aux marées, l'abondance de ses
mines de fer et de houille, le génie patient, ordonné, mécanicien de ses ouvriers, les habitudes maritimes qui naissent d'une position insulaire, tout cela la rend éminemment propre à remplir, pour son compte et souvent pour
le compte des autres peuples, à l'avantage de tous, deux

grandes fonctions de l'industrie : la fabrication et le voitu-
rage des produits.

Lors donc que la Grande-Bretagne aurait été abandonnée
par le génie de ses hommes d'État au cours naturel des
choses, lorsqu'elle n'aurait pas cherché à étendre au loin
sa domination, lorsqu'elle n'aurait employé sa puissance
qu'à faire régner la liberté du commerce et des mers, il
n'est pas douteux qu'elle ne fût parvenue à une grande
prospérité, et j'ajouterai, selon mes convictions profondes,
à un degré de bonheur et de solide gloire qu'on peut certainement lui contester.

Mais, parce qu'ailleurs cette émigration de la campagne
à la ville s'est opérée naturellement, était-ce une raison
pour que la France dût chercher à la déterminer par des
moyens artificiels?

A Dieu ne plaise que je veuille m'élever ici d'une manière générale contre l'esprit d'imitation. C'est le plus puissant véhicule du progrès. L'invention est au génie, l'imitation est à tous. C'est elle qui multiplie à l'infini les bienfaits de l'invention. En matière d'industrie surtout, l'imitation, *quand elle est libre,* a peu de dangers. Si elle n'est
pas toujours rationnelle, si elle se fourvoie quelquefois, au
bout de chaque expérience il y a une pierre de touche, *le
compte des profits et pertes,* qui est bien le plus franc, le
plus logique, le plus péremptoire des redresseurs de torts.
Il ne se contente pas de dire : « l'expérience est contre
vous. » Il empêche de la poursuivre, et cela forcément,
sans appel, avec autorité; car la raison ne fût-elle pas con-
vertie, la bourse est à sec.

Mais quand l'*imitation* est imposée à tout un peuple par
mesure administrative, quand la loi détermine la direction,
la marche et le but du travail, il ne reste plus qu'un souhait à
faire : c'est que cette loi soit infaillible; car si elle se trompe,
au moment où elle donne une impulsion déterminée à l'in-

dustrie, celle-ci doit suivre toujours une voie funeste.

Or, je le demande, le sol, le soleil de la France, sa position géographique, la constitution de son régime foncier, le génie de ses habitants justifient-ils des mesures coercitives, par lesquelles on pousserait la population des travaux agricoles aux travaux manufacturiers et du champ à l'usine? Si la fabrication était plus profitable, on n'avait pas besoin de ces mesures coercitives. Le profit a assez d'attrait par lui-même. Si elle l'est moins, — en déplaçant les capitaux et le travail, en faisant violence à la nature physique et intellectuelle des hommes, on n'a fait qu'appauvrir la nation.

Je ne m'attacherai pas à démontrer que la France est essentiellement un pays agricole ; aussi bien, je ne me rappelle pas avoir jamais entendu mettre cette proposition en doute. Je n'entends pas dire que toutes les fabriques, tous les arts doivent en être bannis. Qui pourrait avoir une telle pensée? Je dis qu'abandonnée à ses instincts, à sa pente, à son impulsion naturelle, — les capitaux, les bras, les facultés se distribueraient entre tous les modes d'activité humaine, agriculture, fabrication, arts libéraux, commerce, navigation, *exertions* intellectuelles et morales, dans des proportions toujours harmoniques, toujours calculées pour faire sortir de chaque effort le plus grand bien du plus grand nombre. J'ajoute, sans crainte d'être contredit, que, dans cet ordre naturel de choses, l'agriculture et la fabrication seraient entre elles dans le rapport du principal à l'accessoire, quoiqu'il en puisse être tout différemment en Angleterre.

On nous accuse, nous partisans du libre-échange, de copier servilement un exemple venu d'Angleterre. Mais si jamais imitation a été servile, maladroite, inintelligente, c'est assurément le régime que nous combattons, le régime protecteur.

Examinons-en les effets sur l'agriculture française.

Tous les agronomes (je ne dis pas les *agronomanes*, ceux-ci décuplent le revenu des terres avec une facilité sans égale), tous les agronomes, dis-je, sont d'accord sur ce point, que ce qui manque à notre agriculture, ce sont les capitaux. Sans doute, il lui manque aussi des lumières ; mais l'art arrive avec les moyens d'améliorer, et il n'est paysan si routinier qui ne sût fort bien placer sur sa métairie ses épargnes à bon intérêt, s'il en pouvait faire.

La plus petite amélioration de détail exige des avances ; à plus forte raison une amélioration d'ensemble. Voulez-vous perfectionner vos voitures de transport? Vous êtes entraîné à élargir, niveler, et graveler les chemins de la ferme. Voulez-vous défricher? Outre qu'il y faut beaucoup de main-d'œuvre, il faut songer à augmenter les frais de semences, labours, cultures, moissons, transports, etc. Mais vous vient-il dans l'idée de faire faire à votre exploitation ce pas plus décisif, qui en change toutes les conditions, je veux dire de substituer à la culture de deux céréales avec jachère, un assolement où céréales, plantes sarclées, végétaux textiles et fourrages divers viennent occuper tour à tour chaque division du sol, dans un ordre régulier? Malheur à vous, si vous n'avez pas prévu la très-notable augmentation de capital qui vous est nécessaire? Dès qu'un tel changement s'introduit dans le domaine, une activité inaccoutumée se manifeste. La terre ne *se repose* plus, et ne laisse pas reposer les têtes et les bras. La jachère, les prairies permanentes, les pâturages sont soumis à l'action de la charrue. Les labours, les hersages, les semailles, les sarclages, les moissons, les transports se multiplient; et le temps est passé où l'on pouvait se contenter d'instruments grossiers fabriqués en famille. Les semences de trèfle, de lin, de colza, de betterave, de luzerne, etc., ne laissent pas que d'exiger de gros débours. Mais c'est surtout le département des étables, soit qu'on y entretienne des vaches laitières, des bœufs à l'engrais, ou des moutons de races perfectionnées, qui devient un véritable atelier industriel, fort lucratif quand il est bien conduit, mais plein de déception si on le fonde avec un capital insuffisant. Dans ce système, pour doubler le produit net, il faut, non pas doubler, mais sextupler peut-être le produit brut, en sorte qu'une exploitation qui présentait 5,000 fr. de produit net, avec un compte de 15,000 fr. en entrée et sortie, — pour être amenée à donner 10,000 fr. de profit, devra présenter un compte de dépenses et de recettes de 60 à 80,000 francs.

Les avantages de la culture perfectionnée sont tellement clairs, tellement palpables, ils ont été démontrés dans tant de livres répandus à profusion, proclamés par tant d'agronomes dont l'expérience est incontestable, confirmés par tant d'exemples, que, s'il n'a pas été fait plus de progrès, il faut bien en chercher la cause ailleurs que dans l'attachement aux vieilles coutumes et dans cette routine, que, fort routinièrement, on accuse toujours de tout. Les agriculteurs, croyez-le bien, sont un peu faits comme tout le monde ; et le bien-être ne leur répugne en aucune façon. D'ailleurs, il y a partout des hommes disposés à combattre cette nature de résistance. Ce qui a manqué, ce qui manque encore, c'est le capital. C'est là ce qui a réduit les tentatives à un bien petit nombre, et, dans ce petit nombre, c'est là ce qui a entraîné tant de revers.

Les agronomes les plus renommés, les Young, les Sinclair, les Dombasle, les Pictet, les Thaër, ont recherché quel était le capital qui serait nécessaire pour amener les pratiques au niveau des connaissances agricoles. Leurs livres sont pleins de ces calculs. Je ne les produirai pas ici. Je me bornerai à dire que ces avances doivent être d'autant plus grandes que l'exploitation est plus petite, et que, pour la France, ce ne serait peut-être pas trop d'un capital égal en valeur à la valeur du sol lui-même.

Mais si un énorme supplément de capital est indispensable au perfectionnement de l'agriculture, est-il permis d'espérer qu'elle le tire de son propre sein?

Il faut bien que les publicistes ne le pensent pas, car on les voit tous à la recherche de ce problème : *Faire refluer les capitaux vers l'agriculture.* Tantôt on a songé à réformer notre *régime hypothécaire.* On devrait supposer *à priori*, a-t-on dit avec raison, que le prêteur sur hypothèque ne recherche pas un taux d'intérêt supérieur à la rente de la terre, puisque celle-ci sert de gage au prêt et qu'elle est même assujettie à des chances (ravages pour cause d'inondation, insolvabilité des fermiers, etc.) dont le prêt est exempt. Cependant un emprunt sur hypothèque revient à 6, 7 et 8 pour 100, tandis que la rente du sol ne dépasse pas 3 ou 4 pour 100 ; d'où l'on a conclu que notre système hypothécaire doit être entaché de nombreuses imperfections.

D'autres ont imaginé des banques agricoles, des institutions financières qui auraient pour résultat de mobiliser le sol et de le faire entrer, pour ainsi dire comme un billet au porteur, dans la circulation. — Il y en a qui veulent que le prêt soit fait par l'État, c'est-à-dire par l'impôt, cet éternel et commode point d'appui de toutes les utopies. Des combinaisons plus excentriques sont aussi fort en vogue sous les noms beaucoup moins clairs qu'imposants, d'*organisation* ou *réorganisation du travail, association du travail et du capital, phalanstères*, etc., etc.

Ces moyens peuvent être fort bons, on peut en attendre d'excellents effets ; mais il en est un qu'ils ne parviendront jamais à produire, c'est de *créer* de nouveaux moyens de production. Déplacer les capitaux, les détourner d'une voie pour les attirer dans une autre, les pousser alternativement du champ à l'usine et de l'usine au champ, voilà ce que la loi peut faire ; mais il n'est pas en sa puissance d'en augmenter la masse, à un moment donné ; vérité bien simple et constamment négligée.

Ainsi, si la réforme du régime hypothécaire parvenait à attirer une plus grande portion du capital national vers l'agriculture, ce ne pourrait être qu'en le détournant de l'industrie proprement dite, des prêts à l'État, des chemins de fer, des canaux, de la colonisation d'Alger, des hauts-fourneaux, des mines de houille, des grandes filatures, en un mot des diverses issues ouvertes à son activité.

Avant donc d'imaginer des moyens artificiels pour lui faire faire cette évolution, ne serait-il pas bien naturel de rechercher si une cause, également artificielle, n'a pas déterminé en lui l'évolution contraire?

Eh bien! oui, il y a une cause qui explique comment certaines entreprises ont aspiré le capital agricole.

Cette cause, je l'ai déjà dit, c'est l'imitation mal entendue du régime économique de l'Angleterre, c'est l'ambition, favorisée par la loi, de devenir, avant le temps, un peuple éminemment manufacturier, en un mot, c'est *le système protecteur*.

Si le travail, les capitaux, les facultés eussent été abandonnés à leur pente naturelle, ils n'auraient pas déserté prématurément l'agriculture, alors même que chaque Français eût été saisi de l'anglomanie la plus outrée. Il n'y a pas d'anglomanie qui détermine, d'une manière permanente, un homme à ne gagner qu'un franc au lieu de deux, un capital à se placer à 10 pour 100 de perte, au lieu de 10 pour 100 de profit. Sous le régime de la liberté, le résultat est là qui avertit à chaque instant si l'on fait ou non fausse route (1).

Mais quand l'État s'en mêle, c'est tout différent; car quoiqu'il ne puisse pas changer le résultat général et faire que la perte soit bénéfice, il peut fort bien altérer les résultats partiels et faire que les pertes de l'un retombent sur l'autre.

(1) V. *Harmonies*, chap. xx. (*Note de l'éditeur.*)

Il peut, par des taxes plus ou moins déguisées, rendre une industrie lucrative aux dépens de la communauté, attirer vers elle l'activité des citoyens, par un déplorable déplacement du capital, et, les forçant à l'*imitation*, réduire l'anglomanie en système.

L'État donc, voulant implanter en France, selon l'expression consacrée, certaines industries manufacturières, a été conduit à prendre les mesures suivantes :

1° Prohiber ou charger de forts droits les produits fabriqués au dehors ;

2° Donner de fortes subventions ou primes aux produits fabriqués au dedans ;

3° Avoir des colonies et les forcer à consommer nos produits, quelque coûteux qu'ils soient, sauf à forcer le pays à consommer, bon gré mal gré, les produits coloniaux.

Ces moyens sont différents, mais ils ont ceci de commun qu'ils soutiennent des industries *qui donnent de la perte*, perte qu'une cotisation nationale transforme en bénéfice. — Ce qui perpétue ce régime, ce qui le rend populaire, c'est que le bénéfice crève les yeux, tandis que la cotisation qui le constitue passe inaperçue ([1]).

Les publicistes, qui savent que l'intérêt du consommateur est l'intérêt général, proscrivent de tels expédients. Mais ce n'est pas sous ce point de vue que je les considère dans cet article ; je me borne à rechercher leur influence sur la direction du capital et du travail.

L'erreur des personnes (et elles sont nombreuses) qui soutiennent de bonne foi le régime protecteur, c'est de raisonner toujours comme si cette portion d'industrie que ce système fait surgir était alimentée par des capitaux tombés

([1]) V. le chap. vii de *Ce qu'on voit et ce qu'on ne voit pas*, tome V, page 363.   (*Note de l'éditeur.*)

du ciel. Sans cette supposition toute gratuite, il leur serait impossible d'attribuer à des mesures restrictives aucune influence sur l'accroissement du *travail national*.

Quelque onéreuse que soit sous un régime libre la production d'un objet, dès qu'on le *prohibe*, elle peut devenir *une bonne affaire*. Les capitaux sont sollicités vers ce genre d'entreprise par la hausse artificielle du prix. Mais n'est-il pas évident qu'au moment où le décret est rendu il y avait dans le pays un capital déterminé? Une partie de ce capital était employée à produire la chose qui s'échangeait contre l'objet exotique. Qu'arrive-t-il? Ce produit national est moins demandé, son prix baisse, et le capital tend à déserter cet emploi. Au contraire, le produit similaire à l'objet exotique renchérit, et le capital se trouve poussé vers cette nouvelle voie. Il y a évolution, mais non création de capital; évolution, et non création de travail. L'un entraîne l'autre du champ à l'atelier, du labour à l'usine, de France en Algérie. Entre les partisans de la liberté et ceux de la protection, la question se réduit donc à ceci : la direction artificielle, imprimée au capital et au travail, vaut-elle mieux que leur direction naturelle?

Un agriculteur de mes amis, sur la foi d'un prospectus qui promettait monts et merveilles, prit cinq actions dans une filature de lin à la mécanique. Certes, on ne prétendra pas que ces 5,000 francs, il les avait tirés du néant. Il les devait à ses sueurs et à ses épargnes. Il aurait pu certainement les employer sur sa ferme, et, de quelque manière qu'il l'eût fait, ils auraient, en définitive, payé de la main-d'œuvre; car je défie qu'on me prouve qu'une dépense quelconque soit autre chose que le salaire d'un travail actuel ou antérieur.

Ce qui est arrivé à mon ami est arrivé à tous ceux qui se sont lancés dans les industries privilégiées; et il me semble impossible qu'on se refuse à reconnaître qu'il ne s'agit pas, en tout ceci, de création, mais de direction de capital et de travail.

Or, en supposant (ce qui n'est pas) que la filature eût tenu ses promesses, ces 5,000 francs ont-ils été plus productifs qu'ils ne l'eussent été sur la ferme?

Oui, si l'on ne voit que le capitaliste; non, si l'on considère l'ensemble des intérêts nationaux.

Car, si mon ami a tiré 10 pour 100 de ses avances, c'est que la force est intervenue pour contraindre le consommateur à lui payer un tribut. Ce tribut entre peut-être pour les deux tiers ou les trois quarts dans ces 10 pour 100. Sans l'intervention de la force, ces 5,000 francs auraient donné et *au delà* de quoi payer à l'étranger le filage exécuté en France. Et la preuve, c'est le fait même qu'il a fallu la *force* pour en déterminer la déviation.

Il me semble qu'on doit commencer à entrevoir comment le régime protecteur a porté un coup funeste à notre agriculture.

Il lui a nui de trois manières :

1° En forçant les agriculteurs à surpayer les objets de consommation, fer, instruments aratoires, vêtements, etc., et en empêchant ainsi la formation de capitaux au sein même de l'industrie agricole;

2° En lui retirant ses avances pour les engager dans les industries protégées;

3° En décourageant la production agricole dans la mesure de ce qu'elle eût dû produire pour acquitter les services industriels que, sous le régime de la liberté, le France eût demandées au dehors.

La première proposition est évidente de soi; je crois avoir insisté assez sur la seconde; la troisième me paraît présenter le même degré de certitude.

Lorsqu'un homme, un département, une province, une nation, un continent, un hémisphère même, s'abstiennent de produire une chose parce que les frais de création dépassent ceux d'acquisition, il ne s'ensuit nullement, comme on le répète sans cesse, que le travail de cet homme ou de cette circonscription territoriale diminue de tout ce qu'eût exigé cette création; ils s'ensuit seulement qu'une part de ce travail est consacrée à produire les moyens d'acquisition, et une autre, restée disponible, à satisfaire d'autres besoins. Cette dernière est le profit net de l'échange (¹).

Un tailleur donne tout son temps à la confection des vêtements. Il serait bien mauvais *praticien*, s'il en détachait trois heures pour faire des souliers, et plus mauvais *théoricien*, s'il s'imaginait avoir par là allongé sa journée.

Il en est de même d'un peuple. Quand le Portugal veut à toute force faire des mouchoirs et des bonnets de coton, il se trompe assurément, s'il ne s'aperçoit pas qu'il appauvrit la culture de la vigne et de l'oranger, qu'il se prive des moyens d'améliorer le lit et de défricher les rives du Tage. D'un autre côté, si l'Angleterre, par des mesures coercitives, force les capitaux à élever la vigne et l'oranger en serre chaude, elle amoindrit d'autant des ressources qui seraient mieux employées dans ses fabriques. Encore une fois, il y a là évolution, et non accroissement des moyens de production.

Ainsi, en même temps que le régime prohibitif a enlevé à l'agriculture la faculté de s'améliorer, il lui en a ôté l'occasion; car à quoi bon produire les objets, céréales, vins, fruits, soies, lins, etc., pour acquitter des services étrangers qu'il n'est pas permis d'acheter?

Si le régime protecteur ne nous eût pas entraînés à imiter les Anglais, il est possible que nous ne les égalerions pas dans ces industries qui ont pour agents le fer et le feu; mais il est certain que nous aurions développé, bien plus

---

(¹) V. le chap. *Échange*, tome VI.   (*Note de l'éditeur.*)

que nous ne l'avons fait, celles qui ont pour agents la terre et l'eau. En ce moment nos montagnes seraient reboisées, nos fleuves contenues, notre sol sillonné de canaux et soumis à l'irrigation, la jachère aurait disparu, des récoltes variées se succéderaient sans interruption sur toute la surface du pays ; les campagnes seraient animées, les villages offriraient à l'œil le doux aspect du contentement, de l'aisance et du progrès. Le travail et l'intelligence auraient suivi le capital dans la voie des améliorations agricoles ; des hommes de mérite auraient tourné vers les champs l'activité, les lumières et l'énergie que d'injustes faveurs ont attirées vers les manufactures. Il y aurait peut-être quelques ouvriers de moins au fond des galeries d'Anzin, ou dans les vastes usines de l'Alsace, ou dans les caves de Lille. Mais il y aurait de vigoureux paysans de plus dans nos plaines et sur nos coteaux, et, sous quelque rapport que ce soit, pour la force défensive, pour l'indépendance, pour la sécurité, pour le bien-être, pour la dignité, pour la sécurité de notre population, je ne pense pas que nous eussions rien à envier à nos voisins.

On objectera peut-être que, dans ce cas, la nation française eût été purement agricole : je ne le crois pas ; pas plus que la nation anglaise n'eût été exclusivement manufacturière. Chez l'une, le grand développement de la fabrication eût encouragé l'agriculture. Chez l'autre, la prospérité de l'agriculture eût favorisé la fabrication ; car malgré la liberté la plus complète dans les relations des peuples, il y a toujours des matières premières qu'il est avantageux de mettre en œuvre sur place. On peut même concevoir (et pour moi du moins c'est un phénomème qui n'a rien d'étrange) que, produisant beaucoup plus de matières premières, la France en envoyât une grande partie se manufacturer en Angleterre, et en eût encore assez à fabriquer chez elle pour que son industrie manufacturière dépassât l'activité que nous

lui voyons aujourd'hui; à peu près comme Orléans a probablement plus d'industrie, malgré tout ce qui lui arrive
de Paris, que si Paris n'existait pas.

Mais ces manufactures, nées à l'air de la liberté, auraient
le pied sur un terrain solide, inébranlable, et elles ne seraient pas à la merci d'un article d'un des cent tarifs de
l'Europe.

8. — INANITÉ DE LA PROTECTION DE L'AGRICULTURE.

31 Janvier 1847.

Si les agriculteurs, que le passé a si peu instruits, ne commencent pas à ouvrir les yeux sur l'avenir, il faut qu'ils
soient étrangement séduits par ce que semble renfermer de
promesses ce mot même, *protection*. — *Être protégé !* — Et
pourquoi pas, quand on le peut? Pourquoi refuserions-
nous des faveurs, des mesures qui améliorent nos prix de
vente, écartent des rivaux redoutables, et, si elles ne nous
enrichissent guère, retardent au moins notre ruine ? —
Voilà ce qu'ils disent ; mais ne nous laissons pas tromper
par un mot, et allons au fond des choses.

La protection est une mesure par laquelle on interdit au
producteur national les marchés étrangers, au moins dans
une certaine mesure, lui réservant en compensation le marché national.

Qu'on lui ferme, dans une certaine mesure, les marchés
extérieurs, cela est évident de soi. Pour s'en convaincre, il
suffit de se demander ce qui arriverait si la protection était
poussée jusqu'à sa dernière limite. Supposons que tous les
produits étrangers fussent prohibés. En ce cas, nous n'aurions aucun payement à exécuter au dehors, et, par conséquent, nous n'exporterions rien. Sans doute, l'étranger
pourrait encore, pendant quelque temps, venir nous acheter

quelques objets contre des écus. Mais bientôt l'argent abonderait chez nous, il y serait déprécié ; en d'autres termes, nos produits seraient chers et nous ne pourrions plus en vendre. La défense de rien importer équivaudrait à celle de rien exporter.

Dans aucun pays, le système protecteur n'a été poussé jusque-là. Par cela seul qu'il est irrationnel, on ne l'adopte jamais complétement. On y fait de nombreuses exceptions, et il est tout naturel, comme on va le voir, que l'on place dans l'exception, avant tout et principalement, le produit agricole.

Le système protecteur repose sur cette méprise : il considère dans chaque produit, non point son utilité pour la consommation, mais son utilité pour le producteur. Il dit : le fer est utile en ce qu'il procure du travail aux maîtres de forges, le blé est utile en ce qu'il procure du travail au laboureur, etc. C'est là une absurde pétition de principe. Mais cette absurdité, fort difficile à démêler à l'égard de beaucoup de produits, saute aux yeux, quant aux produits agricoles, quand le besoin s'en fait sentir. Dès que la disette arrive, les esprits les plus prévenus comprennent parfaitement que le blé est fait pour l'estomac, et non l'estomac pour le blé. — Et voilà pourquoi, aux premiers symptômes de famine, la théorie protectrice, s'évanouit, et la porte s'ouvre aux blés étrangers.

Ainsi, la protection à la plus importante des productions agricoles, celle des céréales, est complétement illusoire ; car elle ne manque jamais d'être retirée, précisément aux époques où elle aurait quelque efficacité. — Quand la récolte est bonne, il n'y a pas à craindre l'invasion des blés étrangers, et notre loi stipule la protection, mais ne l'opère pas. Quand la récolte manque, c'est alors que l'introduction du blé étranger est provoquée par la différence des prix ; c'est alors aussi que le principe de la protection, qui consiste à voir l'utilité des choses au point de vue du producteur national, c'est alors, disons-nous, que ce principe devrait dominer notre législation. — Et c'est précisément alors qu'il la déserte. Pourquoi ? Parce que ce principe est faux, et que le cri de la faim fait bientôt prévaloir la vérité du principe contraire, l'intérêt du consommateur.

Aussi, le blé est la seule chose qui soit soumise au jeu de l'échelle mobile, parce que c'est la seule chose où la vérité des principes ait surmonté les préjugés protectionnistes. La cherté du fer et du drap est certainement de la même nature que la cherté du blé. Elle produit des inconvénients, sinon égaux, au moins du même ordre, et qui ne diffèrent que par le degré. Mais la loi maintient la cherté du fer et du drap envers et contre tous, parce que la population laisse faire, parce qu'elle peut se passer de fer et de drap sans mourir. En fait de blé, elle ne laisse pas faire. Aussi le blé n'est protégé que dans les années d'abondance, c'est-à-dire qu'il n'est pas protégé du tout.

Car si le tarif, en fait de blé, eût été conséquent à son principe et fidèle à l'intérêt producteur, voici comment il eût raisonné (puisqu'il raisonne ainsi en toute autre matière) :

« Je dois assurer à l'agriculteur le prix de revient de son blé. L'année dernière, l'agriculteur a labouré, hersé, ensemencé et sarclé son champ, qui lui a donné 10 hectolitres de blé. Ses avances et sa juste rémunération s'élèvent à 180 fr. — Il a vendu son blé à 18 fr. Il doit être satisfait. — Cette année il a fait les mêmes avances en labours, hersages, semailles, etc. ; — Mais la moisson a trompé son attente, et il n'a que 5 hectolitres de blé. Il faut donc qu'il le vende à 36 fr., sans quoi il perd, et j'ai été décrété précisément pour le garantir de cette perte, pour lui assurer son prix de revient. »

Or, c'est justement cette année-là que le tarif déserte son principe et dit : L'intérêt des estomacs est l'intérêt dominant. — Il embrasse ainsi *involontairement* le principe de la liberté, le seul principe vrai et raisonnable, et il ouvre les portes.

Le tarif trompe donc l'agriculteur. Il lui assure le prix de revient quand ce prix est assuré par la nature des choses, et ne s'en mêle plus quand son intervention serait efficace.

Mais ce n'est pas tout. — Une législation basée sur un principe faux s'arrête toujours avant les dernières conséquences, parce que les dernières conséquences d'un faux principe sont elles-mêmes d'une absurdité qui saute aux yeux. Aussi voyons-nous qu'il est de nombreux produits auxquels on n'accorde la protection qu'en tremblant ; ce sont ceux dont l'utilité, pour le consommateur, est tellement palpable, qu'à leur égard le vrai principe se fait jour malgré qu'on en ait. Pour tâcher de réconcilier ici les principes, on a fait de ces produits une classe qu'on appelle *matières premières ;* et puis on a dit que la protection sur ces produits avait de grands dangers ([1]). Or, qu'est-ce que cela veut dire ? Cela veut dire : L'utilité de ces choses, relativement au consommateur, est telle qu'ici du moins nous sommes forcés, sinon de rendre hommage explicitement à la vérité des principes, du moins d'agir comme si nous les reconnaissions, sauf à mettre nos doctrines, à l'abri, en entassant subtilités sur subtilités.

Mais si les agriculteurs voulaient y voir un peu plus loin que le bout de leur nez, ils sauraient à quoi cela mène. Car une chose est bien claire : c'est que le régime restrictif, après leur avoir donné, quant aux céréales, une protection inefficace et illusoire, abandonnera aussi en première ligne, grâce à la fameuse théorie des matières premières, la laine, le lin, le chanvre et tous les produits agricoles.

([1]) V. au tome IV, le chap. XXI, page 105.   (*Note de l'éditeur.*)

Et quand les agriculteurs auront livré leurs produits aux manufacturiers au prix fixé par l'universelle concurrence, ils rachèteront ces mêmes produits façonnés en toile et en drap, aux prix du monopole. En d'autres termes, il y aura deux classes de travail en France : le travail agricole non privilégié, et le travail manufacturier privilégié. — L'effet de ce régime sera de faire sortir de plus en plus les hommes et les capitaux de l'agriculture pour les pousser vers les fabriques, jusqu'à ce que ces deux grands effets définitifs se produisent :

1° La concurrence intérieure, parmi les fabricants, leur arrachera les profits que la protection avait prétendu leur conférer ;

2° Un grand déplacement se sera opéré, une grande déperdition de forces se sera accomplie ; pendant que les débouchés extérieurs seront fermés à nos fabriques, la ruine, au dedans, du public consommateur, dont la classe agricole forme les deux tiers, leurs fermera aussi les débouchés intérieurs ; et l'industrie manufacturière portera le double châtiment de ses prétentions injustes et de ses funestes erreurs.

On a beau dire et beau faire. Il n'y a qu'une bonne politique : c'est celle de la *Justice*.

Certainement, nous ne chercherons pas à nous concilier la classe agricole par de trompeuses promesses. Nous lui disons tout net qu'elle ne doit pas être, qu'elle ne peut pas être et qu'elle n'est pas protégée ; que la protection dont elle croit jouir, quant aux céréales, est illusoire ; que celle qu'elle retient encore sur les *matières premières* va lui échapper. Mais nous ajoutons : si l'on ne peut pas donner aux agriculteurs des *suppléments de prix*, au moyen de taxes (qu'ils payent eux-mêmes pour les deux tiers), il ne faut pas du moins les forcer, au moyen d'autres taxes, de donner des *suppléments de prix* aux maîtres de forges, aux manufacturiers, aux armateurs, aux actionnaires de mines. Liberté, justice, égalité pour tout le monde.

9. — L'ÉCHELLE MOBILE.

24 Janvier 1847.

Le gouvernement a demandé que le jeu de l'échelle mobile fût suspendu pendant les huit mois qui sont devant nous. Hélas! que n'a-t-il la puissance de donner à cette mesure un effet rétroactif et de faire que l'échelle mobile ait été suspendue pendant les huit mois qui viennent de s'écouler! Nous n'en serions pas où nous en sommes; la *crise des subsistances* et la *crise financière* auraient probablement passé inaperçues.

Notre loi céréale séduit beaucoup d'esprits par son air de bonhomie et d'impartialité.

Quoi de plus simple! Y a-t-il abondance? La porte d'entrée se ferme d'elle-même et l'agriculteur n'est pas ruiné. — Y a-t-il disette? La porte s'ouvre naturellement, et le consommateur n'est pas affamé. Ainsi un niveau salutaire est toujours maintenu par une loi si prévoyante, et personne n'a à se plaindre.

Mais, dans l'application, ce nivellement si désiré rencontre des difficultés qu'on n'avait pas prévues et qu'on n'a pas assez étudiées. D'abord, comment se reconnaît l'abondance ou la disette? par le prix. Et comment signifier à la douane, *à chaque instant donné, le prix réel*, afin qu'elle sache si elle doit renforcer ou relâcher ses exigences? Évidemment cela n'est pas possible. Ce n'est donc jamais le prix réel qui sert de règle, mais un prix ancien, fictif, résultat de moyennes fort difficiles à constater, en sorte que l'action de la loi n'a de relations qu'avec un état de choses passé, que l'on suppose fort gratuitement durer encore quand elle opère.

Nous ne parlerons pas ici des zones qu'il a fallu créer, des marchés qu'il a fallu prendre pour types, des prix régula-teurs, des prix moyens, des relations entre le prix du fro-ment et celui des autres grains, toutes choses qui ne con-stituent qu'une série de fictions, modifiées par d'autres fictions, le tout érigé chaque mois en corps de système.

Et voilà sur quelles bases on veut que le commerce éta-blisse ses opérations! Le commerce a bien assez des chan-ces que lui présentent les variations naturelles des prix, sans s'exposer à toutes celles qui résultent de ces combi-naisons factices. Quand on fait venir du blé, on consent à s'exposer à perdre sur la vente, mais non à ce que la vente elle-même soit défendue au moment de l'arrivage. Ainsi, dans l'état actuel des choses, il n'y a aucune régularité dans les opérations commerciales relatives au blé, et, par conséquent, aucune fixité dans le taux de la subsistance.

La question est de savoir si, avec une entière liberté d'im-portation et d'exportation, on n'approcherait pas plus sû-rement de ce nivellement si recherché, de cette régularité des prix si précieuse.

Supposons que la liberté commerciale fût le droit des nations, et cherchons à nous rendre compte de ce qui se-rait arrivé cette année.

Certes, nous ne dirons pas qu'il n'y eût pas eu une crise des subsistances. Sous quelque régime que ce soit, la perte d'une récolte ne saurait être une chose indifférente. Il au-rait fallu, pour vivre, avoir recours aux blés étrangers et, par conséquent, les payer. Il y aurait donc eu probablement un dérangement dans l'alimentation du peuple, et un dé-rangement corrélatif dans la circulation monétaire.

Mais combien l'une et l'autre de ces crises n'eussent-elles pas été adoucies et affaiblies!

Dès les premiers symptômes du déficit de la récolte, la spéculation eût commencé son œuvre. Elle aurait préparé ses moyens dans tous nos ports de l'Océan et de la Méditer-ranée. On n'aurait pas vu des grains devant être consom-més à Bayonne aller se dénationaliser à Gênes et acquitter les droits à Cherbourg. On aurait fait des achats considé-rables dans la mer Noire, dans la Baltique, aux États-Unis, en temps opportun. Ces approvisionnements se seraient présentés, par arrivages successifs, dans chacun de nos ports et en proportion du besoin qui s'y serait manifesté. Les moyens de transport pour l'intérieur se seraient orga-nisés avec ensemble. On n'aurait pas vu des masses énormes arriver le même jour, sans savoir comment se faire inter-ner, mais soumises à une hâte fiévreuse par la crainte de quelque dérangement dans le jeu de notre échelle mobile. La hausse eût été moins brusque, moins sensible, moins effrayante, moins propre à frapper et à exalter les imagina-tions.

Il est permis de croire que l'ensemble des achats à l'é-tranger se fût fait à des prix moins élévés. Nous ne savons pas ce qui se passe dans les ports de la mer Noire; mais nous serions bien trompés si des ordres considérables, plus ou moins imprévus, se manifestant subitement, n'y ont pas produit de la confusion et une hausse anormale des prix. Probablement ce qui est arrivé ici, pour le transport du point de débarquement au lieu de consommation, a dû se répéter là-bas pour le transport du lieu de production au port d'embarquement. Probablement les détenteurs de blés, les entrepreneurs de charrois, les capitaines de na-vires ont tiré parti de l'empressement convulsif que chacun mettait à parcourir vite, coûte que coûte, le cercle de la spéculation. Quand on peut être accueilli en France par une loi qui vous dit : la porte est close, — on ne regarde pas à quelques frais.

Si donc le gain fût arrivé successivement, depuis l'in-stant où le besoin s'est fait sentir, s'il eût coûté moins cher de prix d'achat, s'il eût occasionné moins de frais, soit pour le transport par mer, soit pour les deux transports par terre en Russie et en France, le résultat évident est que nous aurions été mieux approvisionnés et à un taux moins élevé.

En outre, nous aurions eu moins d'argent à payer aux étrangers, soit pour le blé lui-même, soit pour les frais accessoires. L'exportation du numéraire eût été moindre et répartie sur un temps plus long. En d'autres termes, la crise monétaire eût été moins sensible.

Ce n'est pas tout encore; sous un régime de liberté commerciale établi de longue main, les peuples qui nous envoient des céréales se seraient accoutumés à consommer des produits de notre travail et de notre industrie. Nous les payerions en grande partie en étoffes, en instruments aratoires, en vins, en soieries; et notre exportation de métaux précieux aurait été neutralisée dans la même proportion.

La loi actuelle n'a donc rien fait pour diminuer les souffrances du peuple, les embarras commerciaux et financiers de notre situation. Elle a, au contraire, beaucoup fait pour aggraver tous les effets de cette crise. — Or, et il faut bien remarquer ceci, cette loi dont les malheurs publics révèlent le vice, *puisqu'on la met de côté*, n'a pourtant agi que dans le sens de ses propres tendances. Donc ces tendances sont mauvaises. Elles le sont en temps d'abondance comme en temps de disette. Seulement ce n'est que lorsque le malheur arrive que nous ouvrons les yeux, et nous nous figurons alors qu'il suffit de suspendre momentanément la loi. Comme ce malade à qui l'on dit : Ce qui aggrave vos souffrances, c'est que vous suivez un mauvais régime hygiénique. — Eh bien ! répondit-il je vais le suspendre..... *tant que je souffrirai.*

10. — L'ÉCHELLE MOBILE ET SES EFFETS.

1er Mai 1847.

Si cet article tombe aux mains de quelque agriculteur, nous le prions de le lire avec impartialité.

Les agriculteurs tiennent à l'*échelle mobile,* et il ne faut pas en être surpris. Cette législation se présente avec toutes les apparences de la modération et de la sagesse. Le principe sur lequel elle repose est celui-ci : Assurer à l'agriculture un prix rémunérateur. Quand le blé tend à descendre au-dessous de ce prix, elle vient en aide au producteur. Quand il tend à le dépasser, elle défend l'intérêt du consommateur.

Quoi de plus raisonnable, du moins si l'on fixe un taux normal qui s'éloigne de toute exagération ? En tous pays, le blé a certainement un *prix de revient.* Il faut bien que ce prix soit assuré à l'agriculteur si l'on veut qu'il continue ses travaux, sans quoi la subsistance du peuple serait compromise. — D'un autre côté, l'estomac a aussi ses droits, et une fois le prix rémunérateur atteint, il n'est pas juste que le vendeur soit le maître absolu de l'acheteur. Si donc le prix dépasse le taux normal, l'importation sera facilitée. La digue s'élève ou s'abaisse selon que l'inondation est à craindre ou à désirer. Tout le monde ne doit-il pas être satisfait ?

On se promet aussi de ce système un autre avantage : la fixité des prix. Ce simple mécanisme, dit-on, tend évidemment à contenir les grandes fluctuations, puisque le droit, dans sa période croissante, prévient l'encombrement, comme dans sa période décroissante, il prévient la disette. L'excessif bon marché est ainsi rendu aussi impossible que l'excessive cherté, et tout est pour le mieux dans le meilleur des mondes.

Nous nous proposons d'exposer les effets de cette législation en Angleterre. On sait que *l'échelle mobile* était la même, *quant au principe*, des deux côtés de la Manche. Il n'y avait de différence que *dans le degré*. La loi française ne place pas aussi haut que la loi anglaise le *taux normal* du blé. Toutes deux ont donc dû opérer *dans le même sens*, quoique *avec des intensités différentes ;* et, si nous découvrons les conséquences de l'une, nous pourrons nous tenir pour assurés que les conséquences de l'autre ont été analogues, quoique moins tranchées. C'est un pendule observé au point le plus éloigné du pivot, parce que c'est là que les oscillations sont plus sensibles. Mais nous avons la certitude que, sur tous les autres points de la tige, les oscillations sont exactement proportionnelles. Un autre motif nous détermine à étudier l'échelle mobile par les effets qu'elle a produits en Angleterre. C'est tout simplement que la statistique anglaise nous offre plus de matériaux que celle de notre pays.

Pendant les dernières années de la guerre, le prix du blé s'était maintenu en Angleterre à 106 et jusqu'à 122 sh. le quarter. —En 1814, il tomba à 72 sh., et en 1815, à 63 sh. Ces prix, si inférieurs à ceux auxquels on était habitué, effrayèrent les agriculteurs. Le gouvernement conçut l'idée de maintenir le blé, par l'intervention de la loi, à un *taux normal*. Il procéda à une enquête, consulta les propriétaires et les fermiers. Ceux-ci, alléguant la cherté des terres, la pesanteur des taxes, le haut prix de la main-d'œuvre, etc., affirmèrent que le vrai *prix de revient* du blé en Angleterre était de 90 à 100 sh. C'est sur cette donnée que fut basée la loi de 1815. Elle dispose que le blé étranger serait entièrement prohibé, tant que le blé indigène n'aurait pas persévéré, pendant trois mois, à un taux moyen de 80 sh. (*Le quarter* = 200 *litres* 78/100.)

La promesse légale d'un prix aussi élevé eut bientôt ses effets naturels. L'on fonda sur la culture des céréales de

grandes espérances. Une concurrence active se manifesta
pour obtenir des terres à exploiter. La rente s'éleva, ce qui
amena le haut prix des terres elles-mêmes ; et le premier
effet de la mesure fut d'ajouter au sol une valeur artificielle, de gratifier les Landlords d'un capital factice dont
le consommateur de blé devait payer l'intérêt.

Cependant les agriculteurs commencèrent leurs opérations. Elles ne se réglèrent pas sur les besoins du pays,
indiqués par le taux naturel du blé, mais bien sur le taux
anormal promis par la loi. Ce taux offrait la perspective
d'énormes profits. Aussi en ensemença en blé les terres
des qualités les plus inférieures, on défricha des landes et
des marais, on les fertilisa avec des engrais achetés fort
cher et venus de fort loin. Sous l'influence de cette excitation extraordinaire, une portion tout à fait inusitée du capital national déserta les autres canaux de l'industrie pour
venir se fixer dans les exploitations agricoles ; et un homme
d'État contemporain nous apprend qu'à cette époque le
sol de l'Angleterre fut littéralement pavé de guinées.

Nous devons faire observer ici qu'à ce grand développement de l'agriculture répondit une crise commerciale et
industrielle. Cela s'explique aisément : d'un côté, le capital désertait le commerce et les manufactures, et, d'un
autre côté, la cherté de la subsistance forçait le gros du
public à restreindre toutes ses autres consommations.

Mais quelle était la situation des agriculteurs ? Il est facile
de comprendre qu'alors même que le haut prix du blé se
serait maintenu, tout n'aurait pas été profit pour eux.

D'abord ils payaient de fortes rentes. Ensuite, ils emprun-
taient des capitaux à un taux élevé et, en outre, ils culti-
vaient de mauvaises terres par des procédés fort dispendieux. Il saute aux yeux que le *prix de revient* était beaucoup plus élevé pour eux qu'il ne l'eût été sous un régime
libre, et qu'ils étaient loin de profiter de toute la charge

imposée au public consommateur. Quand la loi aurait maintenu le blé à 1,000 sh. au lieu de 80, il y eût eu évidemment perte sèche pour la nation, si ce prix eût déterminé les agriculteurs à semer du blé jusque dans les galeries houillères de la Cornouailles, et s'il leur fût revenu à eux-mêmes à 990 sh.

Mais le prix fût-il maintenu à 80 sh. ?

On prévoit d'avance qu'il ne peut en être ainsi. La fiévreuse activité imprimée à la culture du froment, par les promesses de la loi, ne tarda pas à jeter sur les marchés anglais des approvisionnements inconsidérés; et les prix baissèrent successivement comme suit :

1817......................	94 sh.
1818......................	83
1819......................	72
1820......................	65
1821......................	54
1822......................	45

Soit la moitié environ du prix promis par la loi. Quelle déception !

Et remarquez que ce même blé, qu'on était forcé de vendre à 45 sh., revenait fort cher, puisqu'il n'avait été amené à l'existence que par des efforts dispendieux.

Aussi la fin de cette période d'avilissement dans les prix fut marquée par une épouvantable crise agricole. Les fermiers furent ruinés ; les lords ne purent recouvrer leurs rentes. Les uns et les autres maudirent la culture du froment, naguère l'objet de tant d'espérances. On convertit les terres arables en pâturages, calculant qu'elles donneraient un meilleur revenu livrées à la dépaissance des bestiaux que soumises au travail de l'homme; et l'on sait qu'à cette époque fut pratiquée, très en grand, l'opération appelée *Clearance*, qui ne consistait en rien moins qu'à raser des villages entiers, à en chasser les habitants, pour substituer sur le sol la race ovine à la race humaine.

Pendant cette crise agricole, l'esprit d'entreprise reçut une impulsion également désordonnée et non moins fu-neste. Le capital revenait en masse de l'agriculture à l'in-dustrie. En admettant que la consommation de l'Angle-terre soit de 16 millions de quarters de blé, la dépense du pays pour la nourriture présentait, comparativement aux années de cherté, une économie annuelle de 32 millions de livres sterling, ou 800 millions de francs. Une masse aussi énorme de fonds disponibles, à un moment donné et inat-tendu, occasionna comme une pléthore dans la circulation. Il n'est pas d'opération hasardeuse qui ne parvînt à séduire les capitalistes. C'est alors que furent engouffrées des som-mes considérables, et à jamais perdues, dans les mines du Mexique et dans les nombreux emprunts des jeunes répu-bliques américaines.

La réaction devait suivre naturellement. Nous avons vu que la culture du froment, devenue ruineuse, avait été abondonnée dans une proportion énorme. L'encombre-ment des blés disparut peu à peu et fit place à une nou-velle disette. Les prix firent une nouvelle ascension :

1822	45 sh.
1823	51
1824	62
1825	66
1826, et jusqu'en 1831	66 environ.

Quelle fut alors la situation des fermiers ? Le prix s'était relevé sans doute, mais non à leur profit, ou du moins dans une mesure très-bornée ; car cette disette provenait préci-sément de ce qu'ils avaient restreint leurs cultures. Ce fut donc l'étranger qui réalisa les grands prix, d'autant que l'échelle mobile, décrétée pendant cette crise (en 1828), diminua l'obstacle absolu mis par la loi antérieure à l'im-portation.

Aussi, tandis que l'Angleterre n'avait tiré du dehors que six hectolitres de blé, dans les deux dernières années de la période de bon marché (1821 et 1822), elle en importa 14 millions d'hectolitres, au prix de 350 millions de francs, dans les années 1829, 1830 et 1831.

Singulier effet de l'intervention de la loi ! quand l'agriculteur fait de grands efforts, se livre à une culture dispendieuse, en un mot, quand le blé lui revient fort cher, il le vend à vil prix, parce que ces efforts mêmes inondent le marché. Quand, averti par ces cruelles déceptions, il restreint ses travaux, le prix remonte; mais ce n'est pas lui seul, c'est l'étranger aussi qui vient en profiter.

De ce que les époques de bon marché ont développé des crises dans l'industrie agricole, il ne faut donc pas se hâter de conclure que les temps de cherté lui ont apporté une compensation suffisante.

Mais ces années de cherté eurent, sur toutes les autres branches du travail, les effets désastreux qui suivent toujours la disette. Si nous ne craignions de dépasser les bornes d'un article de journal, nous pourrions apporter ici des preuves nombreuses à l'appui de cette assertion, tirées de la statistique des banques, des importations et des exportations, de la criminalité, de la mortalité, etc.

Cependant, le prix du blé s'était soutenu, comme on vient de le voir, pendant plusieurs années. Les fermiers crurent que l'*échelle mobile*, inaugurée en 1828, avait résolu le problème de la fixité des prix. La nouvelle loi leur promettait, d'ailleurs, une rémunération avantageuse. Pleins de confiance, ils se mirent à étendre la culture du froment, en confondant toujours le prix naturel, qui indique la réalité des besoins, avec le prix artificiel, qui est l'œuvre éphémère et décevante de la législation.

Ne doutant pas que ce prix de 66 à 70 sh. était désormais invariable, ils travaillèrent eux-mêmes à encombrer de

nouveau le marché. A partir de 1831, l'excès de production
amena l'avilissement des prix :

1831.........................	66 sh.
1832.........................	58
1833.........................	52
1834.........................	46
1835.........................	39

Voici de nouveau le cours tombé à environ la moitié de
celui promis par la loi ([1]).

Inutile de dire que tous les effets décrits, pour la période de 1822, se reproduisirent ici.

Crise agricole. Les fermiers ne payent pas leurs rentes.
Les propriétaires sont frustrés dans leurs injustes prétentions. L'importation du blé cesse ; l'avilissement du prix
retombe exclusivement sur l'agriculteur national. Enfin, la
culture du froment est de nouveau découragée, et nous en
verrons tout à l'heure les conséquences.

D'un autre côté, dans cette même période, l'industrie
reçoit une excitation exagérée. Le capital reflue vers elle et
s'accroît par l'économie sur la subsistance. Une demande
extraordinaire d'objets manufacturés se manifeste. Des
usines s'élèvent de tous côtés, plutôt en proportion de la
demande exceptionnelle du moment que des besoins réels
de l'avenir. Elles ne suffisent pas à absorber les capitaux

([1]) Il n'est pas inutile de faire remarquer ici qu'en France les propriétaires, dès 1818, jetaient de hauts cris contre l'avilissement ruineux
du prix du blé. La loi du 21 juillet 1821, faite sous leur influence, avait
la prétention de fixer le taux de 20 à 24 francs. De quelque façon qu'on
l'explique, toujours est-il qu'elle trompa cruellement les espérances des
agriculteurs. Voici le cours officiel du blé pendant les quatre années
qui ont suivi la loi :

1821........	18 fr.	65 c.
1822.....................	15	08
1823.....................	17	20
1824.......	15	86
1825.....................	14	80

disponibles. Les banques regorgent. On entreprend des chemins de fer sur une échelle inconsidérée, etc.

Toute production qui ne couvre pas ses frais cesse ou se restreint. On ne cultive pas longtemps du blé, surtout par des moyens dispendieux, pour le vendre à la moitié du prix attendu. Nous devons donc nous attendre à un affaiblissement dans la production, et, par suite, à un retour vers la hausse. En effet, le prix s'élève, de

1835	38 sh.
à 1836	48
1837	55
1838	64
1839	70

Mêmes faits, toujours suivis des mêmes résultats.

L'agriculture ne profite que dans une mesure fort limitée de ces hauts prix; car tandis qu'en 1835 et 1836 l'importation n'est que de 95,000 quarters, elle s'élève pour 1838 et 1839 à 4,500,000 quarters, qui coûtent plus de 300 millions de francs.

Et, comme accompagnement obligé, crise monétaire, crise industrielle, crise commerciale, stagnation des ateliers, baisse des salaires, famine, paupérisme, incendiarisme, rébeccaïsme, crimes, mortalité; voilà les traits qui signalent la cherté de ces années 1838 et 1839.

A cette époque, les yeux des fermiers commencèrent à s'ouvrir sur les illusoires promesses de la loi. Ils comprirent qu'il n'était pas au pouvoir du parlement de fixer à un taux élevé le prix du blé, puisque cette élévation même, provoquant la surproduction, amenait l'encombrement des marchés; et les plus éclairés d'entre eux s'unirent à la *Ligue* pour renverser la *loi céréale*.

Ce que nous avons dit jusqu'ici suffit sans doute pour que le lecteur prévoie ce qui s'est passé depuis. Le prix de famine de 1839 marqua l'époque d'un retour vers l'abondance.

1839......................	70 sh.
1840......................	66
1841......................	64
1842......................	57
1843......................	50
1844......................	51
1845, premiers mois.........	45

Et cette période n'a pas manqué d'être suivie de la réaction vers la cherté, dont nous sommes témoins aujourd'hui.

Il est de notoriété que la fin de cette première période a été signalée par le phénomène de la pléthore financière et industrielle, qui a jeté l'Angleterre dans des spéculations désordonnées sur les chemins de fer; et nous n'avons pas besoin de dire que le triste cortége, qui accompagne toujours les années de disette (1846), ne fait pas non plus défaut en 1847.

En resumé, nous voyons quatre époques de disette alterner avec trois époques d'abondance.

Il est des personnes qui seront portées à croire que c'est là un jeu de la nature, un caprice des saisons. Nous pensons au contraire qu'il est peu de produits de l'industrie humaine dont le cours, sous un régime entièrement libre, fût plus régulier que celui du blé. Et, sans entrer ici dans des considérations à l'appui de cette opinion, nous nous contenterons de dire que la permanence des prix a été d'autant plus constante, dans divers pays, que ces pays ont joui de plus de liberté, ou du moins ont adopté une législation moins exagérée que celle de la Grande-Bretagne. Les désastreuses fluctuations que nous venons de décrire sont dues presque exclusivement à l'*échelle mobile*.

Et qu'on n'imagine pas que les périodes de prospérité, qui ont succédé si régulièrement à des périodes de souffrance, ont été pour l'Angleterre une compensation suffisante. Sans doute, les quatre époques des grandes crises, semblables à celles dont nous sommes témoins aujourd'hui, sont celles où le mal se manifeste; mais les trois époques de prospérité *anormale* sont celles où il se prépare. Dans celles-ci, l'énorme épargne, que le pays réalise dans l'achat des subsistances, accumule des capitaux considérables dans les banques et aux mains des classes industrielles. Ces capitaux ne trouvent pas immédiatement un emploi profitable. De là un agiotage effréné, un téméraire esprit d'entreprise; opérations lointaines et hasardeuses, chemins de fer, usines, tout se développe sur une échelle immense, et comme si l'état de choses actuel devait toujours durer. Mais les époques de cherté surviennent, et alors il se trouve qu'une grande partie du capital national a été aussi certainement englouti que si on l'eût jeté dans la mer.

Il est permis de croire que, sous un régime de liberté, ces excessives fluctuations dans le prix du blé eussent été évitées. Alors le capital se serait partagé, dans des proportions convenables, entre l'agriculture et l'industrie. Elles auraient prospéré d'un pas égal et par l'action réciproque qu'elles exercent l'une sur l'autre. On n'aurait pas eu le triste spectacle de deux grandes moitiés de l'Angleterre paraissant avoir des intérêts opposés, chacune d'elles subissant des crises terribles, précisément quand l'autre était embarrassée de sa prospérité.

Nous regrettons de traiter si à la hâte un sujet de cette importance, forcés que nous sommes de négliger une foule de documents et de considérations qui auraient, nous en sommes sûrs, entraîné les convictions du lecteur. Puissions-nous en avoir dit assez pour lui faire soupçonner que l'intervention de la loi, dans la fixation du prix du blé, est fallacieuse, funeste à tous les intérêts, et principalement à celui qu'elle prétend servir, nous voulons dire l'intérêt agricole.

11. — A QUOI SE RÉDUIT L'INVASION.

27 Décembre 1846.

Si nous avons une foi entière dans le triomphe de notre
cause, malgré la formidable opposition qu'elle rencontre,
c'est que nous nous attendons à voir les faits venir l'un
après l'autre déposer en sa faveur.

Au moment où nous écrivons, les ports de France sont
ouverts aux céréales du monde entier.

Excepté Bayonne, où le jeu de l'échelle mobile amène
des résultats fort bizarres. — Le froment y manque et est
à 28 fr. Le maïs y abonde et ne vaut que 11 fr. Tout naturellement les Bayonnais voudraient *échanger* du maïs contre
du froment. Mais l'opération est doublement contrariée et
voici comme. — Je voudrais *faire sortir* du maïs, dit le
Bayonnais. — Payez l'amende, répond le douanier. — Et
le motif? — Le motif, c'est que le froment vaut 28 fr. sur
le marché. L'ami, vous choisissez mal votre temps pour exporter des aliments. — Oh! que l'État soit sans crainte, je
n'ai pas envie de mourir de faim. Aussi, en retour du maïs,
veux-je *faire entrer* du froment. — Vous payerez encore
l'amende, dit le douanier. — Et la raison? — La raison,
c'est que le froment n'est, ou n'était, il y a deux mois, qu'à
22 fr... à Toulouse. Vous connaissez nos moyennes. Quand
Toulouse a mangé, Bayonne doit être rassasié. — Mais,
monsieur le douanier, il y a soixante lieues de mauvaises
routes d'ici à Toulouse. — Faites venir le froment par la
Garonne et Bordeaux. — Mais, monsieur le douanier, vous
conviendrez que ce froment de Toulouse reviendra moins
cher arrivé à Bordeaux que parvenu à Bayonne. — Cela va
sans dire. — Comment donc se fait-il que Bordeaux puisse
recevoir du froment étranger, et non pas Bayonne? — On
voit bien que vous ne comprenez rien à nos belles combi-

naisons de moyennes, de prix et marchés régulateurs, de zones, etc., etc.

Sauf donc Bayonne, tous les ports de France sont ouverts aux céréales du monde entier.

L'inondation qui, selon nos adversaires, devrait suivre cette mesure, avilir les prix, arrêter la culture, rendre les champs aux ronces, cette inondation a-t-elle eu lieu? Évidemment non, puisque chacun se préoccupe de savoir si nous aurons assez de pain pour passer l'hiver.

Cependant les circonstances n'étaient-elles pas éminemment propres à déterminer l'inondation?

Cela vaut la peine d'être examiné.

Dans sa circulaire aux préfets, M. le ministre du commerce établit « que dans les trois régions du Nord, ainsi que dans les trois régions du Centre, la récolte en froment, méteil, seigle et orge, a été généralement inférieure à une année ordinaire et que, dans les trois régions du Midi, les rapports accusent une infériorité de récolte encore plus marquée.

« La perte de la pomme de terre paraît aller au quart ou au tiers d'une année commune. »

En outre, « l'année dernière n'a pas été une année favorable, et si elle présentait un boni de quelques millions d'hectolitres, le mauvais résultat de la récolte des pommes de terre, en augmentant la consommation des céréales, l'avait considérablement réduit. »

Ainsi, du côté de la France, tout semblait se réunir pour provoquer, en cas d'ouverture des ports, une inondation de blés étrangers.

D'un autre côté, les circonstances extérieures favorisaient au plus haut degré ce phénomène.

« En effet, dit monsieur le ministre, l'approvisionnement « des grands marchés est en ce moment très-considérable; « la récolte des grains a été magnifique dans les anciennes

« provinces polonaises et les gouvernements de la Nouvelle-
« Russie, qui alimentent les places d'Odessa dans la mer
« Noire, de Taganrog, Roslow, Marioupole, etc., dans la
« mer d'Azow. L'énorme exportation des années 1844 et
« 1845 avait donné dans ces contrées une grande impulsion
« à la culture des céréales; la température extraordinaire-
« ment favorable de l'été en a favorisé le développement...

« La récolte en Égypte a été supérieure aux produits
« d'une année commune. Elle excède de beaucoup les be-
« soins de la consommation; la moyenne des exportations
« annuelles est d'environ 990,000 hectolitres; Alexandrie
« peut en livrer facilement cette année de 1,700,000 à
« 1,800,000...

« Aux États-Unis, les deux récoltes abondantes de 1845
« et 1846 ont accumulé d'importantes quantités de grains
« disponibles pour l'exportation; et un rapport officiel
« du 30 septembre dernier n'évalue pas cette récolte à
« moins de 26 millions d'hectolitres de maïs, et plus de
« 49 millions d'hectolitres de froment. »

Les deux phénomènes qui, dans leur coexistence, sont
les plus propres à déterminer une invasion de produits
étrangers se présentent donc ici, à savoir : déficit chez
nous, extrême abondance dans les autres pays producteurs.

Nous ajouterons qu'au point de vue du système restrictif,
qui se préoccupe surtout de celui qui produit le blé et non
de celui qui le mange, il était impossible de choisir un plus
mauvais moment pour ouvrir les ports.

Après bien du travail et des fatigues, le laboureur voit
son blé détruit par la pluie; ce qui lui en reste ne peut le
récompenser de ses soins et de ses avances qu'autant qu'il
le vendra à un prix élevé. Et c'est dans ce moment que
vous donnez un libre accès au blé étranger, cultivé sur une
terre qui ne coûte rien, par des mains qu'on ne paye pas,
dans un pays exempt d'impôts, et où, par surcroît de fata-

lité, la récolte a été magnifique? Qu'est donc devenue votre théorie de la *lutte à forces égales,* de l'égalisation des conditions du travail?

Vous avez mis tous ces arguments de côté, vous avez ouvert les ports sans ménagements, sans transition, sans ces sages tempéraments qui, dans d'autres circonstances, sont un commode prétexte pour ne rien faire du tout. La peur de la faim a surmonté la peur de l'inondation. Vous vous êtes fait libre-échangiste pratique, dans toute la force du terme. Vous avez été non moins radical que Cobden et plus que sir Robert Peel. Vous avez prononcé, en fait de céréales, la liberté totale, immédiate, sans condition, sans stipuler aucune réciprocité. — C'est une grande expérience. Et que nous apprend-elle? C'est que *l'inondation,* loin de nous submerger, ne se fait pas assez vite au gré de vos désirs; le commerce, la spéculation, la différence des prix, l'inégalité des conditions de production, rien de tout cela ne peut hâter assez cette concurrence étrangère si redoutée; et pour la surexciter, vous êtes réduit à y appliquer les deniers publics et les vaisseaux de l'État.

Laisserons-nous passer un fait aussi grave sans en retirer quelque enseignement?

Ce que vous avez fait aujourd'hui sans dommage, évidemment vous pouvez le faire toujours sans danger.

Car enfin, de quelle manière peuvent se combiner les récoltes relatives de la France et de l'étranger? nous n'en connaissons que quatre, savoir :

Abondance partout ;

Déficit partout;

Abondance chez nous, déficit ailleurs ;

Abondance ailleurs, déficit chez nous.

Parmi ces quatre combinaisons possibles, il n'y a que la dernière qui puisse rendre l'inondation redoutable.

S'il y a abondance partout, il y a bon marché partout.

C'est le cas actuel, sauf que le prix serait plus bas en France,
et par conséquent l'importation moins lucrative. Le rayon
del'approvisionnement serait plus restreint.

S'il y a déficit partout, il y a cherté partout. C'est encore
le cas actuel, sauf que le prix serait plus élevé en Bessa-
rabie, en Égypte, aux États-Unis; et nous serions dans le
cas de faire plus, s'il était possible, que d'ouvrir les ports.

Quant à la troisième hypothèse, abondance chez nous,
déficit ailleurs, c'est certainement celle où la possibilité de
l'inondation est à son moindre degré.

Il n'y a donc qu'un cas où cette singulière inondation
d'aliments puisse *à priori* paraître imminente; c'est le cas
où les aliments nous manquent tandis qu'il y en a ailleurs.
C'est le cas où nous nous trouvons; c'est le cas, le seul cas
où la loi restrictive ait quelque chose de logique et de
justifiable, au point de vue étroit de l'intérêt producteur.

Or, nous y sommes dans cette éventualité, et, par une
inconséquence bien remarquable, nous avons rejeté la protection, non-seulement *quoique,* mais *parce que* nous nous
trouvons dans l'hypothèse même qui lui sert de prétexte et
d'excuse. Et qui plus est, nous en sommes à regretter de
ne l'avoir pas plus tôt rejetée.

De fait, notre loi céréale est abolie, GARDONS-NOUS DE LA
RÉTABLIR. Il ne faut pas nous créer pour l'avenir des difficultés. Il ne faut pas fournir un nouvel aliment aux préjugés
et aux vaines alarmes des cultivateurs ou plutôt des possesseurs du sol. Les voilà soumis à la concurrence étrangère,
il faut les y laisser, puisqu'aussi bien elle ne leur sera jamais aussi préjudiciable qu'elle peut l'être aujourd'hui.
Les événements ont fait ce que tous les raisonnements du
monde n'auraient pu faire; la révolution est accomplie; ce
qu'il peut y avoir de fâcheux dans le premier choc est passé;
il ne faut point en perdre le bienfait permanent, en opérant
la contre-révolution. Les prix intérieurs et extérieurs sont

nivelés, l'agriculture française a subi la concurrence dans les circonstances las plus défavorables pour elle; il ne faut pas lui restituer d'injustes et inutiles priviléges. Enfin, il faut apprendre dans ce grand fait que le plus important de tous les produits est passé, *sans transition*, du régime de la restriction à celui de la liberté, et que la réforme, immédiate, absolue, n'en a été que moins douloureuse.

Que toutes les associations du libre-échange s'unissent donc pour empêcher que la loi céréale ne soit jamais ressuscitée. Sur ce terrain elles auront une force immense. Il est plus facile d'obtenir le maintien d'une réforme déjà réalisée que le renversement d'un abus. Dans la prévision d'une liberté prochaine et inévitable, les manufacturiers, qui ont l'intelligence de la situation, seront avec nous. Le peuple ne saurait nous combattre sans déserter, non-seulement son intérêt le plus évident, mais encore son droit le plus sacré, celui d'échanger son salaire contre la plus grande somme possible d'aliments, celui d'acheter le blé au prix réduit par la concurrence, quand il vend son travail au prix réduit par la concurrence. Et quant au propriétaire (car l'agriculteur est hors de cause), croyons qu'il est assez juste envers le peuple pour renoncer à une taxe sur le pain, qui n'a d'autre effet que d'élever artificiellement le capital de la terre. Que si, d'abord, il se tourne contre nous, il nous reviendra quand nous demanderons que les classes manufacturières fassent à leur tour, en toute justice envers lui, l'abandon de leurs injustes et inefficaces priviléges.

12. — SUBSISTANCES.

8 Mai 1847.

Quand nous avons entrepris de renverser le régime protecteur, nous nous attendions à rencontrer de grands obstacles.

Nous savions que nous soulèverions contre nous de puissants intérêts, aveuglés par les trompeuses promesses de la législation actuelle, et nous ne nous dissimulions pas l'influence que les grands manufacturiers, les grands propriétaires et les maîtres de forges exercent dans les chambres et sur la presse périodique.

Il n'était pas difficile de prévoir que les industries protégées entraîneraient pour un temps leurs ouvriers. Quoi de plus aisé que de faire un épouvantail de la concurrence, quand on ne la montre à chacun que dans ses rapports avec l'industrie qu'il exerce?

Nous pensions bien que certains chefs de parti, toujours avides de recruter des boules, se poseraient aux yeux des protectionnistes comme les patrons de leurs injustes priviléges, et qu'ils ne manqueraient pas de faire, au nom de l'opposition, une campagne contre la liberté. C'est avec cette triste tactique qu'on s'enfonce dans la dégradation morale; mais qu'importe, si l'on atteint le but immédiat, celui d'enlever quelques voix à des adversaires politiques?

Mais de tous les obstacles, le plus puissant, c'est l'ignorance du pays en matière économique. L'Université, qui décide ce que les Français apprendront ou n'apprendront pas, juge à propos de leur faire passer leurs premières années parmi des possesseurs d'esclaves, dans les républiques guerrières de la Grèce et de Rome. Est-il surprenant qu'ils ignorent le mécanisme de nos sociétés libres et laborieuses ?

Enfin, nous ne sommes pas de ceux qui pensent qu'un cabinet quelconque puisse accomplir une réforme importante contre le gré de l'opinion publique ; et eussions-nous eu cette pensée, les faits nous démontraient que celui qui dirige les affaires du pays n'était nullement disposé à risquer son existence dans une telle entreprise.

C'est donc avec la pleine connaissance des difficultés qui

nous entouraient que nous avons commencé notre œuvre.

Cependant, nous devons l'avouer, jamais nous n'aurions pu croire que la France offrirait au monde l'étrange et triste spectacle qu'elle présente;

Que, pendant que l'Angleterre, les États-Unis et Naples affranchissent leur commerce, pendant que la même réforme s'élabore en Espagne, en Allemagne, en Russie, en Italie, la France se contenterait de répéter, sans oser rien entreprendre : « Je marche à la tête de la civilisation ; »

Que des chambres de commerce, comme celles de Metz, de Mulhouse, de Dunkerque, qui demandaient énergiquement la liberté il y a quelques années, s'en montreraient aujourd'hui épouvantées.

Mais il n'est que trop vrai. Par les efforts combinés des protectionnistes et de certains journaux, le pays a été saisi tout à coup d'une crainte immense, inouïe, et, osons trancher le mot, ridicule.

Car, que voyons-nous ? Nous voyons la disette désoler la population, le pain et la viande hors de prix, des hommes, au dire des journaux, tomber d'inanition dans les rues de nos villes. — Et les ministres n'osent pas déclarer que les Français auront, au moins pendant un an, le droit d'acheter du pain au dehors. Ils n'osent pas le déclarer, parce que le pays n'ose pas le demander ; et le pays n'ose pas le demander, parce que cela déplaît aux journaux protectionnistes, socialistes et soi-disant démocratiques. Oui, nous le disons hautement, avant peu on refusera de croire que la France a étalé aux yeux de l'univers une telle pusillanimité ; chacun se vantera d'avoir fait exception, et, comme ces vieux soldats qui disent avec orgueil : « J'étais à Wagram et à Waterloo, » on dira : « En 1847, je déployai un grand courage ; j'osai demander le droit de troquer mon travail contre du pain. »

Où en sommes-nous, grand Dieu ! On écrit de Mulhouse : « La consommation intérieure de nos produits est arrêtée à cause de la cherté de nos subsistances; les ateliers se ferment, les ouvriers sont sans ouvrage, le blé est à 50 fr. l'hectolitre ; la Suisse est près de nous; nous serions heureux d'obtenir la permission d'aller y chercher de la viande, mais nous n'osons pas la demander. »

On mande de Lyon qu'il serait dangereux de soumettre aux ouvriers une pétition pour la libre entrée des aliments. Il faudrait, dit-on, que cette proposition émanât du parti démocratique; et il s'y oppose parce qu'il a fait alliance avec le privilége.

Bien plus. Êtes-vous convaincus que l'entrée libre des blés doit être provoquée? Il ne vous est pas permis de dire vos raisons. Telle est la libéralité de nos libéraux, qu'ils ne souffrent même pas la discussion sur ce point. De suite, ils vous attribuent des motifs honteux. Vous êtes des pessimistes, des alarmistes, des traîtres, et pis que cela, si c'est possible.

C'est ainsi que le *Journal des Débats* s'est attiré un torrent d'invectives de ce genre pour avoir demandé la prorogation de la loi qui autorise la libre entrée des céréales, et surtout pour avoir motivé sa demande.

Vous alarmez le pays, lui a-t-on dit ; votre but est de l'agiter; votre but est de faire baisser les fonds; votre but est de rompre un chaînon du système protecteur; votre but est de nous ravir notre popularité, etc., etc.

Alarmer le pays ! Eh quoi ! est-ce que pour un peuple, pas plus que pour un homme, le courage consiste à fermer les yeux devant le danger? Est-ce que le plus sûr moyen de lutter contre les obstacles et d'en triompher, ce n'est pas de les voir? Est-il possible d'employer le remède sans parler du mal, et suffit-il de dire : « La récolte sera magnifique, surabondante, précoce; ne vous préoccupez pas de l'avenir, rapportez-vous-en au hasard; fiez-vous au ministère; sauf à l'accabler si vos illusions sont trompées (¹)?

Que disait pourtant le *Journal des Débats?* Il n'arguait pas d'une mauvaise récolte. Il ne pouvait le faire, puisque c'est encore le secret de l'avenir.

Il se fondait sur des faits connus, incontestables. Il disait: D'une part, la production des substances alimentaires sera diminuée de tout ce qu'on a ensemencé en moins de pommes de terre; de l'autre, nos greniers seront vides. Or, en temps ordinaire, il y a une réserve. Donc les prix seront plus élevés qu'en temps ordinaire, même en supposant une bonne récolte.

Certes, c'était bien là le langage de la modération et de la prudence.

Pour nous, nous disons aux propriétaires : En premier lieu, vous n'avez pas à craindre que la liberté avilisse le prix des blés l'année prochaine. Il est de notoriété que le blé est cher parce qu'il manque, non-seulement en France, mais sur presque toute la surface de l'Europe, en Angleterre, en Belgique, en Italie. En ce moment même, nous apprenons qu'un des greniers de l'univers, la Prusse, est en proie à des convulsions causées par la cherté du pain. Il est de notoriété que les approvisionnements des autres pays producteurs, l'Égypte, la Crimée, les États-Unis, ne sont pas inépuisables, puisque le blé s'y tient à des prix élevés. Dans de telles circonstances, ne pas permettre au commerce de préparer ses opérations, c'est les empêcher, c'est travailler à perpétuer la famine.

En second lieu et surtout, vous n'avez pas le droit de faire ce que vous faites. Vous abusez de la puissance législative. Le dernier des manœuvres a plus le droit d'échanger,

(¹) On se rappelle que le *Constitutionnel,* après avoir énuméré toutes les raisons qui selon lui font un devoir au ministère de ne pas laisser entrer le blé étranger, terminait ainsi son article : « Cependant, si malheur arrive, nous serons vos plus terribles accusateurs! »

à la fin de sa journée, son chétif salaire contre du pain étranger, que vous n'avez celui de l'en empêcher pour votre avantage. Si vous le faites, c'est de l'oppression dans toute la force du mot; c'est de la spoliation légale, la pire de toutes. — On parle de la responsabilité du pouvoir. Ce n'est pas à nous de l'en exonérer. Mais nous disons que la plus grande part de responsabilité pèse sur les législateurs-propriétaires. Que la famine se prolonge ; et, si parmi tous les ouvriers de France, il en est un seul qui succombe pour n'avoir pu acheter, avec son salaire, autant de pain qu'il l'eût fait sous un régime libre, qui donc, nous le demandons, devra compte de cette vie?

Non, cette terreur pusillanime ne peut durer. Il est par trop absurde et insultant de dire aux Français : « Nous voyons le mal qui vous menace, c'est la cherté du pain. Il n'y a qu'un remède possible, c'est la libre entrée du blé étranger. Mais, pour réclamer cette liberté, il faut parler du danger, et vous n'avez pas assez de courage pour qu'on parle, devant vous, même de dangers éventuels. Donc nous n'en parlerons pas; nous ne souffrirons pas qu'on en parle. Que les autres peuples aillent faire leurs approvisionnements, le commerce français doit rester dans l'oisiveté ; parce que le seul fait d'aller chercher du blé, pour apaiser votre faim, troublerait votre quiétude. »

13. — DE LA LIBRE INTRODUCTION DU BÉTAIL ÉTRANGER.

14 Mars 1847.

La Belgique vient de suspendre le droit d'entrée sur le bétail.

Ainsi, à l'heure qu'il est les Belges, les Anglais, les Suisses, ont le droit de se livrer à tout *travail national* qui trouve à s'échanger contre de la viande étrangère.

Nous autres, Français, nous n'avons pas ce droit, ou nous devons l'acheter par une taxe, — taxe que nous payons à contre-cœur, car elle ne va pas au Trésor et n'est pas dépensée au profit de la communauté.

En tous temps, un prélèvement, par quelques particuliers, sur le prix de la viande, nous semble injuste. En ce moment, il nous paraît cruel.

Il faut que l'esprit de monopole soit bien enraciné chez nous pour résister, non plus seulement aux démonstrations de la science, mais au cri de la faim.

Quoi ! un ouvrier de Paris, à qui la nature a donné le besoin de manger et des bras pour travailler, ne pourra pas échanger son travail contre des aliments ?

Quoi ! si l'artisan français peut faire sortir de la viande de son marteau, de sa hache ou de sa navette, cela lui sera défendu !

Cela sera défendu à trente-cinq millions de Français, pour plaire à quelques éleveurs !

Ah ! plus que jamais nous persistons à réclamer la liberté de l'échange, qui implique la liberté et le bon choix du travail, non comme une bonne police seulement, mais comme *un droit*.

S'il plaît à la Providence de nous envoyer la famine, nous nous résignerons. Mais nous ne pouvons nous résigner à ce que la famine, dans une mesure quelconque, soit décrétée par la loi.

Nous défions qui que ce soit de nous prouver que l'ouvrier doive une redevance à l'éleveur, pas plus que l'éleveur à l'ouvrier.

Puisque la loi n'élève pas le taux du salaire, elle ne doit pas élever le taux de la viande.

On dit que cette mesure restrictive a pour objet de favoriser l'espèce particulière de *travail national* qui a pour objet la production de la viande. Mais si ce travail a pour fin unique de fournir des aliments à la consommation, quelle inconséquence n'est-ce pas que de commencer par restreindre la consommation des aliments, sous prétexte d'en protéger la production?

En fait d'aliments, l'essentiel est d'*en avoir*, et non point de les produire par tel ou tel procédé. Que les éleveurs fassent de la viande, mais qu'ils nous laissent la liberté d'en faire à coups de hache, d'aiguille, de plume et de marteau, comme nous faisons l'or, le café et le thé.

Nous voudrions éviter (car il n'est pas de notre intérêt d'irriter les passions), mais nous ne pouvons nous empêcher de dire que la loi, qui restreint le travail et les jouissances de tous au profit de quelques-uns, est une loi oppressive. Elle prend une certaine somme dans la poche de Jean pour la mettre dans la poche de Jacques, *avec perte définitive d'une somme égale pour la communauté* (¹).

Il est de mode aujourd'hui de rire du *laissez faire*. Nous ne disons pas que les gouvernements doivent tout *laisser faire*. Bien loin de là, nous les croyons institués précisément pour *empêcher de faire* certaines choses, et entre autres pour empêcher que Jacques ne prenne dans la poche de Jean. Que dire donc d'une loi qui *laisse faire*, bien plus, qui *oblige de faire* la chose même qu'elle a pour mission à peu près exclusive d'empêcher?

On dit qu'il est utile de restreindre l'entrée de la viande pour favoriser notre agriculture ; que cette restriction accroît chez nous la production du bétail et par conséquent de l'engrais. Quelle dérision !

Voyons, sortez de ce dilemme.

Votre taxe à l'entrée augmente-t-elle le prix de la viande, oui ou non ?

(¹) La circonstance indiquée par les mots soulignés fait le fond du débat entre le libre-échange et la restriction. (V. ci-après nᵒˢ 56 et 57.)

Si vous dites *oui*, nous répondons :

Puisqu'elle accroît le prix moyen de la viande, il y a donc *moins de bétail* dans le pays sous l'empire de cette taxe ; car d'où peut venir l'augmentation de prix, sinon de la rareté relative de la chose ? Et si, à tous les moments donnés, il y a *moins de bétail* dans le pays, comment y aurait-il *plus d'engrais* ?

Si vous dites que le droit n'élève pas le prix, nous vous demanderons pourquoi vous le maintenez ?

On parle toujours de l'intérêt agricole ; mais en a-t-on une vue complète ? Est-ce que l'agriculture n'achète pas autant de bœufs qu'elle en vend ? Est-ce que, parmi nos innombrables métayers et petits propriétaires, il n'y en a pas vingt qui achètent deux bœufs de travail pour un qui vend un bœuf de boucherie ? Est-ce que la restriction n'affecte pas, au préjudice des agriculteurs, le prix de ces quarante bœufs de travail, comme elle affecte, au bénéfice de l'éleveur, le prix du bœuf, qu'il livre à la consommation ? Enfin, est-ce que les agriculteurs, qui forment les deux tiers de notre population, ne mangent pas quelque peu de viande ? et, sous ce rapport, après avoir fait tous les frais de la protection sur les quarante bœufs de travail, ne supportent-ils pas encore, pour les deux tiers ou du moins dans une forte proportion, les frais de la protection accordée sur le bœuf de boucherie ?

Après tout, si l'agriculture a cette grande importance que personne ne conteste, c'est uniquement par le motif qu'elle fournit à la nation des aliments. Il est absurde, contradictoire et cruel, sous prétexte de favoriser l'agriculture, de diminuer l'alimentation du peuple.

14. — SUR LA DÉFENSE D'EXPORTER LES CÉRÉALES.

20 Mars 1847.

Proposer à un peuple de laisser exporter les aliments en temps de disette, c'est certainement soumettre sa foi dans le libre-échange à la plus rude de toutes les épreuves. Quoi de plus naturel, quand on est forcé d'aller chercher du blé au dehors, que de commencer par retenir celui qu'on possède? Au milieu des efforts que font simultanément plusieurs nations pour assurer leurs approvisionnements, pourquoi nous exposerions-nous à ce que la plus riche vînt, à prix d'or, diminuer les nôtres? — Il ne faut donc pas être surpris de voir les gouvernements les plus éclairés faillir aux principes dans les conjonctures difficiles; alors même qu'ils seraient convaincus de l'inefficacité de semblables restrictions, ils ne seraient pas assez forts pour les refuser aux alarmes populaires; ce qui nous ramène toujours à ceci : l'opinion fait la loi; c'est l'opinion qu'il faut éclairer (1).

Le premier inconvénient des mesures qui restreignent l'exportation, c'est d'être fondées sur un principe dont on ne peut guère, quand on en fait l'application générale, refuser sans inconséquence l'application partielle. Devant cette forte tendance, qui se manifeste dans chaque commune, de s'opposer à l'exportation du blé, quelle est la force morale d'un ministère qui vient de signer la prohibition à la sortie? Chaque localité pourrait lui répondre par les arguments de son exposé des motifs. On peut bien alors avoir recours aux baïonnettes, mais il faut renoncer à invoquer des raisons.

Au moment où les récoltes des pays producteurs sont

(1) Sur la souveraineté de l'opinion, voyez tome IV, pages 132 à 146.
(*Note de l'éditeur.*)

emmagasinées, l'approvisionnement général du monde est décidé. Si ces récoltes sont insuffisantes, s'il doit y avoir disette, les lois restrictives ne l'empêcheraient pas ; car il n'est pas en leur pouvoir d'ajouter au produit de ces récoltes *un seul grainde blé*. La question se réduit donc à savoir si ces lois peuvent changer, avec avantage, la distribution naturelle d'une quantité donnée de subsistance. Nous croyons qu'il n'est personne qui ose l'affirmer.

Au reste, l'expérience de cette année, à cet égard, sera fort instructive.

Plusieurs nations, la France entre autres, ont prohibé la sortie des céréales. L'Angleterre, quoique pressée par la disette autant qu'aucune d'elles, a adopté une autre police.

Ainsi, dans ce moment, tout chargement de blé étranger, qui entre en France, n'en peut plus sortir, et n'a devant lui qu'un marché. S'il entre en Angleterre, il peut se diriger ailleurs, et a le choix de tous les marchés du monde.

Qu'en résulte-t-il ? C'est que l'Angleterre tend à devenir l'entrepôt provisoire de tous les pays. Il y a peu de navires, venant du nord de l'Europe ou de l'Amérique, qui ne commencent par aller à Hall ou à Liverpool pour *prendre langue*, comme on dit ; il y a peu de négociants qui ne donnent ordre à leurs expéditions de se diriger vers la Grande-Bretagne, préférant naturellement, à une époque où les fluctuations de prix peuvent être si brusques, se réserver plusieurs chances que de se réduire à une. Une fois le blé à Liverpool, il s'y vendra à prix égal, ou même à un prix un peu inférieur ; car, dans ce genre d'affaires, le négociant aspire à *réaliser*, et d'autant plus qu'on approche davantage de l'époque prévue d'une réaction dans les prix.

L'Angleterre, par le fait même qu'elle a laissé l'exportation libre, sera le pays le mieux approvisionné, et de plus elle fera un profit sur l'approvisionnement des autres peuples. (*V. tome IV, pages* 94 *à* 97.)

C'est ce que lord John Russell, répondant à M. Baillie, a exposé en ces termes :

« Nous savons parfaitement qu'il y a de grandes deman-
« des de blé en France et en Belgique; que le prix s'élève
« et s'élèvera probablement encore dans ces pays. Mais
« nous sommes d'opinion, généralement parlant, que pro-
« hiber l'exportation du blé, c'est le moyen le plus sûr
« d'en empêcher l'importation dans nos ports. (Assenti-
« ment.) Nous croyons que tout marchand importateur,
« s'il est assuré en introduisant du blé chez nous, soit de le
« vendre pour le consommateur, soit de pouvoir le porter
« sur d'autres marchés, selon ses convenances, aura des
« raisons déterminantes pour le porter ici. (Écoutez, écou-
« tez.) Nous considérons, au contraire, que s'il sait que
« son blé, une fois entré, ne peut plus sortir, cela le por-
« tera à fuir un marché où sa denrée serait emprisonnée,
« et à la porter ailleurs. »

On trouve dans les *Voyages du capitaine Basil-Hall* le récit d'un fait analogue. En 1812, l'Inde fut désolée par la famine. Partout on s'empressa d'interdire l'exportation du riz. Il se rencontra, à Bombay, une administration com-posée d'hommes éclairés et énergiques. En face de la di-sette, elle maintint la liberté des transactions. Le résultat fut que toutes les expéditions de riz se dirigèrent sur Bombay. C'est là que les navires se rendaient d'abord, pour combiner leurs opérations ultérieures. Très-souvent, ils se défaisaient de leurs cargaisons, même à des prix réduits, préférant recommencer un second voyage. C'est à Bombay que l'Inde alla s'approvisionner; et c'est là aussi que la famine se fit le moins sentir.

Indépendamment du tort général que fait presque tou-jours l'intervention directe de l'État en matière de commerce, elle est accompagnée, comme tout ce qui est brusque et imprévu, d'inconvénients accessoires dont on ne tient pas assez compte.

Dernièrement, vingt navires furent frétés pour aller charger du maïs à Bayonne. En arrivant dans ce port, les chargeurs signifièrent aux capitaines une ordonnance qui défendait l'exportation du maïs, ou, qui pis est, la soumettait à un droit de 17 fr. par hectolitre; et, par ce motif, ils voulurent se dispenser d'expédier. Mais les capitaines répondirent : Il n'y a pas force majeure; acquittez le droit et chargez. Force a été de donner à ceux-ci l'indemnité qu'ils ont exigée, et peut-être en faudra-t-il faire autant envers les destinataires, qui se croiront en droit d'exiger l'exécution des marchés.

Comme le maïs a été très-abondant dans le sud-ouest de la France, le prix en était peu élevé. La défense d'exportation survenue, le prix baissa encore. Alors, les négociants s'avisèrent de faire des marchés à Rouen, à Nantes, à Paris, ce que facilita beaucoup l'énorme différence qui existait entre le cours du maïs et celui du froment.

Ces négociants reviennent à Bayonne exécuter les achats. En arrivant, ils apprennent que les sévères lois de la boulangerie ont été bouleversées, que le mélange de la farine de maïs avec celle de froment a été autorisé, que, par suite de cette résolution aussi subite qu'imprévue, le prix du maïs s'est élevé de 5 à 6 fr. par hectolitre, et que leurs marchés sont devenus inexécutables ou ruineux. Croit-on que le commerce mis, par ces brusques revirements de législation, dans l'impossibilité de rien prévoir, soit très-disposé à remplir sa tâche bienfaisante, qui est de distribuer les produits de la manière la plus uniforme?

Nous pourrions faire des réflexions analogues au sujet de la détermination qui a été prise par un très-grand nombre de villes d'assurer leurs approvisionnements pour six mois.

L'intention est certainement irréprochable; mais ose-
rait-on affirmer que le résultat n'a pas été funeste, que ces
mesures n'ont pas concouru à la hausse extraordinaire du
prix du blé?

Lorsque les approvisionnements se font dans le pays
d'une manière successive, et arrivent dans nos ports de
semaine en semaine, si chacun veut mettre dans sa maison
la provision de toute l'année, comment est-il possible que
le prix ne s'élève pas? Qu'arriverait-il à la halle aux blés de
Paris, si chaque chef de famille s'y présentait pour acheter,
à un moment donné, les trois à quatre hectolitres qu'il juge
nécessaires à sa subsistance, et à celle de sa femme et de ses
enfants pendant six mois? Les prix s'élèveraient certainement à un taux extravagant, pour faire, bientôt après, une
chute non moins considérable.

Les villes annoncent qu'elles revendront ce blé (acheté
pendant le paroxysme de la hausse occasionnée par elles-
mêmes) au prix coûtant. Et si la baisse arrive, que feront-
elles de ce blé? forceront-elles le consommateur à l'acheter
au prix coûtant? Elles feront des pertes, dira-t-on, ce qui
importe peu. Mais qui supporte ces pertes, sinon les consommateurs eux-mêmes, qui acquittent les droits d'octroi
et les autres contributions qui forment les revenus municipaux?

On dira que nous sommes très-décourageants, et que,
dans notre foi au *laissez faire*, nous conseillons de se
croiser les bras. A entendre ce langage, il semblerait
qu'en dehors de l'État et des municipalités, il n'y a pas
d'action dans le monde; que ceux qui désirent vendre et
ceux qui ont besoin d'acheter sont des êtres inertes et privés
de tout mobile. Si nous conseillons le *laissez faire*, ce n'est
point parce qu'on ne *fera pas*, mais parce qu'on *fera plus
et mieux*. Nous persisterons dans cette croyance jusqu'à ce
qu'on nous prouve une de ces deux choses : ou que les

lois restrictives ajoutent un grain de plus aux récoltes, ou qu'elles rendent la distribution des subsistances plus uniforme et plus équitable.

15. — HAUSSE DES ALIMENTS, BAISSE DES SALAIRES.

21 Mars 1847.

Quelle est l'influence du prix des aliments sur le taux des salaires?

C'est un point sur lequel les partisans de la liberté et ceux de la restriction diffèrent complétement.

Les protectionnistes disent :

Quand les aliments sont chers, on est bien obligé de payer de forts salaires, car il faut que l'ouvrier vive. La concurrence réduit la classe ouvrière à se contenter des simples moyens de subsistance. Si celle-ci renchérit, il faut bien que le salaire s'élève. Aussi M. Bugeaud disait : Que le pain et la viande soient chers, tout le monde sera heureux.

Par la même raison, selon ces messieurs, le bon marché de la subsistance entraîne le bon marché des salaires. C'est sur ce principe qu'ils disent et répètent tous les jours que les manufacturiers anglais n'ont renversé les *lois-céréales* que pour réduire, dans la même proportion, le prix de la main-d'œuvre.

Remarquons en passant que, si ce raisonnement était fondé, la classe ouvrière serait entièrement désintéressée dans tout ce qui arrive en ce monde. Que les restrictions ou les intempéries, ou ces deux fléaux réunis, renchérissent le pain, peu lui importe : le salaire se mettra au niveau. Que la liberté ou la récolte amène l'abondance et la baisse, peu lui importe encore : le salaire suivra cette dépression.

Les *libre-échangistes* répondent :

Quand les objets de première nécessité sont à bas prix, chacun dépense pour vivre une moindre partie de ses profits. Il en reste plus pour se vêtir, pour se meubler, pour acheter des livres, des outils, etc. Ces choses sont plus demandées, il en faut faire davantage; cela ne se peut sans un surcroît de travail, et tout surcroît de travail provoque la hausse des salaires.

Au rebours, quand le pain est cher, un nombre immense de familles est réduit à se priver d'objets manufacturés, et les gens aisés eux-mêmes sont bien forcés de réduire leurs dépenses. Il s'ensuit que les débouchés se ferment, que les ateliers chôment, que les ouvriers sont congédiés, qu'ils se font concurrence entre eux sous la double pression du chômage et de la faim, en un mot il s'ensuit que les salaires baissent.

Et comment pourrait-il en être autrement? Eh quoi! les choses seraient tellement arrangées que lorsque la disette, absolue ou relative, naturelle ou artificielle, désole le pays, la classe ouvrière seule ne supporterait pas sa part de souffrance? Le salaire venant compenser, par son élévation, la cherté des subsistances, maintiendrait cette classe à un niveau nécessaire et immuable!

Après tout, voici une année qui décidera entre le raisonnement des protectionnistes et le nôtre. — Nous saurons si, malgré tous les efforts qu'on a faits pour accroître le fonds des salaires, malgré les emprunts que se sont imposés les villes, les départements et l'État, malgré qu'on ait fait travailler les ouvriers avec des ressources qui n'existent pas encore, malgré qu'on ait engagé l'avenir, nous saurons si le sort des ouvriers a joui de ce privilége d'immutabilité qu'implique l'étrange doctrine de nos adversaires.

Nous demandons que toutes les sources d'informations soient explorées; qu'on consulte les livres des hôpitaux, des hospices, des prisons, des monts-de-piété; qu'on dresse la statistique des secours donnés à domicile; qu'on relève les registres de l'état civil; qu'on suppute le nombre des morts, des naissances, des mariages, des abandons, des infanti-cides, des vols, des faillites, des expropriations; que l'on compare ces données, pour l'année 1847, avec celles que fournissent les années d'abondance et de bon marché. Si la détresse publique ne se manifeste pas par tous les signes à la fois; s'il n'y a pas accroissement de misère, de ma-ladie, de mortalité, de crimes, de dettes, de banqueroutes; s'il ne s'est pas fermé plus d'ateliers, s'il ne règne pas dans la classe ouvrière plus de souffrances et d'appréhensions, pour tout dire en un mot, *si le taux du salaire s'est main-tenu*, alors nous passerons condamnation. Nous nous décla-rerons battu sur le terrain des doctrines, et nous baisse-rons notre drapeau devant celui de la rue Hauteville.

Mais si les faits nous donnent raison, s'il est prouvé que la cherté des blés a versé sur notre pays, et spécialement sur la classe ouvrière, des calamités sans nombre, s'il est démontré que le mot disette a un sens, une signification, et que ce phénomène se manifeste de quelque manière (car la théorie des protectionnistes ne va à rien moins qu'à prétendre que la disette n'est rien), qu'ils nous permettent de réclamer avec une énergie toujours croissante la libre entrée des subsistances et des instruments de travail dans le pays, qu'ils nous permettent de manifester notre aversion pour la disette et surtout pour la disette légale. Elle peut convenir à ceux qui possèdent la source des subsistances, le sol, ou l'instrument du travail, le capital; ou du moins ils peuvent se le figurer. Mais, qu'ils se fassent ou non illusion (et nous croyons que leur illusion à cet égard est complète), toujours est-il que la rareté des aliments est le plus grand des fléaux pour ceux qui n'ont que des bras. Nous croyons que les produits avec lesquels se paye le tra-vail étant moindres, la masse du travail restant la même, il est inévitable qu'il reçoive une moindre rémunération.

Les protectionnistes diront, sans doute, que nous altérons leur théorie; qu'ils n'ont jamais poussé l'absurdité au point de préconiser la disette; qu'ils désirent comme nous l'abondance, mais seulement celle qui est le fruit du *travail national*.

A quoi nous répondrons que l'abondance dont jouit un peuple est toujours le fruit de son travail, alors même qu'il aurait cédé quelques-uns des produits de ce travail contre une égale valeur de produits étrangers.

Quoi qu'il en soit, la question n'est pas ici de comparer la disette à l'abondance, la cherté au bon marché, dans toutes leurs conséquences, mais seulement dans leurs effets sur le taux des salaires.

Disent-ils ou ne disent-ils pas que le bon marché des subsistances entraîne le bon marché des salaires? N'est-ce pas sur cette assertion qu'ils s'appuient pour enrôler à leur cause la classe ouvrière? N'affirment-ils pas tous les jours que les manufacturiers anglais ont voulu ouvrir les portes aux denrées venues du dehors, dans l'unique but de réduire le taux de la main-d'œuvre?

Nous désirons et nous demandons instamment qu'une enquête soit ouverte sur les fluctuations du salaire et sur le sort des classes laborieuses, dans le cours de cette année. C'est le moyen de vider, une fois pour toutes et par les faits, la grande question qui divise les partisans de la restriction et ceux de la liberté [1].

---

[1] V. ci-après, n° 46, le second discours prononcé à Lyon, et, au tome VI, le chap. XIV.   (*Note de l'éditeur.*)

———

(*Journal des Économistes.*) Avril 1846.

Voici quelque chose de nouveau, — ce que les Anglais appellent *a free-trade debate,* — une joute entre deux principes, la liberté et la protection. — Pendant bien des années, les chefs de la Ligue ont provoqué, au sein des Communes, de semblables discussions. Sûrs d'être défaits, ils ne regardaient pas comme inutiles ces longues et laborieuses veilles où s'élaborait cette reine du monde, l'opinion; — l'opinion qui assure enfin leur victoire. Pendant ce temps-là, il ne se fût pas trouvé chez nous un député assez audacieux pour articuler cette impopulaire expression: *un principe.* L'inattention, le dédain, la raillerie, peut-être quelque chose de pis, eussent prouvé au téméraire qu'il est des époques où, si l'on n'est pas sceptique, il faut du moins le paraître, et où quiconque croit à quelque chose n'est propre à rien.

Enfin, voici venir l'ère des discussions théoriques, les seules, il faut le reconnaître, qui grandissent les questions, éclairent l'esprit public. La protection et la liberté se sont prises corps à corps, à propos du *traité belge.* — Je dis *à propos,* car il était le prétexte plutôt que le sujet du débat.

Chacun savait d'avance que le projet ministériel ne rencontrerait pas d'opposition sérieuse au scrutin.

Nous n'avons donc pas à l'examiner, et nous nous bornerons à une remarque. En toutes choses, il est un signe auquel le progrès se fait reconnaître : c'est la *simplification.* S'il en est ainsi, rien de plus rétrograde que le traité belge, car il complique d'une manière exorbitante l'action de la douane. La voilà donc chargée, non-seulément de constater la valeur des objets importés pour prélever une taxe proportionnelle, mais, si c'est du fil, de s'assurer de son origine; de lui ouvrir ou de lui fermer certains bureaux; de lui appliquer, selon l'occurrence, ou le droit de 22 pour 100, ou celui de 11 pour 100, ou ce dernier augmenté de la moitié de la différence, ou bien encore des trois quarts de la différence. — Et si c'est de la toile? Oh ! alors viennent de nouvelles complications : on comptera le nombre des fils contenus dans l'espace de cinq millimètres, sur quatre points différents du tissu, et la fraction de fil ne sera prise pour fil entier qu'autant qu'elle se trouvera trois fois sur quatre.

Et tout cela, pourquoi? De peur que le bon peuple de France ne soit inondé de mouchoirs et de chemises, malheur qui arriverait assurément, si la douane se bornait à recouvrer le revenu de l'État.

Non, la vérité ne saurait être dans ce dédale de subtilités. On a beau dire que nous sommes *absolus.* Oui, nous le sommes, et nous disons : Si le public est fait pour quelques producteurs, nos adversaires ont raison et il faut repousser les produits belges; s'il s'appartient à lui-même, laissez-le se pourvoir comme il l'entend.

J'ajouterai une observation plus grave. Les *traités de commerce* sont toujours et nécessairement contraires aux saines doctrines, parce qu'ils reposent tous sur cette idée que l'importation est funeste *en soi.* Si on la croyait utile, évidemment on ouvrirait ses portes, et tout serait dit.

Ils ont de plus l'inconvénient d'éveiller l'hostilité de tous les peuples, hors un. — *Je veux bien acheter des vins, pourvu qu'ils ne soient pas français.* — Voilà le traité de Méthuen. — *Je veux bien acheter des toiles, pourvu qu'elles ne soient pas à bon marché, c'est-à-dire anglaises.* — Voilà le traité belge. — Quand notre siècle sera vieux, je crains bien qu'il ne dise : A quarante-six ans, dans mon âge mûr, j'étais encore bien novice.

Mais laissons la douane, et ses fils, et ses fractions de fils, et ses moitiés et ses quarts de différence; et passons à la lutte des doctrines, seule chose qui, dans cette discussion, ait une importance réelle.

M. Lestiboudois a ouvert la brèche avec sa théorie de l'an passé. Vous la rappelez-vous? — « Le commerce extérieur ruine une nation qui achète avec ses capitaux des objets de consommation fugitive. »

Avec ou sans commerce, on se ruine quand on dépense plus qu'on ne gagne, ce que font les gens paresseux, désordonnés et prodigues. En quoi la douane y peut-elle quelque chose? Si, cet été, il plaisait à Paris de se croiser les bras, de ne rien faire, si ce n'est boire, manger et s'ébattre; si, après avoir dévoré ses provisions, il s'en procurait d'autres en vendant, dans les provinces, ses meubles, ses bijoux, ses instruments, ses outils, et jusqu'à son sol et ses palais, il se ruinerait à coup sûr. Mais remarquez ceci : ses vices étant donnés, loin qu'il pût imputer sa ruine à ses relations avec les provinces, ce sont ces relations qui retarderaient le jour de la souffrance et du dénûment. — Tant que la France sera laborieuse et prévoyante, ne craignons pas que le commerce extérieur lui enlève ses capitaux. — Que si jamais elle devient fainéante et fastueuse, le commerce extérieur la fera vivre plus longtemps sur ses capitaux acquis.

M. Ducos est venu ensuite. Il a déployé du talent. Mais ce n'est pas ce dont il faut le plus le louer. Sachons apprécier surtout son courage et son désintéressement. Il faut du courage pour faire retentir le mot *liberté* au sein d'une Chambre et en face d'un pays presque exclusivement hostiles. Il faut du désintéressement pour rompre en visière avec le parti qui seul peut vous ouvrir l'accès du pouvoir, et dans une cause qui seule peut vous le fermer.

Que dirons-nous de *M. Corne?* Il a défendu le régime protecteur avec un accent de conviction qui atteste sa sincérité. Mais plus M. Corne est sincère, plus il est à plaindre, puisque sa logique l'a conduit à ces affligeantes conclusions : La liberté est antipathique à l'égalité, et la justice au bien-être. '

M. Wustemberg a paru vouloir se poser, dès le début, en homme *pratique,* c'est-à-dire dégagé de tout principe absolu, partisan tour à tour, selon l'occurrence, de la liberté et de la protection. — Nous avons d'abord été surpris de cette profession d'*absence de foi.* Ce n'est pas que nous ignorions le vernis de sagesse et de modération qu'elle donne. Comment révoquer en doute la supériorité de l'homme qui juge tous les partis, se préserve de toute exagération, discerne le fort et le faible de toute théorie? — Mais ces praticiens ont beau dire, si la restriction est mauvaise en soi, tout ce qu'on peut concéder à la *restriction modérée,* c'est d'être *modérément* mauvaise. Aussi nous avons été heureux d'apprendre, quand M. Wustemberg a développé sa pensée, qu'il condamne le principe de la protection, qu'il avoue le principe de la liberté et que sa modération doit s'entendre du passage d'un système à l'autre. (*V. ci-après le n° 49.*)

Il y aurait peu d'utilité à passer en revue tous les discours qui ont occupé trois séances. Je me hâte d'arriver à celui qui a fait, sur l'assemblée et le public, l'impression la plus profonde. Ce ne sera pas cependant sans rendre hommage à une courte, mais substantielle allocution de M. Kœchlin, qui a relevé avec netteté les faits et les calculs erronés que le monopole invoquait à son aide. On y voit combien il faut se tenir en garde contre la statistique.

Ce n'est pas chose aisée que d'apprécier les paroles d'un premier ministre. Faut-il les juger en elles-mêmes, en se bornant à rechercher leur conformité avec la vérité abstraite? Faut-il les apprécier au point de vue des opinions de l'orateur, manifestées par ses actes et ses discours antérieurs? Ne peut-on point douter qu'elles soient l'expression, du moins complète, de sa pensée intime? Est-il permis d'espérer qu'un chef de cabinet viendra exposer sa doctrine, comme un professeur, sans se soucier ni des exigences de l'opinion, ni des passions de la majorité, ni du retentissement de ses paroles, ni des craintes et des espérances qu'elles peuvent éveiller?

Si encore M. Guizot était un de ces hommes, comme on peint le duc de Wellington, qui ne savent parler que tout juste assez pour dire ce qu'ils ont sur le cœur? Mais on reconnaît qu'il possède au plus haut degré toutes les ressources oratoires, et qu'il excelle particulièrement dans l'art de mettre, non point les maximes en pratique, mais les pratiques en maximes, selon le mot qu'on attribue à M. Dupin.

Ce n'est donc qu'avec beaucoup de circonspection qu'on peut apprécier la portée et la pensée d'un tel discours; et, le meilleur moyen, c'est de se mettre à la place de l'orateur et de peser les circonstances dans lesquelles il a parlé.

Quelles sont ces circonstances?

D'un côté, une grande nation qui passe pour habile en matière commerciale, au sein de laquelle les connaissances sont très-répandues, exige l'*application* du principe proclamé vrai d'ailleurs par tous les hommes, sans exception, qui ont fait de la science économique l'étude de toute leur vie.

En outre, un ministre auquel l'Europe décerne le titre de grand homme d'État, un cabinet composé d'hommes supérieurs, les chefs de toutes les oppositions s'accordent un moment pour rendre à ce principe le plus sincère des hommages, la réalisation.

Eh bien ! pense-t-on que, lorsque le monde entier assiste à ce grand spectacle, M. Guizot pourra, sans compromettre sa renommée, venir élever à la tribune française le drapeau de la protection ?

D'un autre côté, il s'adresse à des hommes qui, presque tous, croient, je ne dirai pas leur fortune, mais celle de leurs commettants, liée au régime protecteur. Bien plus, ils ont la conviction que la fortune de la France est attachée au maintien de ce régime. Enfin, au dehors des Chambres, l'opinion, la presse sont pour le monopole; et s'il y a une association un peu forte en France, c'est celle qui s'est vouée à le défendre. Pense-t-on que le premier ministre arborera le drapeau de la liberté ?

Que fera-t-il donc ?

Il débutera par un pompeux éloge de la réforme anglaise, mais ensuite, en entassant distinctions sur distinctions, il prouvera qu'elle n'est pas applicable à la France.

Il dira, par exemple, que la population de la Grande-Bretagne étant en très-grande majorité composée d'ouvriers des manufactures, il y avait intérêt à lui donner à bon marché le pain, la viande et tous les aliments; — ce qui est sans application à notre pays agricole.

Comme si, précisément parce que notre population est, en très-grande majorité, vouée aux travaux de l'agriculture, il n'y avait pas également intérêt à lui donner la houille, le fer et le vêtement à bon marché.

Mais enfin, il faudra bien que le ministre se prononce.

Qu'est-ce donc qui est applicable à la France? Est-ce la restriction? est-ce la liberté?

Ni l'une ni l'autre. Il faut voir, examiner, résoudre les questions une à une, à mesure qu'elles se présentent, et sans les rattacher à aucun système; en un mot, poursuivre la marche que le cabinet s'est tracée dans la voie du progrès. — (Car, quel ministre peut avouer qu'il n'est pas dans le progrès?)

En sorte que, lorsque le chef du cabinet descend de la tribune, les libéraux se disent: Il y a une pensée de liberté dans ce discours-là.

Et les monopoleurs: Si le progrès futur va du même train que le progrès passé, nous pouvons dormir tranquilles.

Ceci n'est pas une critique.

Peut-être aurons-nous un jour le spectacle d'un premier ministre venant dire aux Chambres: «Voilà mon principe: — vous le repoussez, je me retire. Ma place est à la chaire, au journal; elle ne saurait être au banc ministériel. »

En attendant, il faut bien se résigner à ce que, sans sacrifier explicitement ses convictions sur une question spéciale, il consulte l'opinion publique, cherche même à la modifier, mais qu'en définitive il préfère gouverner avec elle que de ne pas gouverner du tout.

M. Peel, cet homme d'État qu'il est aujourd'hui de mode d'exalter démesurément comme l'instrument, presque l'inventeur de la réforme commerciale, n'a pas fait autre chose (1).

Il y a longtemps que M. Peel est économiste, malgré la comédie de sa confession. Mais il ne s'est pas avisé de devancer l'opinion, il l'a laissée se former; et pendant que d'autres ouvriers, dont la postérité vénérera la mémoire, se chargeaient de cette tâche laborieuse, lui se contentait,

_____

(1) V. tome III, pages 438 et suiv.   (*Note de l'éditeur.*)

selon l'expression anglaise, de lui *tâter le pouls*. Il l'a aidée
même, par des expériences partielles, qu'il savait bien devoir réussir; et, quand le moment est venu, quand il a vu
derrière lui une opinion publique capable de contre-ba-
lancer l'influence qui l'avait élevé, il s'est placé du côté de
la force, et il a dit aux monopoleurs : Je pensais comme
vous; mais l'étude et l'expérience m'ont détrompé. — Et il
a accompli la réforme.

Le discours même, par lequel il a introduit aux Communes cette grande mesure, se ressent des ménagements que
doivent s'imposer les ministres qui redoutent plus l'éloi-
gnement des affaires que l'inconséquence théorique. Pense-
t-on que M. Peel ne soit pas plus libéral au fond que sa
réforme et surtout que son discours? Combien d'hérésies
n'a-t-il pas articulées, contre sa conviction intime, uniquement pour ne pas trop heurter une partie de son auditoire !

Et par exemple, quand il a dit : « Qu'avons-nous à
« craindre? Nous avons de la houille, du fer et des capi-
« taux. Nous battrons tous les manufacturiers du monde. »

Vous nous battrez! — Peut-être : et en tout cas, très-
honorable baronnet, vous savez bien qu'en ce genre de
lutte, c'est le vaincu qui recueille le butin. Vous nous battrez, en nous admettant, par droit d'échange, *en communauté* de vos avantages. Vous nous battrez comme la Beauce
bat Paris en lui vendant du blé, comme Newcastle bat
Londres en lui vendant du combustible.

Mais il fallait flatter John Bull et ce qui lui reste encore
de préjugés. De là ce mélange de doctrines antagonistes.
Qu'en est-il résulté? ce qui résultera toujours de cette stratégie. L'Europe n'a retenu que cette rodomontade de
M. Peel. On l'a citée à notre tribune. L'influence morale
de la réforme en a été neutralisée; et malgré les précédents, malgré les faits, malgré la renonciation à toute réciprocité, la prévention traditionnelle contre le machiavé-

lisme de la perfide Albion est demeurée, ou peu s'en faut, dans toute sa force.

Mais enfin, ne reste-t-il rien du discours de M. Guizot? N'y a-t-il rien à conclure de ces paroles qui ont eu en France tant de retentissement?

S'il faut dire ce que j'en pense, je crois qu'à travers beaucoup de distinctions et de précautions, une pensée de liberté s'y laisse apercevoir.

Il est vrai que M. Guizot a dit et répété : Nous sommes conservateurs, nous sommes protecteurs. — Mais il a dit aussi : M. Peel est conservateur et protecteur.

Donc, dans sa pensée, l'esprit de conservation et de protection n'est pas incompatible avec une réforme plus ou moins radicale.

Il a été plus loin lorsqu'il a dit : « Nous avons intérêt à réformer progressivement nos tarifs, à étendre nos relations au dehors, à nous donner à nous-mêmes de nouveaux gages de bons rapports et de paix, à améliorer ainsi la condition du *public consommateur.* »

Et encore :

« Il faut avancer toutes les fois que cela se peut sans danger pour nos grandes industries, avec profit pour notre influence politique dans le monde, avec profit pour le *public consommateur.* »

Le voilà donc prononcé le grand mot, le mot *consommateur*, le mot qui résout tous les problèmes; car, enfin, la consommation est le but définitif de tout effort, de tout travail, de toute production. Le consommateur est mis en scène; il n'en sortira pas, et bientôt il l'occupera tout entière. (V. *tome* IV, *page* 72.)

Il est permis de croire que M. Guizot n'a pas fait de la science de Smith et de Say une étude spéciale. Nul homme ne peut tout savoir. Mais j'ose prendre sur moi d'affirmer qu'il tient dans sa main le fil qui le conduira sûrement à

travers tous les détours de ce labyrinthe. Qu'il attache sa
pensée à ce phénomène de la consommation, et il sera
bientôt plus économiste que beaucoup d'économistes de
profession: Il arrivera à cette simple conclusion : Le tarif
doit être une source de revenu public, et non une source
de faveurs partielles. (*V. le chap. XI du tome* VI.)

Rapprochons les paroles de M. Guizot de celles de M. Cunin-Gridaine.

« Dès aujourd'hui nous pouvons annoncer que des études
poursuivies de concert, par les départements du commerce
et des finances, auront pour résultat la présentation, à la
session prochaine, d'un projet de loi de douanes qui comprendra de nombreuses *modifications.* »

Et, pour qu'on ne s'y méprenne pas, le ministre s'est
servi, un moment avant, du mot *adoucissements.*

Ainsi, il n'en faut pas douter, l'heure de la réparation
approche.

Et pourquoi ne concevrions-nous pas cet espoir ? Les monopoleurs ne s'y sont pas trompés. Ils ne s'en sont point
laissé imposer par les grands mots : *conservation, protection.* M. Grandin s'est écrié : « On vous fera bientôt des
propositions ; prenez garde ! ne vous y laissez pas prendre.
M. le ministre des affaires étrangères, il est vrai, ne vous
parle pas encore d'admettre les produits anglais. Il sait bien
qu'aujourd'hui il rencontrerait *encore* dans cette Chambre
une forte opposition. Mais ces idées, je le crains bien, ger-
ment dans son esprit, et peut-être ne fait-il que les ajourner. M. le ministre a bien dit qu'il était partisan du régime
protecteur. Mais en même temps il a déclaré qu'il fallait
élargir ce système, et successivement le modifier, à l'égard
surtout des industries privilégiées ; ce qui veut dire sans
doute que ces industries doivent s'attendre, un jour ou
l'autre, à entrer en concurrence avec l'étranger. »

Oui, cela veut dire qu'*un jour ou l'autre* le droit de propriété sera reconnu en France, et que quiconque travaille, maître du fruit de ses sueurs, sera libre de le consommer, ou de l'échanger, si tel est son intérêt, même ailleurs que chez M. Grandin.

Ainsi, je le répète, l'heure approche. Nous ne sommes pas arrivés sans doute au temps de la réforme, de l'application des grands principes d'économie politique et d'éternelle justice. Mais nous entrons dans l'ère des *essais*. Nous nous rapprochons de l'Angleterre à six ans de distance. Les *experiments* que sir Robert Peel commença en 1841, M. Guizot les commencera en 1847, et leur succès en provoquera d'autres jusqu'à ce que la justice règne dans le pays.

L'heure approche. Mais le temps qui nous en sépare doit être consacré à la discussion et à la lutte.

Amis de la liberté, je vous dirai comme M. Grandin à sa phalange : Prenez garde ! ne vous laissez pas surprendre !

Prenez garde ! ce n'est pas le ministre qui décidera la réforme. Ce n'est pas la Chambre, ce ne sont pas même les trois pouvoirs ; c'est l'*opinion*. Et êtes-vous prêts pour le combat ? avez-vous tout préparé ? avez-vous un organe avoué et dévoué ? vous êtes-vous occupés des moyens d'agir sur l'esprit public ? de faire comprendre aux masses comment on les exploite ? disposez-vous d'une force morale que vous puissiez apporter à ce ministère, ou à tout autre, qui osera toucher à l'arche du privilége ?

Prenez garde ! le monopole ne s'endort pas. Il a son organisation, ses coalitions, ses finances, sa publicité. Il a réuni en un faisceau tous les intérêts égoïstes. Il a agi sur la presse, sur la Chambre, sur les élections. Il met en œuvre, et c'est son droit, tout le mécanisme constitutionnel. Il vous battra certainement, si vous restez dans l'indifférence.

Vous comptez sur le pouvoir. Sa déclaration vous suffit. Ah ! *ne vous y laissez pas prendre*. Le pouvoir ne fait que ce que l'opinion veut qu'il fasse. Il ne peut, il ne *doit* pas faire autre chose. Ne voyez-vous pas qu'il cherche, qu'il sollicite, qu'il implore un point d'appui ? et vous hésitez à le lui donner !

Plusieurs d'entre vous sont découragés. Ils disent : « L'intérêt général, parce qu'il est général, touche tout le monde, mais touche peu. Jamais il ne pourra se mesurer à l'intérêt privé. » — C'est une erreur. La vérité, la justice ont une force irrésistible. C'est l'esprit de doute qui la paralyse. — Pour l'honneur du pays, croyons que le bien public a encore la puissance de faire battre les cœurs.

Unissez-vous donc : agissez. A quoi servent les garanties conquises par tant de sacrifices? A quoi servent les droits de parler, d'écrire, d'imprimer, de nous associer, de pétitionner, d'élire, si tous ces droits nous les laissons dans l'inertie?

Je ne sais si je m'abuse, mais il me semble que quelque chose circule dans l'air qui annonce l'affranchissement commercial des peuples.

Ce n'est pas la tribune seulement qui a eu son *débat théorique*, il a envahi la presse quotidienne.

Quelle eût été, il y a quelques mois, l'attitude des journaux? — Et voilà que *le Courrier français, le Siècle, la Patrie, l'Époque, la Réforme, la Démocratie pacifique* ont passé dans notre camp ([1]) ; et tout le monde a été frappé de l'orthodoxie et du ton de résolution qui règne dans le manifeste du *Journal des Débats*, habituellement si prudent et si mesuré.

Il est vrai que nous avons contre nous *la Presse, l'Esprit public, le Commerce* et *le Constitutionnel*. — Mais *la Presse* ne combat plus, depuis sa correspondance avec M. Blanqui, sur le terrain des principes. Elle veut la liberté, la justice ;

([1]) L'auteur reconnut bientôt que quelques-unes des adhésions qu'il enregistre ici n'étaient ni solides ni complètes.

(Note de l'éditeur.)

seulement elle y veut arriver avec une lenteur désespérante.
Quant au *Constitutionnel*, on ne peut pas dire qu'il se prononce; il s'efforce de nous décourager. Mais ses arguments
sont si faibles qu'ils manquent leur but, et il semble qu'une
secrète répugnance dominait la plume qui les a formulés.
Ils reposent tous sur une perpétuelle confusion entre les
tarifs protecteurs, que nous attaquons, et les tarifs fiscaux
que nous laissons en paix. Ainsi, *le Constitutionnel* nous
apprend que la réforme de sir Robert Peel *est tout ce qu'il
y a de plus vulgaire*. Et quelle preuve en donne-t-il? C'est
qu'elle laisse subsister de forts droits sur le thé, le tabac,
les eaux-de-vie, les vins, droits qui n'ont et ne peuvent
avoir rien de protecteur, puisque ces produits n'ont pas de
similaires en Angleterre. Il ne voit pas que c'est en cela
que consiste la libéralité de la mesure. — Il nous assure
qu'il y a, en Suisse, beaucoup d'obstacles à la circulation
des marchandises; mais il ne disconvient pas que ces
obstacles sont communs aux marchandises indigènes et aux
marchandises exotiques; que les unes et les autres y sont
traitées sur le pied de la plus parfaite égalité, d'où il résulte
seulement une chose, c'est que la Suisse prospère sans
protection, malgré la mauvaise assiette de l'impôt.

Encore quelques efforts. Que Paris se réveille; qu'il fasse
une démonstration digne de lui; que les six mois qui sont
devant nous soient aussi féconds que ceux qui viennent de
s'écouler, et la question de principe sera emportée.

17. — LE PARTI DÉMOCRATIQUE ET LE LIBRE-ÉCHANGE.

14 Mars 1847.

Quand nous avons entrepris de défendre la cause de la
liberté des échanges, nous avons cru et nous croyons encore travailler principalement dans l'intérêt des classes

laborieuses, c'est-à-dire de la démocratie, puisque ces classes forment l'immense majorité de la population.

La restriction douanière nous apparaît comme une taxe sur la communauté au profit de quelques-uns. Cela est si vrai qu'on pourrait y substituer un système de primes qui aurait exactement les mêmes effets. Certes, si, au lieu de mettre un droit de cent pour cent sur l'entrée du fer étranger, on donnait, aux frais du trésor, une prime de cent pour cent au fer national, celui-ci écarterait l'autre du marché tout aussi sûrement qu'au moyen du tarif.

La restriction douanière est donc un privilége conféré par la législature, et l'idée même de démocratie nous semble exclure celle de privilége. On n'accorde pas des faveurs aux masses, mais, au contraire, aux dépens des masses.

Personne ne nie que l'isolement des peuples, l'effort qu'ils font pour tout produire en dedans de leurs frontières ne nuise à la bonne division du travail. Il en résulte donc une diminution dans l'ensemble de la production, et, par une conséquence nécessaire, une diminution correspondante dans la part de chacun au bien-être et aux jouissances de la vie.

Et s'il en est ainsi, comment croire que le peuple en masse ne supporte pas sa part de cette réduction? comment imaginer que la restriction douanière agit de telle sorte, que, tout en diminuant la masse des objets consommables, elle en met plus à la portée des classes laborieuses, c'est-à-dire de la généralité, de la presque totalité des citoyens? Il faudrait supposer que les puissants du jour, ceux précisément qui ont fait ces lois, ont voulu être seuls atteints par la réduction, et non-seulement en supporter leur part, mais encore encourir celle qui devait atteindre naturellement l'immense masse de leurs concitoyens.

Or, nous le demandons, est-ce là la nature du privilége? Sont-ce là ses conséquences naturelles?

Si nous détachons de la démocratie la classe ouvrière, celle qui vit de *salaires*, il nous est plus impossible encore d'apercevoir comment, sous l'influence d'une législation qui diminue l'ensemble de la richesse, cette classe parvient à augmenter son lot. On sait quelle est la loi qui gouverne le taux des salaires, c'est la loi de la concurrence. Les industries privilégiées vont sur le marché du travail et y trouvent des bras précisément aux mêmes conditions que les industries non privilégiées. Cette classe de salariés, qui travaillent dans les forges, les mines, les fabriques de drap et de coton, n'ont donc aucune chance de participer au privilége, d'avoir leur quote-part dans la taxe mise sur la communauté. — Et quant à l'ensemble des salariés, puisqu'ils offrent sur le marché un nombre déterminé de bras, et qu'il y a sur ce même marché moins de produits qu'il n'y en aurait sous le régime de la liberté, il faut bien qu'ils donnent plus de travail pour une rémunération égale, ou plus exactement, autant de travail pour une moindre rémunération en produits ; — à moins qu'on ne prétende qu'on peut tirer d'un tout plus petit des parts individuelles plus grandes.

Forts de cette conviction, nous devions nous attendre à rallier à notre cause les organes de la démocratie. Il n'en a pas été ainsi ; et ils croient devoir faire à la liberté des échanges une opposition acerbe, aigre, empreinte d'une couleur haineuse aussi triste que difficile à expliquer. Comment est-il arrivé que ceux qui se posent, devant le pays, comme les défenseurs exclusifs des libertés publiques, aient choisi entre toutes une des plus précieuses de l'homme, celle de disposer du fruit de son travail, pour en faire l'objet de leur ardente opposition ?

Assurément, si les meneurs actuels du parti démocratique (car nous sommes loin d'étendre à tout le parti nos observations) soutenaient systématiquement la restriction douanière, comme chose bonne en soi, nous ne nous reconnaîtrions pas le droit d'élever le moindre doute sur leurs intentions. Les convictions sincères sont toujours respectables, et tout ce qu'il nous resterait à faire, ce serait de ramener ce parti à nos doctrines en les appuyant de démonstrations concluantes. Tout au plus, nous pourrions lui faire observer qu'il a tort de se croire placé en tête des opinions libérales, puisqu'en toute sincérité, il juge dangereuse et funeste la liberté même qui est la plus immédiate manifestation de la société, la liberté d'échanger.

Mais ce n'est point là la position qu'ont prise les organes du parti démocratique. Ils commencent par reconnaître que la liberté des échanges est vraie *en principe*. Après quoi, ce principe vrai, ils le contrarient dans son développement, et ne perdent pas une occasion de le poursuivre de leurs sarcasmes [1].

Par cette conduite, le parti démocratique nous pousse fort au delà d'une simple discussion de doctrine. Il nous donne le droit et de lui soupçonner des intentions qu'il n'avoue pas et de rechercher quelles peuvent être ces intentions.

En effet, qu'on veuille bien suivre par la pensée tout ce qu'implique cette concession : *La doctrine du libre-échange est vraie en principe.*

Ou cela n'a aucun sens, ou cela veut dire : La cause que vous défendez est celle de la vérité, de la justice et de l'utilité générale. La restriction est un privilége arraché à la législature par quelques-uns aux dépens de la communauté. Nous reconnaissons qu'elle est une atteinte à la liberté, une violation des droits de la propriété et du travail, qu'elle blesse l'égalité des citoyens devant la loi. Nous reconnaissons qu'elle devrait nous être essentiellement antipathique, à nous qui faisons profession de défendre plus spécialement la liberté, l'égalité des droits des travailleurs.

---

[1] V. les chap. xiv et xviii du tome IV, pages 76 et 94.

(Note de l'éditeur.)

Voilà le sens et la portée de ces mots : *Vous avez raison en principe;* ou ils ne sont qu'une stérile formule, une précaution oratoire, indigne d'hommes de cœur et de chefs de parti.

Or, quand des publicistes ont fait une telle déclaration, et qu'on les voit ensuite ardents à étouffer non par le raisonnement, ils n'en ont plus le droit, mais par l'ironie et le sarcasme, le principe dont ils ont proclamé la justice et la vérité, nous disons qu'ils se placent dans une position insoutenable, qu'il y a dans cette tactique quelque chose de faux et d'anormal, une déviation des règles de la polémique sincère, une inconséquence dont nous sommes autorisés à rechercher les secrets motifs.

Qu'il n'y ait pas ici de malentendu. Nous sommes les premiers à respecter dans nos antagonistes le droit de se former une opinion et de la défendre. Nous ne nous croyons pas permis, en général, de suspecter leur sincérité, pas plus que nous ne voudrions qu'ils suspectassent la nôtre. Nous comprenons fort bien qu'on puisse, par une vue, selon nous, fausse ou incomplète du sujet, adopter systématiquement le régime protecteur, quelque opinion politique que l'on professe. A chaque instant nous voyons ce système défendu par des hommes sincères et désintéressés. Quel droit avons-nous de leur supposer un autre mobile que la conviction ? Quel droit avons-nous à opposer à des écrivains comme MM. Ferrier, Saint-Chamans, Mathieu de Dombasle, Dezeimeris, autre chose que le raisonnement ?

Mais notre position est toute différente à l'égard des publicistes qui commencent par nous accorder que nous avons raison *en principe*. Eux-mêmes nous interdisent par là de raisonner, puisque la seule chose que nous puissions et voulions établir par le raisonnement, c'est justement celle-là, que *nous avons raison en principe*, en laissant à ce mot son immense portée.

Or, nous le demandons à tout lecteur impartial, quelle que soit d'ailleurs son opinion sur le fond de la question, les journaux qui montrent l'irritation la plus acerbe contre un principe qu'ils proclament vrai, qui se vantent d'être les défenseurs des libertés publiques et proscrivent une des plus précieuses de ces libertés, tout en reconnaissant qu'elle est de droit commun comme les autres, qui étalent tous les jours dans leurs colonnes leur sympathie pour le pauvre peuple, et lui refusent la faculté d'obtenir de son travail la meilleure rémunération, ce qui est d'après eux-mêmes le résultat de la liberté, puisqu'ils la reconnaissent *vraie en principe*, ces journaux n'agissent-ils pas contre toutes les règles ordinaires? Ne nous réduisent-ils pas à scruter le but secret d'une inconséquence aussi manifeste? car enfin, on a un but quand on s'écarte aussi ouvertement de cette ligne de rectitude, en dehors de laquelle il n'y a pas de discussion possible.

On dira sans doute qu'il est fort possible d'admettre sincèrement un principe et d'en juger avec la même sincérité l'application inopportune.

Oui, nous en convenons, cela est possible, quoique à vrai dire il nous soit difficile d'apercevoir ce qu'il y a d'inopportun à restituer aux classes laborieuses la faculté d'accroître leur bien-être, leur dignité, leur indépendance, à ouvrir à la nation de nouvelles sources de prospérité et de vraie puissance, à lui donner de nouveaux gages de sécurité et de paix, toutes choses qui se déduisent logiquement de cette concession, *vous avez raison en principe*.

Mais enfin, quelque juste, quelque bienfaisante que soit une réforme, nous comprenons qu'à un moment donné elle puisse paraître inopportune à certains esprits prudents jusqu'à la timidité.

Mais si l'opposition, que nous rencontrons dans les meneurs du parti démocratique, était uniquement fondée sur une imprudence excessive, sur la crainte de voir se réaliser trop brusquement ce règne de justice et de vérité auquel ils accordent leur sympathie *en principe*, on peut croire que leur opposition aurait pris un tout autre caractère. Il est difficile de s'expliquer, même dans cette hypothèse, qu'ils poursuivent de leurs sarcasmes amers les hommes qui, selon eux, défendent la cause de la justice et les droits des travailleurs, et qu'ils s'efforcent de mettre au service de l'injustice et du monopole l'opinion égarée de cette portion du public sur laquelle ils exercent le plus spécialement leur influence, et qui a le plus à souffrir des priviléges attaqués.

De l'aveu du parti démocratique (aveu impliqué dans cette déclaration : *Vous avez raison en principe*), la question du libre-échange a mis aux prises la justice et l'injustice, la liberté et la restriction, le droit commun et le privilége. En supposant même que ce parti, saisi tout à coup d'un esprit de modération et de longanimité assez nouveau, nous considère comme des défenseurs trop ardents de la justice, de la liberté et du droit commun, est-il naturel, est-ce une chose conséquente à ses précédents, à ses vues ostensibles, et à sa propre déclaration, qu'il s'attache, avec une haine mal déguisée, à ruiner notre cause et à relever celle de nos adversaires ?

De quelque manière donc qu'on envisage la ligne de conduite adoptée par les meneurs du parti démocratique dans ce débat, on arrive à cette conclusion qu'elle a été tracée par des motifs qu'on n'avoue pas. Ces motifs, nous ne les connaissons pas, et nous nous abstiendrons ici de hasarder des conjectures. Nous nous bornerons à dire que, selon nous, les publicistes auxquels nous faisons allusion sont entrés dans une voie qui doit nécessairement les déconsidérer et les perdre aux yeux de leur parti. Se lever ouvertement ou jésuitiquement contre la justice, le bien général, l'intérêt vraiment populaire, l'égalité des droits, la

liberté des transactions, ce n'est pas un rôle que l'on puisse
mener bien loin, quand on s'adresse à la démocratie et
qu'on se dit démocrate. Et la précaution oratoire qu'on aurait prise, de se déclarer *pour le principe,* ne ferait que
rendre l'inconséquence plus évidente et le dénoûment
plus prochain.

18. — DÉMOCRATIE ET LIBRE-ÉCHANGE.

25 Avril 1847.

Un philosophe devant qui on niait le mouvement se
prit à marcher.

C'est un mode d'argumentation que nous mettrons en
usage chaque fois que l'on nous en fournira l'occasion.

Nous l'avons déjà employé à propos du traité de Méthuen.
On assurait que ce traité avait ruiné le Portugal, nous en
avons donné le texte.

Maintenant nous sommes en face d'une autre question.

Les *amis du peuple* font au libre-échange une opposition
haineuse.

Sur quoi nous avons à nous demander :

Le *libre-échange,* quant aux choses les plus essentielles,
est-il ou n'est-il pas dans l'intérêt du peuple?

Chacun fait, comme il l'entend, parler et agir le peuple.
Mais voyons comment le peuple a parlé et agi lui-même
quand il en a eu l'occasion.

Depuis un demi-siècle, nous avons eu des constitutions
fort diverses.

En 1795, aucun Français n'était exclu du suffrage électoral.

En 1791, il n'y avait d'exclus que ceux qui ne payaient
aucun impôt.

En 1817, étaient exclus ceux qui payaient moins de
300 francs.

En 1822, l'influence de la grande propriété fut renforcée par le double vote.

Ces quatre assemblées, émanées de sources diverses, depuis la démocratie la plus extrême jusqu'à l'aristocratie la plus restreinte, ont voté chacune son tarif.

Il nous est donc aisé de comparer la volonté de tous exprimée par tous, à la volonté de quelques-uns exprimée par quelques-uns. Nous soumettons le tableau suivant aux méditations de nos concitoyens de toutes classes.

	TARIF DE 1795 TOUT FRANÇAIS est électeur.	TARIF DE 1791 TOUT CONTRIBUABLE est électeur.	TARIF DE 1817 CENS DE 300 FRANCS.	TARIF DE 1822 DOUBLE VOTE.
Aliments.				
Froment, seigle, maïs, orge, avoine, riz, l'hectol.	néant.	néant.	néant.	25 c. à 15 f.
Bœufs	»	»	3 f. 30	55 f. »
Veaux	»	»	1 10	27 50
Moutons	»	»	0 27 1/2	5 50
Graisse (les 100 kilog.)	»	»	11 à 30 f.	11 f. à 30 f.
Huile — d'olive (les 100 kilog.)	0 f. 90	9 f. »	27 f. 50	38 f.50 et 44 f. »
Huile — de fabrique	0 90	9 »	16 50	27 50 33 »
Huile — de graisses grasses	0 90	9 »	13 20	27 50 33 »
Matières nécessaires à l'industrie.				
Acier — fondu (les 100 kilog.)	0 30	3 »	49 50	110
Acier — en barres	0 30	3 »	49 50	66
Acier — en tôle	0 30	3 »	49 50	66
Fonte — brute	néant.	néant.	2 20	4 40 9 10
Fonte — mazée	»	»	2 20	» 16 50 »
Fer — en barres, au bois	0 f. 40	4 f. »	16 f. 50 et 27 f. 50	16 50 27 50
Fer — à la houille	néant.	néant.	16 50 27 50	27 50 55 »
Fer — feuillard	0 f. 60	6 f. »	44	44
Fer — en tôle	1 20,	6 »	40	40
Houille — par terre (100 kilog.)	0 04	0 20	0 33 0 66	1 33 0 66
Houille — par mer	0 f. 11 et 0 f. 18	0 f. 54 et 0 f. 98	1 10 1 65	1 10 1 65
Laine commune — brute	néant.	néant.	néant.	0 11
Laine commune — lavée	»	»	»	22 » 33 »
Laine fine — brute	»	»	»	0 22
Laine fine — lavée	»	»	3 f. 30	44 » 66 »
Lin — taillé	»	»	3 f. 30	11
Lin — peigné	»	3 f. 20	6 60	33
Sucre — colonies françaises	»	18 »	49 50	49 50
Sucre — étranger	3 f. 60	18 »	104 50	104 50
Café — colonies françaisrs	néant.	7 60	55 f. » et 66 f. 50	55 » 66 50
Café — étranger	6 f. »	60 »	104 » 110 »	104 » 110 »
Suif	néant.	néant.	2 75 5 50	16 50 19 80

Certes, nous ne croyons pas que le peuple de 1795 fût plus avancé en économie politique que le corps électoral de 1847.

Mais alors on posait cette question : Ceux qui mangent de la viande et du pain ou se servent de fer payeront-ils une taxe à ceux qui produisent ces choses ? Et comme les mangeurs de pain étaient en majorité, la majorité disait : *Non.*

Aujourd'hui on pose la même question. Mais ceux qui font du blé, de la viande ou du fer sont seuls consultés, et ils décident qu'il leur sera payé une gratification, un supplément de prix, une taxe.

Il n'y a rien là qui doive nous surprendre. La Suisse est le seul pays, en Europe, où tout le monde concourt à faire la loi ; c'est aussi le seul pays, en Europe, où des taxes sur le grand nombre en faveur du petit nombre n'ont pu pénétrer.

En Angleterre, la loi était faite exclusivement par les propriétaires du sol. Aussi nulle part on n'avait attribué à la production du blé des primes si exorbitantes.

Aux États-Unis, le parti whig et le parti démocrate se disputent et obtiennent tour à tour l'influence. Aussi le tarif s'élève ou s'abaisse, suivant que le premier l'emporte sur le second ou le second sur le premier.

En présence de ces faits écrasants, quand nous avons soulevé la question du libre-échange, quand nous avons essayé de réagir contre cette prétention d'une classe de faire des lois à son profit, comment est-il arrivé que nous ayons rencontré une opposition ardente et haineuse, parmi les meneurs du parti démocratique ?

C'est ce que nous expliquerons sous peu de manière à être compris.

En attendant, puisse le tableau qui précède, si propre à rendre les hommes du droit commun plus clairvoyants, rendre aussi les hommes du privilége plus circonspects! Il nous semble difficile qu'ils n'y puisent pas des motifs sérieux de faire tourner au profit de tous, sinon par esprit de justice, au moins par esprit de prudence, cette puissance de faire des lois qui est concentrée en leurs mains.

Pour aujourd'hui, nous terminons par une question, que nous adressons aux prétendus patriotes, à ceux qui disent que le droit d'échanger est d'*importation anglaise.* Nous leur demanderons si la Constituante et la Convention étaient soudoyées par l'Angleterre ?

19. — LE NATIONAL.

18 Avril 1847.

Le *National* adresse ce défi au *Journal des Débats : «* Aidez-nous à renverser l'octroi, nous vous aiderons à renverser le régime protecteur. »

Ceci prouve une chose, que le *National,* comme il l'a laissé croire jusqu'ici, ne voit pas une calamité publique dans l'échange et le *droit de troquer ;* car nous ne lui ferons pas l'injure de penser que la phrase puisse se construire ainsi : qu'on nous aide à faire un bien, et nous aiderons à faire un mal.

Cependant le *National* ajoute : « Le dernier mot des « *Débats,* le secret de leur conduite, le voici : l'alliance « anglaise a été compromise par les mariages espagnols. « Pour renouer les liens de l'entente cordiale, rien ne « doit nous coûter. *Immolons aujourd'hui notre agriculture,* « demain notre industrie à la Grande-Bretagne. »

Si la lutte contre le régime protecteur ne peut être inspirée que par des motifs aussi coupables, et ne peut avoir que d'aussi funestes résultats, comment le *National* offre-t-il de s'y associer ? Une telle contradiction ne fait que relever le triste aveuglement de la polémique à la mode.

Admettant donc que le *National* regarde le libre-échange comme un *bien*, qu'il voudrait voir réaliser sur nos frontières et à nos barrières, il resterait à savoir pourquoi il s'en est montré depuis peu l'ardent adversaire. Peut-être pourrions-nous demander aussi pourquoi il subordonne la poursuite d'une bonne réforme au parti que d'autres croient devoir prendre sur une réforme de tout autre nature?

Mais laissons de côté ces récriminations inutiles. Que le concours du *National* nous arrive; nous l'accueillerons avec joie, convaincus qu'il n'y a pas de journal mieux placé pour jeter la bonne semence en bonne terre. Pour donner même au *National* la preuve que nous apprécierons son concours, nous allons lui expliquer pourquoi il nous est impossible, *en tant qu'association,* de combattre à ses côtés dans la lutte qu'il soutient contre l'octroi. Nous saisirons avec d'autant plus d'empressement cette occasion de nous expliquer là-dessus, que ce que nous avons à dire jettera, nous l'espérons, quelque lumière sur le but précis de notre association.

Il y a probablement cent réformes à faire dans notre pays et dans le seul département des finances : douane, hypothèques, postes, boissons, sel, octroi, etc., etc.; le *National* nous accordera bien qu'une association ne s'engage pas à les poursuivre toutes, par cela seul qu'elle entreprend d'en obtenir une.

Cependant, au premier coup d'œil, il semble que notre titre : *Libre-Échange,* nous astreint à embrasser dans notre action la *douane* et l'*octroi.* Qu'est-ce que la douane? un octroi national. Qu'est-ce que l'octroi? une douane urbaine. L'une restreint les échanges aux frontières; l'autre les entrave aux barrières. Mais il semble naturel d'affranchir les transactions que nous faisons entre nous, avant de songer à celles que nous faisons avec l'étranger; et nous ne sommes pas surpris que beaucoup de personnes, à l'exemple du *National*, nous poussent à guerroyer contre l'octroi (¹).

Mais, nous l'avons dit souvent, et nous serons forcés de le répéter bien des fois encore : La similitude, qu'on établit entre la douane et l'octroi, est plus apparente que réelle. Si ces deux institutions se ressemblent par leurs procédés, elles diffèrent par leur esprit : l'une gêne forcément et accidentellement les transactions, pour arriver à procurer aux villes un revenu ; l'autre interdit systématiquement l'échange, même alors qu'il pourrait procurer un revenu au trésor, considérant l'échange comme chose *mauvaise en soi*, de nature à appauvrir ceux qui le font.

Nous ne voulons pas nous faire ici les champions de l'octroi, mais enfin, personne ne peut dire qu'il a pour *but* d'interdire des échanges. Ceux qui l'ont institué, ceux qui le maintiennent, ne le considèrent que comme moyen de créer un revenu public aux villes. Tous déplorent qu'il ait pour *effet* de soumettre les transactions à des entraves gênantes, et de diminuer les consommations des citoyens. Cet *effet* n'est certainement pas l'objet qu'on a eu en vue. Jamais on n'a entendu dire : Il faut mettre un droit sur le bois à brûler, à l'entrée de Paris, *à cette fin* que les Parisiens se chauffent moins. On est d'accord que l'octroi a un bon et un mauvais côté ; que le bon côté c'est le revenu, et le mauvais côté, la restriction des consommations et des échanges. On ne peut donc pas dire que, dans la question de l'octroi, le principe du libre-échange soit engagé.

L'octroi est un impôt mauvais, mal établi, gênant, inégal, entaché d'une foule d'inconvénients et de vices, soit ; mais enfin c'est un impôt. Il ne coûte pas un centime au consommateur (sauf les frais de perception), qui ne soit dé-

pensé au profit du public. Dès l'instant que le public veut
des fontaines, des pavés, des réverbères, il faut qu'il donne
de l'argent. On peut imaginer un mode de percevoir cet
argent plus convenable que l'octroi, mais on ne peut supprimer l'octroi sans y substituer un autre impôt, ou sans
renoncer aux fontaines, aux pavés et aux réverbères. Les
deux questions engagées dans l'octroi sont donc celles-ci :

1° Le revenu provenant de l'octroi rend-il au public autant qu'il lui coûte ?

2° Y a-t-il un mode de prélever ce revenu plus économique et plus juste ?

Ces deux questions peuvent et doivent être posées à propos de toutes les contributions existantes et imaginables.
Or, sans nier, de beaucoup s'en faut, l'importance de ces
questions, l'association du libre-échange ne s'est pas formée pour les résoudre.

L'octroi entrerait immédiatement dans la sphère d'action
de l'Association, si, s'écartant de sa fin avouée, il manifes-
tait la prétention de diminuer les échanges pour satisfaire
quelques intérêts privilégiés.

Supposons, par exemple, une ville qui aurait mis sur les
légumes un droit de 5 p. 100, dont elle tirerait une recette
de 20,000 fr. Supposons que le conseil municipal de cette
ville vînt à être changé, et que le nouveau conseil se com-
posât de propriétaires, qui, presque tous, auraient de
beaux jardins dans l'enceinte des barrières. Supposons enfin que la majorité du conseil, ainsi constitué, prît la délibération suivante :

« Considérant que l'entrée des légumes fait sortir le
« numéraire de la ville ;

« Que l'horticulture locale est la mère nourricière des
« citoyens et qu'il faut la protéger ;

« Que, vu la cherté de nos terrains (les pauvres gens !),
« la pesanteur des taxes municipales et l'élévation des sa-

« laires en ville, nos jardins ne peuvent pas lutter *à armes*
« *égales* avec les jardins de la campagne placés dans des
« conditions plus favorables ;

« Que, dès lors, il est expédient de défendre à nos con-
« citoyens, par une prohibition absolue ou un droit exces-
« sif qui en tienne lieu, de se pourvoir de légumes ailleurs
« que chez nous ;

« Considérant que le profit que nous ferons ainsi à leurs
« dépens est un gain général ;

« Que si l'octroi abandonnait les propriétaires de jardins
« à une concurrence effrénée, désordonnée, ruineuse,
« telle qu'elle existe pour tout le monde, ce serait leur
« imposer *un sacrifice ;*

« Que le libre-échange est une théorie, que les écono-
« mistes n'ont pas de cœur, ou, en tout cas, n'ont qu'un
« cœur sec, et que c'est fort mal à propos qu'ils invoquent
« la justice, puisque la justice est ce qui nous convient ;

« Par ces motifs, et bien d'autres inutiles à rappeler,
« parce qu'on les trouve disséminés dans tous les exposés
« de motifs des lois de douanes, et dans tous les journaux,
« même patriotes, nous déclarons que l'entrée des légu-
« mes de la campagne est prohibée... ou bien soumise à
« un droit de 200 p. 100.

« Et, attendu que le droit modéré que payaient jusqu'ici
« les légumes étrangers, faisait rentrer dans la caisse mu-
« nicipale 20,000 francs, que lui fera perdre la prohibition
« (ou le droit prohibitif), nous décidons en outre qu'il
« sera ajouté des centimes additionnels à la cote person-
« nelle, sans quoi notre première résolution éteindrait nos
« quinquets et tarirait nos fontaines. »

Si, disons-nous, l'octroi se modelait ainsi sur la douane
(et nous ne voyons pas pourquoi il n'en viendrait pas là,
s'il y a quelque vérité dans la doctrine fondée par le double
vote et soutenue par la presse démocrate), à l'instant nos

coups se dirigeraient sur l'octroi, ou plutôt l'octroi viendrait de lui-même se présenter à nos coups.

Et c'est ce qui est arrivé. Quand Rouen a allégué qu'il élevait le droit d'octroi sur l'eau-de-vie pour protéger le cidre, quand M. le ministre des finances a déclaré qu'il préférait un droit sur l'eau-de-vie, qui dépasse la limite de la loi, à un droit sur le cidre, qui n'atteint pas cette limite, uniquement parce que l'impôt sur le cidre est *impopulaire* en Normandie, nous avons cru devoir élever la voix.

Maintenant, le *National* sait pourquoi notre Association combat la douane et non l'octroi. Ce que nous attaquons dans la douane, ce n'est pas la pensée *fiscale*, mais la pensée *féodale*; c'est la protection, la faveur, le privilége, le système économique, la fausse théorie de l'échange, le but avoué de réglementer, de limiter et même d'interdire les transactions.

Comme institution *fiscale*, la douane a des avantages et des inconvénients. Chaque membre de notre Association a individuellement pleine liberté de la juger, à ce point de vue, selon ses idées. Mais l'Association n'en veut qu'à ce faux principe de monopole qui s'est enté sur l'institution fiscale et l'a détournée de sa destination. Nous faisons ce ue pourrait faire, dans la ville dont nous parlions tout à l'heure, une réunion de citoyens qui viendrait s'opposer aux nouvelles prétentions du conseil municipal.

Il nous semble qu'ils pourraient fort bien, et sans inconséquence, formuler ainsi le but précis et limité de leur association :

« Tant qu'un droit modéré sur les légumes a fait entrer 20,000 fr. dans la caisse municipale, c'était une question de savoir si ces 20,000 fr. n'auraient pas pu être recouvrés de quelque autre manière moins onéreuse à la communauté.

« Cette question est toujours pendante, s'étend à tous

les impôts, et aucun de nous n'entend aliéner, à cet égard, la liberté de son opinion.

« Mais voici que quelques propriétaires de jardins veulent systématiquement empêcher l'entrée des légumes afin de mieux vendre les leurs ; voici que, pour justifier cette prétention, ils émettent une bizarre théorie de l'échange, qui représente ce fondement de toute société comme funeste en soi ; voici que cette théorie envahit les convictions de nos concitoyens et que nous sommes menacés de la voir appliquée successivement à tous les articles du tarif de l'octroi ; voici que, grâce à cette théorie qui décrédite les importations, les arrivages vont diminuer, jusqu'à affaiblir les recettes de l'octroi, en sorte que nous verrons accroître dans la même proportion les autres impôts : nous nous associons pour combattre cette théorie, pour la ruiner dans les intelligences, afin que la force de l'opinion fasse cesser l'influence qu'elle a exercée et qu'elle menace d'exercer encore sur nos tarifs. »

20. — LE MONDE RENVERSÉ.

18 Avril 1847.

Un navire arriva au Havre, ces jours-ci, après un long voyage.

Un jeune officier, quelque peu démocrate, débarque, et rencontrant un de ses amis : Oh ! des nouvelles, des nouvelles ! lui dit-il, j'en suis *affamé*.

— Et nous, nous sommes affamés aussi. Le pain est hors de prix. Chacun emploie à s'en procurer tout ce qu'il gagne ; l'énorme dépense qui en résulte arrête la consommation de tout ce qui n'est pas subsistance, en sorte que l'industrie souffre, les ateliers se ferment, et les ouvriers voient baisser leurs salaires en même temps que le pain renchérit.

— Et que disent les journaux ?

— Ils ne sont pas d'accord. Les uns veulent laisser entrer le blé et la viande afin que le peuple soit soulagé, que les aliments baissent de prix, que toutes les autres consommations reprennent, que le travail soit ranimé et que la prospérité générale renaisse ; les autres font à la libre entrée des subsistances une guerre ouverte ou sourde, mais toujours acharnée.

— Et quels sont les journaux pour et contre ?

— Devine.

— Parbleu ! le journal des *Débats* défend les gros propriétaires, et le *National* le peuple.

— Non, les *Débats* réclament la liberté et le *National* la combat.

— Qu'entends-je? que s'est-il donc passé?

— Les mariages espagnols.

— Qu'est-ce que les mariages espagnols, et quel rapport ont-ils avec les souffrances du peuple ?

— Un prince français a épousé une princesse espagnole. Cela a déplu à un homme qui s'appelle lord Palmerston. Or, le *National* accuse les *Débats* de vouloir ruiner tous les propriétaires français pour apaiser le courroux de ce lord. — Et le *National*, qui est très-patriote, veut que le peuple de France paye le pain et la viande cher pour faire pièce au peuple d'Angleterre.

— Quoi ! c'est ainsi qu'on traite la question des subsistances?

— C'est ainsi que, depuis ton départ, on traite toutes les questions.

21. — SUR L'EXPORTATION DU NUMÉRAIRE.

11 Décembre 1847.

A l'occasion de la situation financière et commerciale de la Grande-Bretagne, le *National* s'exprime ainsi :

« La crise a dû être d'autant plus violente, que les produits étrangers, les céréales, ne s'échangeaient pas contre des produits anglais. La balance entre les importations et les exportations était toute au désavantage de la Grande-Bretagne, et la différence se soldait en or. Il y aurait lieu, à cette occasion, d'examiner la part de responsabilité qui revient au libre-échange dans ce résultat; mais nous nous réservons de le faire plus tard. Contentons-nous de constater aujourd'hui que cette *vieillerie* qu'on appelle la balance du commerce, si dédaignée, si méprisée, du reste, par *certaine école* économiste, mérite cependant qu'on y prenne garde ; et la Grande-Bretagne, en comparant ce qu'elle a reçu à ce qu'elle a envoyé depuis un an, doit s'apercevoir que les plus belles théories ne peuvent rien contre ce fait très-simple : quand on achète du blé en Russie, et que la Russie ne prend pas en échange du calicot anglais, il faut payer bel et bien ce blé en argent. Or, le blé consommé, l'argent exporté, que reste-t-il à l'acheteur? Son calicot, peut-être, c'est-à-dire une valeur dont il ne sait que faire et qui dépérit entre ses mains. »

Nous serions curieux de savoir si le *National* regarde en effet la balance du commerce comme une *vieillerie*, ou si cette expression, prise dans un sens ironique, a pour objet de railler une *certaine école* qui se permet de regarder, en effet, la *balance du commerce* comme une *vieillerie*. « La question vaut la peine qu'on y prenne garde, » dit le *National*. Oui, certes, elle en vaut la peine, et c'est pour cela que nous aurions voulu que cette feuille fût un peu plus explicite.

Il est de fait que chaque négociant, pris isolément, fort attentif à sa propre *balance*, ne se préoccupe pas le moins du monde de la *balance générale du commerce*. Or, il est à remarquer que ces deux *balances* apprécient les choses d'une manière si opposée, que ce que l'une nomme *perte*, l'autre l'appelle *profit*, et *vice versâ*.

Ainsi, le négociant qui a acheté en France pour 10,000 fr. de vin, et l'a vendu pour le double de cette somme aux États-Unis, recevant en payement et faisant entrer en France 20,000 fr. de coton, croit avoir fait une bonne affaire. — Et la *balance du commerce* enseigne qu'il a perdu son capital *tout entier*.

On conçoit combien il importe de savoir à quoi s'en tenir sur cette doctrine; car, si elle est juste, les négociants tendent invinciblement à se ruiner, à ruiner le pays, et l'État doit s'empresser de les mettre tous en tutelle, — ce qu'il fait.

Ce n'est pas le seul motif qui oblige tout publiciste digne de ce nom à se faire une opinion sur cette fameuse balance du commerce; car, selon qu'il y croit ou non, il est conduit *nécessairement* à une politique toute différente.

Si la théorie de la balance du commerce est vraie, si le profit national consiste à augmenter la masse du numéraire, il faut *peu acheter* au dehors, afin de ne pas laisser sortir des métaux précieux, et *beaucoup vendre*, afin d'en faire entrer. Pour cela, il faut empêcher, restreindre et prohiber. Donc, point de liberté au dedans; — et comme chaque peuple adopte les mêmes mesures, il n'y a d'espoir que dans la force pour réduire l'étranger à la dure condition de *consommateur* ou *tributaire*. De là les conquêtes, les colonies, la violence, la guerre, les grandes armées, les puissantes marines, etc.

Si, au contraire, la balance du négociant est un thermomètre plus fidèle que la *balance du commerce*, — pour toute valeur donnée sortie de France, — il est à désirer qu'il entre la plus grande valeur possible, c'est-à-dire que le chiffre des importations surpasse le plus possible, dans les états de douane, le chiffre des exportations. Or, comme tous les efforts des négociants ont ce résultat en vue, — dès qu'il est conforme au bien général, il n'y a qu'à les *laisser faire*. La liberté et la paix sont les conséquences nécessaires de cette doctrine.

L'opinion que l'exportation du numéraire constitue une perte étant très-répandue, et selon nous très-funeste, qu'il nous soit permis de saisir cette occasion d'en dire un mot.

Un homme qui a un métier, par exemple un chapelier, rend des *services effectifs* à ses pratiques. Il garantit leur tête du soleil et de la pluie, et, en récompense, il entend bien recevoir à son tour des *services effectifs* en aliments, vêtements, logements, etc. Tant qu'il garde les écus qui lui ont été donnés en payement, il n'a pas encore reçu ces *services effectifs*. Il n'a entre les mains pour ainsi dire que des *bons* qui lui donnent droit à recevoir ces services. La preuve en est que s'il était condamné, dans sa personne et sa postérité, à ne jamais se servir de ces écus, il ne se donnerait certes pas la peine de faire des chapeaux pour les autres. Il appliquerait son propre travail à ses propres besoins. Par où l'on voit que, par l'intervention de la monnaie, le *troc de service contre service* se décompose en deux échanges. On rend d'abord un service contre lequel on reçoit de l'argent, et l'on donne ensuite l'argent contre lequel on reçoit un service. Ce n'est qu'alors que le *troc* est consommé.

Il en est ainsi pour les peuples.

Quand il n'y a pas de mines d'or et d'argent dans un pays, comme c'est le cas pour la France et l'Angleterre, il faut nécessairement rendre des *services effectifs* aux étrangers pour recevoir leur numéraire. On les nourrit, on les abreuve, on les meuble, etc. ; mais tant qu'on n'a que leur numéraire, on n'a pas encore reçu d'eux les *services effectifs* auxquels on a droit. Il faut bien en arriver à la satisfaction des besoins réels, en vue de laquelle on a travaillé. La présence même de cet or prouve que la nation a satisfait au dehors des besoins réels et qu'elle est créancière de services équivalant à ceux qu'elle a rendus. Ce n'est donc qu'en exportant cet or contre des produits consommables qu'elle est *efficacement* payée de ses travaux. (*V. tome V, p.* 64 *et suiv.*)

En définitive, les nations entre elles, comme les individus entre eux, se rendent des *services réciproques.* Le numéraire n'est qu'un moyen ingénieux de faciliter ces *trocs de services.* Entraver directement ou indirectement l'exportation de l'or, c'est traiter le peuple comme on traiterait ce chapelier à qui l'on défendrait de jamais retirer de la société, en dépensant son argent, des services aussi efficaces que ceux qu'il lui a rendus.

Le *National* nous oppose la crise actuelle de l'Angleterre; mais le *National* tombe dans la même erreur que la *Presse,* en parlant de l'exportation du numéraire, sans tenir compte de la perte des récoltes, sans même la mentionner.

Le jour où les Anglais, après avoir labouré, hersé, ensemencé leurs champs, ont vu leurs blés détruits et leurs pommes de terre pourries, ce jour-là, il a été décidé qu'ils devaient souffrir d'une manière ou d'une autre. La forme sous laquelle cette souffrance devait naturellement se présenter, vu la nature du phénomène, c'était l'*inanition.* Heureusement pour eux, ils avaient autrefois rendu des services aux peuples contre ces *bons,* qu'on appelle monnaies, et qui donnent droit à recevoir, en temps opportun, l'équivalent de ces services. Ils en ont profité dans cette circonstance. Ils ont rendu l'or et reçu du blé; et la souffrance, au lieu de se manifester sous forme d'*inanition,* s'est manifestée sous forme d'*appauvrissement,* ce qui est moins dur. Mais cet appauvrissement, ce n'est pas l'exportation du numéraire qui en est *cause,* c'est la perte des récoltes.

C'est absolument comme le chapelier dont nous parlions tout à l'heure. Il vendait beaucoup de chapeaux, et, se soumettant à des privations, il réussit à accumuler de l'or.

Sa maison brûla. Il fut bien obligé de se défaire de son or pour la reconstruire. Il en resta plus pauvre. Fut-ce parce qu'il s'était défait de son or? Non, mais parce que sa maison avait brûlé. — Un fléau est un fléau. Il ne le serait pas si l'on était aussi riche après qu'avant.

« Le blé consommé, l'argent exporté, que reste-t-il à l'acheteur? » demande le *National*. — Il lui reste de n'être pas mort de faim, ce qui est quelque chose.

Nous demanderons à notre tour : Si l'Angleterre n'eût consommé ce blé et exporté cet argent, que lui resterait-il? des cadavres ([1]).

22. — DU COMMUNISME.

27 Juin 1847.

Les préjugés économiques ne sont peut-être pas le plus grand obstacle que rencontrera la liberté commerciale. Entre hommes qui diffèrent d'opinion sur un point, à la vérité fort important, d'économie politique, la discussion est possible, et la vérité finit toujours par jaillir de la discussion.

Mais il est des systèmes si complétement étrangers à toutes les notions reçues, qu'entre eux et la science il ne se trouve pas un terrain commun qui puisse servir de point de départ au débat.

Tel est le *communisme*, tels sont les systèmes qui n'admettent pas la propriété, et ceux qui reposent sur cette donnée : que la société est un arrangement artificiel imaginé et imposé par un homme qu'on appelle *législateur, fondateur des États, père des nations*, etc.

Sur ces systèmes, l'observation des faits et l'expérience

([1]) V. sur la balance du commerce, tome IV, page 52, et tome V, page 402; puis le chap. *Échange*, tome VI.

(*Note de l'éditeur.*)

du passé n'ont pas de prise. L'inventeur s'enferme dans son cabinet, ferme les rideaux des croisées et donne libre carrière à son imagination. Il commence par admettre que tous les hommes, sans exception, s'empresseront de se soumettre à la combinaison sociale qui sortira de son cerveau, et, ce point admis, rien ne l'arrête. On conçoit que le nombre de ces combinaisons doit être égal au nombre des inventeurs, *tot capita, tot sensus.* On conçoit encore qu'elles doivent présenter entre elles des différences infinies.

Elles ont cependant un point commun. Comme toutes supposent l'acquiescement universel, toutes visent aussi à réaliser la perfection idéale. Elles promettent à tous les hommes, sans distinction, un lot égal de richesses, de bonheur et même de force et de santé. Il est donc assez naturel que les hommes, qui ont bu à la coupe de ces rêves illusoires, repoussent les réformes partielles et successives, dédaignent cette action incessante que la société exerce sur elle-même pour se délivrer de ses erreurs et de ses maux. Rien ne peut les contenter de ce qui laisse aux générations futures quelque chose à faire.

Notre époque est fertile en inventions de ce genre. Chaque matin en voit éclore, chaque soir en voit mourir. Elles sont trop irréalisables pour être dangereuses en elles-mêmes; leur plus grand tort est de détourner des saines études sociales une somme énorme d'intelligences.

Pourtant, parmi ces systèmes, il en est un qui menace véritablement l'ordre social, car il est d'une grande simplicité apparente, et, à cause de cette simplicité même, il envahit les esprits dans les classes que le travail manuel détourne de la méditation; nous voulons parler du *communisme* (¹).

_____

(¹) V. tome IV, page 275, le pamphlet *Propriété et Loi,* et tome VI, le chapitre *Propriété, Communauté.*

(Note de l'éditeur.)

On voit des hommes qui ont du superflu, d'autres qui n'ont pas le nécessaire, et l'on dit : « Si l'on mettait toutes ces richesses en commun, tout le monde serait heureux. » Quoi de plus simple et de plus séduisant, surtout pour ceux qu'affligent des privations réelles ; et c'est le grand nombre ?

Ce n'est pas notre intention de réfuter ici ce système, de montrer qu'il paralyserait complétement dans l'homme le mobile qui le détermine au travail, et tarirait ainsi pour tous la source du bien-être et du progrès ; mais nous croyons devoir prendre acte de la réfutation décisive qui en a été faite, dans le dernier numéro de l'*Atelier*, par des hommes qui appartiennent aux classes ouvrières.

C'est certainement un symptôme consolant de voir des systèmes subversifs repoussés et anéantis, avec une grande force de logique, par des hommes que le sort a placés dans une position telle qu'ils seraient plus excusables que d'autres s'ils s'en laissaient séduire. Cela prouve non-seulement leur sincérité, mais encore que l'intelligence, quand on l'exerce, ne perd jamais le noble privilége de tendre vers la vérité. Pour beaucoup de gens, le *communisme* n'est pas seulement une doctrine, c'est encore et surtout un moyen d'irriter et de remuer les classes souffrantes. En lisant l'article auquel nous faisons allusion, nous ne pouvions nous empêcher de nous rappeler avoir entendu un fougueux démocrate, appartenant à ce qu'on nomme la classe élevée, dire : « Je ne crois pas au *communisme*, mais je le prêche parce que c'est le levier qui soulèvera les masses. » Quel contraste !

Une chose nous surprend de la part des rédacteurs de l'*Atelier*, c'est de les voir s'éloigner de plus en plus de la doctrine de la liberté en matière d'échanges.

Ils repoussent le *communisme*, donc ils admettent la propriété et la libre disposition de la propriété, qui constitue la propriété elle-même. Ce n'est pas posséder que de ne pouvoir troquer ce qu'on possède. L'*Atelier* le dit en ces termes :

« Ce que nous prétendons, c'est que la liberté veut et la possession individuelle et la concurrence. Il est absolument impossible de sacrifier ces deux conditions de la liberté sans sacrifier la liberté même. »

Il est vrai que l'*Atelier* ajoute :

« Mais est-il possible de limiter les droits de la propriété ? Est-il quelque institution qui puisse ôter à la propriété les facultés *abusives* qu'elle a aujourd'hui ? Nous le croyons, nous sommes certains de cette possibilité, comme aussi nous sommes convaincus que la concurrence peut être disciplinée et ramenée à des termes tels qu'elle ait beaucoup plus le caractère de l'émulation que celui de la lutte. »

Dans ce cercle, il nous semble que l'*Atelier* et le *Libre-Échange* ne sont pas loin de s'entendre, et que ce qui les divise, c'est plutôt des questions d'application que des questions de principe.

Nous croyons devoir soumettre à ce journal les réflexions suivantes :

On peut abuser de tout et même des meilleures choses, de la propriété, de la liberté, de la philanthropie, de la charité, de la religion, de la presse, de la parole.

Nous croyons que le gouvernement ou la force collective est institué principalement, et presque exclusivement, pour prévenir et réprimer les *abus*.

Nous disons presque exclusivement, parce que c'est du moins là sa tâche principale, et il la remplirait d'autant mieux, sans doute, qu'il serait débarrassé d'une foule d'autres attributions, lesquelles peuvent être abandonnées à l'activité privée.

Quand nous parlons de propriété, de liberté, nous n'en voulons pas plus que l'*Atelier* les *abus*, et comme lui nous reconnaissons *en principe* à la force collective le droit et le devoir de les prévenir et de les réprimer.

D'un autre côté, l'*Atelier* voudra bien reconnaître qu'*en fait* les mesures répressives, et plus encore les mesures préventives, sont inséparables de dépenses, d'impôts, d'une certaine dose de vexations, de dérangements, d'arbitraire même, et qu'après tout la force publique n'acquiert pas certains développements sans devenir elle-même un danger.

Dans chaque cas particulier, il y a donc ce calcul à faire : les inconvénients inséparables des mesures préventives et répressives sont-ils plus grands que les inconvénients de l'abus qu'il s'agit de prévenir ou de réprimer ?

Ceci ne touche pas au droit de la communauté agissant collectivement, c'est une question d'opportunité, de convenance et non de principe. Elle se résout par la statistique et l'expérience et non par la théorie du droit.

Or, il arrive, et c'est sur ce point que nous appelons l'attention du lecteur, qu'il y a beaucoup d'*abus* qui portent en eux-mêmes, par une admirable dispensation providentielle, une telle force de répression et de prévention, que la prévention et la répression gouvernementales n'y ajoutent presque rien, et ne se manifestent dès lors que par leurs inconvénients.

Telle est, par exemple, la paresse. Certainement, il serait à désirer qu'il n'y eût pas de paresseux au monde. Mais si le Gouvernement voulait extirper ce vice, il serait forcé de pénétrer dans les familles, de surveiller incessamment les actions individuelles, de multiplier à l'infini le nombre de ses agents, d'ouvrir la porte à un arbitraire inévitable ; en sorte que ce qu'il ajouterait à l'activité nationale pourrait bien n'être pas une compensation suffisante des maux sans nombre dont il accablerait les citoyens, y compris ceux qui n'ont pas besoin, pour être laborieux, de cette intervention.

(V. *Harmonies,* chap. xx.)

Et remarquez qu'elle est d'autant moins indispensable qu'il y a, dans le cœur humain, des stimulants, — dans l'enchaînement des causes et des effets, des récompenses pour l'activité, des châtiments pour la paresse, qui agissent avec une force à laquelle l'action du pouvoir n'ajouterait que peu de chose. Ce sont ces stimulants, c'est cette rétribution naturelle dont ne nous paraissent pas tenir assez compte les écoles qui, faisant bon marché de la liberté, veulent tout réformer par l'interférence du Gouvernement.

Ce n'est pas seulement contre les vices dont les conséquences retombent sur ceux qui s'y livrent que la nature a préparé des moyens de prévention et de répression, mais aussi contre les vices qui affectent les personnes qui en sont innocentes. Dans l'ordre social, outre la loi de *responsabilité*, il y a une loi de *solidarité*. Les vices de cette catégorie, par exemple la mauvaise foi, ont la propriété d'exciter une forte réaction de la part de ceux qui en souffrent contre ceux qui en sont atteints, réaction qui a certainement une vertu préventive et répressive, toujours exactement proportionnelle au degré de lumière d'un peuple.

Ce n'est point à dire que le Gouvernement ne puisse concourir aussi à punir ces vices, à prévenir ces abus. Tout ce que nous prétendons, et nous ne pensons pas que cela puisse nous être contesté, c'est que cette pression gouvernementale doit s'arrêter et laisser agir les forces naturelles, au point où elle-même a, pour la communauté, plus d'inconvénients que d'avantages.

Nous ajouterons qu'un des inconvénients de la trop grande intervention du pouvoir en ces matières, est de paralyser la réaction des forces naturelles, en affaiblissant les motifs et l'expérience de cette police que la société exerce sur elle-même. Là où les citoyens comptent trop sur les autorités, ils finissent par ne pas assez compter sur eux-mêmes, et la cause la plus efficace du progrès en est certainement neutralisée ([1]).

Si ces idées se rapprochent de celles que l'*Atelier* a développées dans l'article que nous avons en vue, nous ne devons pas être peu surpris du ton d'irritation avec lequel il persiste à s'exprimer sur la liberté du commerce et ce qu'il nomme l'école économique *anglaise*.

L'*Atelier* est plein de douceur pour les *communistes*, qu'il vient de combattre et même de terrasser, mais il conserve envers nous les allures les plus hostiles. C'est une inconséquence que nous ne nous chargeons pas d'expliquer, car il est évidemment beaucoup plus loin du *communisme* que de la liberté du travail et de l'échange. L'*Atelier* croit la protection plus nécessaire que la liberté à la prospérité nationale. Nous croyons le contraire, et il conviendra du moins que les doctrines sur la propriété et la liberté, qu'il a opposées aux *communistes*, mettent la présomption de notre côté. Si la propriété est un droit, si la liberté d'en disposer en est la conséquence, la tâche de prouver la supériorité des restrictions, l'*onus probandi*, incombe exclusivement à celui qui les réclame.

Nous n'abandonnerons pas le sujet du *communisme* sans adresser quelques réflexions aux classes qui tiennent de notre constitution le pouvoir législatif, c'est-à-dire aux classes riches.

Le *communisme*, il ne faut pas se le dissimuler, c'est la guerre de ceux qui ne possèdent pas, ou le grand nombre, contre ceux qui possèdent ou le petit nombre. Partant, les idées *communistes* sont toujours un danger social pour tout le monde, et surtout pour les classes aisées.

Or ces classes ne jettent-elles pas de nouveaux aliments à la flamme *communiste* quand elles font en leur propre fa-

([1]) V. *Harmonies*, chap. xx et xxi.   (*Note de l'éditeur.*)

veur des lois partiales ? Quoi de plus propre que de telles
lois à semer l'irritation au sein du peuple, à faire que, dans
son esprit, ses souffrances ont leur cause dans une injustice ; à lui suggérer l'idée que la ligne de démarcation entre
le pauvre et le riche est l'œuvre d'une volonté perverse, et
qu'une aristocratie nouvelle, sous le nom de bourgeoisie,
s'est élevée sur les ruines de l'ancienne aristocratie ? De
telles lois ne le disposent-elles pas à embrasser les doctrines
les plus chimériques, surtout si elles se présentent avec le
cachet d'une simplicité trompeuse ; en un mot ne le pous-
sent-elles pas fatalement vers le *communisme* ?

Contre le *communisme*, il n'y a que deux préservatifs.
L'un, c'est la diffusion au sein des masses des connaissances économiques ; l'autre, c'est la parfaite équité des
lois émanées de la bourgeoisie.

Oh ! puisque, dans l'état actuel des choses, nous voyons
des ouvriers eux-mêmes se retourner contre le *communisme*
et faire obstacle à ses progrès, combien la bourgeoisie serait
forte contre ce dangereux système si elle pouvait dire aux
classes laborieuses :

« De quoi vous plaignez-vous ? De ce que nous jouissons
de quelque bien-être ; mais nous l'avons acquis par le travail, l'ordre, l'économie, la privation, la persévérance.
Pouvez-vous l'attribuer à d'autres causes ? Examinez nos
lois. Vous n'en trouverez pas une qui stipule pour nous des
faveurs. Le travail y est traité avec la même impartialité
que le capital. L'un et l'autre sont soumis, sans restriction,
à la loi de la concurrence. Nous n'avons rien fait pour
donner à nos produits une valeur artificielle et exagérée.
Les transactions sont libres, et si nous pouvons employer
des ouvriers étrangers, de votre côté vous avez la faculté
d'échanger vos salaires contre des aliments, des vêtements,
du combustible, venus du dehors, quand il arrive que nous
tenons les nôtres à un taux élevé. »

La bourgeoisie pourrait-elle aujourd'hui tenir ce langage? Ne l'a-t-on pas vue, il n'y a pas plus de huit jours, décréter, en face d'une disette éventuelle, que les lois qui font obstacle à l'entrée des substances alimentaires animales n'en seraient pas moins maintenues? Ne l'a-t-on pas vue prendre une telle résolution, sans admettre même le débat, comme si elle avait eu peur de la lumière, là où elle ne pouvait éclairer qu'un acte d'injuste égoïsme?

La bourgeoisie persévère dans cette voie, parce qu'elle voit le peuple, impatient de beaucoup d'injustices chimériques, méconnaître la véritable injustice qui lui est faite. Pour le moment, les journaux démocratiques, abandonnant la cause sacrée de la liberté, sont parvenus à égarer ses sympathies et à les concilier à des restrictions dont il n'est victime qu'à son insu. Mais la vérité ne perd pas ses droits; l'erreur est de nature essentiellement éphémère; et le jour où le peuple ouvrira les yeux n'est peut-être pas éloigné. Pour le repos de notre pays, puisse-t-il n'apercevoir alors qu'une législation équitable (¹)!

23. — RÉPONSE AU JOURNAL L'ATELIER.

12 Septembre 1847.

(Écrite en voyage et adressée à l'éditeur du *Journal des Économistes*.)

Si j'ai eu quelquefois la prétention de faire de la bonne économie politique pour les autres, je dois au moins renoncer à faire de la bonne économie privée pour moi-même. Comment est-il arrivé que, voulant aller de Paris à Lyon, je me trouve dans un cabaret par delà les Vosges? Cela pourra vous surprendre, mais ne me surprend pas, moi qui ne vais jamais de la rue Choiseul au Palais-Royal sans me tromper.

(¹) V. tome VI, chap. IV.   (*Note de l'éditeur.*)

LE LIBRE-ÉCHANGE.   125

Enfin me voici arrêté pour quelques heures, et je vais en profiter pour répondre au violent article que l'*Atelier* a dirigé contre le *Libre-Échange* dans son dernier numéro. Si j'y réponds, ce n'est pas parce qu'il est violent, mais parce que cette polémique peut donner lieu à quelques remarques utiles et surtout opportunes.

Dans un précédent numéro de ce journal, nous avions remarqué cette phrase :

« Ce que nous prétendons, c'est que la liberté veut et la possession individuelle et la concurrence. Il est absolument impossible de sacrifier ces deux conditions de la liberté sans sacrifier la liberté elle-même. »

Cette phrase étant l'expression de notre pensée, posant nettement les principes dont nous nous bornons à réclamer les conséquences, il nous semblait que l'*Atelier* était infiniment plus rapproché de l'*Économie politique*, qui admet, comme lui, ces trois choses : Propriété, liberté, concurrence, que du *Communisme*, qui les exclut formellement toutes trois.

C'est pourquoi nous nous étonnions de ce que l'*Atelier* se montrât plein de douceur pour le communisme et de fiel pour l'économie politique.

Cela nous semblait une inconséquence. Car enfin, à supposer que l'*Atelier* et le *Libre-Échange* diffèrent d'avis sur quelques-unes des occasions où l'un peut trouver bon et l'autre mauvais que la loi restreigne la propriété, la liberté et la concurrence ; en admettant que nous ne posions pas exactement à la même place la limite qui sépare l'usage de l'abus, toujours est-il que nous sommes d'accord sur les principes, et que nous différons seulement sur des nuances qu'il s'agit de discuter dans chaque cas particulier, tandis que, entre l'*Atelier* et le *Populaire*, il y a autant d'incompatibilité qu'entre un *oui* universel et un *non* absolu.

Comment donc expliquer les cajoleries de l'*Atelier* envers

11.

INE.

le communisme, etson attitude toujours hostile à l'économie politique? A cet égard, nous avons préféré nous abstenir que de hasarder des conjectures.

Mais l'*Atelier* nous donne lui-même les motifs de sa sympathie et de son antipathie.

Ils sont au nombre de trois.

1° Notre doctrine est en cours d'expérience, tandis que celle des communistes est inappliquée et inapplicable;

2° Les économistes appartiennent à la classe riche et lettrée, tandis que les communistes appartiennent à la classe pauvre et illettrée;

3° L'économie politique est l'expression du côté inférieur de l'homme et est inspirée par l'égoïsme, tandis que le communisme n'est que l'exagération d'un bon sentiment, du sentiment de la justice.

Voilà pourquoi l'*Atelier*, fort doucereux envers les communistes, se croit obligé de tirer sur nous, comme il le dit, à boulets rouges et aussi rouges que possible.

Examinons rapidement ces trois chefs d'accusation.

Notre doctrine est en cours d'expérience! L'*Atelier* veut-il dire qu'il y a quelque part des possessions individuelles reconnues, et que toute liberté n'est pas détruite? Mais comment en fait-il une objection contre nous, lui qui veut et la propriété, et la liberté? Veut-il insinuer que la propriété est trop bien garantie, la liberté trop absolue, et qu'on a laissé prendre à ces deux principes, bons en eux-mêmes, de trop grands développements? Au point de vue spécial des échanges, nous nous plaignons, il est vrai, du contraire. Nous soutenons que la prohibition est une atteinte à la liberté, une violation de la propriété, et principalement de la propriété du travail et des bras; d'où il suit que c'est un système de spoliation réciproque, des avantages duquel un grand nombre est néanmoins exclu. Quiconque se déclare à cet égard notre adversaire, est tenu

de prouver une de cès choses : ou que la prohibition d'é-
changer ne restreint pas la propriété, aux dépens des uns
et à l'avantage des autres (ce qui est bien spoliation), ou
que la spoliation, au moins sous cette forme, est juste en
principe et utile à la société.

Ainsi, quant à l'échange, notre doctrine n'est pas appliquée. Et elle ne l'est pas davantage, si l'*Atelier* veut parler
de l'économie politique en général.

· Non, certes, elle ne l'est pas, de bien s'en faut;— pour qu'on
puisse dire qu'elle a reçu la sanction de l'expérience, attendons qu'il n'y ait ni priviléges, ni monopoles d'aucune espèce; attendons que la propriété de l'intelligence, des facultés et des bras soit aussi sacrée que celle du champ et des
meulières. Attendons que la loi, égale pour tous, règle le prix
de toutes choses, y compris les salaires, ou plutôt qu'elle
laisse le prix de toutes choses s'établir naturellement; attendons qu'on sache quel est le domaine de la loi et qu'on ne confonde pas le gouvernement avec la société ; attendons qu'une
grande nation de 36 millions de citoyens, renonçant à menacer jamais l'indépendance des autres peuples, ne croie pas
avoir besoin, pour conserver la sienne, de transformer cinq
cent mille laboureurs et ouvriers en cinq cent mille soldats ;
attendons qu'une énorme réduction dans notre état militaire
et naval, la liberté réelle de conscience et d'enseignement,
et la circonscription du pouvoir dans ses véritables attributions permettent de réduire le budget d'une bonne moitié ;
que, par suite, des taxes faciles à prélever et à répartir avec
justice suffisent aux dépenses publiques ; qu'on puisse alors
supprimer les plus onéreuses, celles qui, comme l'impôt du
sel et de la poste, retombent d'un poids accablant sur les
classes le moins en état de les supporter, et celles surtout
qui, comme l'octroi, la douane, les droits de mouvement et
de circulation, gênent les relations des hommes et entravent
l'action du travail; alors vous pourrez dire que notre doc-

trine est expérimentée. — Et pourtant, nous ne prédisons
pas à la société, comme font beaucoup d'écoles modernes,
qu'elle sera exempte de toutes souffrances ; car nous croyons
à une rétribution naturelle et nécessaire, établie par Dieu
même, et qui fait que, tant qu'il y aura des erreurs et des
fautes dans ce monde, elles porteront avec elles les conséquences destinées précisément à châtier et réprimer ces
fautes et ces erreurs.

Il y a quelque chose de profondément triste dans le second grief articulé contre nous, tiré de ce que nous appar-
tenons, dit-on, à la classe *riche et lettrée.*

Nous n'aimons pas cette nomenclature de la société en
classe riche et classe pauvre. Nous comprenons qu'on oppose la classe privilégiée à la classe opprimée partout où
la force ou la ruse, transformées en loi, ont fondé cette distinction. Mais sous un régime où la carrière du travail serait
loyalement ouverte à tous, où la propriété et la liberté, ces
deux principes proclamés par l'*Atelier*, seraient respectées,
nous voyons des hommes de fortunes diverses, comme de
taille et de santé différentes ; nous ne voyons pas de *classes*
riche et pauvre. Encore moins pouvons-nous admettre que
les riches soient un objet de haine pour les pauvres. Si l'é-
conomie politique a rendu à la société un service, c'est bien
lorsqu'elle a démontré qu'entre la richesse due au travail
et celle due à la rapine, légale ou non, il y a cette différence
radicale que celle-ci est *toujours* et celle-là n'est *jamais* acquise aux dépens d'autrui. Le travail est vraiment créateur,
et les avantages qu'il confère aux uns ne sont pas plus sous-
traits aux autres que s'ils fussent sortis du néant. Au contraire, il me serait facile de démontrer qu'ils tendent à se
répartir sur tous. Et voyez les conséquences du sentiment
exprimé par l'*Atelier*. Il ne va à rien moins qu'à condamner
la plupart des vertus humaines. L'artisan honnête, laborieux, économe, ordonné, est sur la route de la fortune ; et

il faudrait donc dire qu'en vertu de ses qualités mêmes il court se ranger dans la classe maudite !

La distinction entre classes riches et classes pauvres donne lieu, de nos jours, à tant de déclamations que nous croyons devoir nous expliquer à ce sujet.

Dans l'état actuel de la société, et pour nous en tenir à notre sujet, sous l'empire du régime restrictif, nous croyons qu'il y a une classe privilégiée et une classe opprimée. La loi confère à certaines natures de propriété des monopoles qu'elle ne confère pas au travail, qui est aussi une propriété. On dit bien que le travail profite par ricochet de ces monopoles, et la société qui s'est formée pour les maintenir a été jusqu'à prendre ce titre : Association pour la défense du *travail national*, titre dont le mensonge éclatera bientôt à tous les yeux.

Une circonstance aggravante de cet ordre de choses, c'est que la propriété privilégiée par la loi est entre les mains de ceux qui font la loi. C'est même une condition, pour être admis à faire la loi, qu'on ait une certaine mesure de propriété de cette espèce. La propriété opprimée au contraire, celle du travail, n'a voix ni délibérative ni consultative. On pourrait conclure de là que le privilége dont nous parlons est tout simplement la loi du plus fort.

Mais il faut être juste ; ce privilége est plutôt le fruit de l'erreur que d'un dessein prémédité. La classe qui vit de salaires ne paraît pas se douter qu'elle en souffre ; elle fait cause commune contre nous avec ses oppresseurs, et il est permis de croire que, fût-elle admise à voter les lois, elle voterait des lois restrictives. Les journaux démocratiques, ceux en qui la classe ouvrière a mis sa confiance, la maintiennent soigneusement, nous ne savons pourquoi, dans cette erreur déplorable. S'ils agissent en aveugles, nous n'avons rien à dire ; s'ils la trompent sciemment, comme il est permis de le soupçonner, puisqu'ils disent que nous avons raison *en principe*, ce sont certainement les plus exécrables imposteurs qui aient jamais cherché à égarer le peuple.

Toujours est-il que la classe ouvrière ne sait pas qu'elle est opprimée et ce qui l'opprime. Aussi, tout en défendant ses droits, comme nous l'avons fait jusqu'ici et comme nous continuerons à le faire, nous ne pouvons nous associer à ses plaintes contre les riches, puisque ces plaintes, portant à faux, ne sont que de dangereuses et stériles déclamations.

Nous le disons hautement : ce que nous réclamons pour toutes les classes, dans l'intérêt de toutes les classes, c'est la justice, l'impartialité de la loi ; en un mot, la propriété et la liberté. A cette condition, nous ne voyons pas des classes, mais une nation. Malgré la mode du jour, notre esprit se refuse à admettre que toutes les vertus, toutes les perfections, toutes les pensées généreuses, tous les nobles dévouements résident parmi les pauvres, et qu'il n'y ait parmi les riches que vices, intentions perverses et instincts égoïstes. S'il en était ainsi, si le bien-être, le loisir, la culture de l'esprit pervertissaient nécessairement notre nature, il en faudrait conclure que l'éternel effort de l'humanité, pour vaincre la misère par le travail, est la manifestation d'un mobile à la fois dépravé et indestructible. Il faudrait condamner à jamais le dessein de Dieu sur sa créature de prédilection(¹).

Il ne me reste pas d'espace pour réfuter la troisième accusation formulée contre l'économie politique, celle fondée sur cette assertion, qu'elle est l'expression du *côté inférieur* de l'homme. C'est, du reste, un vaste sujet sur lequel j'aurai occasion de revenir.

Parce que l'économie politique circonscrit le champ de ses investigations, on suppose qu'elle dédaigne tout ce qu'elle ne fait pas rentrer dans sa sphère. Mais, sur ce fondement, quelle science ne devrait-on pas condamner? L'é-

(¹) V. au tome VI, chap. VI, *Moralité de la richesse.*
(*Note de l'éditeur.*)

conomie politique, il est vrai, n'embrasse pas l'homme tout
entier ; elle laisse leur part de cet inépuisable sujet à l'anatomie, à la physiologie, à la métaphysique, à la politique,
à la morale, à la religion. Elle considère surtout l'action des
hommes sur les choses, des choses sur les hommes, et des
hommes entre eux, en tant qu'elle concerne leurs moyens
d'exister et de se développer. Exister, se développer, cela
peut paraître aux rédacteurs de l'*Atelier* chose secondaire
et inférieure, même en y comprenant, comme on doit le
faire, le développement intellectuel et moral aussi bien
que le développement matériel. Pour nous, après ce qui
se rapporte aux intérêts d'une autre vie, nous ne savons
rien de plus important ; et ce qui prouve que nous n'avons
pas tout à fait tort, c'est que tous les hommes, sans exception, ne s'occupent guère d'autre chose. Après tout, il ne
peut jamais y avoir contradiction entre ce que les sciences
diverses renferment de vérité. Si l'économiste et le moraliste ne sont pas toujours d'accord, c'est que l'un ou l'autre
se trompe indubitablement. On peut réfuter tel économiste,
comme tel moraliste, comme tel anatomiste ; mais la guerre
déclarée à l'économie politique me paraît aussi insensée
que celle que l'on ferait à l'anatomie ou à la morale (1).

24. — RÉPONSE A DIVERS.

1er Janvier 1848.

Un journal émané de la classe laborieuse, *la Ruche populaire*, fait remonter au travail l'origine de la *propriété. On
est propriétaire de son œuvre.* Nous pensons absolument
comme ce journal.

En même temps, il attaque la liberté d'échanger. Nous

(1) V. au tome IV, *Justice et Fraternité*, p. 298 .
(*Note de l'éditeur.*)

l'adjurons de dire, la main sur la conscience, s'il ne se sent pas en contradiction avec lui-même. Est-ce être proprié- taire de son œuvre que de ne la pouvoir échanger sans blesser l'honnêteté et en payant l'impôt à l'État? Suis-je propriétaire de mon vin, si je ne le puis céder à un Belge contre du drap, parce qu'il déplaît à M. Grandin que j'use du drap belge?

Il est vrai que la *Ruche populaire* ne donne pas d'autre raison de son opposition au libre-échange, si ce n'est qu'il se produit dans notre pays *à l'encontre* des journaux *indé- pendants*. En cela, fait-elle preuve elle-même d'indépen- dance? L'indépendance, selon nous, consiste à penser pour soi-même, et à oser défendre la liberté, même *à l'encontre* des journaux dits *indépendants*.

La même considération paraît avoir décidé une feuille de Lyon et une autre de Bayonne à se mettre du côté du pri- vilége. « Comment ne serions-nous pas pour le privilége, disent-elles, quand nous le voyons attaquer par les journaux ministériels? » Donc, si le ministère s'avisait de réformer les contributions indirectes, ces journaux se croiraient tenus de les défendre? Il est triste de voir les abonnés se laisser trai- ter avec un tel mépris.

Mais laissons parler le *Courrier de Vasconie:*

« Il est très-vrai que le *Libre-Échange* a trouvé pour prôneurs tous les journaux ministériels de France et de Na- varre, ce qui prouve, pour nous, une impulsion *partie de haut lieu.* »

Ce qu'il y a de pire dans ces assertions, c'est que ceux qui se les permettent n'en croient pas un mot eux-mêmes. Ils savent bien, et Bayonne en fournit de nombreux exem- ples, que l'on peut être partisan de la liberté sans être né- cessairement ministériel, sans recevoir l'impulsion de *haut lieu.* Ils savent bien que la liberté commerciale, comme les autres, est la cause du peuple, et le sera toujours jusqu'à ce qu'on nous montre un article du tarif qui protége *directe- ment* le travail des bras ; car, quant à cette protection *par ricochet* dont on berce le peuple, pourquoi les manufactu- riers ne la prennent-ils pas pour eux? pourquoi ne font-ils pas une loi qui double les salaires, en vue du bien qu'il leur en reviendra *par ricochet?* Les journaux, auxquels nous répondons ici, savent bien que toutes les démocraties du monde sont pour le libre-échange ; qu'en Angleterre la lutte est entre l'aristocratie et la démocratie ; que la Suisse démocratique n'a pas de douanes; que l'Italie révolution- naire proclame la liberté; que le triomphe de la démocratie aux États-Unis a fait tomber la protection ; que 89 et 93 décrétèrent le droit d'échanger, et que la *Chambre du dou- ble vote* le confisqua. Ils savent cela, et ce sera l'éternelle honte de nos journaux *indépendants* d'avoir déserté la cause du peuple. Un jour viendra, et il n'est pas loin, où on leur demandera compte de leur alliance avec le privi- lége, surtout à ceux d'entre eux qui ont commencé par dé- clarer que la cause du *Libre-Échange* était vraie, juste et sainte *en principe.*

Quant à l'accusation, ou *conjecture* du *Courrier de Vas- conie*, nous lui déclarons qu'elle est fausse. Le signataire du *Libre-Échange* affirme sur l'honneur qu'il n'a jamais été en *haut lieu*, qu'il ne connaît aucun ministre, même de vue, qu'il n'a eu avec aucun d'entre eux la moindre relation directe ou indirecte, que ses impulsions ne partent que de ses convictions et de sa conscience.

---

25. — A MONSIEUR F. BASTIAT, RÉDACTEUR EN CHEF
DU LIBRE-ÉCHANGE.

Paris, 25 décembre 1847.

MONSIEUR ,

Voulez-vous me permettre de répondre quelques mots à
l'*Avis charitable à la* DÉMOCRATIE PACIFIQUE, que vous avez
inséré dans votre numéro du 12 de ce mois ?

« Nous avons toujours été surpris, dit l'auteur en débu-
« tant, de rencontrer les disciples de Fourier parmi les
« membres de la coalition qui s'est formée en France
« contre la liberté des échanges. »

Quelques lignes plus loin, l'auteur cite un fragment d'une
brochure que j'ai publiée en 1840, et il veut bien en faire
précéder la reproduction des mots suivants : « On a rare-
« ment écrit des choses plus fortes, plus pressantes contre
« le système actuel des douanes. » Après la citation, il
ajoute : « Laissons à part la définition de ce que M. Consi-
« dérant appelle la protection *directe*..... Le régime des
« douanes est déclaré *anti-social*, *impolitique*, *ruineux*,
« *vexatoire*. L'abolition de ce système fait partie de ce qui,
« selon le chef des phalanstériens, doit être l'*âme de la*
« *politique française*. On a donc lieu d'être surpris de voir
« M. Considérant et ses amis se ranger *de fait* parmi les
« défenseurs de ce régime ; car toutes les fois qu'ils par-
« lent de la liberté des échanges, n'est-ce pas pour la com-
« battre ou la travestir ? Comment des hommes intelli-
« gents peuvent-ils ainsi briser un de leurs plus beaux
« titres, etc. ? »

Permettez-moi, monsieur, de vous faire observer que la
personne *charitable* qui voudrait nous tirer de l'abîme de
contradiction où elle nous croit tombés, tombe elle-même

dans une étrange méprise. Son erreur vient d'une confusion que j'ai vraiment peine à m'expliquer.

Il y a, monsieur, trois choses : La question de la *protection*, celle des *douanes* et celle de la *liberté des échanges*.

Dans le passage cité de ma brochure, je montre de mon mieux la nécessité d'un *système de protection*, et j'indique à quelles conditions, à mon tour, ce système peut être *bon*. Je cherche à prouver que le *système douanier* est un détestable procédé de protection ; j'expose enfin un système de protection *directe* qui remplacerait très-avantageusement, suivant moi, *celui des douanes*. Ce système, dont l'auteur de l'*avis charitable* « laisse à part la définition, » tout en protégeant les industries qui, toujours suivant moi, doivent être protégées, satisfait à toutes les conditions de la liberté des échanges, puisqu'il enlève toute entrave à l'introduction des produits étrangers.

Nous reconnaissons donc :

1° La nécessité de protéger le développement de beaucoup d'industries nationales, que la concurrence étrangère anéantirait dans leur marche au travail net ;

2° La barbarie du système douanier, au moyen duquel cette protection s'exerce aujourd'hui ;

3° L'excellence du système qui protégerait efficacement et directement les industries qu'il convient de soutenir, sans arrêter par des entraves de douane à la frontière les produits étrangers.

Vous, monsieur, vous ne voulez pas de protection, et vous ne vous élevez pas contre le système douanier. Vous acceptez les douanes, seulement vous voulez qu'elles fonctionnent comme instrument fiscal jusqu'à 20 p. 100, mais non comme instrument protecteur. Nous, nous voulons la protection ; mais nous ne la voulons pas par des douanes.

Tant que l'on n'entrera pas dans le système de protection *directe*, nous admettons la douane, en vue de la protection qu'elle exerce. Dès qu'on protégera directement avec une efficacité suffisante, nous demanderons la suppression absolue des douanes, que vous voulez conserver à condition qu'elles ne prélèvent pas plus de 20 p. 100. Vous voyez bien, monsieur, que nous n'avons jamais été d'accord, pas plus en 1840 qu'aujourd'hui.

Nous sommes et nous avons toujours été protectionnistes : vous êtes anti-protectionniste.

Nous trouvons barbare et détestable le système douanier; nous ne le souffrons que temporairement, provisoirement, comme instrument d'une protection dont vous ne voulez pas, mais à laquelle nous tenons beaucoup. — Vous, vous ne repoussez les douanes qu'autant qu'elles font de la protection au-dessus de 20 p. 100; vous les maintenez pour donner des revenus au trésor.

En résumé, nous sommes plus *libre-échangistes* que vous, puisque nous ne voulons pas même de la douane pour cause de fiscalité; et nous sommes, en même temps, *protectionnistes*. Vous, monsieur, et vos amis, vous êtes purement et simplement *anti-protectionnistes*.

Les choses ainsi rétablies dans leur sincérité, vous reconnaîtrez, je l'espère, monsieur, que si nous ne sommes pas d'accord avec vous, nous avons du moins toujours été parfaitement d'accord avec nous-mêmes.

Agréez, etc.

VICTOR CONSIDÉRANT.

———

A MONSIEUR CONSIDÉRANT, DIRECTEUR DE LA DÉMOCRATIE PACIFIQUE, MEMBRE DU CONSEIL GÉNÉRAL DE LA SEINE.

MONSIEUR,

Il est certainement à désirer que les hommes sincères, qui ont le malheur de différer d'opinions sur un sujet grave, n'altèrent pas la lettre ou l'esprit de ce qu'il leur convient de citer ; sans quoi le public assiste à un tournoi d'esprit au lieu de prendre une part utile à une discussion qui l'intéresse.

Ainsi, nous aurions tort, si, en citant le passage où vous flétrissez, avec tant de force et de bon sens, la *protection par la douane*, où vous faites une analyse si complète des dommages sans nombre que ce système inflige au pays, nous avions dissimulé que vous étiez partisan d'une *protection directe*, d'une distribution de primes et de secours aux industries qu'il importe d'acclimater dans le pays. Mais nous ne sommes pas coupable d'une telle omission. Il suffit, pour s'en assurer, de jeter un coup d'œil sur l'article de notre numéro du 12 décembre, qui a donné lieu à votre réclamation.

D'un autre côté, monsieur, permettez-moi de dire que vous interprétez mal la pensée de notre association, quand vous dites QU'ELLE VEUT la douane fiscale. Elle ne la *veut* pas, mais elle ne l'attaque pas. Elle a cru ne devoir se donner qu'une mission simple et spéciale, qui est de montrer l'injustice et les mauvais effets de la protection. Elle n'a pas pensé qu'elle pût agir efficacement dans ce sens, si elle entreprenait en même temps la refonte de notre système contributif. Chaque membre de notre association réserve son opinion sur la préférence à donner à tel ou tel mode de percevoir l'impôt. Supposez, monsieur, que certains propriétaires des hôtels du faubourg Saint-Honoré ou de la rue de Lille, s'emparant du Conseil municipal de la Seine, où vous ont appelé votre mérite et les suffrages de vos concitoyens, fassent subir à l'octroi un grave changement ; qu'ils fassent voter la prohibition du bois à brûler et des légumes, afin de donner plus de valeur aux jardins de ces hôtels. Est-il donc si difficile de comprendre qu'une association pourrait se former ayant pour but de combattre cette énormité, ce fungus parasite enté sur l'octroi, sans néanmoins demander la suppression de l'octroi lui-même, chaque membre de l'association réservant à cet égard son opinion ? N'est-il pas sensible qu'il y a là deux questions fort différentes ? Supprimer l'octroi, c'est s'engager à supprimer des dépenses ou bien à imaginer d'autres impôts. Cela peut faire naître des opinions fort diverses, parmi des hommes parfaitement d'accord, d'ailleurs, pour repousser l'injustice de messieurs les propriétaires de jardins.

Demander, comme vous le faites, la suppression de la douane, c'est demander la suppression de 160 millions de recettes. Si toutes les dépenses actuelles de l'État sont utiles et légitimes, il faudrait donc que nous indiquassions une autre source de contributions; et quoique notre Association compte dans son sein des hommes d'une imagination très-fertile, je doute beaucoup qu'ils pussent trouver une nouvelle matière imposable. A cet égard le champ de l'invention est épuisé.

C'est donc à la diminution des dépenses qu'il faudrait avoir recours; mais s'il y a des dépenses superflues dans notre budget pour 160 millions, à supposer que nous réussissions à les éliminer, la question qui se présenterait est celle-ci : Quels sont les impôts les plus vexatoires, les plus onéreux, les plus inégaux ? car, évidemment, c'est ceux-là qu'il faudrait d'abord supprimer. Or, quels que soient les inconvénients de la douane fiscale, il y a peut-être en France des impôts pires encore; et quant à moi, je vous avoue que je donne la préférence (j'entends préférence d'antipathie) à l'octroi et à l'impôt des boissons tel qu'il est établi.

Nous comprenons que l'État soit réduit à *restreindre* la liberté, la propriété, l'échange dans un but légitime, tel qu'est la perception de l'impôt. Ce que nous combattons, c'est la *restriction pour la restriction,* en vue d'avantages qu'on suppose à la restriction même. Évidemment, quand on prohibe le drap étranger, non-seulement sans profit pour le fisc, mais aux dépens du fisc, c'est qu'on se figure que la prohibition en elle-même a plus d'avantages que d'inconvénients.

J'arrive à la protection directe. Mais avant, permettez-moi encore une réflexion.

Vous proposez de supprimer la douane, c'est-à-dire de priver le trésor d'une recette de 160 millions. En même temps vous voulez que le trésor fasse des largesses à l'industrie, et apparemment ces largesses ne seront pas petites, car, pour peu que vous ne mettiez pas de côté l'agriculture, comme il y a plus de 2 millions de propriétaires en France, à 50 fr. chacun, cela passera vite cent millions.

Monsieur, il est par trop facile de mettre la popularité de son côté, et de s'attirer les préventions bienveillantes du public inattentif quand on vient lui dire : « Je vais commencer par te dégrever de toutes les taxes, et quand j'aurai mis le trésor à sec, j'en tirerai encore de grosses sommes pour en faire une distribution gratuite. »

Ce langage peut flatter la cupidité ; mais est-il sérieux ? Dans votre système, je vois bien qui puise au trésor, mais je ne vois pas qui l'alimente. (*V. tome IV, pages* 327 *à* 329.)

Vous croyez indispensable que l'État favorise, par des largesses, certaines industries afin qu'elles se développent. Mais d'où l'État tirera-t-il de quoi faire ces largesses ? C'est ce que vous ne dites pas. Du contribuable ? Mais c'est lui que vous prétendez soulager.

Ensuite, quelles sont les industries qu'il faudra soutenir aux dépens du public ? Apparemment celles qui donnent de la perte. Car vous ne voulez pas sans doute que l'État prenne de l'argent dans la poche du menuisier, du maçon, du charpentier, de l'artisan, de l'ouvrier, pour le distribuer aux gens dont l'industrie prospère, aux maîtres de forges, aux actionnaires d'Anzin, etc.

Mais alors, ces industries ruineuses (devenues lucratives par des largesses du public), je vous demanderai avec quoi elles se développeront. Avec du capital, sans doute. Et d'où sortira ce capital? Des autres canaux de l'industrie où il gagnait sans mettre la main au budget. Ce que vous proposez revient donc à ceci : Décourager les bonnes industries pour encourager les mauvaises; faire sortir le capital d'une carrière où il s'accroît pour le faire entrer dans une voie où il se détruit, et faire supporter la destruction, non par l'industriel maladroit et malavisé, mais par le contribuable.

N'est-ce pas exactement les mêmes injustices, les mêmes désastres que vous reprochez avec tant de vigueur à la protection indirecte, quand vous dites : « Chose incroyable que les industries vigoureuses soient toutes immolées aux industries débiles, rachitiques ou parasites ! »

Entre la protection directe et la protection indirecte, la similitude est telle, quant aux effets, que souvent nous avons cru démasquer celle-ci en exposant celle-là. Permettez-moi de vous rappeler ce que j'en ai dit moi-même dans un petit volume intitulé : *Sophismes économiques.* Ce passage commence ainsi (*V. tome IV, pages* 49 *et suiv.*) :

« Il me semble que la protection, sans changer de nature et d'effets, aurait pu prendre la forme d'une taxe directe prélevée par l'État et distribuée en primes indemnitaires aux industries privilégiées. »

Et, après avoir analysé les effets de ce mode de protection, j'ajoute :

« J'avoue franchement ma prédilection pour le second système (la protection directe). Il me semble plus juste, plus économique et plus loyal. Plus juste, car si la société veut faire des largesses à quelques-uns de ses membres, il faut que tous y contribuent; plus économique, parce qu'il épargnerait beaucoup de frais de perception et ferait disparaître beaucoup d'entraves ; plus loyal, enfin, *parce que le public verrait clair dans l'opération et saurait ce qu'on lui fait faire.* »

Vous voyez, monsieur, que je n'ai pas attendu la lettre dont vous avez bien voulu m'honorer pour reconnaître tous les mérites de la protection directe.

Oui, comme vous, et par d'autres motifs, il me tarde qu'on nous prenne notre argent sous une forme qui nous permette de voir où il passe. Il me tarde que chacun de nous puisse lire sur son bulletin de contribution à combien se monte la redevance que nous imposent MM. tels ou tels (¹).

Veuillez recevoir, monsieur, l'expression de mes sentiments de considération et d'estime.

FRÉDÉRIC BASTIAT.

26. — LA LIGUE ANGLAISE ET LA LIGUE ALLEMANDE.

Réponse à la Presse.

(Journal des Économistes.) Décembre 1845.

La Ligue anglaise représente la liberté, la Ligue allemande la restriction. Nous ne devons pas être surpris que toutes les sympathies de la *Presse* soient acquises à la Ligue allemande.

« Les États, dit-elle, qui composent aujourd'hui l'association allemande, ont-ils à se féliciter du système qu'ils ont adopté en commun?... Si les résultats sont d'une nature telle que l'Allemagne, encouragée par les succès déjà obtenus, ne puisse que persévérer dans la voie où elle est entrée, alors nécessairement le système de la Ligue anglaise repose sur de grandes illusions...

(¹) V. au tome V, la note de la page 483.   (*Note de l'éditeur.*)

« Or, voyez les résultats financiers... D'année en année le progrès est sensible et doublement satisfaisant : les frais diminuent, les recettes augmentent ;... la masse de la population est soulagée,... etc.

« Les résultats économiques ne sont pas moins significatifs. De grandes industries ont été fondées ; de nombreux emplois ont été créés pour les facultés physiques et pour l'intelligence des classes pauvres ; d'abondantes sources de salaires se sont ouvertes ; la population s'est accrue ; la valeur de la propriété foncière s'est élevée ; etc.

« Enfin, les résultats politiques se manifestent à tous les yeux,... etc. »

Après ce dithyrambe, la conclusion ne pouvait être douteuse.

« L'ensemble des faits acquis prouve que la *pensée* du Zollverein a été une pensée éminemment féconde ;... que la combinaison des tarifs adoptés par le Zollverein a été favorable au développement de la prospérité intérieure. Nous en concluons que les principes qui ont présidé à l'organisation du Zollverein ne sont pas près d'être répudiés ; qu'ils né peuvent au contraire qu'exercer une *influence contagieuse* sur les autres parties du continent européen, et que, par conséquent, les doctrines de la Ligue anglaise risquent de rencontrer, dans le mouvement des esprits au dehors, des obstacles de plus en plus insurmontables... »

Nous ferons observer que la *Presse* a tort de parler de la *pensée* du Zollverein, car le Zollverein n'a pas eu qu'une pensée, il en a eu *deux*, et, qui plus est, deux pensées contradictoires : une pensée de *liberté* et une pensée de *restriction*. Il a *entravé* les relations des Allemands avec le reste des hommes, mais il a *affranchi* les relations des Allemands entre eux. Il a exhaussé la grande barrière qui ceint l'Association, mais il a détruit les innombrables barrières qui circonscrivaient chacun des associés. Tel État, par exemple, a vu s'accroître les difficultés de ses relations par sa frontière méridionale, mais s'aplanir les obstacles qu'elles rencontraient jusqu'alors sur ses trois autres frontières. Pour les États enclavés, le cercle dans lequel ils peuvent se mouvoir librement a été considérablement élargi.

Le Zollverein a donc mis en action deux principes diamétralement opposés. Or, il est clair que l'Allemagne ne peut attribuer la prospérité qui s'en est suivie à l'œuvre simultanée de deux principes qui se contredisent. Elle a progressé, d'accord ; mais est-ce grâce aux barrières *renforcées* ou aux barrières *renversées ?* car, quelque fond que fasse le journalisme sur la crédulité de l'abonné, je ne pense pas qu'il le croie encore descendu à ce degré de niaiserie qu'il faut lui supposer pour oser lui dire en face que *oui* et *non* sont vrais en même temps.

L'Allemagne ayant été tirée vers le bien et vers le mal, si le bien l'a emporté, comme on l'établit, il reste encore à se demander s'il faut en remercier l'abolition des tarifs particuliers ou l'aggravation du tarif général. La *Presse* en attribue toute la gloire au principe de restriction générale : en ce cas, pour être conséquente, elle devait ajouter que le bien a été atténué par le principe de liberté locale. Nous croyons, nous, que l'Allemagne doit ses progrès aux entraves dont elle a été dégagée, et c'est pourquoi nous concluons qu'ils eussent été plus rapides encore si, à l'œuvre de l'affranchissement, ne s'était pas mêlée une pensée restrictive.

L'argumentation de la *Presse* n'est donc qu'un sophisme de confusion. L'Allemagne avait ses deux bras garrottés ; le Zollverein est survenu qui a dégagé le bras droit (commerce intérieur) et gêné un peu plus le bras gauche (commerce extérieur) ; dans ce nouvel état elle a fait quelque progrès. « Voyez, dit la *Presse*, ce que c'est pourtant que de gêner le bras gauche ! » Et que ne nous montre-t-elle le bras droit ?

Faut-il être surpris de voir la *Presse*, en cette occasion, confondre les effets de la liberté et du monopole? L'absence de principes, ou, ce qui revient au même, l'adhésion à plusieurs principes qui s'excluent, semble être le caractère distinctif de cette feuille, et il n'est pas invraisemblable qu'elle lui doit une partie de sa vogue. Dans ce siècle de scepticisme, en effet, rien n'est plus propre à donner un vernis de modération et de sagesse. « Voyez la *Presse*, dit-on, elle ne s'enchaîne pas à un principe absolu, comme ces hommes qu'elle appelle des *songe-creux* ; elle plaide le pour et le contre, la liberté et la restriction, selon les temps et l'occurrence. »

Pendant longtemps encore cette tactique aura des chances de succès ; car, au milieu du choc des doctrines, le grand nombre est disposé à croire que la vérité n'existe pas. — Et pourtant elle existe. Il est bien certain qu'en matière de relations internationales, elle se trouve dans cette proposition : *Il vaut mieux acheter à autrui ce qu'il en coûte plus cher de faire soi-même.* — Ou bien dans celle-ci : *Il vaut mieux faire les choses soi-même, encore bien qu'il en coûte moins cher de les acheter à autrui.*

Or, la *Presse* raisonne sans cesse comme si chacune de ces propositions était tour à tour vraie et fausse. L'article auquel je réponds ici offre un exemple remarquable de cette cacophonie.

Après avoir félicité le Zollverein des grands résultats qu'il a obtenus par la *restriction*, elle le blâme de *restreindre* l'importation du sucre, et ses paroles méritent d'être citées :

« Ç'a été, de la part de l'Association, une grande faute de laisser prendre un développement si marqué, chez elle, au sucre de betterave... Si elle n'avait pas cédé à la tentation de fabriquer elle-même son sucre, elle aurait pu établir, avec le continent américain et avec une portion de l'Asie, de relations très-profitables... Pour s'assurer ces relations fécondes, l'Allemagne était placée dans une position unique ; elle avait le bonheur de ne posséder aucune colonie ; par conséquent, elle échappait à la nécessité de créer des monopoles. Elle était libre d'ouvrir son marché à tous les pays de vaste production sucrière, au Brésil, aux colonies espagnoles, aux Indes, à la Chine ; et Dieu sait la masse énorme de produits qu'elle aurait exportés comme contrevaleur de ces sucres exotiques, que ces populations auraient pu consommer à des prix fabuleusement bas. Cette magnifique chance, elle l'a perdue le jour où elle s'est mis en tête de faire sur son propre sol du sucre de betterave. »

Y a-t-il dans ce passage un argument, un mot qui ne se retourne contre toutes les restrictions imaginables qui ont pour but de protéger le travail, de provoquer la création de nouvelles industries ; restrictions dont le but général de l'article est de favoriser sur le continent l'*influence contagieuse* ?

Je suppose qu'il s'agisse de l'industrie métallurgique en France.

Vous dites : « L'Allemagne a commis une grande faute de laisser prendre un développement si marqué, chez elle, au sucre de betterave. »

Et moi, je dis : « La France a commis une grande faute de laisser prendre un développement si marqué, chez elle, à la production du fer. »

Vous dites : « Si l'Allemagne n'avait pas cédé à la tentation de fabriquer elle-même son sucre, elle aurait pu établir, avec le continent américain et une partie de l'Asie, des relations très-profitables. »

Et moi, je dis : « Si la France n'avait pas cédé à la tentation de fabriquer elle-même son fer, elle aurait pu établir, avec l'Espagne, l'Angleterre, la Belgique, la Suède, des relations très-profitables. »

Vous dites : « L'Allemagne était libre d'ouvrir son marché à tous les pays de vaste production sucrière, et Dieu sait la masse énorme de produits qu'elle aurait exportés comme contre-valeur de ces sucres exotiques, que sa population aurait consommés à des prix fabuleusement bas. »

Et moi, je dis: « La France était libre d'ouvrir son marché à tous les pays de vaste production métallurgique, et Dieu sait la masse énorme de produits qu'elle aurait exportés comme contre-valeur de ces fers exotiques, que sa population aurait consommés à des prix fabuleusement bas. »

Vous dites : « Cette magnifique chance, l'Allemagne l'a perdue le jour où elle s'est mis en tête de faire sur son propre sol du sucre de betterave. »

Et moi, je dis : « Cette magnifique chance, la France l'a perdue le jour où elle s'est mis en tête de faire chez elle tout le fer dont elle a besoin. »

Ou si, revenant à vos doctrines de prédilection, vous voulez justifier la protection que la France accorde à l'industrie métallurgique, je vous répondrai par les arguments que vous dirigez contre la protection que l'Allemagne accorde à l'industrie sucrière.

Direz-vous que la production du fer est une source de travail pour les ouvriers français ?

J'en dirai autant de la production du sucre pour les ouvriers allemands.

Direz-vous que le travail allemand ne perdrait rien à l'importation du sucre exotique, parce qu'il serait employé à créer la contre-valeur ?

J'en dirai autant du travail français à l'égard de l'importation du fer.

Direz-vous que si les Anglais nous vendent du fer, il n'est pas sûr qu'ils prennent en retour nos *articles Paris* et nos vins?

Je vous répondrai que si les Brésiliens vendent du sucre aux Allemands, il n'est pas certain qu'ils reçoivent en échange des produits allemands.

Vous voyez donc bien qu'il y a une vérité, une vérité absolue, et que, comme dirait Pascal, ce qui est vrai au delà ne saurait être faux en deçà du Rhin.

27. — ORGANISATION ET LIBERTÉ.

(Journal des Économistes.) Janvier 1847.

Je n'ai pas l'intention de répondre aux cinq lettres que M. Vidal a insérées dans la *Presse*, et qui formeraient un volume. J'attendais une conclusion que j'aurais essayé d'apprécier. Malheureusement M. Vidal ne conclut pas.

Je me trompe, M. Vidal conclut, et voici comme :

« La restriction ne vaut rien, ni la liberté non plus. »

Qu'est-ce donc qui est bon, selon M. Vidal ?

Il vous le dit lui-même : « Un système rationnel et même trop rationnel pour être aujourd'hui possible. »

— En ce cas n'en parlons plus.

Si fait, parlons-en, puisque aussi bien M. Vidal nous accuse de manquer de logique, en ce que nous ne demandons pas son système rationnel-impossible.

« Si les libéraux étaient logiciens, dit-il, ils devraient « demander (à qui ?) l'association (sur quelles bases ?) des « producteurs et des consommateurs (vous dites qu'ils ne « font qu'un) dans un centre déterminé (mais où, à Paris, « à Rome ou à Saint-Pétersbourg ?). Ensuite l'association « des différents centres, enfin un système *quelconque* (cela « nous met à l'aise) d'organisation de l'industrie... Ils de- « vraient demander (mais à qui ?) la participation propor- « tionnelle aux produits pour tous les travailleurs, l'aboli- « tion préalable de la guerre, la constitution du congrès « de la paix, etc., etc. »

M. Vidal fait injustice à ce qu'il nomme dédaigneuse-
ment les *libéraux*. (Il est de mode aujourd'hui de traiter du
haut en bas la liberté et le libéralisme.) Si les libéraux ne
demandent pas l'*association dans un centre*, puis l'*association des centres*, ce n'est pas qu'ils méconnaissent la puissance de l'organisation et le progrès qui est réservé à
l'humanité dans cette voie. Mais quand on nous parle de *demander* une organisation *à priori* et de toutes pièces, qu'on
nous dise donc ce qu'il faut *demander*, et à qui il faut le
demander. Faut-il *demander* l'organisation Fourier, l'organisation Cabet, l'organisation Blanc, ou celle de Proudhon,
ou celle de M. Vidal ? Ou bien M. Vidal entend-il que nous
devons aussi, tous et chacun de nous, inventer une organisation *quelconque* ? Suffit-il de jeter sur le papier, ou, plus
prudemment, de proclamer qu'on tient en réserve un système impossible-rationnel ou rationnel-impossible, pour
être relevés, aux yeux de messieurs les socialistes, du rang
infime qu'ils nous assignent dans la science ? N'est-ce qu'à
cette condition qu'ils diront de l'économiste :

> Dignus, dignus est intrare
> In nostro docto corpore !

Que messieurs les socialistes veuillent bien croire une
chose, c'est que nous sommes en mesure, nous aussi, d'i-
maginer des plans magnifiques et qui rendront l'humanité
aussi heureuse qu'elle puisse l'être, à la seule condition
qu'elle voudra bien les accepter ou se les laisser imposer.
— Mais c'est là la difficulté.

Ces messieurs nous disent : *Demandez*. Mais que faut-il
demander ?

Que messieurs les organisateurs me permettent de leur
poser cette simple question :

Ils veulent l'association universelle.

Mais *entendent-ils que les hommes y entrent librement ou par contrainte?*

Si c'est par contrainte (ce qu'il est permis de supposer, à voir larépugnance que la liberté semble leur inspirer), voici une série de petites difficultés qu'ils ont à résoudre.

1° Trouver l'autorité ou plutôt l'homme qui assujettira tous les mortels à l'organisation demandée. Sera-ce Louis-Philippe? sera-ce le pape? sera-ce l'empereur Nicolas? — Louis-Philippe, on en conviendra, a peu de chances de réussir. — Le pape pourrait quelque chose sur les catholiques, mais bien peu sur les juifs et les protestants. — Et quant à Nicolas, autant il a d'ascendant en Moscovie, autant il en aurait peu en Suisse et aux États-Unis.

2° Mais supposons l'autorité trouvée, il s'agit de la déterminer dans le choix du plan à faire prévaloir. MM. Considérant, Blanc, Proudhon, Cabet, Vidal, etc., etc., défendront chacun le leur, c'est bien naturel; faudra-t-il se décider après une comparaison approfondie, ou bien tirer à la courte paille?

3° Cependant le choix est fait, je l'accorde, et ce n'est pas une petite concession. J'admets que le plan Vidal soit préféré. M. Vidal conviendra lui-même que son infaillibilité est bien désirable, car quand une fois le *compelle intrare* sera universellement en œuvre, il serait bien fâcheux que quelque plan plus beau vînt à se produire, puisque de deux choses l'une, ou il faudrait persévérer dans une organisation comparativement imparfaite, ou force serait à l'humanité de changer tous les matins d'organisation. Le seul moyen de sortir de là, c'est de décréter qu'à partir du jour où l'autorité aura jeté son mouchoir, le flambeau de l'imagination devra s'éteindre dans toutes les cervelles de la terre.

4° Enfin, il restera une difficulté qui n'est pas petite. Quand on aura armé l'autorité, comme il le faut bien dans l'hypothèse, de la puissance nécessaire pour vaincre toutes

les résistances physiques, intellectuelles, morales, économiques, religieuses, comment empêchera-t-on cette autorité
de devenir despotique et d'exploiter le monde à son profit?

Il n'est donc pas possible, et il ne m'est pas venu dans
la pensée que M. Vidal ait entendu parler d'une association universelle imposée par la force brutale.

Reste donc l'association universellement persuadée, ou
autrement dit volontaire.

Ici nous entrons dans une autre série d'obstacles.

Deux hommes ne s'associent volontairement qu'après
que les avantages et les inconvénients possibles de l'association ont été par chacun d'eux mûrement pesés, me-
surés et calculés. Et encore, le plus souvent, ils se séparent brouillés.

Maintenant, comment déterminer un milliard d'hommes
à former une Société?

Rappelons-nous que les cinq sixièmes ne savent pas lire,
qu'ils parlent des langues diverses et ne s'entendent pas
entre eux; qu'ils ont les uns contre les autres des préventions souvent injustes, quelquefois fondées; qu'un grand
nombre, malheureusement, ne cherchent que l'occasion de
vivre aux dépens du prochain, qu'ils ne s'accordent jusqu'ici sur rien, pas même sur la question de savoir ce qui
vaut mieux de la restriction ou de la liberté. Comment
rallier *immédiatement* toutes ces convictions à un système
quelconque d'organisation?

Alors surtout qu'on leur en présente une quarantaine à
la fois, et que l'imprimerie peut en jeter trente tous les
matins sur la place?

Ramener instantanément le genre humain à une conviction uniforme! Hélas! j'ai vu trois hommes s'unir dans la
même entreprise, sincèrement persuadés qu'un même
principe les animait; je les ai vus en désaccord après une
heure d'explication.

Mais quand un plan, entré mille autres, obtiendrait l'assentiment au moins de la majorité, dans l'exécution vous retrouveriez presque toutes les difficultés de l'association *forcée*, le choix de l'autorité, la puissance à lui confier, les garanties contre l'abus de cette puissance, etc. (¹).

Vous voyez bien qu'une organisation de toutes pièces n'est pas réalisable ; et cela seul devrait nous induire à rechercher s'il n'y a point dans l'ordre social une organisation naturelle non point parfaite, mais tendant au perfectionnement. Pour moi, je le crois, et c'est cette naturelle organisation que j'appelle l'*économie* de la société.

Les socialistes admettent le libre-échange en principe. Seulement ils en ajournent l'avénement après la réalisation d'un de leurs systèmes *quelconques*. — C'est plus qu'une question préjudicielle, c'est une fin de non-recevoir absolue. — Mais, après tout, qu'est-ce donc qu'une association volontaire ? Elle suppose au moins que les hommes ont une volonté. Pour mettre en commun sa propriété, il faut avoir une propriété, être libre d'en disposer, ce qui implique le droit de la *troquer*. L'association elle-même n'est qu'un échange de services, et je présume bien que les socialistes l'entendent ainsi. Dans leur système rationnel, celui qui rendra des services en recevra à son tour, à moins qu'ils n'aient décidé que tous les services rendus seront d'un côté et tous les services reçus de l'autre, comme sur une plantation des Antilles.

Si donc ce à quoi vous aspirez est une association volontaire, c'est-à-dire un échange volontaire de services, c'est précisément ce que nous appelons *liberté des échanges*, qui n'exclut aucune combinaison, aucune convention particulière, en un mot, aucune association, pourvu qu'elle ne soit ni immorale ni forcée. Que ces messieurs trouvent donc

---

(¹) V. t. VI, chap. I.   (*Note de l'éditeur.*)

bon que nous réclamions la liberté d'échanger, sans attendre que tous les habitants de notre planète, depuis le Patagon
jusqu'au Hottentot, depuis le Cafre jusqu'au Samoïède, se
soient préalablement mis d'accord s'ils s'associeront, c'est-
à-dire s'ils régleront l'échange de leurs services, selon l'invention Fourier ou selon la découverte Cabet. De grâce,
qu'il nous soit permis d'abord d'échanger selon la forme
vulgaire : *Donne-moi ceci, et je te donnerai cela; fais ceci pour
moi, et je ferai cela pour toi.* Plus tard nous adopterons
peut-être ces formes perfectionnées par les socialistes, si
perfectionnées qu'eux-mêmes les déclarent au-dessus de
l'intelligence de notre pays et de notre siècle.

Que les socialistes ne concluent pas de là que nous re-
poussons l'association. Qui pourrait avoir une telle pensée?
Quand certaines formes d'association, par exemple les sociétés par actions, se sont produites dans le monde, nous
ne les avons pas excommuniées au nom de l'économie politique ; seulement, nous ne pensons pas qu'une forme définitive d'association puisse naître, à un jour donné, dans la
tête d'un penseur et s'imposer au genre humain. Nous
croyons que l'association, comme tous les principes progressifs de l'humanité, s'élabore, se développe, s'étend successivement avec la diffusion des lumières et le perfectionnement des mœurs.

Il ne suffit pas de dire aux hommes : Organisez-vous ! il
faut qu'ils aient toutes les connaissances, toute la moralité
que l'organisation volontaire suppose ; et pour qu'une organisation universelle prévale dans l'humanité (si c'est sa
destinée d'y arriver), il faut que des formes infinies d'associations partielles soient soumises à l'épreuve de l'expérience, et aient développé l'esprit d'association lui-même.
En un mot, vous mettez au point de départ et sous une
forme arbitraire la grande inconnue vers laquelle gravite
l'humanité.

Il y a dix-huit siècles, une parole retentit dans le monde : *Aimez-vous les uns les autres.* Rien de plus clair, de plus simple, de plus intelligible. En outre, cette parole fut reçue non comme un conseil humain, mais comme une prescription divine. — Et pourtant, c'est au nom de ce précepte que les hommes se sont longtemps entre-égorgés en toute tranquillité de conscience.

Il n'y a donc pas un moment où l'humanité puisse subir une brusque métamorphose, se dépouiller de son passé, de son ignorance, de ses préjugés, pour commencer une existence nouvelle sur un plan arrêté d'avance. Les progrès naissent les uns des autres, à mesure que s'accroît le trésor des connaissances acquises. Chaque siècle ajoute quelque chose à l'imposant édifice, et nous croyons, nous, que l'œuvre spéciale de celui où nous vivons est d'affranchir les relations internationales, de mettre les hommes en contact, les produits en communauté et les idées en harmonie, par la rapidité et la liberté des communications.

Cette œuvre ne vous paraît-elle pas assez grande? — Vous nous dites : « Commencez par demander l'abolition préalable de la guerre. » Et c'est ce que nous demandons, car certainement l'abolition de la guerre est impliquée dans la liberté du commerce. La liberté assure la paix de deux manières : dans le sens négatif, en extirpant l'esprit de domination et de conquête, et dans le sens positif, en resserrant le lien de solidarité qui unit les hommes. — Vous nous dites : « Provoquez la constitution du congrès de la paix. » Et c'est ce que nous faisons ; nous provoquons un congrès, non d'hommes d'État et de diplomates, car de ces congrès il ne sort bien souvent que des arrangements artificiels, des équilibres factices, des forces nullement combinées et toujours hostiles ; mais le grand congrès des classes laborieuses de tous les pays, le congrès où, sans mémorandum, ultima-

tum et protocole, se stipulera, par l'entrelacement des intérêts, le traité de paix universelle.

Comment se fait-il donc que les socialistes, dans leur
amour de l'humanité, ne travaillent pas avec nous à l'œuvre
de la liberté, qui n'est au fond que l'affranchissement et la
réhabilitation du travailleur? — Le dirai-je ? C'est que, lancés à la poursuite d'organisations imaginaires, ils ont trop
dédaigné d'étudier l'organisation naturelle, telle qu'elle résulte de la liberté des transactions. Que M. Vidal me permette de le lui dire : je crois sincèrement qu'il condamne
l'économie politique sans l'avoir suffisamment approfondie.
J'en trouve quelques preuves dans ses lettres à la *Presse*.

Adoptant la distinction favorite de ce journal, M. Vidal
ferait bon marché de la protection agricole et métallurgique, et voici pourquoi :

« Une simple modification dans les tarifs peut jeter la
perturbation dans l'industrie manufacturière. A la différence des produits agricoles et des produits des mines, les
produits manufacturés peuvent être multipliés indéfiniment..... Ici donc il faut opérer avec une prudence extrême. »

Toujours des subtilités pour échapper à la grande loi de
justice.

Et ces subtilités, quelle valeur ont-elles en elles-mêmes?

Faites-nous donc la grâce de nous dire comment on peut
multiplier indéfiniment le drap, produit manufacturé, sans
multiplier indéfiniment la laine, produit agricole? Comment
expliquez-vous que la production du fil et de la toile puisse
être illimitée, si celle du lin est forcément bornée ? Le contraire serait plus vrai. La laine étant la matière dont le
drap est fait, on peut concevoir qu'il se produise plus de
laine que de drap, mais non assurément plus de drap que
de laine. Et voilà par quels raisonnements on justifie l'inégalité devant la loi !

« On peut dégrever notablement tous les objets que la France ne produit pas. »

Sans doute, on le peut, en faisant un vide au trésor.

Direz-vous qu'on le comblera avec d'autres impôts ? Reste à savoir s'ils ne seront pas plus onéreux que celui qui grève le thé et le cacao. Direz-vous qu'on diminuera les dépenses publiques ? Reste à savoir s'il ne vaut pas mieux faire servir l'économie à dégrever la poste et le sel que le cacao et le thé.

M. Vidal pose encore ce principe : — « Les tarifs protecteurs devraient toujours tendre à garantir à nos agriculteurs et à nos ouvriers *leurs frais rigoureux.* »

Ainsi, on ne sera plus déterminé à faire la chose parce qu'elle couvre ses frais, mais l'État assurera les frais, au moyen d'une subvention, parce qu'on se sera déterminé à faire la chose. Il faut convenir que, sous un tel régime, on peut tout entreprendre, même de dessaler l'Océan.

« N'est-il pas étrange, s'écrie M. Vidal, que nos manufacturiers manquent de débouchés, quand les deux tiers de nos concitoyens sont vêtus de haillons ? »

Non, cela n'a rien d'étrange sous un système où l'on commence par ruiner la puissance de consommation des deux tiers de nos concitoyens pour assurer aux industries privilégiées leurs frais rigoureux.

Si les deux tiers de nos concitoyens sont couverts de haillons, cela ne prouve-t-il point qu'il n'y a pas assez de laine et de drap en France, et n'est-ce point un singulier remède à la situation que de défendre à ces Français mal vêtus de faire venir du drap et de la laine des lieux où ces produits surabondent ?

Sans pousser plus loin l'examen de ces paradoxes, nous croyons devoir, avant de terminer, protester avec énergie contre l'attribution d'une doctrine qui, non-seulement n'est pas la nôtre, mais que nous combattons systématiquement comme nos devanciers l'ont combattue, doctrine qu'exclut le mot même *économie* politique, *économie* du corps social. Voici les paroles de M. Vidal :

« Le principe fondamental des libéraux, ce qui domine leurs théo· ries politiques et leurs théories économiques, c'est l'individualisme, l'individualisme poussé jusqu'à l'exagération, poussé même jusqu'au point de rendre toute société impossible. Pour eux, tout émane de l'in- dividu, tout se résume en lui. Ne leur parlez point d'un prétendu droit social supérieur au droit individuel, de garanties collectives, de droits réciproques : ils ne reconnaissent que les droits personnels. Ce qui les préoccupe surtout, c'est la liberté dont ils se font une idée fausse, c'est la liberté purement nominale. Selon eux, la liberté est un droit négatif bien plutôt qu'un droit positif; elle consiste non point dans le dévelop- pement progressif et harmonique de toutes les facultés humaines, dans la satisfaction de tous les besoins intellectuels, moraux et physiques, mais dans l'absence de tout frein, de toute limite, de toute règle, prin- cipalement dans l'absence de subordination à toute autorité quelconque. C'est la faculté de faire tout ce qu'on veut, du moins tout ce qu'on peut, le bien comme le mal, à la rigueur, sans admettre d'autre principe de conduite que l'intérêt personnel.

« L'état de société, ils le subissent parce qu'ils sont forcés de recon- naître que l'homme ne peut s'y soustraire : mais leur idéal serait ce qu'ils appellent l'état de nature, ce serait l'état sauvage. L'homme libre par excellence, à leurs yeux, c'est celui qui n'est soumis à aucune règle, à aucun devoir, dont le droit n'est point limité par le droit d'autrui ; c'est l'homme complétement isolé, c'est Robinson dans son île. Ils voient dans l'état social une dérogation à la loi naturelle ; ils pensent que l'homme né peut s'associer à ses semblables sans sacrifier une partie de ses droits primitifs, sans aliéner sa liberté.

« Ils ne comprennent pas que l'homme, créature intelligente et sym- pathique, c'est-à-dire *essentiellement* sociable, naît, vit et se développe en société, et ne peut naître, vivre, se développer sans cela ; que dès lors le véritable état de nature, c'est précisément l'état de société. Dans un accès de misanthropie, ou plutôt dans un accès de colère contre les vices de notre civilisation, Rousseau avait voulu réhabiliter la sauva- gerie. Les libéraux sont encore aujourd'hui sous l'influence de cet au- dacieux sophisme. Ils croient que tous sont d'autant plus libres que chacun peut donner le plus libre essor à ses caprices, à sa liberté person- nelle, sans s'inquiéter de la liberté et de la personnalité d'autrui. Autant vaudrait dire : — Dans une sphère déterminée, plus chacun prend d'es- pace, plus il en reste pour tous les autres. »

M. Vidal nous ferait presque douter qu'il eût jamais ouvert un livre d'économie politique, car ils ne sont autre chose que la réfutation méthodique de ce sophisme que M. Vidal leur impute.

J.-B. Say commence ainsi son cours : « *Les sociétés sont des corps vivants,* » et ses six volumes ne sont que le développement de cette pensée.

Quant à *Rousseau* et à son prétendu *état de nature,* il n'a jamais été réfuté, à ma connaissance, avec autant de logique que par Ch. Comte (*Traité de législation*).

M. Dunoyer, prenant l'homme à l'état sauvage, et le suivant dans tous les degrés de civilisation, montre que plus il déploie de qualités *sociales,* plus il approche de sa *vraie nature* (*De la liberté du travail*).

Ce n'est donc point dans nos rangs qu'il faut chercher des admirateurs de cette théorie de Rousseau. Pour les trouver dans notre dix-neuvième siècle, il faut s'adresser à une école qui se croit fort avancée, parce que, selon elle, le pays n'est pas en état de la comprendre. Voici ce qu'on lit dans la *Revue indépendante.* C'est M. Louis Blanc qui donne des conseils aux Allemands :

Après avoir opposé l'*école démocratique* à l'*école libérale ;*

Après avoir dit que l'école démocratique est issue du *Contrat social,* qu'elle domina la Révolution par le Comité de salut public, et (afin qu'il n'y ait point de méprise) qu'elle fut vaincue au 9 thermidor ;

Après avoir fait de l'*école libérale* le même portrait qu'en donne M. Vidal : « elle proclame le laissez faire, elle nie le principe d'autorité, elle livre chacun à ses propres forces, etc. ; »

M. Blanc harangue ainsi son vaste auditoire :

« Et maintenant, souvenez-vous, Allemands, que le représentant de la Démocratie, fondée sur l'unité et la fraternité, au dix-huitième siècle, *ce fut J.-J. Rousseau.* Or, J.-J. Rousseau n'avait pas été conduit par la pensée dans le désert où quelques-uns de vous s'égarent; Jean-Jacques n'était pas athée ; Jean-Jacques, de la même plume qui nous donna le *Contrat social*, écrivait la *Profession de foi du vicaire savoyard*. Songez-y bien, Allemands, si vous prenez votre point de départ dans la philosophie matérialiste où nous avons pris le nôtre, philosophie que combattit en vain Jean-Jacques, grand homme *venu trop tôt*, vous exposez l'Allemagne aux troubles mortels qui ont désolé la France. »

Ainsi la filiation est bien tracée : Rousseau pour point de départ, le Comité de salut public et les hommes vaincus au 9 thermidor pour modèles.

A la bonne heure. Mais, quand on nous accuse, d'un côté, de ne pas descendre de Rousseau, on ne devrait pas nous reprocher, de l'autre, d'être sous l'influence de cet audacieux sophiste.

28. — RÉPONSE A LA PRESSE SUR LA NATURE DES ÉCHANGES.

10 Juillet 1847.

A propos du tableau des importations et exportations en 1846, récemment publié par le *Moniteur*, la *Presse* a fait quelques remarques que nous ne pouvons laisser passer sans commentaire.

Après avoir constaté un accroissement considérable dans l'importation des blés, et une diminution notable dans l'exportation de nos vins et eaux-de-vie, la *Presse* dit :

« C'est donc avec nos épargnes que nous avons soldé nos achats de blé, non avec notre travail de l'année. Aussi, qu'est-il arrivé ? L'activité de nos usines et de nos manufactures s'est ralentie et devait se ralentir sous peine d'engorgement. Le prix de l'argent s'est élevé à mesure que le numéraire émigrait, et une crise qui dure encore est venue peser sur toutes les affaires. Ce seul fait, qui est aussi visible que le jour, que personne n'osera contester, renverse toute la théorie de ceux qui soutiennent qu'il est indifférent pour un peuple de payer ses acquisitions au dehors avec de l'argent ou avec des produits. Payer avec de l'argent, c'est diminuer à l'intérieur la masse des ressources disponibles, c'est accroître la difficulté des transactions, paralyser le travail, réduire les salaires, nuire plus ou moins profondément à tous les intérêts. Payer avec des produits, c'est, au contraire, fournir de nouveaux aliments au travail, créer des moyens d'utiliser tous les bras, répandre, avec des salaires durables et abondants, l'aisance et le bien-être dans toutes les classes. Il n'est donc pas vrai que ces deux modes d'échanges se ressemblent, et qu'il n'y ait aucun intérêt pour une nation à suivre celui-ci plutôt que celui-là. Chacun a pu, dans la sphère de ses relations ou de ses affaires, en acquérir la preuve depuis un an. »

Nous sommes d'accord avec la *Presse* sur le *fait* que, cette année, «la masse des ressources disponibles à l'intérieur a diminué, que la difficulté des transactions s'est accrue, que le travail a été paralysé, que les salaires ont été réduits, que tous les intérêts ont été plus ou moins profondément lésés. »

Nous ne sommes pas d'accord avec la *Presse* sur la *cause* de ce fait. Les calamités qu'elle vient de décrire, la *Presse* les attribue à ce que *nous avons payé le blé étranger avec de l'argent.* Nous les attribuons, nous, à ce que le blé a été cher ; et comme il a été cher parce que la récolte a manqué, nous considérons tous les malheurs ultérieurs, la baisse des salaires, la difficulté des transactions, etc., etc., comme les conséquences du déficit de nos récoltes.

Nous disons plus : une fois ce déficit décidé, tous les malheurs qui en sont la suite ont été décidés également. Ces malheurs eussent été bien plus grands encore, s'il ne nous était resté au moins la faculté de faire venir du blé du dehors, même contre notre argent, même contre nos épargnes. Cela est si vrai, que les restrictionnistes les plus renforcés ont acquiescé unanimement à l'ouverture de nos ports. Ils ont bien compris que mieux vaut donner son argent pour avoir du pain, que de manquer de pain et garder son argent. Le déficit de la récolte étant donné, l'exportation du numéraire, loin de causer la crise dont on se plaint, l'a atténuée. La *Presse* prend donc le remède pour le mal ; et, pour être conséquente, elle aurait dû demander, cette année plus que jamais, l'expulsion des blés étrangers.

Mais n'aurait-il pas mieux valu payer les blés avec des vins, des eaux-de-vie et des produits de notre industrie ? — Oui, certes, cela aurait mieux valu ; et probablement c'est de cette manière que nous aurions acquitté nos achats, au moins dans une beaucoup plus forte proportion, si la liberté des échanges avait, de temps immémorial, habitué les peup les producteurs de blé à consommer nos produits, et notre industrie à faire ce qui convient à ces peuples. Il n'en est pas ainsi ; chaque pays veut se suffire à lui-même ; et lorsqu'un fléau enlève à l'un d'entre eux les choses les plus nécessaires à la vie, il faut bien, ou qu'il s'en passe, ce qui équivaut à mourir, ou que, pour les obtenir de l'étranger, il lui livre la seule marchandise qui est partout accueillie, l'instrument de l'échange, le numéraire. Mais, encore une fois, le manque de la récolte et le système restrictif étant supposés, l'exportation de l'argent, loin d'être un mal, est un remède ; à moins qu'on ne prétende qu'il vaut mieux mourir d'inanition que de livrer ses écus contre des aliments. (*V. le* n° 20 *qui précède.*)

La *Presse* insistera, nous en sommes persuadés, et dira : Reste toujours que la fameuse maxime : *Les produits s'échangent contre des produits,* est fausse et s'est montrée fausse dans cette circonstance.

Non, elle ne s'est pas montrée fausse. Les écus que nous avons envoyés en Russie étaient eux-mêmes venus du Mexique ; et de même que, pour les avoir des Français, les Russes ont exporté du blé, pour les obtenir des Mexicains nous avions exporté des tissus, des vins et des soieries. En sorte qu'en définitive nous avons échangé des produits contre des produits.

Il aurait mieux valu garder ses écus, dit-on. — Oui, si

nous avions eu assez de blé. Le mieux est d'avoir à la fois le blé et les écus. Mais cela n'est pas possible du jour où la sécheresse brûle nos moissons. Donc c'est là l'origine et la cause du mal.

La *Presse* affirme que nous avons payé le blé, non-seulement avec nos écus, mais encore avec nos épargnes. — C'est fort possible. — Et rien n'est plus heureux, quand on comptait sur une moisson qui vous manque, que d'avoir au moins des épargnes pour acheter du pain.

Est-ce que la *Presse* s'attend, par hasard, lorsqu'un fléau emporte nos récoltes, à ce qu'il n'en résulte pas des maux qui se manifestent d'une manière quelconque? La forme la plus directe de ce malheur c'eût été l'inanition.

Grâce à nos épargnes et au sacrifice que nous avons fait, ce malheur a affecté une autre forme, celle d'une crise commerciale et d'une gêne industrielle. Sans doute, il aurait bien mieux valu ne souffrir d'aucune manière, recevoir tout le blé qui nous a manqué, et cependant, voir hausser les salaires, fleurir le travail, n'éprouver aucune difficulté dans nos transactions. Mais cela était-il possible? Et puisque une année de souffrance a été décidée le jour où les épis de nos champs ont été frappés de mort, ne valait-il pas mieux, qu'à l'inanition générale, qui en était la conséquence naturelle, se substituât une crise financière, quelque déplorables qu'en soient les effets?

On complique beaucoup ces questions en se méprenant sur les causes, ou en confondant les causes avec les effets. Après tout, une nation n'est qu'une grande famille, un peuple n'est qu'un grand individu collectif; et les lois de l'économie sociale ne sont autres que celles de l'économie domestique sur un plus vaste développement.

Un cordonnier fait des souliers; c'est là son gagne-pain. Du produit des souliers qu'il vend, il achète les choses qui lui sont nécessaires; et certes, pour lui, il est vrai de dire

14.

que *les produits s'échangent contre des produits*, ou, si l'on veut, *les services contre des services*.

Cependant, il est prévoyant. Il ne veut pas consommer immédiatement tous les *services* auxquels son travail lui donne droit; en un mot, il fait des épargnes. L'invention du numéraire sert merveilleusement ses desseins. A mesure qu'il livre ses *services* à la société, la société lui donne des écus, qui ne sont autre chose que des *bons* au moyen desquels il peut aller, quand il veut et dans la mesure qu'il veut, puiser dans la communauté des *services* équivalents à ceux qu'il lui a livrés. Il ne retire de ces services que ce qui lui est indispensable, et ménage prudemment ses *bons*, soit qu'il les accumule, soit qu'il les prête moyennant rétribution.

Un jour fatal survient où notre homme se casse un bras. C'est un grand malheur qui en entraînera bien d'autres. Évidemment les choses ne peuvent aller comme si le malheur ne fût pas arrivé. Au lieu d'augmenter ses épargnes il les entame, et cela durera jusqu'à ce qu'il soit guéri. Il lui est pénible sans doute de toucher à ses épargnes, de se défaire de ses *bons* si laborieusement acquis. Mais s'il ne le faisait pas, il mourrait, ce qui serait plus pénible encore. Entre deux maux, qui sont la conséquence inévitable du malheur qui lui est survenu, il choisit le moindre. Il s'adresse à la communauté, et, ses bons à la main, il réclame des produits, équitable payement de ceux qu'il lui a livrés; des services, juste rémunération de ceux qu'il lui a rendus. C'est toujours *des produits échangés contre des produits; des services contre des services*. Seulement, les services dont le cordonnier réclame le prix *effectif*, ont été rendus depuis longtemps et par lui transformés en simples bons, en écus.

Maintenant, dira-t-on que le vrai malheur de cet honnête artisan est de se défaire de ses écus? Non; son vrai malheur est de s'être cassé le bras.

Faisant abstraction de ce funeste accident, comme on fait abstraction de la perte des récoltes; et appliquant à l'individu ce que la *Presse* dit de la nation, dira-t-on :

« C'est donc avec ses épargnes que le cordonnier solde « ses achats et non avec son travail de chaque jour. Aussi « qu'est-il arrivé? L'activité de son atelier s'est ralentie, et « une crise qui dure encore est venue peser sur toutes ses « affaires.

« Ce seul fait, qui est aussi visible que le jour, que per- « sonne n'osera contester, renverse toute la théorie de ceux « qui soutiennent qu'il est indifférent pour *un cordonnier* « de payer ses acquisitions avec de l'argent ou avec des « souliers. Payer avec de l'argent, c'est diminuer dans « l'intérieur *de son ménage* la masse des ressources dispo- « nibles. C'est accroître la difficulté des transactions, para- « lyser le travail, réduire les salaires *de ses ouvriers ou* « *même les renvoyer*, nuire plus ou moins profondément à « tous les intérêts. Payer *avec des souliers*, c'est au con- « traire fournir de nouveaux aliments au travail, créer des « moyens d'utiliser les bras, répandre, avec les salaires, « l'aisance et le bien-être dans la classe des ouvriers cor- « donniers. Il n'est donc pas vrai que ces deux modes d'é- « changes se ressemblent, ni qu'il n'y ait aucun intérêt « pour un cordonnier à suivre celui-ci plutôt que ce- « lui-là. »

Tout cela est fort vrai ; mais dans le cas national comme dans l'hypothèse individuelle, il y a un fait primitif qu'on laisse dans l'ombre, dont on ne parle même pas, à savoir, la perte de la récolte et le bras cassé. Voilà la vraie cala- mité, source de toutes les autres. Il est véritablement illo- gique de n'en pas tenir compte quand on s'afflige de voir une nation exporter son numéraire, ou un artisan se dé- faire de ses écus ; car c'est la perte de la récolte et le bras cassé qui déterminent le procédé qu'on signale comme la cause du mal, et qui, bien loin d'en être la cause, en est l'effet et même le remède.

Si, pour rendre la comparaison plus exacte, on supposait qu'au lieu de se casser le bras, notre cordonnier a éprouvé un incendie, le raisonnement serait le même.

Mais enfin, où en veut venir la *Presse?* à quoi conclut-elle?

Veut-elle insinuer qu'on a eu tort d'ouvrir nos frontières? il le semble à son langage. Mais alors qu'elle dise donc nettement que, pour un peuple, l'exportation des écus est pire que la famine. Elle pourra, sans se contredire, invoquer plus que jamais la restriction.

Approuve-t-elle l'ouverture des ports? C'est dire qu'il valait mieux exporter des écus et importer du blé que mourir de faim; mais en ce cas, et quand, grâce à la liberté, nous avons pu entre ces deux maux choisir le moindre, quelle inconséquence n'est-ce pas de lui attribuer le *moindre mal* qu'elle nous a permis de choisir, sans lui tenir compte du *mal plus grand* qu'elle nous a permis d'éviter (¹)?

29. — L'EMPEREUR DE RUSSIE.

8 Mai 1847.

Il est maintenant certain que l'empereur de Russie, renouvelant l'opération faite récemment avec la Banque de France, envoie une somme considérable à Londres pour y acheter des fonds étrangers.

Certains journaux voient là un acte de perfidie, d'autres un acte de munificence. Il n'y faut voir qu'une spéculation amenée par la nature des choses et l'empire des circonstances.

Un retour aussi prompt du numéraire envoyé en Russie,

(¹) V. tome V, pages 336 et suiv.　　　　(*Note de l'éditeur.*)

depuis quelques mois, pour l'achat des céréales, est bien fait, ce nous semble, pour calmer les craintes de ceux qui s'imaginent qu'un pays peut être épuisé de métaux pré-cieux par l'importation de marchandises étrangères (¹).

Lorsque des circonstances malheureuses, comme la perte partielle de plusieurs récoltes successives, réduisent une na-tion à aller acheter à l'étranger d'immenses quantités de blé, par un commerce tout exceptionnel, pour lequel rien n'est préparé de longue main et qui par conséquent ne peut s'exécuter que par l'intervention du numéraire, nous ne nions point qu'il n'en résulte de grands embarras, de la gêne et même une crise financière pour le pays importateur.

Nous croyons même que la crise est d'autant plus vio-lente que ce pays s'est plus appliqué à se suffire à lui-même par le régime protecteur ; car alors, il est obligé d'aller se pourvoir dans des contrées qui n'ont pas l'habitude de con-sommer de ses produits manufacturés, et les achats de blé doivent se faire, non en partie, mais en totalité, contre du numéraire.

Cependant, si l'on y regarde de près, on s'assurera que le vrai malheur n'est pas dans l'exportation de l'argent, mais dans la disette. La disette étant donnée, il est au con-traire fort heureux que l'on puisse au moins, avec de l'ar-gent, se procurer des moyens d'existence. (*V. le nº* 20.)

Quoi qu'il en soit, le résultat forcé d'une telle situation est que le numéraire devient fort rare et fort recherché dans le pays importateur, et au contraire fort abondant dans le pays exportateur. Il acquiert donc une très-forte tendance à revenir de celui-ci vers celui-là, et remarquez qu'il n'y peut revenir que contre des produits.

Cela posé, examinons l'enchaînement de cette opération si diversement commentée par la presse.

(¹) Sur la fonction du numéraire, voyez le pamphlet *Maudit argent !* tome V, page 64.   (*Note de l'éditeur.*)

La France et l'Angleterre manquent de blé. — Il y en a en Russie. — Mais la France et l'Angleterre ayant toujours fermé la porte à ce blé, les Russes ne connaissent pas nos objets manufacturés. Si l'on veut avoir leur blé, il faut leur donner de l'argent, et c'est ce qu'on fait; car, après tout, l'argent ne saurait être mieux employé qu'à se préserver de l'inanition.

Il en résulte une grande gêne monétaire en France et en Angleterre. D'un autre côté, les Russes ont beaucoup plus de numéraire que ne le comporte l'état de leurs transactions. Il tend à revenir au point d'où il est parti.

Comment ce numéraire est-il parvenu en si peu de temps dans le trésor impérial? C'est ce que nous n'avons pas à expliquer, et nous croyons même que les cent millions dont il s'agit ne sont pas exactement ceux que nous avons exportés. Cela est de peu d'importance; que ce soient les mêmes pièces d'or ou d'autres, qu'elles reviennent par le commerce, ou par le trésor public, peu importe. Il s'agit de suivre l'opération jusqu'au bout.

Le ministre des finances de Saint-Pétersbourg, voyant que l'état des marchés, relativement au numéraire, s'est modifié de telle sorte qu'il ne se place plus que très-mal en Russie, tandis qu'il se place très-bien en France et en Angleterre, conçoit le projet, non dans notre intérêt, mais dans le sien, de nous envoyer celui dont il ne sait plus que faire.

Or, quand on envoie de l'argent dans un pays, il n'y a pas d'autre moyen de s'en faire donner la contre-valeur que de recevoir des produits en échange, ou de le placer à intérêt. *Acheter* ou *prêter,* voilà les deux seuls moyens de se défaire de l'argent.

Si l'empereur de Russie eût acheté en France et en Angleterre pour cent millions de produits, il serait clair qu'en définitive nous pourrions ne pas tenir compte du mouvement des espèces, et nous serions autorisés à dire que nous avons échangé des produits de notre industrie contre du blé.

Mais l'empereur de Russie n'a pas besoin, sans doute, tout présentement de nos produits agricoles ou manufacturés pour une aussi forte somme. En conséquence, il achète des fonds publics, c'est-à-dire qu'il se met au lieu et place des prêteurs originaires ou de leurs représentants. La portion d'intérêts afférente à ces cent millions (intérêts que les gouvernements, ou plutôt les contribuables, étaient en tous cas tenus de servir) sera payée désormais à l'empereur de Russie au lieu de l'être aux rentiers actuels. Mais ceux-ci n'ont perdu le droit de toucher 3 francs tous les ans au trésor, que parce qu'ils ont reçu 78 francs une fois de l'autocrate russe.

Tous les six mois, nous aurons donc à lui payer environ un million, pour notre part.

Il y a des personnes que cela alarme. Elles voient dans ce payement une lourde charge au profit de l'étranger. Ces personnes perdent de vue que l'étranger a donné le capital. Sans doute, l'opération, dans son ensemble, peut être mauvaise, si ce capital vient remplacer un autre capital dissipé en guerres ruineuses ou en folles entreprises. Elle serait mauvaise encore si nous prodiguions le nouveau capital en de semblables folies. Mais alors, c'est dans le fait de la dissipation qu'est le mal et non dans le fait de l'emprunt ; car si, par exemple, nous mettons ces fonds qui nous coûtent 4 pour 100 dans des travaux qui en rapportent 10, l'opération est évidemment excellente.

Il reste à savoir comment l'Angleterre et la France payeront à la Russie deux millions tous les six mois. Sera-ce en numéraire? Cela n'est guère probable, car le numéraire, comme le prouve la transaction elle-même, est une marchandise peu recherchée en Russie.

On peut affirmer que le payement s'exécutera par l'une des deux voies suivantes :

1° Nous enverrons des produits en Russie. Pour nous rembourser nous tirerons des traites sur les négociants russes. Ces traites seront achetées sur place par les banquiers de Londres et de Paris, qui auront reçu les rentes pour compte de l'empereur. Et ces banquiers enverront ces traites à leurs confrères de Saint-Pétersbourg, qui les recouvreront et en verseront le produit au trésor impérial.

2° Ou bien, nous enverrons nos marchandises en Italie, en Allemagne, en Amérique. Le mouvement des billets sera un peu plus compliqué, et le résultat sera le même.

Un beau jour, S. M. Impériale nous revendra ses fonds. Alors, tout rentrera dans l'ordre actuel. Toutes les phases de l'opération seront révolues, et on peut les résumer ainsi : Dans un moment de détresse, la Russie nous envoie des blés ; nous les payons peu à peu avec des produits envoyés d'année en année ; dans l'intervalle, nous payons, jusqu'à dueconcurrence, l'intérêt de la valeur des blés.

Voilà les trois termes réels de l'opération. La circulation du numéraire et des billets n'est que le moyen d'exécution.

30. — LA LIBERTÉ A DONNÉ DU PAIN AU PEUPLE ANGLAIS.

1er Janvier 1848.

La *Presse* analyse les documents statistiques émanés du *Board of trade* et constate ces trois faits :

1° Récolte très-abondante de blé ;

2° Importation de viande et de blé toujours croissante et plus considérable aujourd'hui *que pendant la disette même ;*

3° Affluence des métaux précieux.

A ces trois faits, nous en ajouterons deux autres non moins certains :

4° Le prix du blé n'est pas avili au point de faire supposer qu'on refuse de l'acheter ;

5° Les fermiers sont de toutes les classes laborieuses celle qui se plaint le moins.

Maintenant, des deux premiers faits, il nous semble impossible de ne pas tirer cette conclusion, que le peuple d'Angleterre est mieux nourri qu'il ne l'était autrefois.

Si la récolte a été abondante, s'il arrive du dehors des avalanches de blé, et si cependant tout se vend comme l'indique la fermeté des prix, la *Presse* peut en être contrariée, mais enfin elle ne peut se refuser à reconnaître *qu'on mange en Angleterre plus de pain que jamais.* (V. le *n°* 20.)

Et ceci nous montre que le peuple anglais a dû bien souffrir avant la réforme des tarifs, et qu'il n'avait pas si tort de se plaindre, puisque, quand les récoltes étaient moins abondantes, et que néanmoins l'importation était défendue, il devait y avoir nécessairement en Angleterre moins de pain qu'aujourd'hui dans une énorme proportion.

Qu'on raisonne tant qu'on voudra sur les *autres* effets de la réforme, celui-ci est du moins certain : LE PEUPLE EST MIEUX NOURRI; et c'est quelque chose.

Protectionnistes, démocrates, socialistes, généreux patrons des classes souffrantes, vous qui vous remplissez sans cesse la bouche des mots *philanthropie, générosité, abnégation, dévouement;* vous qui gémissez sur le malheureux sort de nos voisins d'outre-Manche qui voient les *métaux précieux* abandonner leurs rivages, avouez du moins que ce malheur, s'il existe, n'est pas sans compensation.

Vous disiez qu'en Angleterre les riches étaient trop riches, et les pauvres trop pauvres; mais voici, ce nous semble, une mesure qui commence à rapprocher les rangs ; car si l'or s'en va, ce n'est pas de la poche des pauvres qu'il sort, et si la consommation du blé dépasse tout ce qu'on aurait pu prévoir, ce n'est pas dans l'estomac du riche qu'il s'engloutit.

Mais, quoi ! il n'est pas même vrai que le numéraire s'exporte. Vous constatez vous-mêmes qu'il rentre à pleins chargements.

Moralité. Quand les hommes qui font la loi veulent se servir de leur puissance pour ôter à leurs concitoyens la liberté, cette maudite liberté, cette liberté si impopulaire aujourd'hui auprès de nos démocrates, — ils devraient au moins commencer par avouer qu'elle donne du pain au peuple, et affirmer ensuite, s'ils l'osent, que c'est là un affreux malheur.

31. — INFLUENCE DU LIBRE-ÉCHANGE SUR LES RELATIONS DES PEUPLES.

7 Mars 1847.

Se conserver, subsister, pourvoir à ses besoins physiques et intellectuels, occupe une si grande place dans la vie d'une nation, qu'il n'y a rien de surprenant à ce que sa politique dépende du système économique sur lequel elle fonde ses moyens d'existence ([1]).

Certains peuples ont eu recours à la violence. Dépouiller leurs voisins, les réduire en esclavage, telle fut la base de leur prospérité éphémère.

D'autres ne demandent rien qu'au travail et à l'échange.

Entre ces deux systèmes, il en est un, pour ainsi dire mixte. Il est connu sous le nom de *Régime prohibitif.* Dans ce système, le travail est bien la source de la richesse, mais chaque peuple s'efforce d'imposer ses produits à tous les autres.

Or, il nous semble évident que la politique extérieure d'un peuple, sa diplomatie, son action en dehors doit être toute différente, selon qu'il adopte un de ces trois moyens d'exister et de se développer.

([1]) V. le chap. xix, des *Harmonies.*   (*Note de l'éditeur.*)

Nous avons dit que l'Angleterre, instruite par l'expérience et obéissant à ses intérêts bien entendus, passe du régime prohibitif à la liberté des transactions, et nous regardons cette révolution comme une des plus imposantes et des plus heureuses dont le monde ait été témoin.

Nous sommes loin de prétendre que cette révolution soit, dès aujourd'hui, accomplie ; que la diplomatie britannique ne se ressentira plus désormais des traditions du passé ; que la politique de ses gouvernants ne doit plus inspirer aucune défiance à l'Europe. Si nous nous exprimions ainsi, les faits contemporains et récents se dresseraient pour condamner notre optimisme. Ne savons-nous pas que le parlement est peuplé de législateurs héréditaires qui représentent le principe d'exclusion, qui ont opposé et opposent encore la résistance la plus opiniâtre et au principe de liberté qui s'est levé à l'horizon, et à la politique de justice et de paix qui en est l'infaillible corollaire ?

Mais cette résistance est vaine. L'échafaudage tout entier s'écroule entraînant dans sa chute et la loi céréale, et l'acte de navigation, et le système colonial, et par conséquent toute la politique d'envahissement et de suprématie qui, sous le régime de liberté qui se prépare, n'a plus même sa raison d'être.

Le *Moniteur industriel* traite nos idées de *folies*. Il nous inflige l'épithète de philanthropes. Il nous apprend que, bien que la violence et la liberté soient opposées par nature, elles produisent exactement les mêmes effets, à savoir la domination du fort et l'oppression du faible, et qu'il importe peu à la paix du monde que les peuples échangent volontairement leurs produits ou essayent de se les imposer réciproquement par la force. A cela nous avons dit : S'il est dans la nature de la justice et de la liberté de laisser subsister entre les peuples le même antagonisme qu'ont engendré le monopole et l'exclusion, il faut désespérer de la nature humaine ; et puisque, sous quelque régime que ce soit, la lutte et la guerre sont l'état naturel de l'homme, tous nos efforts sont infructueux et le progrès des lumières n'est qu'un mot. Le *Moniteur industriel* trouve cette réflexion ridicule, presque impertinente et surtout fort *déclamatoire*. Ne serait-ce point parce qu'il veut maintenir le monopole et l'exclusion ? Il est du moins bien clair que les accusations qu'il dirige contre nous sont parfaitement conséquentes avec ce dessein. Nous en conviendrons en toute franchise, si le *Moniteur industriel* parvient à nous prouver que la liberté des transactions doit mettre entre les nations le même esprit de jalousie et d'hostilité que le régime restrictif, nous renoncerons pour toujours à notre entreprise. Nous nous ferons un égoïsme rationnel pour nous y renfermer à jamais, nous efforçant, nous aussi, d'arracher, pour notre part, quelque lambeau de monopole à la législature. Nous lui demanderons d'imposer des taxes à nos concitoyens pour notre avantage, d'aller conquérir des nations lointaines et de les forcer d'acheter exclusivement nos produits à un prix qui nous satisfasse, de nous débarrasser au dedans et au dehors de toute concurrence importune, enfin, de mettre la fortune publique, les vaisseaux de nos ports, les canons de nos arsenaux et la vie de nos soldats au service de notre cupidité.

Il ne peut pas y avoir de recherche plus utile que celle des effets comparés de la *liberté* et de la *restriction* sur la politique extérieure des peuples et sur la paix du monde. Nous remercions le *Moniteur Industriel* de nous provoquer à nous y livrer souvent. C'est ce que nous ne manquerons pas de faire. Aujourd'hui nous nous bornerons à dire quelques mots sur la forme polémique dans laquelle notre antagoniste paraît décidé à persévérer. Nous pouvons d'autant plus nous abstenir de traiter la question de fond que nous l'avons fait dans un article de février, intitulé : *De la domination par le travail*, article resté sans réponse (¹). Il était pourtant naturel que le *Moniteur* daignât s'en occuper, puisque cet article était la solution d'une objection posée par nous-même dans le numéro précédent. Le *Moniteur industriel* a préféré reproduire l'objection et passer la réponse sous silence.

Le *Moniteur* met en fait que nous demandons la liberté pour le compte et dans l'intérêt de l'Angleterre. Ce n'est plus une insinuation, une conjecture, c'est une chose convenue et notoire : *L'Angleterre,* dit-il, *nous prêche et nous fait prêcher la réciprocité des franchises commerciales ; l'Angleterre prêche à la France les doctrines d'une liberté qu'elle est loin d'adopter pour elle-même. L'Association du libre-échange est en France l'instrument le plus actif de la propagande britannique, etc., etc.*

Est-il nécessaire d'insister sur ce que cette forme de discussion a d'odieux, nous dirons même de criminel ? Les champions du monopole connaissent l'histoire de notre révolution. Ils savent que c'est avec des imputations de ce genre que les partis se sont décimés, et sans doute ils espèrent nous imposer silence en faisant planer une nouvelle *terreur* sur nos têtes. Cela ne serait-il pas bien habile et bien commode de nous rançonner, et, à notre première plainte, bien plus, à notre premier effort pour obtenir qu'on discute nos droits, de tourner contre nous toutes les fureurs populaires, si l'on réussissait à les exciter, en disant : « Otez-lui la faculté de parler ; c'est un agent de Pitt et de Cobourg? » — Faut-il dire toute notre pensée? Cette tactique, empruntée aux mauvais jours de 93, est plus méprisable aujourd'hui ; et si elle n'est pas aussi dangereuse, rendons-en grâce au bon sens public et non pas aux monopoleurs. Nous

(¹) V. au tome IV, le chap. XVII de la seconde série des *Sophismes,* p. 265. *(Note de l'éditeur.)*

disons qu'elle est plus méprisable. A cette funèbre époque
au moins les défiances populaires, quels qu'en aient été les
terribles effets, étaient au moins sincères. On vivait au milieu de périls imminents, de trahisons quelquefois certaines, l'exaltation était arrivée à son plus haut degré de paroxysme. Aujourd'hui rien de semblable. Les insinuations
des monopoleurs ne sont autre chose qu'un froid calcul,
une manœuvre préméditée, une combinaison concertée à
l'avance. Ils jouent avec l'immoralité de cette rouerie, non
pour sauver la patrie, mais pour continuer à accroître leurs
richesses mal acquises.

Aussi qu'arrive-t-il? C'est que, malgré tous leurs efforts,
le public ne les croit pas, parce qu'ils ne se croient pas eux-
mêmes, et M. Muret de Bord a décrédité à jamais cet odieux
machiavélisme, quand il en a glacé l'expression sur les lèvres de M. Grandin, par cette interruption ineffaçable :
Vous ne croyez pas ce que vous dites.

Nous comprenons que dans des temps de troubles, de
périls, d'émotions populaires, les hommes s'accusent réciproquement de trahison ; mais émettre de telles imputations
de sang-froid et *sans croire un mot de ce que l'on dit*, c'est
assurément le plus déplorable moyen auquel puisse avoir
recours celui qui aurait la conscience de défendre une cause
juste.

Ce n'est pas que nous prétendions soustraire à nos adversaires l'argument tiré de ce que le libre-échange pourrait favoriser l'Angleterre au détriment de la France. C'est
leur droit de développer, s'ils la croient vraie, cette théorie, qu'un peuple ne prospère jamais qu'aux dépens d'un
autre ; ce que nous demandons, c'est qu'ils veuillent bien
croire que nous pouvons, avec tout ce que l'Europe a produit d'hommes éclairés dans les sciences économiques, pro-
fesser une doctrine toute contraire. Ce que nous leur demandons, c'est de ne pas affirmer, puisque aussi bien *ils*

n'en croient pas un mot, que nous sommes les instruments de la propagande britannique.

Et où avez-vous vu, Messieurs, que le principe de la liberté des transactions fût purement, exclusivement anglais? Ne souhaitons-nous pas tous la liberté des mers et la liberté des mers est-elle autre chose que la liberté commerciale? Ne nous plaignons-nous pas tous que l'Angleterre, par ses vastes conquêtes, a fermé à nos produits la cinquième partie du globe, et pouvons-nous recouvrer ces relations perdues autrement que par le libre-échange?

Où avez-vous vu que l'Angleterre prêche et fait prêcher au dehors la réciprocité? L'Angleterre, par une lutte acharnée et qui remonte au ministère de Huskisson, confère à ses concitoyens le droit d'échanger. Sans s'occuper de la législation des autres peuples, elle modifie sa propre législation selon ses intérêts. Qu'elle compte sur l'influence de l'exemple, sur le progrès des lumières; qu'elle se dise : « Si nous réussissons, les autres peuples entreront dans la même voie, » nous ne le nions pas. N'est-ce pas là de la propagande légitime? Mais ce qu'elle fait, elle le fait pour elle et non pour nous. Si elle rend à ses concitoyens le droit de se procurer du blé à bas prix, c'est-à-dire de recevoir une plus grande quantité d'aliments contre une somme donnée de travail; à ses colons le droit d'acheter leurs vêtements sur tous les marchés du monde; à ses négociants le droit d'exécuter leurs transports avec économie, n'importe par quel pavillon, c'est parce qu'elle juge ces réformes conformes à ses intérêts. Nous le croyons aussi, et il paraît que vous partagez cette conviction : voilà donc un point convenu. En renonçant au régime protecteur, en adoptant la liberté, l'Angleterre suit la ligne de ses intérêts [1].

La question, la vraie question entre nous est de savoir si

[1] V. au tome III, la note de la page 137.   *(Note de l'éditeur.)*

ces deux principes si opposés par leur nature sont néanmoins identiques dans leurs effets ; si ce sont les intérêts de l'Angleterre tels qu'elle les comprenait autrefois, ou tels qu'elle les comprend aujourd'hui, qui coïncident avec les intérêts de l'humanité ; si le principe restrictif ayant engendré cette politique envahissante et jalouse qui a infligé tant de maux au monde, un autre principe diamétralement opposé à celui-là, le principe de liberté, peut engendrer aussi la même politique. Vous dites *oui*, nous disons *non :* voilà ce qui nous divise. Ne saurait-on puiser une conviction à cet égard que dans les inspirations et peut-être dans la bourse de l'étranger?

Au reste, le temps est venu où l'abus de ces accusations en émousse le danger sans leur rien ôter de ce qu'elles ont d'odieux. Nous voyons les partis politiques prendre tour à tour cette arme empoisonnée. L'opposition l'a longtemps dirigée sur le centre, le centre la décoche aujourd'hui sur l'opposition. Vous la lancez sur nous, nous pourrions vous la renvoyer, car ne vous proclamez-vous pas sans cesse les serviles imitateurs de l'Angleterre? Toute votre argumentation ne consiste-t-elle pas à dire : L'Angleterre a prospéré par le régime protecteur ; elle lui doit sa prépondérance, sa force, sa richesse, ses colonies, sa marine : donc la France doit faire comme elle ? « Vous êtes donc les importateurs d'un principe anglais. »

Mais non, nous n'aurons pas recours à ces tristes moyens. Dans vos rangs, il y a des personnes sincèrement attachées à la protection ; elles y voient le boulevard de notre industrie ; à ce titre, elles défendent ce principe et c'est leur droit. Elles n'ont point à se demander s'il est né en France, en Angleterre, en Espagne ou en Italie. Est-il juste ? est-il utile? C'est toute la question.

Nous non plus, nous n'avons pas à nous demander si le principe de la liberté est né en Angleterre ou en France.

Est-il conforme à la justice ? est-il conforme à nos intérêts permanents et bien entendus ? est-il de nature à replacer toutes les branches de travail, à l'égard les unes des autres, sur le pied de l'égalité ? implique-t-il une plus grande somme de bien-être général en proportion d'un travail donné ? S'il en est ainsi, nous devons le soutenir, se fût-il révélé pour la première fois, ce qui n'est pas, dans un cerveau britannique. Si, de plus, il est en harmonie avec le bien de l'humanité, s'il tend à effacer les jalousies internationales, à détruire les idées d'envahissements et de conquêtes, à unir les peuples, à détrôner cette politique étroite et pleine de périls dont, à l'occasion d'un mariage récent, nous voyons se produire les tristes et derniers efforts ; s'il laisse à chaque peuple toute son influence intellectuelle et morale, toute sa puissance de propagande pacifique, s'il multiplie même les chances des doctrines favorables à l'humanité, nous devons travailler à son triomphe avec un dévouement inaltérable, dussent les sinistres insinuations du *Moniteur industriel* tourner contre nous des préventions injustes, au lieu d'appeler sur lui le ridicule.

32. — L'ANGLETERRE ET LE LIBRE-ÉCHANGE.

6 Février 1847.

Pendant quelque temps, la tactique des prohibitionnistes consistait à nous représenter comme des dupes et presque comme des agents de l'Angleterre. Obéissant au mot d'ordre du comité central de Paris, tous les comités de province, d'un bout de la France à l'autre, ont répété que l'Anglais Cobden était venu inspirer et organiser l'Association pour la liberté des échanges. En ce moment encore, une société d'agriculture met en fait que — Cobden parcourt la France pour y propager ses doctrines, et elle ajoute, par voie d'insinuation, que les manufacturiers ses compatriotes ont mis à cet effet deux millions à sa disposition.

Nous avons cru devoir traiter cette stratégie déloyale avec le mépris qu'elle mérite. Les faits répondaient pour nous. L'association du libre-échange a été fondée à Bordeaux le 10 février, à Paris en mars, à Marseille en août, c'est-à-dire plusieurs mois avant le triomphe inattendu de la ligue anglaise, avant les réformes de sir R. Peel, avant que Cobden eût jamais paru en France. C'est plus qu'il n'en faut pour nous justifier d'une accusation plus absurde encore qu'odieuse.

D'ailleurs, Bordeaux n'a-t-il pas réclamé de tout temps contre l'exagération des tarifs? MM. d'Harcourt et Anisson-Duperron ne défendent-ils pas, depuis qu'il y a une tribune en France, le principe de la liberté commerciale? M. Blanqui ne l'enseigne-t-il pas depuis dix-sept ans au Conservatoire, et M. Michel Chevalier depuis six ans au Collège de France? M. Léon Faucher n'a-t-il pas publié, dès 1845, ses *Études sur l'Angleterre?* MM. Wolowski, Say, Reybaud, Garnier, Leclerc, Blaise, etc., ne soutiennent-ils pas la même cause dans le *Journal des économistes*, depuis la fondation de cette revue? Enfin, la grande lutte entre le *Droit commun* et le *Privilége* ne remonte-t-elle pas au temps de Turgot, et même de Colbert et de Sully?

Loin de croire que ces clameurs ridicules pussent arrêter le progrès de notre cause, il nous paraissait infaillible qu'elles tournassent tôt ou tard à la confusion de ceux qui se les permettent. Nous sommes, disions-nous, devant un public intelligent, par qui de semblables moyens sont bientôt appréciés ce qu'ils valent. Quand une grande question se pose devant lui, calomnier, incriminer les intentions, dénaturer les faits, tout cela n'a qu'un temps. Il arrive un moment où il faut enfin donner des raisons.

C'est là que nous attendions nos adversaires, et c'est là qu'ils seront amenés. Déjà la dernière brochure émanée du comité Odier s'abstient de ces emportements haineux et colériques qui ne prouvent qu'une chose : c'est que ceux qui s'y livrent sentent la faiblesse de leur cause.

Cependant, n'avons-nous pas trop dédaigné les traits empoisonnés de la calomnie? Il y a longtemps que Basile l'a dit : « Calomniez, calomniez, il en reste toujours quelque chose. »

Il en reste quelque chose, surtout quand, après avoir émis l'accusation, on a les moyens de la semer dans les ateliers où l'on sait bien que le démenti ne parviendra pas ; quand on s'est assuré le concours de plusieurs organes de la presse, de ceux qui comptent leurs abonnés par dizaines de mille; quand on peut ainsi répéter un fait faux, le sachant faux, pendant plusieurs mois, tous les matins, imprimé en lettres majuscules.

Oh! il faut avoir une bien grande foi dans la liberté de la discussion et le triomphe de la vérité, pour ne pas se sentir découragé à l'aspect de cette triple alliance entre la calomnie, le monopole et le journalisme.

Mais une circonstance qui seconde et rend plus dangereuse encore la machiavélique stratégie des monopoleurs, c'est que, lorsqu'ils cherchent à irriter le sentiment de la nationalité et à soulever les passions populaires contre l'Angleterre, ils s'adressent à un sentiment existant dans le pays, qui y a de profondes racines, qui s'explique, nous dirons même qui se justifie par l'histoire. Ils n'ont pas besoin de le faire naître; il leur suffit de lui donner une mauvaise direction, de l'égarer dans une fausse voie. Nous croyons le moment venu de nous expliquer sur ce point délicat.

Une théorie, que nous croyons radicalement fausse, a dominé les esprits pendant des siècles, sous le nom de *système mercantile.* Cette théorie, faisant consister la richesse, non dans l'abondance des moyens de satisfaction, mais dans la possession des métaux précieux, inspira aux nations la pensée que, pour s'enrichir, il ne s'agit que de deux choses : *acheter aux autres le moins possible*, *vendre aux autres le plus possible.* C'était, pensait-on, un moyen assuré d'acquérir le seul trésor véritable, l'or, et en même temps d'en priver ses rivaux; en un mot, de mettre de son côté la balance du commerce et de la puissance.

Acheter peu conduisait aux tarifs protecteurs. Il fallait bien préserver, fût-ce par la force, le marché national de produits étrangers qui auraient pu venir s'y échanger contre du numéraire.

Vendre beaucoup menait à imposer, fût-ce par la force, le produit national aux marchés étrangers. Il fallait des consommateurs assujettis. De là, la conquête, la domination, les envahissements, le système colonial.

Beaucoup de bons esprits croient encore à la vérité économique de ce système; mais il nous semble impossible de ne pas s'apercevoir que, pratiqué en même temps par tous les peuples, il les met dans un état forcé de lutte. Il est manifeste que l'action de chacun y est antagonique à l'action de tous. C'est un ensemble d'efforts perpétuels qui se contrarient. Il se résume dans cet axiome de Montaigne : « Le profit de l'un est le dommage de l'autre. »

Or, cette politique, nul peuple ne l'a embrassée avec autant d'ardeur, ou, si l'on veut, de succès, que le peuple anglais. L'intérêt oligarchique et l'intérêt commercial, ainsi compris, se sont trouvés d'accord pour infliger au monde cette série d'exclusions et d'empiétements, qui a enfanté ce qu'il y a d'artificiel dans la puissance britannique telle que nous la voyons aujourd'hui. Le point de départ de cette politique fut *l'acte de navigation*, et le préambule de ce document disait en propres termes : « Il faut que l'Angleterre écrase la Hollande ou qu'elle soit écrasée. »

Il n'est pas surprenant, il est même très-naturel que cette action malfaisante de l'Angleterre sur le monde ait provoqué une réaction plus ou moins sourde, plus ou moins explicite chez tous les peuples, et particulièrement chez le peuple français ; car l'Angleterre ne peut manquer de rencontrer toujours la France en première ligne sur son chemin, soit que celle-ci, obéissant à la même politique, aspirât à la même domination, soit qu'elle cherchât à propager les idées d'affranchissement et de liberté.

Cet antagonisme d'idées et d'intérêts n'a pu se poursuivre pendant des siècles, amener tant de guerres, se manifester dans tant de négociations, sans déposer dans le cœur de nos concitoyens un levain d'irritation et de défiance toujours prêt à éclater. L'Angleterre, sous l'action du système mercantile, y a subordonné toutes ses forces militaires, navales, financières, diplomatiques. Garantie par la mer contre toute invasion, placée entre le nord et le sud de l'Europe, elle a profité de cette situation pour saper toute puissance qui osait se manifester, tantôt menaçant le despotisme septentrional des mouvements démocratiques du Midi, tantôt étouffant les aspirations libérales du Midi sous le despotisme soudoyé du Nord.

Les personnes, et elles sont nombreuses, qui croient encore, par un faux raisonnement ou par un faux instinct, au système mercantile, considèrent et doivent considérer le mal comme irrémédiable et la lutte comme éternelle. C'est ce qu'elles expriment par cette assertion qu'on croit profonde et qui n'est que triste : « Les Français et les Anglais sont des ennemis *naturels*. »

Cela dépend de savoir si la *théorie mercantile,* qu'a jusqu'ici professée et pratiquée l'Angleterre, et qui ne pouvait manquer de lui attirer la haine des peuples, est vraie ou fausse, bonne ou mauvaise. — Voilà la question.

Nous croyons, nous, qu'elle est fausse et mauvaise : mauvaise pour l'Angleterre elle-même, *surtout pour elle ;* qu'elle devait aboutir à la mettre en guerre avec le genre humain, à lui créer des résistances sur tous les points du globe, à tendre tous les ressorts de sa puissance, à la mêler à toutes les intrigues diplomatiques, à accroître indéfiniment le nombre de ses fonctions parasites, ses forces de terre et de mer, à l'écraser d'impôts et de dettes, à élever un édifice toujours prêt à crouler, et si dispendieux que toute son énergie industrielle n'y pourrait suffire ; et tout cela pour poursuivre un but chimérique et absurde en lui-même, celui de vendre sans acheter, celui de donner sans recevoir, celui de nourrir et vêtir les peuples ruinés (comme le disait M. de Noailles) ([1]), c'est-à-dire, en définitive, celui de soumettre ses propres citoyens à un travail excessif et comparativement privé de rémunération effective.

Or, ce système spécieux mais faux, pourquoi ne provoquerait-il pas une réaction parmi les classes laborieuses d'Angleterre, puisque c'est sur elles qu'en devraient retomber à la longue les funestes conséquences?

Et c'est là tout ce que nous disons. Nous soutenons, non-seulement parce que c'est une déduction rationnelle à notre point de vue, mais encore parce que c'est un fait qui crève les yeux, nous soutenons qu'il y a en Angleterre un parti nombreux, animé d'une foi économique précisément contraire à celle qui a dominé jusqu'ici dans les conseils de cette nation.

Nous affirmons que, par les efforts de ce parti, soutenu par le progrès des lumières et les leçons de l'expérience, l'Angleterre est amenée à changer du tout au tout son système commercial et par suite son système politique.

Nous disons qu'au lieu de chercher la richesse par l'ac-

([1]) V. ci-après le n° 37.   (*Note de l'éditeur.*)

croissement indéfini des exportations, l'Angleterre comprend enfin que ce qui l'intéresse est de beaucoup importer, et que ce qu'elle donne de ses produits n'est et ne peut-être que le payement de ce qu'elle reçoit et consomme de produits étrangers.

C'est là, quoi qu'on en dise, l'inauguration d'une politique toute nouvelle, car si recevoir est l'essentiel, il s'ensuit qu'elle doit ouvrir ses portes au lieu de les fermer ; il s'ensuit qu'elle doit désirer, dans son propre intérêt, le développement du travail et l'activité de la production chez tous les peuples ; il s'ensuit qu'elle doit successivement démolir tout cet échafaudage de monopoles, d'envahissements, d'empiétements et d'exclusion élevé sous l'influence du régime protecteur ; il s'ensuit, enfin, qu'elle doit renoncer à cette politique antisociale qui lui a servi à fonder un monstrueux édifice (1).

Sans doute nos adversaires ne peuvent comprendre ce changement. Attachés par conviction à la théorie mercantile, c'est-à-dire à un principe d'antagonisme international, ils ne peuvent pas se figurer qu'un autre peuple adopte le régime de la liberté, parce que, à leur point de vue, cela supposerait un acte de dévouement, d'abnégation et de pure philanthropie.

Mais ils devraient au moins reconnaître qu'à nos yeux il n'en est pas ainsi. Jamais nous n'avons dit que les réformes accomplies en Angleterre dans le sens libéral, et celles qui se préparent encore, soient dues à un accès de philanthropie qui aurait saisi tout à coup la classe laborieuse de l'autre côté du détroit.

Notre conviction est qu'un peuple qui adopte le régime restrictif se précipite dans une politique antisociale et en même temps fait pour lui-même un mauvais calcul; qu'au

(1) V. au tome III, *Deux Angleterres,* pages 459 et suiv.
(Note de l'éditeur.)

contraire une nation qui affranchit ses échanges fait un bon calcul pour elle-même, tout en agissant dans le sens du bien universel. On peut dire que nous nous faisons illusion; on ne peut pas dire que ce ne soit pas là notre foi.

Or, si telle est notre foi, comment pourrions-nous, sans inconséquence, envelopper dans la même réprobation et cette ancienne politique qui, depuis l'acte de navigation jusqu'à nos jours, a fait le malheur de l'humanité, et cette politique nouvelle que nous avons vue poindre en Angleterre, et qui grandit à vue d'œil, développée et soutenue par une opinion publique éclairée?

On nous dit : « Vous êtes dupes d'un simple revirement de tactique; l'Angleterre change de moyens, elle ne change pas de but : elle aspire toujours à la domination. Maintenant qu'elle a tiré de la protection, de la force, de la diplomatie, du machiavélisme, tout ce qu'ils peuvent donner, elle a recours à la libre concurrence. Elle a commencé l'œuvre de sa domination par la supériorité de ses flottes, elle veut l'achever par la supériorité de son travail et de ses capitaux. Loin de renoncer à ses vues, le moment est venu pour elle de les réaliser et d'étouffer partout le travail et l'industrie sous l'action de sa rivalité irrésistible. »

Voilà ce qu'on dit. Et nous trouvons ces appréhensions très-naturelles chez les personnes qui n'ont point approfondi les lois générales par lesquelles les peuples prospèrent et dépérissent.

Pour nous, nous ne croyons point qu'on puisse arriver à la domination par la supériorité du travail libre. Il répugne à notre intelligence d'assimiler ainsi des choses contradictoires, telles que le travail et la force, la liberté et le monopole, la concurrence et l'exclusion. Si des principes aussi opposés devaient conduire aux mêmes résultats, il faudrait désespérer de la nature humaine et dire que l'anarchie, la guerre et le pillage sont l'état naturel de l'humanité.

Nous examinerons dans un prochain article ([1]) l'objection que nous venons de reproduire. Ici nous avons voulu expliquer le sentiment de défiance qui existe dans notre pays à l'égard de l'Angleterre. Nous avons voulu dire ce qui le justifie et dans quelle mesure nous le partageons. En Angleterre, deux partis, deux doctrines, deux principes sont en présence et se livrent en ce moment une lutte acharnée. L'un de ces principes s'appelle *privilége* ; l'autre se nomme *droit commun.* Le premier a constamment prévalu jusqu'à nos jours, et c'est à lui que se rattache toute cette politique jalouse, astucieuse et antisociale qui a excité en France, en Europe, et en Angleterre même, parmi les classes laborieuses, un sentiment de répugnance et de résistance que nous comprenons et que nous éprouvons plus que personne. Par un juste retour des choses d'ici-bas, nous pensons que ce sentiment pèsera sur l'Angleterre et lui fera obstacle, même longtemps après qu'elle aura officiellement renoncé à la politique qui l'a fait naître.

Mais nous ne nous croyons pas tenus de partager à cet égard le préjugé vulgaire ; et si nous voyons surgir de l'autre côté du détroit le principe du *droit commun,* si nous le voyons soutenu par des hommes éclairés et sincères, si c'est notre conviction que ce principe mine en dessous et fera bientôt crouler l'édifice élevé par le principe opposé, nous ne voyons pas pourquoi, tout en attachant sur les manœuvres oligarchiques un regard vigilant, nous n'accompagnerions pas de nos vœux et de nos sympathies un mouvement libéral dans lequel nous voyons le signal de l'affranchissement du monde, le gage de la paix et le triomphe de la justice.

---

(1) V. au tome IV, le chap. *Domination par le travail*, page 265.
                                              (*Note de l'éditeur.*)

33. — CURIEUX PHÉNOMÈNE ÉCONOMIQUE.

21 Février 1847.

Dans la séance du 9, M. Léon Faucher a appelé l'attention de la Chambre sur les circonstances financières qui ont
hâté en Angleterre l'avénement des réformes commerciales.
Il y a là tout un enchaînement de faits, aussi intéressants
qu'instructifs, qui nous paraissent mériter d'être soumis
aux sérieuses méditations de nos lecteurs, principalement
de ceux qui exercent des industries privilégiées. Ils y apprendront peut-être que les monopoles, non plus que les
taxes élevées, ne tiennent pas toujours ce qu'ils semblent
promettre.

En 1837, l'insurrection du Canada ayant amené un accroissement de dépenses qui vint se combiner avec un affaiblissement dans la recette, l'équilibre des finances fut
rompu en Angleterre, et elles présentèrent un premier déficit de 16 millions de francs.

L'année suivante, second déficit de 10 millions; 1839
laisse un découvert de 37 millions, et 1840 de 40 millions.

L'administration songea sérieusement à fermer cette plaie
toujours croissante. Il y avait à choisir entre deux moyens :
diminuer les dépenses ou accroître les recettes. Soit qu'aux
yeux du ministère, le cercle des réformes possibles, dans la
première de ces directions, eût été parcouru depuis 1815,
soit que, selon l'usage de tous les gouvernements, il se crût
obligé d'épuiser le peuple avant de toucher aux droits acquis des fonctionnaires, toujours est-il que sa première
pensée fut celle qui s'offre à tous les ministres : *demander
à l'impôt tout ce qu'il peut rendre.*

En conséquence, le cabinet Russel provoqua, et le parlement vota un bill qui autorisait un prélèvement additionnel

de 10 pour 100 sur l'impôt foncier, 5 pour 100 sur la douane et l'accise, et 4 pence par gallon sur les spiritueux.

Avant d'aller plus loin, il est bon de jeter un coup d'œil sur la manière dont étaient réparties, à cette époque, les contributions publiques du Royaume-Uni.

Le chiffre des recettes s'élevait à environ 47 millions sterling.

Elles étaient puisées à trois sources : la *douane* et l'*accise*, nature d'impôts qui frappe tout le monde d'une manière à peu près égale, c'est-à-dire qui retombe, dans une proportion énorme, sur les classes laborieuses ; les *assessed taxes* ou impôt foncier, qui atteint directement le riche, surtout en Angleterre ; et le *timbre*, qui est d'une nature mixte.

L'impôt du peuple rendait 37 millions ou 9/12 de la totalité ;

L'impôt du riche, 4 millions ou 1/12 de la totalité ;

L'impôt mixte, 2 millions ou 2/12.

D'où il suit que le commerce, l'industrie, le travail, les classes moyennes et pauvres de la société acquittaient les cinq sixièmes des charges publiques, ce qui avait fait dire, sans doute, à M. Cobden : « Si notre code financier parvenait sans commentaires dans la lune, les habitants de ce satellite n'auraient pas besoin d'autre document pour en induire que l'Angleterre est gouvernée par une aristocratie maîtresse du sol et de la législation. »

Faisons remarquer ici en passant, et à l'honneur de la France, que, pendant que les possesseurs de la terre ne payent en Angleterre que 8 pour 100 des contributions totales, chez nous ils acquittent 33 pour 100, et qu'en outre, ils prennent une beaucoup plus grande part, vu leur nombre, dans les impôts de consommation.

D'après ce qui précède, le prélèvement additionnel imaginé par les whigs devait produire :

1,426,040 liv. st. 5 pour 100 sur la douane et l'accise,
  spiritueux non compris ;

186,000 liv. st. 4 pence par gallon, sur les spiritueux ;

400,000 liv. st. 10 pour 100 sur l'impôt foncier.

Ici encore le peuple était appelé à réparer, dans la proportion des 4/5, le déficit amené par les fautes de l'oligarchie.

Le bill fut mis à exécution au commencement de 1840.
Au 5 avril 1841, on procéda avec anxiété à la balance ; et
ce ne fut pas sans une surprise mêlée d'effroi qu'on con-
stata, au lieu de l'accroissement attendu de 2,200,000 liv. st.,
une diminution sur la recette de l'année précédente de
quelques centaines de mille livres.

Ce fut une révélation subite. C'était donc en vain que le
peuple avait été frappé de nouvelles taxes ; ce serait en vain
qu'on aurait recours désormais à ce moyen. L'expérience
venait de mettre au jour un fait capital, c'est que l'Angleterre était arrivée à la limite extrême de ses ressources contributives, et qu'il devenait à l'avenir impossible, par l'accroissement des impôts, de lui arracher un schelling.
Cependant le déficit était toujours béant. (*V. à l'introduction du tome III, pages 42 et suiv.*)

Les *théoriciens*, comme on les appelle, se mirent à étudier le menaçant phénomène. Il leur vint à l'idée qu'on
pourrait peut-être augmenter les recettes en diminuant les
impôts, idée qui semblait impliquer une contradiction choquante. Outre les raisons théoriques qu'ils alléguaient en
faveur de leur opinion, quelques expériences antérieures
donnaient une certaine autorité à leur avis. Mais, pour les
personnes qui, quoique vouées au culte des *faits*, n'ont pas
cependant horreur de la *raison des faits*, nous devons dire
comment ils soutenaient leur opinion.

« Le produit d'un impôt sur un objet de consommation,

disaient-ils, est en raison du taux de la taxe et de la quantité consommée. Exemple : si, l'impôt étant *un*, il se consomme *dix* livres de sucre, la recette sera *dix*. Cette recette s'accroîtra, soit que le taux de la taxe s'élève, la consommation restant la même, soit que la consommation s'étende, le taux de la taxe ne variant pas. Elle baissera si l'un ou l'autre de ces éléments s'altère; elle baissera encore quoique l'un des deux augmente, si l'autre diminue dans une plus forte proportion. Ainsi, quoiqu'on élève la taxe à 2, si la consommation se réduit à 4, la recette ne sera que de 8. Dans ce dernier cas, la privation pour le peuple sera énorme, — sans profit, bien plus, avec dommage pour le Trésor.

Cela posé, ce multiplicateur et ce multiplicande sont-ils indépendants entre eux, ou ne peut-on grossir l'un qu'aux dépens de l'autre ? Les théoriciens répondaient : « La taxe agit comme tous les frais de production, elle élève le prix des choses, et les place hors de la portée d'un certain nombre d'hommes. D'où cette conclusion mathématique : si un impôt est graduellement et indéfiniment élevé, par cela même qu'à chaque degré d'élévation il restreint un peu plus la consommation ou la matière imposable, un moment arrive nécessairement où la moindre addition à la taxe diminue la recette.

Que les protectionnistes sincères, et ils sont nombreux, nous permettent de recommander ce phénomène à leur attention. Nous verrons plus tard que l'excès de la protection leur fait jouer le même rôle qu'au Trésor l'exagération des taxes.

Les théoriciens ne se bornèrent pas à ce théorème arithmétique. Creusant un peu plus dans la question, ils disaient : Si le gouvernement eût mieux connu l'état déplorable des ressources du peuple, il n'aurait pas fait une tentative qui le couvre de confusion.

En effet, si la condition individuelle des citoyens était stationnaire, le revenu dès taxes indirectes augmenterait exactement comme la population. Si, en outre, le capital national, et avec lui le bien-être général, vont croissant, le revenu doit augmenter plus vite que le nombre des hommes. Enfin, si les facultés de consommation sont rétrogrades, le Trésor doit en souffrir. Il suit de là que lorsqu'on a sous les yeux ce double phénomène : accroissement de population, diminution de recettes, on a une double raison pour conclure que le peuple est soumis à des privations progressives. Élever dans ce moment le prix des choses, c'est soumettre les citoyens à des privations additionnelles, sans aucun avantage fiscal.

Or, quel était, à ce point de vue, l'état des choses en 1840?

Il était constaté que la population augmentait de 360,361 habitants par année.

D'après cela, en supposant les ressources individuelles seulement stationnaires, quel aurait dû être le produit de la douane et de l'accise, et quel fut-il en réalité? C'est ce qu'on verra dans le tableau suivant :

ANNÉES.	POPULATION.	PRODUIT PROPORTIONNEL des taxes indirectes.	PRODUIT RÉEL.
1836	26,158,524	36,392,472 l. s.	36,392,472 l. s.
1837	26,518,885	36,938,363	33,958,421
1838	26,879,246	37,484,254	34,478,417
1839	27,239,607	38,030,145	35,093,633
1840	27,599,968	38,567,036	(¹) 35,536,469

Ainsi, même en l'absence de tout progrès industriel, et par la force seule du nombre, le revenu, qui avait été de 36 millions en 1836, aurait dû être de 38 millions en 1840. Il tomba à 35 millions, malgré la surtaxe de 5 pour 100, résultat que l'affaiblissement des années précédentes aurait dû faire prévoir. Ce qu'il y a de singulier, c'est que dans les

(¹) Avec la surtaxe de 5 pour 100 votée cette année.

cinq années antérieures le contraire était arrivé. La douane, et l'accise ayant été dégrévées, le revenu public s'était amélioré dans une proportion supérieure à l'accroissement de la population.

Le lecteur devine peut-être quelles conséquences les théoriciens tiraient de ces observations. Ils disaient au ministère : Vous ne pouvez plus grossir utilement le multiplicateur (le taux de la taxe) sans altérer dans une proportion plus forte le multiplicande (la matière imposable) ; essayez, en abaissant l'impôt, de laisser s'accroître les ressources du peuple.

. Mais c'était là une entreprise pleine de périls. En admettant même qu'elle pût être couronnée de succès dans un avenir éloigné, on sait positivement qu'il faut du temps avant que les réductions de taxes comblent les vides qu'elles font, et, ne l'oublions pas, on avait en face le déficit.

Il ne s'agissait donc de rien moins que de creuser de plus en plus cet abîme, de compromettre le crédit de la vieille Angleterre, et d'ouvrir la porte à des catastrophes incalculables.

La difficulté était pressante. Elle accabla le ministère whig. Peel entra aux affaires.

On sait comment il résolut le problème. Il commença par mettre un impôt sur les riches. Il se créa ainsi des ressources, non-seulement pour combler le déficit, mais encore pour parer aux découverts momentanés que devaient entraîner les réformes qu'il méditait.

Grâce à l'*income-tax*, il soulagea le peuple du fardeau de l'accise, et, à mesure que la Ligue propageait les saines idées économiques, des restrictions de la douane. Aujourd'hui, malgré la suppression de beaucoup de taxes, l'abaissement de toutes les autres, l'Échiquier serait florissant, sans les calamités imprévues qui sont venues fondre sur la Grande-Bretagne.

Il faut en convenir, M. Peel a conduit cette révolution financière avec une énergie, une audace qui étonnent. Ce n'est pas sans raison qu'il caractérisait souvent ces mesures par ces mots : « *Bold experiment*, » expérience hardie. Ce n'est pas nous qui voudrions altérer la renommée de cet homme d'État et la reconnaissance des classes laborieuses d'Angleterre, et on peut dire de tous les pays. Mais, l'exécution c'est assez pour sa gloire, et nous devons dire en toute justice que l'invention appartient tout entière à un théoricien, à un simple journaliste, M. James Wilson, dont les conseils, s'ils étaient suivis, sauveraient peut-être l'Irlande de 1847 comme ils ont sauvé l'Angleterre de 1840.

Maintenant, les hommes qui cherchent les succès de leur industrie dans le monopole nous demanderont quelle analogie il y a entre les faits que nous venons de rappeler et le régime protecteur.

Nous les prions de regarder les choses de près et de voir s'ils ne sont pas dans la position assez ridicule où s'est trouvé l'Échiquier en 1840.

Qu'est-ce que la protection? Une taxe sur les consommateurs. Vous dites qu'elle vous profite. Sans doute, comme les taxes profitent au Trésor. Mais vous ne pouvez pas empêcher que ces taxes n'amoindrissent les facultés du public consommateur, sa puissance d'acheter, de payer, d'absorber des produits. Certainement, il consomme moins de blé et de drap que s'il lui en venait de toutes les parties du monde. C'est déjà un grand mal, nous dirons même une grande injustice ; mais, relativement à vous, à votre intérêt, la question est de savoir si vous ne subirez pas le sort du fisc ; s'il n'y a pas un moment où cet anéantissement des forces de la consommation vous prive de débouchés dans une telle mesure, que cela fait plus que compenser le taux de la protection ; en d'autres termes, si dans cette lutte entre l'exhaussement artificiel du prix dû au droit protecteur et l'abaissement du prix occasionné par l'impuissance des acheteurs, ce dernier effet ne prévaut pas sur le premier, auquel cas évidemment vous perdriez et sur le prix de vente et sur la quantité vendue.

A cela vous dites qu'il y a contradiction. Que, puisque c'est à l'élévation du prix qu'est imputable l'impuissance relative des consommateurs, on ne peut admettre que, sous le régime de la liberté, le prix s'élevât, sans admettre par cela même un rétrécissement de débouchés ; que, par la même raison, un accroissement de débouchés implique un abaissement du prix, puisque l'un est effet et l'autre cause.

Il y a à répondre que vous vous faites illusion. On peut certainement concevoir un pays où tout le monde soit assez dans l'aisance pour qu'on y puisse vendre les choses même à un bon prix, et un autre pays où tout le monde soit si dénué qu'on n'y peut trouver du débit même à bon marché. C'est vers ce dernier état que nous conduisent et les grosses taxes qui vont au Trésor, et les grosses taxes qui vont aux fabricants ; et il arrive un moment où le Trésor et les fabricants n'ont plus qu'un moyen de maintenir et d'accroître leurs recettes, c'est de relâcher le taux de la taxe et de laisser respirer le public.

Au reste, ce n'est pas là une argumentation dénuée de preuves. Chaque fois qu'on a soustrait un peuple à la pression d'un droit protecteur, il est survenu que deux tendances opposées ont agi sur le prix. L'absence de protection l'a certainement poussé vers la baisse ; mais l'accroissement de demande l'a poussé tout aussi certainement vers la hausse ; en sorte que le prix s'est au moins maintenu, et le profit net de l'opération a été un excédant de consommation. Vous dites que cela n'est pas possible. Nous disons que cela est ; et si vous voulez consulter les prix courants du café, des soieries, du sucre, des laines, en Angleterre, dans les années qui ont suivi la réduction des droits protecteurs, vous en resterez convaincus ([1]).

34. — LES ARMEMENTS EN ANGLETERRE.

15 Janvier 1848.

S'il n'y avait pas, quoi qu'on en dise, dans un principe, dans la vérité, plus de force que dans un fait contingent et éphémère, rien ne serait plus affligeant, plus décourageant pour les défenseurs de la liberté commerciale sur toute la surface du globe, que cette perversion étonnante et momentanée de l'esprit public dont l'Angleterre nous donne en ce moment le spectacle. Elle se prépare à augmenter son armée et sa marine.

Disons-le d'abord, nous avons la confiance, la certitude même que la liberté commerciale tend à accroître et à égaliser le bien-être au sein de toute nation qui l'adoptera ; mais ce motif, quoique grave, n'est pourtant pas le seul qui nous ait déterminés à consacrer nos efforts au service de cette cause. Ce n'est même pas, il s'en faut de beaucoup, le plus puissant.

Nous sommes profondément convaincus que le libre-échange, c'est l'harmonie des intérêts et la paix des nations ; et certes nous plaçons cet effet indirect et social mille fois au-dessus de l'effet direct ou purement économique.

Car la paix assurée des nations, c'est le désarmement, c'est le discrédit de la force brutale, c'est la révision, l'allégement et la juste répartition des taxes publiques, c'est, pour les peuples, le point de départ d'une ère nouvelle.

Supposant donc que la nation qui proclame la première le libre-échange était pénétrée et imbue de l'esprit du libre-

---

([1]) V. tome IV, le chap. *Cherté, Bon marché*, page 163.

(*Note de l'éditeur.*)

échange; nous nous croyons fondés à penser qu'elle serait aussi la première à réduire son état militaire.

La raison dominante des onéreux efforts auxquels les nations modernes se soumettent, dans le sens du développement de la force brutale, étant manifestement la jalousie industrielle, l'ambition des débouchés exclusifs et le régime colonial, il nous paraissait absurde, contradictoire, qu'un peuple voulût se soumettre à l'aggravation de ce lourd fardeau militaire, précisément au moment où, par d'autres mesures, il rend ce fardeau irrationnel et inutile.

Nous concevrions, sans l'approuver, que l'Angleterre armât si elle avait des craintes pour ses colonies, ou l'arrière-pensée d'en acquérir de nouvelles.

Mais, quant à ses possessions actuelles, jamais elle n'a eu moins raison de craindre, puisqu'elle entre dans un système commercial qui ôte aux nations rivales tout intérêt à s'en emparer.

Quelle raison aura la France de se jeter dans les hasards d'une guerre pour conquérir le Canada ou la Jamaïque, quand, sans aucuns frais de surveillance, d'administration et de défense, elle pourra y porter ses produits sur ses propres navires, y accomplir ses ventes, ses achats et ses transactions aux mêmes conditions que les Anglais eux-mêmes?

S'il plaît aux Anglais de s'imposer tous les frais du gouvernement de l'Inde, quel motif aurons-nous de leur disputer, l'arme au poing, ce singulier privilége, quand, du reste, par la liberté des échanges, nous retirerons du commerce de l'Inde tous les avantages dont pourrait nous investir la possession elle-même?

Tant que les Anglais nous excluent, nous et les autres peuples, d'une partie considérable de la surface du globe, c'est une violence; et il est clair que toute violence, constamment menacée, ne se maintient qu'à l'aide de la force.

Armer, dans cette position, c'est une nécessité fatale; ce n'est pas au moins une inconséquence.

Mais armer pour défendre des possessions qu'on ouvre au libre commerce du monde entier, c'est planter un arbre et en rejeter soi-même les fruits les plus précieux.

Est-ce pour voler à de nouvelles conquêtes que l'Angleterre renforce ses escadres et ses bataillons?

Cela peut entrer dans les vues de l'aristocratie. Elle recouvrerait par là plus qu'elle n'a perdu dans le monopole du blé! Mais de la part du peuple travailleur, c'est une contradiction manifeste.

Pour justifier de nouvelles conquêtes, même aux yeux de sa propre ambition, il faudrait commencer par reconnaître qu'on s'est bien trouvé des conquêtes déjà accomplies. Or, on y renonce, et on y renonce, non par abnégation, mais par calcul, mais parce qu'en posant des chiffres on trouve que la perte surpasse le profit. Le moment ne serait-il pas bien choisi pour recommencer l'expérience?

En agissant ainsi, le peuple anglais ressemblerait à ce manufacturier qui, à côté d'une ancienne usine, en élevait une nouvelle. Il renouvelait toutes les machines du vieil établissement, parce que, les jugeant mauvaises, il voulait les remplacer par un mécanisme plus perfectionné, et, en même temps, il faisait construire à grands frais des machines de l'ancien modèle pour le nouvel établissement.

Dans l'esprit du système exclusif, un peuple augmente ses colonies pour élargir le cercle de ses débouchés *privilégiés;* mais lorsqu'il s'aperçoit enfin que c'est là une politique décevante; lorsqu'il est forcé par son propre intérêt d'ouvrir au commerce du monde les colonies déjà acquises; lorsqu'il renonce par calcul à la seule chose qui les lui avait fait acquérir, *le privilége,* ne faudrait-il pas qu'il fût frappé de vertige pour songer à augmenter ses possessions? Et pourquoi y songerait-il? Serait-ce pour arriver encore à l'affranchissement en passant par cette route de guerres, de violences, de dangers, de taxes et de monopoles, alors qu'il déclare la route ruineuse, et, qui pis est, le but absurde ?

Le parti guerroyant, en Angleterre, assigne, il est vrai, un autre motif aux mesures qu'il sollicite. Il redoute l'esprit militaire de la France ; il craint une *invasion*.

Le moment est singulièrement choisi. Cependant, qu'en conséquence de cette crainte, l'Angleterre organisât ses forces défensives, qu'elle constituât ses milices, nous n'y trouverions rien à redire ; mais qu'elle accroisse ses armées permanentes et sa marine militaire, en un mot, ses forces agressives, c'est là une politique qui nous semble en complète contradiction avec le système commercial qu'elle vient d'inaugurer, et qui n'aura d'autre résultat que d'ébranler toute foi dans l'influence pacifique du libre-échange.

On accuse souvent l'Angleterre de n'avoir décrété la liberté commerciale que pour entraîner les autres nations dans cette voie. Ce qui se passe donne un triste démenti à cette accusation.

Certes, si l'Angleterre avait voulu agir fortement sur l'opinion du dehors, si elle avait eu elle-même une foi complète au principe du libre-échange considéré dans tous ses aspects et dans tous ses effets, son premier soin aurait été d'en recueillir les véritables fruits, de réduire ses régiments, ses vaisseaux de guerre, d'alléger le poids des taxes publiques, et de faire disparaître ainsi les entraves que les exigences d'une vaste perception infligent toujours au travail du peuple.

Et, dans cette politique, l'Angleterre aurait trouvé, par surcroît, les deux grandes sources de toute sécurité : la diminution du danger et l'accroissement des véritables énergies défensives. — Car, d'une part, c'est affaiblir le danger de l'invasion que de suivre envers tous les peuples une politique de justice et de paix, que de leur présenter un front moins menaçant, que de leur donner accès sur tous les points du globe aux mêmes titres qu'à soi-même, que de laisser libres toutes les routes de l'Océan, que de renoncer à cette diplomatie embrouillée et mystérieuse qui avait pour but de préparer de nouvelles usurpations. — Et, d'un autre côté, le meilleur moyen de fonder la défense nationale sur une base inébranlable, c'est d'attacher tout un peuple aux institutions de son pays, de le convaincre qu'il est le plus sagement gouverné de tous les peuples, d'effacer successivement tous les abus de sa législation financière, et de faire qu'il n'y ait pas un homme sur tout le territoire qui n'ait toutes sortes de motifs d'aimer sa patrie et de voler au besoin à sa défense.

Pendant que cette ridicule panique se manifeste en Angleterre (et nous devons dire que la réaction de l'opinion commence à en faire justice), le contre-coup s'en fait ressentir de ce côté-ci du détroit. Ici, l'on se persuade que, sous prétexte de défense, l'Angleterre, en réalité, prépare des moyens d'*invasion;* et certes nos conjectures sont au moins aussi fondées que celles de nos voisins. Déjà la presse commence à demander des mesures de précaution; car, de toutes les classes d'hommes, la plus belliqueuse c'est certainement celle des journalistes. Ils ont le bonheur de ne laisser sur le champ de bataille ni leurs jambes, ni leurs bras; c'est le paysan qui est la *chair à canon*, et quant à eux, ils ne contribuent aux frais de la guerre qu'autant que leur coûtent une fiole d'encre et une main de papier. Il est si commode d'exciter les armées, de les faire manœuvrer, de critiquer les généraux, de montrer le plus ardent patriotisme, la bravoure la plus héroïque, et tout cela du fond de son cabinet, au coin d'un bon feu!... Mais les journaux font l'opinion.

Donc, nous armerons aussi de notre côté. Nos ministres

se laisseront sommer d'accroître le personnel et le matériel
de guerre. Ils auront l'air de céder à des exigences irré-
sistibles, et puis ils viendront dire : « Vous voyez bien
qu'on ne peut toucher ni au sel ni à la poste. Bien au contraire, c'est le moment d'inventer de nouveaux impôts ;
difficile problème, mais nous avons parmi nous d'habiles
financiers. »

Il nous semble qu'il y a quelques hommes qui doivent
rire dans leur barbe de tout ceci.

D'abord ceux qui, dans les deux pays, vivent sur le développement de la force brutale ; ceux à qui les mésintelli-
gences internationales, les intrigues diplomatiques et les
préjugés des peuples, ouvrent la carrière des places, des
grades, des croix, des avancements, de la fortune, du pouvoir et de la gloire.

Ensuite, les monopoleurs. Outre que leurs priviléges ont
d'autant plus de chances de durée que les peuples, redoutant
la guerre, n'osent pas se fier les uns aux autres pour leurs
approvisionnements, quel beau thème pour le *British-Lion*
et le *Moniteur industriel*, son confrère, si le *free-trade* about-
tissait momentanément à cette mystification de faire courir
les nations aux armes.

Enfin les gouvernements, s'il en est qui cherchent à
exploiter le public, à multiplier le nombre de leurs créatu-
res, ne seront pas fâchés non plus de cette belle occasion
de disposer de plus de places, de plus d'argent et de plus
de forces. Qu'on aille après leur demander des réformes :
on trouvera à qui parler.

Nous avons la ferme confiance que cette ridicule panique, qui a agité un moment l'Angleterre, est un mouvement factice dont il n'est pas bien difficile de deviner l'origine. Nous ne doutons pas qu'elle ne se dissipe devant le
bon sens public, et nous en avons pour garants les organes les plus accrédités de l'opinion, entre autres le

Times, et surtout le *Punch*, car c'est une affaire de sa com--
pétence (¹).

35. — ENCORE LES ARMEMENTS EN ANGLETERRE.

29 Janvier 1848.

Il est assez ordinaire de voir les hommes qui ont épousé
une cause ou un parti arranger les faits, les tourmenter, les
supposer même dans l'intérêt de l'opinion qu'ils défendent.

C'est sans doute la tactique du *Moniteur de la prohibition*,
car il ne tient pas à lui que nous n'entrions dans cette voie
d'hypocrisie et de charlatanisme.

Cette feuille épluche avec grand soin nos colonnes, pour
y trouver ce qu'elle appelle *nos aveux*.

Constatons-nous que certains journaux, qui se préten-
dent les défenseurs exclusifs de la liberté, ont déserté la
liberté commerciale ? *Aveu.*

Sommes-nous surpris que les ouvriers se montrent indif-
férents à l'égard d'un système qui élève le prix du pain, de
la viande, du combustible, des outils, du vêtement, sans
rien faire pour les salaires ? *Aveu.*

Cherchons-nous à détruire les alarmes imaginaires que la
liberté des transactions inspire à quelques esprits prévenus ?
Aveu.

Gémissons-nous de voir l'aristocratie britannique, un an
après que le principe de la liberté lui a été imposé par l'o-
pinion populaire, s'efforcer d'entraîner cette opinion dans
la dangereuse et inconséquente voie des armements ? *Aveu.*

Que faudrait-il donc faire pour se mettre à l'abri de la
vigilance du *Moniteur industriel* ? Eh ! parbleu, la chose est
simple : imiter les charlatans de tous les partis ; affirmer que

_____

(¹) V. au tome III la relation d'un *Meeting à Manchester*, pages
463 à 492.   *(Note de l'éditeur.)*

le régime protecteur n'a les sympathies de personne ; que l'immense majorité des citoyens, soit en dedans, soit en dehors du pouvoir, possède assez de connaissances économiques pour apercevoir tout ce qu'il y a d'injustice et de déception dans ce système ; nier les faits, en un mot, *avocasser*.

Mais alors comment expliquer notre Association ? Si nous étions sûrs que l'opinion publique est parfaitement éclairée, qu'elle est pour nous, qu'elle n'a plus rien à apprendre, pourquoi nous serions-nous associés ?

Dussions-nous fournir encore souvent au *Moniteur industriel* l'occasion de se réjouir de nos *aveux*, nous continuerons à exposer devant nos lecteurs tous les faits qui intéressent notre cause, aussi bien ceux qui peuvent retarder que ceux qui doivent hâter son succès.

Car nous avons foi dans la puissance de la vérité ; et lorsque les temps sont arrivés, il n'y a rien qui ne concoure à son triomphe, même les obstacles apparents.

C'est ce qui arrivera certainement à l'occasion des fameux armements britanniques. Si, comme nous en avons la ferme espérance, l'opinion du peuple, un moment surprise, vient à se raviser, si elle s'oppose à un nouveau développement de forces brutales, si elle en demande même la réduction, ne sera-ce pas la plus forte preuve de la connexité qui existe entre la cause de la liberté commerciale et celle de la stabilité de la paix ?

Le *Moniteur industriel*, par cela même qu'il soutient une mauvaise cause, ne peut, lui, rien laisser passer dans ses colonnes de ce qui ressemble à des *aveux*. Aussi s'en garde-t-il bien. Demandez-lui qu'il imprime le message du président ou le rapport du ministre des finances des États-Unis ; demandez-lui qu'il rende compte des nombreux meetings où les hommes de la classe industrielle, chefs et ouvriers, combattent en Angleterre les desseins belliqueux de l'oli-

garchie : il ne le fera pas ; car quand on soutient une mau
vaise cause, ce qu'il faut surtout empêcher, c'est que la lumière ne se fasse.

Aussi, nous sommes quelquefois surpris que le comité
protectionniste permette au *Moniteur industriel* de soutenir
la discussion. Quand on a tort, la discussion ne vaut rien.
Il eût été plus prudent de suivre les bons conseils du *Journal d'Elbeuf* (quoique le *Journal d'Elbeuf* ne les suive pas
toujours lui-même) et de faire entrer aussi le *Moniteur industriel* dans la conspiration du silence.

Discutons donc avec le *Moniteur industriel* la question
des armements.

Il fait à ce sujet un long article qui se termine ainsi :

« En résumé, les armements de l'Angleterre que les libre-échangistes
s'efforcent de présenter comme en contradiction avec sa conduite économique, participent au contraire du même esprit et tendent au même
but : le *Libre-Échange* a été une campagne dirigée par l'industrie britannique contre l'industrie étrangère, et les armements ont pour but
d'obtenir à un jour donné par la force ce qu'elle n'aura pu obtenir par
la propagande, à l'aide de l'esprit d'imitation. »

Que de choses à relever dans ces quelques lignes !

Singulière *campagne* de l'industrie britannique contre
l'industrie étrangère, laquelle s'est terminée par l'abolition
des droits sur les céréales, les bestiaux, le beurre, le fromage, la laine et tous les produits agricoles ! L'Angleterre
a donc espéré par là *inonder* le monde de blé, de viande,
de laine et beurre ?

Singulière *propagande* que celle de la ligue qui a agité
pendant sept ans les Trois-Royaumes, sans que personne
en France en sût rien ! (*V. l'introduction du tome III.*)

Mais le principal paradoxe du *Moniteur* consiste surtout
à représenter l'Angleterre comme agissant sous l'influence
d'une pensée unique et unanime. Le *Moniteur* ne veut pas
voir, ou du moins il ne veut pas convenir qu'il y a deux
Angleterres : l'une qui exploite et l'autre qui est exploitée :

l'une qui dissipe et l'autre qui travaille; l'une qui soutient les monopoles et les profusions gouvernementales, l'autre qui les combat; l'une qui s'appelle *oligarchie*, l'autre qui s'appelle *peuple*.

Or, ce sont précisément les mêmes hommes qui, il y a deux ans, se mettaient en frais d'éloquence pour maintenir la restriction, les prohibitions, les privilèges, les monopoles; ce sont précisément ces mêmes hommes qui demandent aujourd'hui qu'on augmente le nombre des vaisseaux et des régiments et le chiffre des impôts. Pourquoi? parce que les impôts sont leur patrimoine, comme l'étaient les monopoles.

Et ce sont les mêmes hommes qui combattaient contre le monopole qui combattent aujourd'hui contre les armements. (*V. tome III, pages* 459 *et suiv.*)

Quels étaient, il y a deux ans, les chefs de la croisade protectionniste? c'étaient bien MM. Bentinck, Sibthorp, et le *Morning-Post*.

Quels étaient les chefs de la ligue? c'étaient bien Cobden, Bright, Villiers, Thompson, Fox, Wilson, Hume.

En Angleterre, les journaux publient les noms des membres du Parlement qui votent pour ou contre une mesure.

Nous saurons donc bientôt qui veut les armements et qui ne les veut pas.

Et si nous trouvons dans le parti belliqueux les nobles lords, les Bentinck, les Sibthorp, les Stanley et le *Morning-Post;* si nous retrouvons dans le parti de la paix les Cobden, les Bright, les Villiers, les Fox, etc., que devrons-nous en conclure?

Qu'il y a donc une connexité *de fait*, comme il y a une connexité en théorie, entre la liberté du commerce, la paix des nations et la modicité des taxes publiques.

Et qu'il y a aussi une connexité *de fait*, comme il y a une

connexité en théorie, entre les monopoles, les idées de violence brutale et l'exagération des impôts.

Nous devrons tirer encore de là une autre conclusion.

Le *Moniteur industriel* nous accuse souvent d'anglomanie; mais il est pour le moins aussi anglomane que nous.
Nous sympathisons, il est vrai, avec les idées de justice, de
liberté, d'égalité, de paix, partout où nous les voyons se
produire, fût-ce en Angleterre. Et c'est pour cela, soit
qu'il s'agisse de liberté de commerce ou de réduction de
forces brutales, qu'on nous voit du côté des Cobden, des
Bright et des Villiers.

Le *Moniteur industriel* prêche l'exploitation du public
par une classe. C'est pour cela qu'on le voit du côté des
Bentinck et des Sibthorp, soit que l'exploitation se fasse
par le monopole, soit qu'elle se fasse par l'abus des fonctions et des impôts.

La discussion sur les armements aura lieu bientôt à la
Chambre des communes. Nous attendons là le *Moniteur
industriel*. Lui qui nous reproche de sympathiser avec la
cause du peuple anglais, nous verrons s'il ne s'enrôle pas
encore cette fois à la suite de l'oligarchie britannique et
du *Morning-Post*.

Messieurs les monopoleurs, permettez-nous de vous le
dire : vous faites un grand étalage de sentiments patrioti-
ques ; mais votre patriotisme n'est pas de bon aloi.

Votre grand argument contre la liberté des transactions
est : Que ferions-nous en cas de guerre, si nous tirions une
partie de nos approvisionnements de l'étranger?

C'est par cet argument que vous parvenez à retenir l'opinion publique près de vous abandonner.

Vous aviez donc besoin, non pas de la guerre (ce serait
une perversité dont nous vous croyons incapables), mais
de l'éventualité toujours imminente d'une guerre. La durée
de vos monopoles est à ce prix.

Vous êtes ainsi conduits à semer partout des alarmes, à faire alliance avec les partis qui, en tous pays, appellent la guerre, à flatter sans cesse, à égarer le plus délicat et le plus dangereux des sentiments, l'orgueil national ; à empêcher autant qu'il est en vous que l'Europe ne réduise son état militaire, à cacher avec soin les garanties que la liberté donne à la paix.

Voilà le secret de ce prétendu patriotisme dont vous faites étalage.

Ce patriotisme, qu'en faisiez-vous quand il fut question d'une union douanière entre la France et la Belgique ? Oh ! alors vous avez bien su en sevrer vos lèvres et le mettre en réserve au fond de vos cœurs pour une autre occasion. Il se montre ou se cache selon les exigences de vos priviléges.

Nous voyons par les journaux anglais qu'une vraie panique a été habilement semée de l'autre côté du détroit parmi le peuple. Le ministère whig veut augmenter ses armements. Le résultat sera que la France augmentera les siens. Ce spectacle nous attriste, nous ne le cachons pas. — Il vous réjouit, vous ; c'est tout aussi naturel. Votre joie éclate dans les colonnes du *Moniteur industriel*. Vous ne pouvez pas le contenir. Vous nous raillez, vous triomphez ; car cela retarde le jour où vous serez bien forcés de rentrer dans le droit commun. Ce *patriotisme*-là, nous vous en laissons le triste monopole.

36. — SUR L'INSCRIPTION MARITIME.

22 Janvier 1847.

Un journal annonce que le gouvernement anglais, sentant que la *presse des matelots* serait inexécutable, est sur le point de constituer quelque chose de semblable à notre *inscription maritime*.

Si nous étions de ceux qui pensent que ce qui nuit à une nation profite nécessairement à une autre, nous encouragerions de toutes nos forces nos voisins à entrer dans cette voie. S'il est vrai que les mêmes causes produisent les mêmes effets, nous pourrions en conclure qu'une institution qui a été funeste à notre marine marchande, et par suite à notre marine militaire, ne le serait pas moins à la marine britannique.

Que notre marine marchande soit en décadence, c'est un fait qui n'a plus besoin de preuves. Sans doute, ainsi que l'a parfaitement démontré la chambre de commerce de Bordeaux, la cause principale en est dans le régime restrictif. Les chiffres et les paradoxes du comité Odier ne parviendront jamais à ébranler cette vérité, que si la France expédiait et recevait plus de marchandises, elle aurait plus de transports à faire. Le comité Odier cite avec complaisance le chiffre de nos importations et de nos exportations. Nous prendrons la liberté de lui faire observer que ce qui entre en France n'y entre pas en vertu du régime restrictif, mais malgré ce régime. Il nuit à notre marine, non en raison des choses qu'il laisse entrer, mais en raison de celles qu'il empêche d'entrer.

D'ailleurs, ce n'est pas seulement par la diminution sur l'ensemble de nos échanges qu'il froisse la navigation, mais par la fausse position où il met nos navires. Supposez la liberté absolue, et il est aisé de comprendre comment le prix du fret pourrait s'abaisser sans préjudice pour les armateurs.

Quand un bâtiment prend charge au Havre ou à Bordeaux, si l'armateur pouvait se dire : « Partout où ira mon navire, le capitaine s'adressera aux courtiers et prendra la première cargaison venue, n'importe la destination. Au Brésil, il n'attendra pas qu'il se présente du fret pour le Havre : il pourrait attendre longtemps, puisque nous ne voulons rien recevoir en France du Brésil. Mais s'il trouve à charger des cuirs pour New-York, si à New-York il rencontre du blé pour l'Angleterre, et en Angleterre du sucre pour Dantzick, il sera libre d'exécuter ces transports; ses périodes d'attente et d'inaction, ses chances de *retour à vide* en seront fort diminuées ; » si, dis-je, l'armateur français pouvait faire ce raisonnement, il est probable qu'il serait plus facile relativement au prix du fret. On dit à cela qu'il est bien forcé par la concurrence de réduire ses prétentions au même niveau que les autres navigateurs. Cela est vrai; et c'est précisément pour cela qu'on construit moins et qu'on navigue moins en France, parce qu'à ce niveau la convenance ne s'y trouve plus, et la rémunération est insuffisante.

- Nous ignorons combien il faudra de temps pour que les nations apprennent à ne pas voir un gain dans le tort qu'elles se font ainsi les unes aux autres.

Mais, si nous sommes bien informés, l'inscription maritime travaille presque aussi efficacement que le régime exclusif à la décadence de notre marine marchande.

Le métier de marin, qui a naturellement tant d'attraits pour la jeunesse de nos côtes, est aujourd'hui évité avec le plus grand soin. Les pères font des sacrifices pour empêcher leurs fils d'entrer dans cette noble carrière, car on n'y peut entrer sans perdre toute indépendance pour le reste de ses jours. Souvent, sans doute, l'attrait d'une profession aventureuse l'emporte sur les calculs de la prévoyance; mais alors le marin se dégoûte bientôt d'une carrière qui lui fait sentir constamment le poids d'une chaîne inflexible, et nous avons entendu des hommes pratiques se demander très-sérieusement si les sinistres fréquents, dont notre marine militaire est affligée depuis quelque temps, ne devaient pas être attribués à une certaine force d'inertie qui naît, dans le marin, de la répugnance avec laquelle il subit la

triste destinée que lui fait l'inscription maritime. Quoi qu'il
en soit, si l'on faisait une enquête sur les rivages de l'Océan,
nous osons affirmer qu'elle révélerait, dans la population,
une inclination toujours croissante à s'éloigner de toutes
les professions qui assujettissent à l'inscription maritime.

Admettons pour un instant que ce régime vînt à être ef-
facé de nos lois, et que, pour se procurer des marins, l'État
n'eût d'autres ressources, comme aux États-Unis et en Angleterre, que de les payer à un taux plus élevé que celui du
commerce.

Il pourrait en résulter une plus grande difficulté pour
armer instantanément un grand nombre de vaisseaux de
guerre. Il n'est pas douteux qu'avec un pouvoir despotique
on va toujours plus vite en besogne. Mais cet inconvénient
ne serait-il pas bien compensé par l'avantage de faire re-
naître le goût de la mer, de diminuer les entraves de notre
marine marchande, et d'avoir ainsi à sa disposition une
population maritime à la fois plus nombreuse et plus
dévouée?

Il nous semble que les inconvénients, s'il y en a, porte-
raient sur nos *moyens agressifs*, l'agression exigeant toujours beaucoup de promptitude. Mais pour nos *moyens de
défense*, ils seraient certainement fort accrus par le régime
de la liberté. Raison de plus pour que nous lui accordions
toutes nos sympathies.

Revenant à l'Angleterre, nous serions fâchés, par les motifs que nous venons d'exposer, de la voir entrer dans le
système de l'inscription maritime. Ce système, il est vrai,
peut faciliter ses moyens d'attaque, car il est commode de
n'avoir qu'un ordre à signer pour réunir dans un moment
et sur un point donné une grande force; mais en même
temps, il nous paraît de nature à diminuer les vrais éléments de défense, qui sont et seront toujours, quand il s'a-
git de la mer, une navigation marchande florissante, une

population maritime nombreuse et fortement attachée, par le sentiment de son indépendance et de sa dignité, aux institutions de son pays et aux nobles travaux de la mer.

C'est une circonstance heureuse, pour l'avenir de l'humanité, que les meilleurs moyens d'agression soient pour ainsi dire exclusifs de bons moyens de défense. Les premiers exigent qu'une multitude immense d'êtres humains soient sous la dépendance absolue d'un seul homme. Le despotisme en est l'âme ; c'est l'inscription maritime pour la mer et l'armée permanente pour la terre. Les seconds ne demandent qu'une bonne organisation des citoyens paisibles et l'amour de la patrie : la garde nationale pour la défense des frontières et le service volontaire pour la défense des côtes. Aucun peuple impartial et raisonnable ne peut se formaliser de ce qu'une autre nation pourvoie à sa défense par des mesures qui excluent le danger de l'agression ; mais, sous prétexte de défense, accroître les moyens agressifs, même aux dépens des vrais moyens défensifs, c'est répandre au loin des craintes, c'est provoquer des mesures analogues, c'est créer partout le danger, c'est agglomérer des forces qui ne demandent pas mieux que d'être utilisées. C'est, en un mot, retarder le progrès de la civilisation.

37. — LA TAXE UNIQUE EN ANGLETERRE.

27 Juin 1847.

Quelques journaux, intéressés à tourner contre nous les préventions nationales, font remarquer que nous allons souvent chercher des faits et des enseignements de l'autre côté du détroit. Le *Moniteur industriel* va même jusqu'à nous appeler *un journal anglais*, insulte dont le bon sens public fera justice.

Nous devons cependant à notre dignité d'expliquer pourquoi nous suivons avec soin le mouvement des esprits et de la législation en Angleterre, sur les matières qui se rattachent au but spécial de cette feuille.

De quelque manière qu'on juge la politique de l'Angleterre et le rôle qu'elle a pris dans le monde, il est impossible de ne pas convenir qu'en tout ce qui concerne le commerce, l'industrie, les finances et les impôts, elle a passé par des expériences que les autres nations peuvent et doivent étudier avec fruit pour elles-mêmes.

Dans aucun pays, les systèmes divers n'ont été mis en pratique avec plus de rigueur. Quand l'Angleterre a voulu protéger sa marine, elle a imaginé un acte de navigation beaucoup plus sévère que toutes les imitations qui en ont été faites ailleurs. Sa loi-céréale est bien autrement restrictive que celle de notre pays, son système colonial bien autrement étendu. Les dépenses publiques y ont pris depuis longtemps un développement prodigieux, et par conséquent toutes les formes imaginables de l'impôt y ont été essayées. Les banques, les caisses d'épargne, la loi des pauvres y sont déjà anciennes.

Il résulte de là que les effets bons ou mauvais de toutes ces mesures ont dû se manifester en Angleterre plus qu'en tout autre pays ; d'abord parce qu'elles y ont été prises d'une manière plus absolue, ensuite, parce qu'elles y ont eu plus de durée.

En outre, le régime représentatif, la discussion, la publicité, l'usage des enquêtes et la statistique y ont constaté les faits plus que dans aucun autre pays.

Aussi, c'est en Angleterre d'abord qu'a dû se produire la réaction de l'opinion publique contre les faux systèmes, contre les dispositions législatives en contradiction avec les lois de l'économie sociale, contre les institutions séduisantes par leurs effets immédiats, mais désastreuses par leurs conséquences éloignées.

Dans ces circonstances, nous croirions manquer à nos devoirs et faire acte de lâcheté si, nous en laissant imposer par la stratégie du *Moniteur industriel* et du parti protectionniste, nous nous privions d'une source si riche d'informations. On l'a dit avec raison, l'expérience est le plus rigoureux des maîtres; et si l'exemple des autres peut nous préserver de quelques fautes, pourquoi n'essayerions-nous pas de faire tourner au profit de notre instruction nationale les essais et les épreuves qui se font ailleurs?

Une tendance bien digne d'être remarquée, c'est la disposition qui se manifeste en Angleterre, depuis quelque temps, à résoudre les questions d'économie politique par des *principes*. — Ce qui ne veut pas dire que les réformes s'y accomplissent du soir au lendemain, mais qu'elles ont pour but de réaliser d'une manière complète une pensée qu'on juge fondée sur la justice et l'utilité générale.

Tandis qu'il est de tradition, dans d'autres pays, qu'en matière d'impôts, de finances, de commerce, il n'y a pas de principes, qu'il faut se contenter de tâtonner, replâtrer et modifier au jour le jour, en vue de l'effet le plus prochain, il semble que, de l'autre côté du détroit, le parti réformateur admet comme incontestable cette donnée : *L'utilité générale se rencontre dans la justice.* Dès lors, tout se borne à examiner si une réforme est en harmonie avec la justice; et ce point une fois admis par l'opinion publique, on y procède vigoureusement sans trop s'embarrasser des inconvénients inhérents à la transition, sachant fort bien qu'il y a, en définitive, plus de biens que de maux à attendre de substituer ce qui est juste à ce qui ne l'est pas.

C'est ainsi qu'a été opérée l'abolition de l'esclavage.

C'est ainsi qu'a été effectuée la *réforme postale.* Une fois reconnu que les relations d'affection et d'affaires par correspondance n'étaient pas une *matière imposable,* on a réduit le port des lettres, ainsi que cela découlait du principe, au prix du service rendu.

La même conformité à un principe préside à la réforme commerciale. Ayant bien constaté que la protection est une déception en ce qu'elle ne profite aux uns qu'aux dépens des autres, avec une perte sèche par-dessus le marché pour la communauté, on a posé en principe ces mots : *Plus de protection.* Ce principe est destiné à entraîner la chute des lois-céréales, celle de l'acte de navigation, celle du système colonial, le bouleversement complet des vieilles traditions politiques et diplomatiques de la Grande-Bretagne. N'importe, il sera poussé jusqu'au bout. (*V. tome III, pages* 437 *à* 518.)

Il s'opère en ce moment un travail dans les esprits pour ramener au principe de liberté l'état religieux, l'éducation et la banque. Ces questions ne sont pas mûres encore ; mais on peut être sûr d'une chose, c'est que si, en ces matières, la liberté sort triomphante de la discussion, elle ne tardera pas à être réalisée en fait.

Voici maintenant qu'un membre de la Ligue, M. Ewart, fait au Parlement la motion de convertir tous les impôts en une *taxe unique* sur la propriété, entendant par ce mot les capitaux de toute nature. C'est la pensée des physiocrates rectifiée, complétée, élargie, rendue praticable.

On s'imagine peut-être qu'une proposition aussi extraordinaire, qui ne tend à rien moins qu'à la suppression absolue de tous les impôts indirects (la douane comprise), a dû être repoussée et considérée par tout le monde, et spécialement par le ministre des finances, comme l'œuvre d'un rêveur, d'un cerveau fêlé, ou tout au moins d'un homme par trop en avant de son siècle. Point du tout. Voici la réponse du chancelier de l'Échiquier :

« Je crois exprimer l'opinion de toute la Chambre, en disant que l'honorable auteur de la motion n'avait nul besoin de parler de la pureté de ses intentions. Aucun de nos collègues n'a moins besoin de se défendre sur ce terrain, tout le monde sachant combien sont toujours désintéressés les motifs qui le font agir ; et certainement, il est impossible d'attacher trop d'importance à la question qu'il vient de soumettre à la Chambre. En même temps j'espère que mon honorable ami ne regardera pas comme un manque de respect de ma part, si je refuse de le suivre dans tous les détails qu'il nous a soumis sur les impôts indirects, sur l'accise, la douane et le timbre. A la session prochaine, ce sera mon devoir de soumettre au Parlement la révision de notre système contributif. Alors il faudra se décider, d'une manière ou d'une autre, sur une des branches les plus importantes du revenu, l'*income-tax;* et ce sera le moment d'examiner la convenance de rendre permanente ou même d'étendre cette nature de taxe directe, en tant qu'opposée aux impôts indirects. On comprendra que ce n'est pas le moment de traiter cette question. Je puis néanmoins assurer la Chambre que c'est mon désir le plus ardent d'établir mon régime financier sur les bases les moins oppressives pour les contribuables, les plus propres à laisser prendre au travail, au commerce et à l'industrie tout le développement dont ils sont susceptibles. »

Sans doute, ce qui a pu déterminer le chancelier de l'Échiquier à accueillir avec tant de bienveillance la motion de M. Ewart, c'est le désir de s'assurer pour l'année prochaine le triomphe définitif de l'*income-tax,* mesure toujours présentée jusqu'ici comme temporaire. Dans tous les pays, les ministres des finances procèdent ainsi à l'égard des nouveaux impôts. C'est un *décime de guerre,* un *income-tax;* c'est ceci ou cela, né des circonstances, et certainement destiné à disparaître avec elles, mais qui, néanmoins, ne disparaît jamais. Il est donc possible que le chancelier de l'Échiquier se soit montré seulement habile et prévoyant au point de vue fiscal. Mais si l'*income-tax* ne se développe qu'accompagné de suppressions correspondantes dans les impôts indirects, il sera toujours vrai de dire, quelles que soient les intentions, qu'un grand pas aura été fait vers l'avénement de l'*impôt unique.*

Quoi qu'il en soit, la question est posée ; elle ne tombera pas.

Il n'entre pas dans nos vues de nous prononcer sur une

matière aussi grave et encore si controversée. Nous nous bornerons à soumettre à nos lecteurs quelques réflexions.

Voici ce que disent les partisans de la taxe unique :

De quelque manière qu'on s'y prenne, l'impôt retombe toujours à la longue sur le consommateur. Il est donc indifférent pour lui, quant à la quotité, que la taxe soit saisie par le fisc au moment de la production ou au moment de la consommation. Mais le premier système a l'avantage d'exiger moins de frais de perception, et de débarrasser le contribuable d'une foule de vexations qui gênent les mouvements du travail, la circulation des produits et l'activité des transactions. Il faudrait donc faire le recensement de tous les capitaux, terres, usines, chemins de fer, fonds publics, navires, maisons, machines, etc., etc., et prélever une taxe proportionnelle. Comme rien ne peut se faire sans l'intervention du capital, et que le capitaliste fera entrer la taxe dans son prix de revient, il se trouverait en définitive que l'impôt serait disséminé dans la masse ; et toutes les transactions subséquentes, intérieures ou extérieures, à la seule condition d'être honnêtes, jouiraient de la plus entière liberté.

Les défenseurs des *taxes indirectes* ne manquent pas non plus de bonnes raisons. La principale est que la taxe, dans ce système, se confond tellement avec le prix vénal de l'objet, que le contribuable ne les distingue plus, et qu'on paye l'impôt sans le savoir ; ce qui ne laisse pas que d'être commode, surtout pour le fisc, qui parvient ainsi progressivement à tirer quelque cinq et six francs d'un objet qui ne vaut pas vingt sous [1].

Après tout, si jamais l'impôt unique se réalise, ce ne sera qu'à la suite d'une discussion prolongée ou d'une grande diffusion des connaissances économiques ; car il est

[1] V. au tome V, le discours sur l'impôt des boissons, p. 468 à 493.
(*Note de l'éditeur.*)

subordonné au triomphe d'autres réformes, plus éloignées encore d'obtenir l'assentiment public.

Nous le croyons, par exemple, incompatible avec une administration dispendieuse, et qui, par conséquent, se mêle de beaucoup de choses.

Quand un gouvernement a besoin d'un, deux ou trois milliards, il est réduit à les soutirer du peuple, pour ainsi dire par *ruse*. Le problème est de prendre aux citoyens la moitié, les deux tiers, les trois quarts de leurs revenus, goutte à goutte, heure par heure, et sans qu'ils y comprennent rien. C'est là le beau côté des impôts indirects. La taxe s'y confond si intimement avec le prix des objets qu'il est absolument impossible de les démêler. Avec la précaution de n'établir d'abord, selon la politique impériale, qu'un impôt bien modéré, afin de ne pas occasionner une variation trop visible des prix, on peut arriver ensuite à des résultats surprenants. A chaque nouveau renchérissement le fisc dit : « Qu'est-ce qu'un centime ou deux par individu *en moyenne*? » ou bien : « Qui nous assure que le renchérissement ne provient pas d'autres causes ? »

Il n'est pas probable qu'avec l'*impôt unique*, lequel ne saurait s'envelopper de toutes ces subtilités, un gouvernement puisse arriver jamais à absorber la moitié de la fortune des citoyens.

Le premier effet de la proposition de M. Ewart sera donc vraisemblablement de tourner l'opinion publique de l'Angleterre vers la sérieuse réduction des dépenses, c'est-à-dire vers la non-intervention de l'État en toutes matières où cette intervention n'est pas de son essence.

Il me semble impossible de n'être pas frappé de l'effet probable de cette nouvelle direction imprimée au système contributif de la Grande-Bretagne, combiné avec la réforme commerciale.

Si d'une part le système colonial s'écroule, comme il doit

nécessairement s'écrouler devant la liberté des échanges ;
si d'un autre côté le gouvernement est réduit à l'impuissance de rien prélever sur le public au delà de ce qui est
strictement nécessaire pour l'administration du pays, le
résultat infaillible doit être de couper jusque dans sa racine cette politique traditionnelle de nos voisins qui, sous
les noms d'intervention, influence, prépondérance, prépo-
tence, a jeté dans le monde tant de ferments de guerres et
de discordes, a soumis toutes les nations et la nation anglaise plus que toute autre à un si écrasant fardeau de dettes et de contributions.

38. — M. DE NOAILLES A LA CHAMBRE DES PAIRS.

24 Janvier 1847.

Notre mission est de combattre cette fausse et dangereuse économie politique qui fait considérer la propriété
d'un peuple comme incompatible avec la prospérité d'un
autre peuple, qui assimile le commerce à la conquête, le
travail à la domination. Tant que ces idées subsisteront,
jamais le monde ne pourra compter sur vingt-quatre heures
de paix. Nous dirons plus, la paix serait une absurdité et
une inconséquence.

Voici ce que nous lisons dans le discours qu'a prononcé
ces jours-ci M. de Noailles à la Chambre des pairs :

« On sait que l'intérêt de l'Angleterre serait l'anéantissement du commerce de l'Espagne pour *qu'elle pût l'inonder
du sien...* L'anarchie entretient la faiblesse et la pauvreté,
et l'Angleterre *trouve son profit à ce que l'Espagne soit faible et pauvre...* En un mot, et c'est dans la nature des choses, la politique de l'Angleterre la porte à vouloir posséder
l'Espagne pour l'annuler, afin d'avoir... *à nourrir et à vêtir
un peuple nombreux.* » (Très-bien.)

Nous mettons de côté, bien entendu, la question espa-

gnole et diplomatique. Nous nous bornons à signaler l'absurdité et le danger de la théorie professée ici par le noble pair.

Dire qu'un pays commercial et industriel a intérêt à annuler tous les autres, afin de les inonder de ses produits,
afin d'en nourrir, vêtir, loger, héberger les habitants, c'est
renfermer en deux lignes un si grand nombre de contradictions, qu'on ne sait comment s'y prendre seulement
pour les montrer (¹).

Ce qui fait la richesse d'un négociant, c'est la richesse
de sa clientèle ; et, quand M. de Noailles affirme que l'Angleterre veut appauvrir ses acheteurs, j'aimerais autant lui
entendre dire que la maison Delisle, notre voisine, attend
pour faire fortune que Paris soit ruiné, qu'on n'y donne
plus de bals et que les dames y renoncent à la toilette.

D'un autre côté, il semble, d'après M. de Noailles, qu'un
peuple spécialement aspire à nourrir et vêtir tous les autres, — qu'en cela ce peuple fait un calcul, et, ce qui est
fort étrange, un bon calcul. Ce peuple désire qu'on ne travaille nulle part, afin de travailler pour tout le monde. Son
but est de mettre à la portée de chacun le vivre et le cou-
vert, sans jamais rien accepter de personne, tout ce qu'il
accepterait étant une perte pour lui ; et enfin, voici le comble du merveilleux, M. de Noailles croit et dit, sans rire,
que c'est par une semblable politique que l'Angleterre,
donnant beaucoup et recevant peu, appauvrit les autres et
s'enrichit elle-même.

En vérité, il est temps qu'un pareil tissu de banalités
cesse d'être la pâture intellectuelle de notre pays. Nous

(¹) Cette pensée qui a plus d'une fois excité la juste indignation de
Bastiat (V. la page 462 du tome III), est encore le thème favori de l'é-
cole protectionniste. Elle a été récemment reproduite, sous une forme
pompeuse, par un écrivain de cette école, M. Ch. Gouraud, à la
page 259 de son *Essai sur la liberté du commerce des nations.*

(*Note de l'éditeur.*)

sommes décidés, quant à nous, à flétrir ces doctrines à mesure qu'elles oseront se produire et de quelque bouche qu'elles émanent; car elles ne sont pas seulement ridiculement absurdes, elles sont surtout anarchiques et antisociales. En effet, à moins de vouloir s'en tenir à de puériles déclamations, il faut bien reconnaître que le mobile qui fait agir les producteurs est le même dans tous les pays. Si donc le travailleur anglais a intérêt à l'abaissement et à la ruine du globe, il en est de même de tous les travailleurs belges, français, espagnols, allemands; et nous vivons dans un monde où nul ne peut s'élever que par la destruction de l'humanité tout entière.

Mais, dira-t-on, M. de Noailles n'a fait qu'exprimer une idée généralement reçue. N'est-il pas vrai que les Anglais cherchent surtout des débouchés, et que par conséquent leur but principal est de vendre, non d'acheter?

Non, cela n'est pas vrai, et ne le serait pas alors que les Anglais le croiraient eux-mêmes. Nous convenons que, pour leur malheur et celui du monde, ce faux principe, qui est celui du régime protecteur, a dirigé toute leur politique pendant des siècles; ce qui explique et justifie les défiances universelles dont M. de Noailles a été l'organe. Mais enfin, l'Angleterre s'est placée aujourd'hui sous l'influence d'un principe diamétralement opposé, le principe de la liberté; et, dans cet ordre d'idées, ce qui est vrai, le voici; c'est beaucoup plus simple et beaucoup plus consolant :

Les Anglais désirent jouir d'une foule de choses qui ne viennent pas dans leur île, ou qui n'y viennent qu'en quantité insuffisante. Ils veulent avoir du sucre, du thé, du café, du coton, du bois, des fruits, du blé, du beurre, de la viande, etc. Pour obtenir ces choses au dehors, il faut les payer, et ils les payent avec les produits de leur travail. — Les *importations* d'un peuple sont les jouissances qu'il se procure, et ses *exportations* sont le payement de ces jouissances. Le but réel de toute nation (quoi qu'elle en pense elle-même) est d'importer le plus possible et d'exporter le moins possible, comme le but de tout homme, dans ses transactions, est d'obtenir beaucoup en donnant peu.

Que de peine il faut pour faire comprendre une vérité si simple! —Et pourtant il faut qu'elle soit comprise. La paix du monde est à ce prix.

39. — PARESSE ET RESTRICTION.

16 Janvier 1848.

Un de nos abonnés hommes de beaucoup de lumières et d'expérience, placé dans une haute position sociale, nous soumet l'objection suivante, à laquelle nous nous empressons de répondre, parce qu'elle préoccupe beaucoup d'esprits sincères.

« Comme le travail est une fatigue, beaucoup d'entre nous aiment mieux s'abstenir du travail que d'avoir à se reposer de la fatigue. Le climat nous y dispose plus ou moins. L'Espagnol, par exemple, est paresseux d'esprit et de corps. Admettez la liberté des échanges en Espagne. L'habitant sera mieux logé, nourri, vêtu, parce qu'avec ses produits il achètera à l'étranger des produits meilleurs et à plus bas prix que ceux qu'il pourrait fabriquer; mais il n'achètera toujours que dans la proportion de ce qu'il produit lui-même. La première amélioration obtenue, il en restera là, parce qu'il ne sait, ne veut et ne peut produire davantage. La protection (peu importe la forme) mesurée, limitée aux industries vitales, a pour but de le solliciter à vaincre sa tendance naturelle en lui assurant un dédommagement de ses efforts. L'homme d'État ne pourrait-il lui tenir ce langage : « Livré à tes instincts naturels, tu produis peu, tu achètes peu, tu restes pauvre; il est utile que que tu produises davantage pour que tu puisses acheter un jour davantage. Pour te dédommager de ta peine, pour te stimuler à l'étude qui te donnera plus de savoir, à l'industrie qui te donnera de meilleurs instruments, à la pratique qui te donnera plus d'habileté, nous allons nous imposer un *sacrifice*. Produis, nous renoncerons, pour un temps, à acquérir les mêmes produits à l'étranger ; *nous te les payerons plus cher*, afin que tu rentres dans tes avances, afin que tu nous donnes une production nouvelle, et par conséquent un nouveau moyen d'échanger, une faculté plus grande d'acheter. »

Ainsi, comme nous, notre honorable correspondant voit dans la restriction un appauvrissement, un dommage, une souffrance, une perte, un *sacrifice*, infligés à la population. Seulement, il se demande si elle ne peut pas agir comme stimulant, afin de faire sortir la population de son inertie naturelle.

La paresse d'un peuple étant posée en fait, notre correspondant conviendra bien que si ce peuple est pauvre, c'est à sa paresse et non aux importations qu'il doit s'en prendre. Celles-ci le mettent au contraire à même de retirer plus de jouissances du peu de travail auquel il se livre.

Si un homme d'État intervient et dit : « Nous allons exclure le produit étranger ; tu le feras toi-même, et tes concitoyens *te le payeront plus cher*, afin de te déterminer au travail par l'appât d'un plus grand gain, » le résultat sera que tous ses concitoyens, payant le produit plus cher, *seront moins riches d'autant*, et favoriseront dans une moindre proportion des industries déjà existantes dans le pays. Tout ce qu'on aura fait, c'est d'encourager une forme de travail en en décourageant dix autres, et l'on ne voit pas alors comment le *sacrifice* atteint le but, qui est de détruire la paresse.

Mais voici qui est plus grave. On peut se demander si c'est bien la mission d'un homme d'État de diminuer les moyens de satisfaction d'un peuple, dans l'espérance de secouer son inertie. Après avoir établi sans *arrière-doute*, ainsi que le fait notre correspondant, que la restriction est un sacrifice général, demander si elle ne peut pas être utile comme moyen de *forcer* les hommes au travail, c'est demander s'il ne serait pas bon dans le même but, à supposer que cela fût praticable, de diminuer la fertilité du sol, d'enfoncer le minerai plus avant dans les entrailles de la terre, de rendre le climat plus rude, de prolonger les rigueurs de l'hiver, d'abréger la durée des jours, de donner à l'Espagne le climat de l'Écosse, afin de solliciter par la vive piqûre des besoins l'énergie des habitants. Il est possible que cela réussît. Mais est-ce là la mission des gouvernements? Le droit des hommes d'État va-t-il jusque-là? Et parce qu'un homme a été poussé par le vent des circonstances au timon des affaires, parce qu'il a reçu une commission de ministre, son *omnipotence* légitime sur tous ses semblables va-t-elle jusqu'au point de les faire souffrir, d'accumuler autour d'eux les difficultés et les obstacles, afin de les rendre actifs et laborieux (1)?

Une telle pensée a sa source dans cette doctrine fort répandue de nos jours, que les gouvernés sont de la matière inerte sur laquelle les gouvernants peuvent faire toutes sortes d'expériences.

Beaucoup de publicistes ont eu le tort de ne pas donner assez d'importance aux fonctionnaires publics et de les considérer comme une classe *improductive*. Les écoles modernes nous semblent tomber dans l'exagération contraire, en faisant des gouvernants des êtres à part, placés en dehors et au-dessus de l'humanité, ayant mission, comme dit Rousseau, *de lui donner le sentiment et la volonté, le mouvement et la vie* (2).

Nous contestons au législateur une telle *autocratie*, et plus encore quand elle se manifeste par des mesures qui, après tout, n'encouragent l'un dans une certaine proportion qu'en décourageant l'autre dans une proportion plus grande encore, comme c'est le propre du système protecteur, selon notre honorable correspondant lui-même.

(1). V. au tome IV, page 342, le pamphlet *La Loi*; et les chap. xvii et xx des *Harmonies*.

(Note de l'éditeur.)

(2) V. au tome IV, page 442, le pamphlet, *Baccalauréat et socialisme.*

(Note de l'éditeur.)

40. — DEUX MODES D'ÉGALISATION DE TAXES.

4 Avril 1847.

Les partisans du libre-échange se font un argument de ce qui est advenu au sucre de betterave, pour prouver que la crainte de la concurrence est souvent chimérique.

« Tout ce qu'on prédit de la rivalité extérieure pour le fer, le drap, les bestiaux, disent-ils, on le prédisait, pour la betterave, de la rivalité coloniale. Les industries protégées n'invoquent pas un argument que le sucre indigène n'ait invoqué, quand il fut menacé du régime de l'égalité. Mettre aux prises les deux sucres, c'était condamner à mort le plus faible. Qu'est-il arrivé cependant? Sous l'aiguillon de la nécessité, les fabricants ont fait des efforts d'intelligence, de bonne administration, d'économie. Ils ont retrouvé de ce côté plus qu'ils ne perdaient du côté de la protection; en un mot, ils prospèrent plus que jamais. L'analogie ne nous dit-elle pas qu'il en sera de même des autres industries? La voie du progrès leur est-elle fermée? Nos manufacturiers ne feront-ils aucun effort pour lutter avec leurs rivaux et reconquérir, par leur habileté, plus qu'ils ne doivent au privilége?»

Ce raisonnement place le libre-échange sur un terrain défavorable. Il ôte à sa démonstration les deux tiers de ses forces, en insinuant qu'un dégrèvement sur les produits étrangers et une aggravation sur le produit national, — c'est la même chose. Il tend à faire penser qu'en dehors des progrès subits et extraordinaires, il n'y a pas de salut pour nos industries protégées, si la concurrence est permise. Il décourage ceux qui n'ont pas une foi complète dans ces progrès, qui, il faut bien le dire, peuvent bien n'être pas aussi rapides dans les autres branches de travail qu'ils l'ont été dans l'industrie saccharine.

Il ne faut pas laisser croire que le maintien de nos industries, soumises au régime de la liberté, est subordonné à des progrès probables, sans doute, mais dont personne ne saurait préciser la portée.

Ce qu'il faut faire voir, c'est ceci : que l'épreuve de l'égalisation par l'impôt est beaucoup plus dangereuse que celle de l'égalisation par le libre-échange, et que, par conséquent, si le sucre indigène s'est tiré de l'une, *à fortiori* l'industrie nationale se tirera de l'autre.

Deux circonstances différencient essentiellement ces épreuves.

La première frappe tous les esprits, et nous ne nous y arrêterons pas ; c'est que la réforme douanière apporte par elle-même à chaque industrie un élément de succès et lui ouvre une source d'économie. En même temps que le libre-échange prive certains établissements de protection, il leur fournit à plus bas prix la matière première, le combustible, les machines et la subsistance. C'est là une première compensation que l'impôt et l'exercice n'offraient certes pas au sucre de betterave.

La seconde circonstance est moins aperçue, quoique bien autrement importante. Nous supplions nos amis, et plus encore nos adversaires, d'en peser toute la gravité ; car du jour où ils tiendront compte du phénomène économique dont nous voulons parler, ils cesseront d'être nos adversaires. Telle est du moins notre profonde conviction.

Tout le monde sait que lorsqu'un produit baisse de prix, la consommation s'en accroît. Or, accroissement de consommation implique accroissement de demande, et par suite rehaussement de prix.

Supposons qu'un objet dont le prix de revient (y compris le profit du producteur) est 100 francs, soit grevé de 100 fr. de taxe : le prix vénal sera 200 fr.

Si l'on supprime la taxe, le prix vénal serait de 100 fr.

si la consommation restait la même : mais elle augmentera ;
par suite, le prix.tendra à hausser. Il y aura meilleure rémunération pour l'industrie que ce produit concerne.

Ceci montre que lorsque deux industries similaires sont
inégalement imposées, il n'est pas indifférent de ramener
l'égalité en surtaxant l'une ou en dégrévant l'autre. Dans
le premier cas, on diminue ; dans le second, on favorise le
débouché de toutes les deux.

Il est bien évident que si l'on eût égalisé les conditions
des deux sucres, en dégrévant le sucre colonial, au lieu
d'imposer le sucre indigène, celui-ci eût pu soutenir la
lutte plus avantageusement encore qu'il ne l'a fait, car la
diminution de l'impôt eût abaissé le prix vénal, élargi la
consommation, stimulé la demande, et en définitive, élevé
pour l'un et l'autre sucre le prix rémunérateur.

Les *libre-échangistes* qui arguent de ce qui est arrivé au
sucre de betterave pour en déduire ce qui arriverait aux
autres industries, si on leur retirait la protection, privent
donc leur argument de ce qui fait sa force ; car ils assimi-
lent deux procédés d'égalisation dont l'un est toujours
avantageux et dont l'autre peut être mortel.

Avec le libre-échange, l'industrie indigène a trois voies
ouvertes pour se mettre au niveau de l'industrie étrangère :

1° L'intervention d'une plus grande dose d'habileté sti-
mulée par la concurrence ;

2° L'abaissement du prix des matières premières, des
moteurs, de la subsistance, etc. ;

3° L'accroissement de la consommation, de la *demande*,
et son action sur le prix rémunérateur.

Le sucre de betterave n'a eu pour lutter que la première
de ces ressources, et elle a suffi. La liberté commerciale
les met toutes trois à la disposition de nos industries. Est-
il sérieusement à craindre qu'elles succombent ?

On peut déduire de cette observation une théorie économique sur laquelle nous reviendrons souvent ; et, par ce motif, nous nous bornons, quant à présent, à l'indiquer.

Le système restrictif a la prétention d'élever, au profit du producteur, le prix du produit ; mais il ne peut le faire sans mettre ce produit hors de la portée d'un certain nombre de personnes, sans paralyser les facultés de consommation, sans diminuer la *demande,* et enfin, sans agir dans le sens de la baisse sur le prix même qu'il aspire à élever (¹).

Sa *première tendance,* nous en convenons, est de *renchérir* en favorisant le producteur ; sa *seconde tendance* est de *déprécier* en éloignant le consommateur ; et cette seconde tendance peut aller jusqu'à surmonter la première.

Et, quand cela est arrivé, le public perd toute la consommation empêchée par la mesure, sans que le producteur gagne rien sur le prix.

Celui-ci joue alors le rôle ridicule dans lequel nous avons fait paraître le fisc anglais. On se rappelle que la taxe s'élevant sans cesse, et la consommation diminuant à mesure, il arriva un moment où, en ajoutant 5 p. %, au taux de l'impôt, on eut 5 p. % de moins de recette (²).

41. — L'IMPOT DU SEL.

20 Juin 1841.

Pour la seconde fois, la réduction de l'impôt sur le sel a été votée par la Chambre des députés à la presque unanimité ; ce qui n'aura d'autre conséquence, à ce qu'il paraît, que de déterminer le ministère à mettre la question à l'étude pour l'année prochaine.

Parmi les arguments dont on s'est servi dans le débat, il

(¹) V. au tome IV, page 163, le chap. *Cherté, Bon marché.*
(*Note de l'éditeur*).
(²) V. le n° 33, page 186. (*Note de l'éditeur.*)

en est un qui revient à propos de toute réduction de taxes
et particulièrement au sujet des droits de douane. Par ce
motif, nous croyons utile de rectifier les idées qui ont été
émises à ce sujet.

Les députés qui ont soutenu la proposition de M. Demes-
may ont cru devoir prédire un accroissement de consommation, d'où ils concluaient que le déficit du Trésor serait
bientôt à peu près comblé.

Ceux qui repoussaient la mesure assuraient, au contraire,
que la consommation du sel, en ce qui concerne l'emploi
qui en est fait directement par l'homme, était aujourd'hui
tout ce qu'elle peut être ; qu'elle ne serait point modifiée
par la réduction de la taxe, ni même alors que le sel serait
gratuit ; d'où la conséquence que le déficit du Trésor serait
exactement proportionnel à la diminution de l'impôt.

Sur quoi, nous croyons devoir examiner rapidement et
d'une manière générale cette question :

« Une diminution dans la taxe, et par conséquent dans
le prix vénal de l'objet taxé, entraîne-t-elle *nécessairement*
un accroissement de consommation? »

Il est certain que ce phénomène s'est produit si souvent,
qu'on pourrait presque le considérer comme une loi générale.

Cependant, il y a une distinction à faire.

Si l'objet que frappe la taxe est d'une nécessité telle que
ce soit une des dernières choses dont l'homme consente à
se passer, la consommation, quelle que soit la taxe, sera
toujours tout ce qu'elle peut être. Alors, à mesure que l'impôt en élève le prix, il arrive qu'on se prive de toute autre
chose, mais non de l'objet supposé nécessaire. De même, si
le prix baisse par suite d'une réduction d'impôt, ce n'est
pas la consommation de cet objet qui augmentera; mais
celle des choses dont on avait été forcé de se priver pour
ne pas manquer de l'objet indispensable.

Il faut à l'homme, pour respirer, une certaine quantité d'air. Supposons qu'on parvienne à le frapper d'une taxe élevée : l'homme fera évidemment tous ses efforts pour continuer à avoir la quantité d'air sans laquelle il ne pourrait vivre ; il renoncera à ses outils, à ses vêtements et même à ses aliments, avant de renoncer à l'air ; et si l'on vient à diminuer cette odieuse taxe, ce n'est pas la consommation de l'air qui augmentera, mais celle des vêtements, des outils, des aliments (1).

- Il nous semble donc que ceux de MM. les députés qui ont repoussé la réduction de l'impôt du sel, en se fondant sur ce que la consommation, malgré la taxe, est tout ce qu'elle peut être, ont, sans s'en douter, produit le plus fort argument qu'on puisse imaginer contre l'exagération de cet impôt. C'est comme s'ils avaient dit : « Le sel est une chose si indispensable à la vie, que, dans tous les rangs, dans toutes les classes, on en consomme toujours, et quel qu'en soit le prix, une quantité déterminée et invariable. Maintenez-le à un prix élevé, n'importe ; l'ouvrier se vêtira de haillons, il se passera de remèdes dans la maladie, il se privera de vin et même de pain plutôt que de renoncer à une portion quelconque du sel qui lui est nécessaire. Diminuez-en le prix, on verra l'ouvrier se mieux vêtir, se mieux nourrir, mais non consommer plus de sel. »

Il est donc impossible d'échapper à ce dilemme :

Ou la consommation du sel augmentera par suite de la réduction du prix ; en ce cas, le trésor n'aura point à subir la perte annoncée ;

Ou elle n'augmentera pas ; et alors, cela prouve que le

_____

(1) L'accroissement de consommation, *par ricochet*, est infaillible ici et ne nuit à personne. Il en est tout autrement de ces effets vantés par l'école protectionniste, à l'égard desquels l'auteur a dit : Quand MM. les protectionnistes le voudront, ils me trouveront prêt à examiner le *sophisme des ricochets*. V. au tome V, la note 2 de la page 13 ; et de plus, au tome IV, les pages 176 à 182. (*Note de l'éditeur.*)

sel est un objet tellement nécessaire à la vie, que la taxe la plus exagérée n'a pu déterminer les hommes, même les plus pauvres, à en retrancher de leur consommation une quantité quelconque.

Et quant à nous, nous ne pouvons imaginer contre cet impôt un argument plus décisif.

Il est vrai que les besoins du Trésor sont toujours là, comme une *fin de non-recevoir* insurmontable. Qu'est-ce que cela prouve? hélas ! une chose bien simple, quoiqu'elle paraisse peu comprise. C'est que, si l'on veut voter ces réductions d'impôts, il ne faut pas commencer par voter sans cesse des accroissements de dépenses. Combien de temps doit durer l'éducation constitutionnelle d'un peuple pour qu'il arrive enfin à la découverte ou du moins à l'application de cette triviale vérité? C'est un problème qu'il n'est pas aisé de résoudre.

Modérez l'excès des *travaux* publics, s'est écrié M. Dupin aîné qui, du reste, nous semble avoir donné à tout ce débat sa véritable direction. Nous répéterons ce mot avec une légère variante. Modérez l'excès des *services* publics, ne laissez à l'État que ses attributions véritables ; alors il sera facile de diminuer les dépenses et par conséquent les impôts (1).

(1) V. au tome V, page 407, le *Budget républicain;* et page 468, le *Discours sur l'impôt des boissons.* (Note de l'éditeur.)

———

23 Février 1846.

MESSIEURS,

En présence d'une assemblée si imposante, qui réunit dans cette enceinte tant de lumières, d'esprit d'entreprise, de richesses et d'influence, vous ne serez pas surpris que j'éprouve une émotion insurmontable, et que je commence par réclamer votre indulgence. Je parais devant vous, Messieurs, pour me conformer aux dispositions prises par notre honorable président. Eussions-nous à notre tête un chef moins expérimenté, il faudrait encore nous soumettre à sa direction ; car mieux vaut un plan même médiocre que l'absence, ou, ce qui revient au même, la multiplicité des plans. Mais puisque l'*Association* a eu le bonheur de remettre la conduite de ses opérations à un de ces hommes rares, à la tête froide et au cœur chaud, qui tire plus d'autorité encore de son caractère personnel que de sa position élevée, il ne nous reste plus qu'à marcher au pas, sous sa conduite, et dans un esprit de discipline volontaire, à la conquête du grand principe que nous avons inscrit sur notre bannière : *La Liberté des Échanges !*

Messieurs, la première épreuve par laquelle est condam-

née à passer notre grande entreprise, c'est le *dénigrement*,
qui s'attache toujours à la pensée généreuse qui cherche à
se traduire en fait. Grâce au ciel, la valeur individuelle et
l'ensemble imposant des noms, qui figureront ce soir au bas
de notre acte de société, imposeront silence à bien des insinuations malveillantes. On dira bien, on a déjà dit que
notre association est une copie, une pâle copie de la Ligue
anglaise ; mais est-ce que les hommes de tous les pays, qui
tendent au même but, ne sont pas amenés à prendre des
moyens analogues? Non, nous ne copions pas la Ligue, nous
obéissons aux nécessités de notre situation. D'ailleurs, est-
ce la première fois que Bordeaux élève la voix pour la liberté des échanges? La Chambre de commerce de cette
ville ne combat-elle pas depuis longues années pour cette
cause? Cette cause n'est-elle pas un des objets de l'Union
vinicole qui s'est fondée dans la Gironde? Si tant de nobles
efforts ont échoué jusqu'ici, c'est qu'ils s'adressaient à la
législation qui ne peut que suivre l'opinion publique. C'est
donc pour poser la question là où elle doit être préalablement vidée, — devant le public, — que nous nous levons
aujourd'hui ; et en cela, si nous imitons quelqu'un, c'est
notre adversaire, le monopole. Il y a longtemps qu'il fait ce
que nous faisons ; il y a longtemps qu'il a ses comités, ses
finances, ses moyens de propagande, qu'il s'empare de
l'opinion, et par elle de la loi. Nous l'imiterons en cela.
Mais il y a une chose que nous ne lui emprunterons pas,
c'est le mystère de son action. Il lui faut le secret, il lui
faut des journaux achetés par-dessous main. A nous, il
faut l'air, le grand jour, la sincérité.

Et puis, quand nous imiterions la Ligue en quelque chose?
Sommes-nous dispensés de bon sens et de dévouement
parce qu'il s'est rencontré du bon sens en Angleterre? Oh !
plaise à Dieu que nous empruntions à la Ligue ce qui fera
sa gloire éternelle ! Plaise à Dieu que nous apportions à no-

tre œuvre la même ardeur, la même persévérance et la même abnégation ; que nous sachions comme elle nous préserver de tout contact avec les partis politiques ; grandir, acquérir de l'influence, sans être tentés de la détourner à d'autres desseins, sans la mettre au service d'aucun nom propre ! Et si jamais notre apostolat s'incarne dans un homme, puisse-t-il, à l'heure du triomphe, finir comme finit Cobden ! Il y a deux mois, l'aristocratie anglaise, selon un usage invariable, voulut absorber cet homme. On lui offrit un portefeuille ; M. Peel est lui-même le fils d'un manufacturier, et Cobden pouvait voir, en espérance, son fils premier lord de la trésorerie. Il répondit simplement : « Je me crois plus utile à la cause en restant son défenseur officieux. » — Mais ce n'est pas tout. Aujourd'hui que la Ligue l'a placé sur un piédestal qui l'élève plus haut que l'aristocratie elle-même, aujourd'hui qu'elle a remis en ses mains des forces populaires capables de tenir en échec les whigs et les tories, aujourd'hui que de toute part ses amis le pressent de faire tourner cette immense puissance à l'achèvement de quelque autre grande entreprise, aucune passion, aucune séduction ne peut l'émouvoir ; il s'apprête à briser de ses mains l'instrument de son élévation, et il dit à l'aristocratie :

« Vous redoutez notre agitation, vous craignez qu'elle ne se porte sur un autre terrain. La Ligue s'est fondée pour l'abolition des monopoles : abolissez-les ce matin, et, dès ce soir, la Ligue sera dissoute. » Non, jamais, depuis dix-huit siècles, le monde n'a vu s'accomplir de plus grandes choses avec une si adorable simplicité.

Mais si la Ligue nous offre de beaux modèles, ce n'est point à dire que nous ayons à copier servilement sa stratégie. A qui fera-t-on croire que ces hommes graves dont je suis entouré, que des négociants rompus aux affaires et versés dans la connaissance des mœurs et des institutions des peuples, n'aient pas compris tout d'abord en quoi notre Association diffère de la Ligue anglaise?

En Angleterre, le système protecteur avait deux points d'appui : l'erreur économique et la puissance féodale. On conçoit sans peine que l'aristocratie, tenant en main le privilége de faire la loi, et avec lui, pour ainsi parler, le monopole des monopoles, les avait établis principalement en sa faveur.

Lors donc que des réformateurs véritables, non plus des Huskisson et des Baring, mais des réformateurs sortis du peuple, se sont levés contre le régime restrictif, ils se sont trouvés en face d'une difficulté dont heureusement notre voie est débarrassée depuis un demi-siècle.

Il s'agissait bien, comme chez nous, de réformer la loi, de détruire le monopole ; mais leurs adversaires avaient seuls le droit, non point seulement le droit actuel, mais le droit exclusif, héréditaire, féodal, de faire la loi, de décréter la chute ou le maintien de leur propre monopole.

Il fallait ou arracher à l'aristocratie la puissance législative, c'est-à-dire faire une révolution, ou la déterminer par la peur à abandonner la part du lion qu'elle s'était faite à elle-même, par l'exploitation légale des tarifs.

La Ligue résolut, dès le premier jour, de rejeter les moyens révolutionnaires. Il ne lui restait donc qu'à instruire le peuple de la vérité économique, à lui faire comprendre l'injustice dont il était victime et à lui en donner un sentiment assez vif et assez pressant pour le porter jusqu'à l'extrême limite de la légalité, et pour ainsi dire jusqu'à ce degré d'irritation au delà duquel il n'y a que convulsions sociales.

Mais, si le poids que les ligueurs avaient à soulever était énorme, si énorme qu'on comprend à peine qu'ils n'en aient pas été effrayés, il faut dire que cette difficulté même mettait en leurs mains un puissant levier. Les mots magiques : liberté, droits de l'homme, oppression féodale, venaient naturellement se placer dans la question économique, lui enlever son aridité et lui faire trouver le chemin de la fibre la plus vibrante du cœur humain. On parlait aux cœurs, on parlait même aux estomacs, car, par une coïncidence qui s'explique naturellement, il arrivait que la part de l'aristocratie terrienne dans la protection pesait sur les aliments et principalement sur le pain.

Cette situation étant donnée, on comprend les procédés de la Ligue, meetings monstres, souscriptions monstres, appels au peuple, éloquence passionnée, inscription incessante des ouvriers sur les listes électorales, enfin toute l'agitation nécessaire pour mettre aux mains d'un seul homme, Cobden, des forces populaires capables de faire capituler la puissance des whigs et des tories. Hé bien ! qu'a de commun cette situation avec la nôtre? Si, comme les Anglais, nous avons un préjugé économique à détruire, avons-nous comme eux une puissance féodale à combattre? Avons-nous un 89 à montrer toujours au bout de nos efforts, comme notre *ultima ratio?* Non ; 89 a passé sur la France. Nous avons des pouvoirs publics qui empruntent à l'opinion la pensée de la loi; c'est donc sur l'opinion que nous devons agir, notre mission est purement enseignante; ce que nous demandons est ceci : Le droit de propriété est-il reconnu en France? Avons-nous ou n'avons-nous pas la propriété de nos facultés? Avons-nous ou n'avons-nous pas la propriété de notre travail? Si nous l'avons, comment se fait-il que cette chose qui est le fruit de mes sueurs, cette chose que je puis consommer directement et détruire pour mon usage, je ne la puisse pas porter sur quelque marché que ce soit dans le monde, pour l'y troquer contre une autre chose qui est plus à ma convenance; ou du moins comment se fait-il que je ne puisse pas rapporter en France cette autre chose qu'on a consenti à me donner en échange? — Parce

que, dit-on, cela nuirait au travail national.—Mais en quoi
cent mille trocs de ce genre peuvent-ils jamais porter atteinte au travail national, puisque tout travail étranger que
je fais entrer dans le pays implique un travail national que
j'en ai fait sortir? Je sais bien que le commerce ne se compose pas ainsi de trocs directs entre le producteur immédiat
et le consommateur immédiat. Mais tout ce vaste mécanisme qu'on appelle commerce, ces navires, ces banquiers,
négociants, marchands, ce numéraire, peuvent-ils altérer la
nature intime de l'échange, qui est toujours troc de travail
contre travail? Qu'on y regarde de près, et l'on se convain-
cra qu'ils n'ont d'autre destination et d'autre résultat que
de faciliter et multiplier à l'infini les échanges.

Ainsi, si nous n'avons pas le levier populaire que la Ligue
anglaise a mis en œuvre, il ne nous est pas nécessaire. Nous
n'avons point à exalter les passions démocratiques jusqu'à
les rendre menaçantes. Nous n'attaquons pas les intérêts
d'un corps de législateurs héréditaires ; la seule chose que
nous ayons à combattre, c'est une erreur, une fausse no-
tion, un préjugé profondément enraciné dans les esprits, et
qui développe sur sa tige ce fruit empoisonné, le monopole.
Nous n'attaquons pas même spécialement telle ou telle restriction en particulier. Comme le laboureur n'arrache pas
un à un tous les joncs qui infestent sa prairie, mais la sai-
gne, et en détourne l'humidité malfaisante qui leur sert d'a-
liment, nous attaquons dans les intelligences le principe
même de la protection qui nourrit tous les monopoles. La
tâche est immense sans doute ; mais ne trouvons-nous pas
de puissants auxiliaires dans les faits qui s'accomplissent
autour de nous ? Les États-Unis sont sur le point d'affranchir
les importations. Qui n'a lu le message du président Polk et
l'admirable rapport du secrétaire Walker ? Le Zollverein sus-
pend les réunions où devait se décider l'élévation de ses tarifs ; et que dirai-je de la grande mesure de sir Robert Peel,

précédée d'expériences si réitérées et si décisives ? A ce propos, qu'il me soit permis d'exprimer ici le profond regret qu'ont éprouvé les amis de la liberté commerciale, quand ils ont vu, dans cette magnifique conception, des lacunes et des taches contraires à l'esprit de son imposant ensemble. Comment le grand homme qui a aspiré à la gloire de cette réforme n'a-t-il pas voulu que le monde, et l'Angleterre surtout, en recueillissent tout le fruit ? Pourquoi a-t-il placé dans l'exception les vins, comme pour attester qu'au moment même où il rejetait la déception de la réciprocité, il en voulait retenir quelques lambeaux ? comment surtout a-t-il enveloppé, dans les replis de ce grand document, une demande de subsides ? Oh ! si, au lieu de parler d'accroître l'armée et la marine, sir Robert Peel avait dit : « Puisque nous affranchissons les échanges, puisque nous ouvrons au monde le marché de l'Angleterre, il n'y a plus pour nous de guerre à craindre. Le jour où le bill que je vous présente recevra la sanction de notre gracieuse souveraine, j'enverrai des instructions à M. Packenham pour qu'il abandonne aux États-Unis l'Orégon contesté, l'Orégon incontesté ; et au consul d'Angleterre à Alger, pour qu'il cesse toute opposition directe ou indirecte aux vues de la France ; la suite nécessaire de cette politique nouvelle est une diminution considérable des forces de terre et de mer, et une réduction correspondante de subsides. » Si M. Peel eût tenu ce langage, qui peut calculer l'effet moral qu'il eût produit sur l'Europe ? Nous n'aurions pas besoin aujourd'hui de prouver péniblement la lumière, elle jaillirait radieuse de la réforme anglaise.

On dira, j'en suis sûr : Mais ce sont là des chimères, des rêves généreux peut-être, mais plus vains encore que généreux. — Non, ce ne sont pas des chimères. Ces conséquences sont contenues dans le principe que l'Angleterre a proclamé, et j'ose affirmer qu'il n'y a pas un ligueur qui les

désavoue. Il y a un an, si quelqu'un avait prédit la réforme
commerciale, on l'aurait traité de visionnaire. Et moi, je
dis : L'Angleterre en a fini avec les guerres de débouchés,
non par vertu, mais par intérêt ; et rappelez-vous ces paroles : Pourvu que son honneur soit ménagé, elle renoncera
à l'Orégon, dont elle n'aura que faire, qui lui appartiendra
toujours par *droit de commerce* autant et mieux que par
droit de conquête. Pour moi, Messieurs, je tiens autant
qu'un autre au développement du bien-être matériel de
mon pays; mais si je ne voyais clairement l'intime connexité
qui existe entre ces trois choses : liberté commerciale, prospérité, paix universelle, je ne serais pas sorti de ma solitude
pour venir prendre à ce grand mouvement la part que votre
bienveillance m'a assignée. (*V. tome VI, page* 507.)

Donc l'Angleterre, les États-Unis, l'Allemagne, l'Italie
même, s'avancent vers l'ère nouvelle qui s'ouvre à l'humanité. La France voudra-t-elle se laisser retenir, par quelques
intérêts égoïstes, à la queue des nations? Après s'être laissé
ravir le noble privilége de donner l'exemple, dédaignera-
t-elle encore de le suivre? Non, non ; le moment est venu,
élevons intrépidement principe contre principe. Il faut savoir, enfin, de quel côté est la vérité. Si nous nous trom-
pons, si l'on nous démontre qu'on enrichit les peuples en les
isolant, alors, poussons la protection jusqu'au bout. Ren-
forçons nos barrières internationales, ne laissons rien entrer du dehors, comblons nos ports et nos rivières, et demandons à nos navires, pour dernier service, d'alimenter
pendant quelques jours nos foyers ! Que dis-je, et pourquoi
n'élèverions-nous pas des barrières entre tous les départements? Pourquoi ne les affranchirions-nous pas tous des
tributs qu'ils se payent les uns aux autres, et pourquoi re-
culerions-nous devant la *protection du travail local* sur tous
les points du territoire, afin que les hommes, forcés de se
suffire à eux-mêmes, soient partout *indépendants*, et qu'on

cultive le sucre et le coton jusqu'au sommet glacé des Pyrénées? — Mais, si nous sommes dans le vrai, enseignons, réclamons, agitons, tant que nos intérêts seront sacrifiés et nos droits méconnus.

Proclamons le principe de la liberté, et laissons au temps d'en tirer les conséquences. Demandons la réforme, et laissons aux monopoleurs le soin de la modérer. Il est des personnes qui reculent devant l'Association parce qu'elles redoutent la liberté immédiate. Ah! qu'elles se tranquillisent! Nous ne sommes point des législateurs; la réforme ne dépend pas de nos votes; la lumière ne se fera pas instantanément, et le privilége a tout le temps de prendre ses mesures. Ce mouvement sera même un avertissement pour lui, et l'on doit le considérer comme un des moyens tant cherchés de transition. Levons-nous calmes, mais résolus. Appelons à nous Nantes, Marseille, Lyon, le Havre, Metz, Bayonne, tous les centres de lumière et d'influence, et Paris surtout, Paris qui ne voudra pas perdre le noble privilége de donner le signal de tous les grands progrès sociaux. Voulez-vous que je vous dise ma pensée? Dans deux heures nous saurons si le mouvement ascensionnel de la protection est arrêté; si l'arbre du monopole a fini sa croissance. Oui! que Bordeaux fasse aujourd'hui son devoir, et il le fera, — et j'ose dire ici à haute voix : Je défie tous les prohibitionnistes et tous leurs comités, et tous leurs journaux de faire désormais hausser le chiffre des tarifs d'une obole, c'est quelque chose.

Mais pour cela, soyons forts; et, pour être forts, soyons unis et dévoués. Ce conseil, dit-on, est tombé d'une bouche officielle: « Soyez forts, disait-elle, et nous vous soutiendrons. » Je m'en empare et je répète : « Soyons forts, et nous « serons soutenus; ne le fussions-nous pas par le pouvoir, « nous le serons par la vérité. » Mais ne croyons pas que le pouvoir nous soit hostile. Pourquoi le serait-il? Il sait bien que nous plaidons sa cause aussi bien que la nôtre. Vienne la liberté du commerce, et c'en est fait de ces obsessions protectionnistes qui pèsent si lourdement sur l'administration du pays. Vienne la liberté du commerce, et c'en est fait de ces questions irritantes, de ces nuages toujours gros de la guerre, qui ont rendu si laborieux le règne de la dynastie de Juillet.

Je ne puis me défendre d'une profonde anxiété quand je pense à ce qui va se décider bientôt dans cette enceinte. Ce n'est pas seulement l'affranchissement du commerce qui est en question. Il s'agit de savoir si nous entrerons, enfin, dans les mœurs constitutionnelles. Il s'agit de savoir si nous savons mettre en œuvre des institutions acquises au prix de tant d'efforts et de tant de sacrifices. Il s'agit de savoir si les Français, comme on les en accuse, trouvant trop longue la route de la légalité et de la propagande, ne savent poursuivre que par des moyens violents des réformes éphémères. Il s'agit de savoir s'il y a encore parmi nous du dévouement, de l'esprit public, de la vie, — ou si nous sommes une société assoupie, indifférente, léthargique, incapable d'une action suivie, et tout au plus animée encore par quelques rares et vaines convulsions. La France a les yeux sur vous, elle vous interroge; et bientôt notre honorable Président proclamera votre réponse.

43. — SECOND DISCOURS ([1]).

Prononcé à Paris, salle Montesquieu, 29 septembre 1846.

La première partie de ce discours est à l'adresse de ceux qui accusent les libre-échangistes de ne pas *ménager les transitions.*

Dans mon village, il y avait un pauvre menuisier; il

([1]) N'ayant pas le texte entier de ce discours, nous en reproduisons tout ce qu'en a conservé le *Journal des Économistes,* dans son numéro d'octobre 1846. (*Note de l'éditeur.*)

ne travaillait que six heures par jour. Hélas ! mon village et bien d'autres ont été ruinés par le régime protecteur ; on n'y a pas toujours le nécessaire, à plus forte raison on s'y passe de superflu. Bref, notre menuisier ne travaillait que six heures. — Il devint aveugle ; mais comme il ne manquait pas d'énergie, il parvint à expédier le même ouvrage, en y consacrant douze heures de pénible labeur.

Un de ses voisins, menuisier comme lui, venait le voir souvent et lui disait : « Vous êtes bien heureux d'avoir la « cataracte ; avant, vous n'aviez pas de quoi vous occuper, « maintenant vous êtes occupé toute la journée ; et, vous « le savez, M. de Saint-Cricq l'a dit : le travail, c'est la ri-« chesse. » (Hilarité.)

Le pauvre aveugle le crut. Il se voyait déjà millionnaire, et il s'encroûta si bien de cette doctrine qu'il refusait opiniâtrément de se laisser opérer.

Alors ses parents et ses amis se concertèrent pour le tirer d'erreur. Ils cherchèrent à lui démontrer que le travail n'est de la richesse qu'autant qu'il est suivi de quelques résultats. Je crois même que mon ami, M. Wolowski, leur a dérobé l'argument du *tread-mill*, qu'il vous soumettait tout à l'heure avec tant d'à-propos. — Le malade était sur le point d'être persuadé.

Que fit son perfide concurrent ? Il vint trouver l'aveugle et lui dit : Vos parents sont de beaux *théoriciens*, et peut-être ont-ils raison *en principe*. Mais vous ont-ils parlé du danger de la *transition* ? — Ils ne m'en ont pas dit un mot, dit l'aveugle. — Ah ! je les y surprends ; ils veulent exposer vos yeux subitement à la clarté du soleil et vous faire perdre à jamais la vue. (L'hilarité redouble.)

Le malade, toujours crédule, s'en fut à ses parents et leur dit : Vous ne m'aviez pas parlé de la *transition*. Vous voulez donc me rendre aveugle ?

— Vous ne seriez pas pis que vous n'êtes, répondirent

les parents. (Rires.) Cependant, soyez tranquille. Nous ne voulons pas vous faire perdre la vue, mais vous la rendre. Nous n'avons pas parlé·de *transition*, parce que cela ne nous regarde pas, c'est l'affaire de l'oculiste. Il fallait bien vous décider à l'appeler. Nous n'étions préoccupés que de combattre votre égarement. Une fois cela obtenu, nous laisserons faire l'opérateur, pourvu toutefois qu'il ne s'entende pas avec votre perfide conseiller, et ne vous laisse pas un bandeau sur les yeux toute votre vie, sous prétexte de *ménager la transition*. (Éclats de rires.)

L'aveugle fut convaincu, se laissa opérer, et la transition ne fit aucune difficulté ; car malgré tous les raisonnements du concurrent, qui ne cessait de crier : « N'ôtez pas le bandeau ou tout est perdu, » le malade était le premier à demander la lumière. (Très-bien ! très-bien !)

Ce petit conte, messieurs, me semble assigner assez fidèlement le rôle de chacun dans le grand débat qui nous occupe. Le pauvre aveugle, c'est le peuple, qui a perdu une faculté précieuse, ce qui l'oblige à plus de travail. Le faux ami, ce sont les théoriciens de la protection, qui, après avoir cherché à persuader au peuple qu'il était trop heureux d'être privé d'une faculté, et ne pouvant plus tenir ce terrain, lui font peur maintenant de la *transition*. Les vrais amis du peuple, c'est l'*Association*, qui croit n'avoir autre chose à faire qu'à le tirer de son erreur, bien convaincue qu'il exigera ensuite de lui-même la *liberté des échanges*. L'opérateur, c'est le gouvernement, et l'Association n'a rien à démêler avec lui, si ce n'est de veiller à ce qu'il ne se coalise pas avec le conseiller perfide, auquel cas elle dirait au malade : Adressons-nous à un autre ; il n'en manque pas. (Rires et bravos.)

L'hilarité générale interrompt un moment la séance.

La seconde parabole de M. Bastiat avait pour but une démonstration économique assez difficile, l'orateur a triomphé de son sujet avec un grand bonheur. Voici comment il a démontré, à son tour, qu'il y a au fond du système protecteur une grande déception, même pour les industries qui croient le plus en profiter.

Il y avait une fois... encore un conte. Mais rassurez-vous, celui-ci est très-court. — Vraiment, Messieurs, je me demande si ce style familier est bien de mise devant un auditoire si éclairé. Je m'empresse de me placer sous l'autorité du bon La Fontaine, qui était bien Français, et qui disait :

« Si l'eau d'âne m'était conté,
« J'y prendrais un plaisir extrême. »

D'ailleurs, je vous ai prévenus, je ne suis pas orateur ; je n'ai pas fait mon cours de rhétorique, et je ne puis pas même dire comme Lindor :

« Je ne suis qu'un simple bachelier, »

Et je dois avouer, ainsi que la servante de Chrysale :

« Que je parle tout dret comme on parle cheux nous. »

Donc un homme descendait une montagne, le baromètre à la main. Quand il fut au fond de la vallée : Oh ! oh ! dit-il, qu'est-ce ceci ? Le mercure a monté ! Il faut de toute nécessité qu'il ait perdu de son poids.

Cet homme se trompait. Ce n'était pas le mercure, c'était l'atmosphère qui avait changé. Il ne prenait pas garde que la hauteur d'un fluide dans un tube dépend de deux circonstances : de sa pesanteur spécifique sans doute, et aussi du poids de la colonne d'air qui le presse.

Voilà, Messieurs, la source de toutes les erreurs économiques. On cherche la *valeur* d'un objet en lui-même, dans son utilité intrinsèque, dans le travail qu'il a occasionné ; et l'on oublie que cette valeur dépend aussi du milieu dans lequel l'objet est placé. Par exemple, si le sol sur lequel je suis était à vendre, il trouverait probablement des acquéreurs à des centaines, à des milliers de francs la toise carrée. Dans mon pays des Landes, une égale superficie de terrain se donnerait pour cinq centimes. D'où vient la différence? Est-elle dans les qualités intrinsèques de la terre? Non, messieurs, on peut faire des fossés aussi profonds et élever des murs aussi hauts chez nous qu'à Paris. Mais ici le terrain à bâtir est dans un autre *milieu* : il est environné d'une population nombreuse, riche, qui veut être logée.

Ce que je dis des choses est vrai des hommes. L'Auvergnat qui descend de sa montagne, où il ne gagnait peut-être pas dix sous par jour, ne subit pas, en arrivant à Paris, une transformation instantanée. Ses muscles ne prennent pas tout à coup de la force et son esprit du développement. Cependant il gagne 2 et 3 francs. Pourquoi? Parce qu'il est dans un autre milieu (1).

Mais je crains que ces détails techniques ne vous fatiguent. (Non ! non ! — Parlez ! parlez !).

Le monde, au point de vue économique, peut être considéré comme un vaste bazar où chacun de nous apporte ses services et reçoit en retour... quoi? des écus, c'est-à-dire des *bons* qui lui donnent droit à retirer de la masse des services équivalents à ceux qu'il y a versés.

Chacun de nous comprend instinctivement que nos services seront d'autant plus recherchés, d'autant plus demandés, auront d'autant plus de *valeur*, d'autant plus de *prix*, qu'ils seront plus *rares, toutes choses égales d'ailleurs,* c'est-à-dire le grand réservoir commun, le *milieu* demeurant également pourvu. Et voilà pourquoi nous avons tous l'instinct du monopole. Tous nous voudrions opérer la rareté du service qui fait l'objet de notre industrie, en éloignant nos concurrents.

Mais il est bien clair que, si nous réussissions tous dans

(1) V. au tome VI, le chap. IX.   (*Note de l'éditeur.*)

ce vœu, la rareté se manifesterait, non-seulement dans l'objet spécial que nous présentons au grand réservoir commun, mais encore à l'égard de tous les produits qui le composent et qui forment, relativement à chaque service déterminé, cette atmosphère, ce milieu dont je parlais tout à l'heure. En sorte que, de même qu'il n'y aurait aucune variation dans la hauteur du mercure alors qu'il perdrait de son poids, s'il était promené dans une atmosphère constamment allégée en même proportion, de même il n'y a aucune variation dans la *valeur nominale*, dans le *prix* des choses lorsque la rareté s'opère également sur toutes à la fois.

Et c'est là ce que fait précisément le régime protecteur. Il dit au maître de forges : « Tu n'es pas content de ta « position, tu ne trouves pas que tu t'enrichisses assez vite ; « mais j'ai la force en main, et je vais élever la valeur du « fer en le rendant plus *rare*. Pour cela, j'écarterai le fer « étranger. »

S'il s'arrêtait là, il commettrait une injustice envers tous ceux qui échangent leurs services contre du fer. Mais il va plus loin. Après avoir opéré la rareté du fer, poussé par le même motif, il opère la rareté des bestiaux, du drap, du blé, des combustibles, de l'huile, en un mot, de l'atmosphère dans laquelle le fer est plongé. Il en détruit les ressources, les moyens d'échange, les débouchés, la force d'absorption : en un mot, il rétablit au taux primitif toutes les valeurs nominales.

Mais n'y a-t-il rien de changé cependant ? n'y a-t-il que des compensations ? Oh ! si fait, il y a l'abondance changée en rareté. Les produits ont conservé leur valeur relative, mais il y en a moins, et par conséquent les hommes sont moins bien pourvus de toutes choses.

De cette démonstration, on peut tirer plusieurs conséquences.

La première, c'est que le système protecteur est une

déception, et qu'il trompe même ceux qu'il prétend favoriser. Il aspire à leur conférer le triste privilége de la *rareté*,
dont le propre, il est vrai, est d'élever le prix d'un objet,
quand elle est *relative ;* mais opérant de même sur tout, ce
n'est pas la *rareté* relative, mais bien la *rareté absolue* qu'il
procure, manquant même son but immédiat ([1]).

· Une autre conséquence plus importante encore qui vous
aura frappés, c'est celle-ci : pour chaque individu, pour
chaque industrie, pour chaque nation, le moyen le plus sûr
de s'enrichir, c'est d'enrichir les autres, puisque la richesse
générale est ce *milieu* qui donne de l'emploi, des débouchés
et des rémunérations aux services de chacun ; et nous sommes ainsi conduits à reconnaître que la fraternité humaine
n'est pas un vain sujet de déclamation, mais un phénomène
susceptible de démonstration rigoureuse ([2]).

Enfin, il s'ensuit encore que le régime protecteur est
essentiellement *injuste.* — Il est injuste même à l'égard des
industries privilégiés, car il ne lui est pas possible d'accorder à toutes, — il n'en a pas la prétention, — la faveur
d'une *rareté* exactement proportionnelle.

Mais que dirai-je, Messieurs, des nombreux services
humains qui payent tribut au monopole et ne reçoivent, ne
sont pas même susceptibles de recevoir aucune compensation par l'action des tarifs?

Ces services sont si nombreux qu'ils occupent le fond
même de la population. Je crois qu'on ne l'a point assez
remarqué, et je vous prie de me permettre d'en faire passer
sous vos yeux la nomenclature.

Pour qu'un service puisse recevoir la protection douanière il faut que le travail auquel il donne lieu s'incorpore
dans un objet matériel susceptible de passer la frontière;

([1]) V. au tome V, les pages 398 et suiv. *(Note de l'éditeur.)*
([2]) V. au tome VI le chap. IV. *(Note de l'éditeur.)*

car ce n'est que sous cette forme que le produit similaire étranger peut être repoussé ou grevé d'une taxe.

Or, il est un produit extrêmement précieux qui n'est pas dans ce cas, je veux parler de la *sécurité*. Ce service absorbe, ou est censé absorber les facultés d'une multitude de personnes, depuis les ministres du roi jusqu'aux gardes champêtres, magistrats, militaires, marins, collecteurs de taxes, etc., etc.

Une autre classe qui ne peut pas être protégée, c'est celle qui rend des services immatériels : avocats, avoués, médecins, notaires, greffiers, huissiers, auteurs, artistes, professeurs, prêtres, etc., etc.

Une troisième classe est celle qui s'occupe exclusivement de distribuer les produits : banquiers, négociants, marchands en gros et en détail; agents de change, assureurs, courtiers, voituriers, etc., etc.

Une quatrième se compose de tous ceux qui font un travail qui se consomme sur place et à mesure qu'il se produit : tailleurs, cordonniers, menuisiers, maçons, charpentiers, forgerons, jardiniers, etc., etc.

Enfin, il faut aussi compter comme radicalement exclus des faveurs de la protection tous ceux qui cultivent ou fabriquent des choses qui ne craignent pas la concurrence étrangère : les vins, les soies, les articles de Paris, etc.

Toutes ces classes, Messieurs, payent tribut au monopole, et n'en peuvent jamais recevoir aucune compensation. A leur égard, l'injustice de ce système est évidente.

Messieurs, j'ai insisté principalement sur la question de justice, parce qu'elle me semble de beaucoup la plus importante. Le monopole a deux faces comme Janus. Le côté économique a des traits incertains ; il faut être du métier pour en discerner la laideur. Mais du côté moral on ne peut pas s'y tromper, et il suffit d'y jeter les yeux pour le prendre en horreur. Il y en a qui me disent : Voulez-vous faire de la propagande? Parlez aux hommes de leurs intérêts, montrez-leur comment le monopole les ruine. — Et moi je dis que c'est surtout la question de *justice* qui passionne les masses. J'ai du moins cette foi dans mon siècle et dans mon pays. — Et voilà pourquoi, tant que ma main pourra tenir une plume ou mes lèvres proférer un son, je ne cesserai de crier : Justice pour tous! liberté pour tous! égalité devant la loi pour tous! ([1]) »

44. — TROISIÈME DISCOURS.

Prononcé le 3 juillet 1847, à la salle Taranne, devant une réunion de jeunes gens appartenant presque tous à l'école de droit.

MESSIEURS,

J'ai ardemment désiré me trouver au milieu de vous. Bien souvent quand, sur des matières qui intéressent l'humanité, je sentais dans mon esprit l'évidence, et dans mon cœur ce besoin d'expansion inséparable de toute foi, je me disais : Que ne puis-je parler devant la jeunesse des écoles! — car la parole est une semence qui germe et fructifie surtout dans les jeunes intelligences. Plus on observe les procédés de la nature, plus on admire leur harmonieux enchaînement. Il est bien clair, par exemple, que le besoin d'instruction se fait sentir surtout au début de la vie. Aussi, voyez avec quelle merveilleuse industrie elle a placé, dans cette période, la faculté et le désir d'apprendre, non-seulement la souplesse des organes, la fraîcheur de la mémoire, la promptitude de la conception, la puissance d'attention, et ces qualités pour ainsi dire physiologiques, qui sont l'heureux privilége de votre âge, mais encore cette condition

([1]) V. tome IV, pages 538 et suiv. *(Note de l'éditeur.)*

morale si indispensable pour discerner le vrai du faux, je veux dire le *désintéressement* (¹).

Loin de moi la pensée de faire ici la satire de la génération dont je suis le contemporain. Mais je puis dire, sans la blesser, qu'elle a moins d'aptitude à secouer le joug des erreurs dominantes. Même dans les sciences naturelles, dans celles qui ne touchent pas aux passions, un progrès a bien de la peine à se faire accepter par elle. Harvey disait n'avoir jamais rencontré un médecin au-dessus de cinquante ans qui ait *voulu* croire à la circulation du sang. Je dis voulu parce que, selon Pascal, « la volonté est un des principaux organes de la créance. » Et comme l'intérêt agit sur les dispositions de la volonté, est-il surprenant que les hommes que leur âge met aux prises avec les difficultés de la vie, qui sont parvenus au temps de l'action, qui agissent en conséquence de convictions enracinées, qui se sont tracé par elles une route dans le monde, repoussent instinctivement une doctrine qui pourrait déranger leurs combinaisons, et ne croient, en définitive, que ce qu'ils ont intérêt à croire?

Il n'en est pas ainsi de l'âge destiné à l'étude et à l'examen. La nature eût contrarié ses propres desseins, si elle n'avait pas fait cet âge désintéressé. Il se peut, par exemple, que la doctrine du *Libre-Échange* froisse les intérêts de quelques-uns d'entre vous ou du moins de leurs familles. Eh bien ! j'ai la certitude que cet obstacle, insurmontable ailleurs, n'en est pas un dans cette enceinte. Voilà pourquoi j'ai toujours désiré me mettre en communication avec vous.

Et pourtant, vous le comprendrez, je ne puis songer à traiter à fond, ni même à aborder aujourd'hui la question du libre-échange. Une séance ne suffirait pas. Mon seul ob-

(¹) V. la dédicace du tome VI. (*Note de l'éditeur.*)

jet est de vous montrer son importance et sa connexité avec d'autres questions fort graves, afin de vous inspirer le désir de l'étudier.

Une· des accusations les plus fréquentes qu'on dirige contre l'Association du libre-échange, c'est de ne pas se borner à réclamer quelques modifications de tarifs que le temps a rendues opportunes, mais de proclamer le *principe* même du libre-échange. Ce principe, on ne le combat guère, on le respecte, on le salue quand il passe ; mais on le laisse passer. On ne veut à aucun prix ni de lui ni de ceux qui le soutiennent. Ce qui me détermine à choisir ce sujet, ce sont les faits qui viennent de se passer dans une élection récente, et qui peuvent se résumer dans le dialogue suivant entre les électeurs et le candidat :

« Vous êtes un homme honorable ; vos opinions politiques sont les nôtres ; votre caractère nous inspire toute confiance ; votre passé nous garantit votre avenir ; mais vous voulez la réforme des tarifs ? — Oui.

— Nous la voulons aussi. Vous la voulez prudente et graduelle ? — Oui.

— Nous l'entendons de même. Mais vous la rattachez à un *principe* que vous exprimez par le mot *libre-échange*? — Oui.

— En ce cas, vous n'êtes pas notre homme. (Rires.) Nous avons une foule d'autres candidats qui nous promettent à la fois les avantages de la liberté et les douceurs de la restriction. Nous allons choisir un d'entre eux. »

Messieurs, je crois qu'un des grands malheurs, un des grands dangers de notre époque, c'est cette disposition à repousser les principes, qui ne sont après tout que la logique de l'esprit. Par là, on décourage les hommes à conviction ; on les induit à introduire dans leur profession de foi des phrases ambiguës, destinées à satisfaire, au moins *à demi*, les opinions les plus contradictoires. On n'entre pas par cette porte dans la vie publique sans que la pureté de la conscience en soit altérée. Je sais bien comment raisonne le candidat en face de ces exigences. Il se dit : Pour cette fois, je vais déserter le principe et avoir recours à l'expédient. Il s'agit de réussir. Mais une fois nommé, je reprendrai toute la sincérité de mes convictions... Oui, mais quand on a fait un premier pas dans la voie dangereuse de l'équivoque, il se rencontre toujours quelque motif qui décide à en faire un second, jusqu'à ce qu'enfin, alors même que les circonstances extérieures vous rendraient toute votre liberté, le mal a pénétré dans la conscience elle-même; et l'on se trouve descendu de ce niveau de rectitude où l'on aurait voulu se tenir. Et voyez les conséquences! De toutes parts on se plaint et on dit : Les conservateurs n'ont pas de plan; l'opposition n'a pas de programme. Si l'on remontait à la cause, peut-être la trouverait-on dans l'esprit du corps électoral lui-même, qui exige des candidats la renonciation à un principe, c'est-à-dire à toute idée arrêtée, à toute logique, à toute foi.

Et certes, s'il est un droit qu'on puisse réclamer à titre de *droit*, c'est-à-dire en conformité d'un principe, c'est bien la *liberté des échanges.*

Ainsi que nous l'avons dit dans notre programme, nous considérons l'échange non-seulement comme un corollaire de la propriété, mais comme se confondant avec la propriété elle-même, comme étant un de ses éléments constitutifs. Il nous est impossible de concevoir la propriété respective de choses que deux hommes ont créées par le travail, si ces deux hommes n'ont pas le droit de les troquer, l'un d'eux fût-il étranger. Et quant au dommage national qui doit, dit-on, résulter de ce troc, nous ne pouvons comprendre qu'on nuise à son pays en cédant à un étranger, contre un objet de valeur équivalente, la chose même qu'on a le droit de consommer et de détruire.

Je vais plus loin. Je dis que l'échange c'est la *Société*. Ce qui constitue la sociabilité des hommes, c'est la faculté de se partager les occupations, d'unir leurs forces, en un mot d'*échanger* leurs services. S'il était vrai que dix nations pussent augmenter leur prospérité en s'isolant les unes des autres, cela serait vrai de dix départements. Je défie que les protectionnistes fassent un argument en faveur du travail national, qui ne s'applique au travail départemental, puis au travail communal, puis à celui de la famille, et enfin au travail individuel; d'où il suit que la restriction, poussée à ses dernières conséquences, c'est l'isolement absolu, c'est la destruction de la société (1).

Nos adversaires disent, il est vrai, qu'ils ne vont pas jusque-là ; qu'ils ne restreignent les échanges que dans certaines circonstances et quand cela leur convient. Ce n'est pas là une justification pour des esprits logiques. Quand nous les combattons, ce n'est pas à l'occasion des échanges qu'ils laissent libres, mais à l'occasion de ceux qu'ils interdisent. C'est dans ce cercle que nous déclarons leur principe faux, nuisible, attentatoire à la propriété, antagonique à la société. Ils ne le poussent pas jusqu'au bout, soit; et c'est précisément ce qui en prouve l'absurdité qu'il ne puisse soutenir cette épreuve.

Vous voyez bien que nous avions en présence un principe faux. Et que pouvions-nous lui opposer, si ce n'est un principe vrai ?

Mais, Messieurs, je suis de ceux qui pensent que lorsqu'une idée a envahi un grand nombre de bons esprits, lorsqu'un sentiment, même instinctif, est généralement répandu, il doit y avoir en eux quelque chose qui les explique et les justifie. Cette terreur du libre-échange, considérée comme principe absolu, terreur qui s'est emparée de ceux-

---

(1) V. au tome VI, le chap. *Échange*.

là mêmes qui veulent la réforme commerciale, provient d'une confusion. Permettez-moi de l'éclaircir.

On suppose que vouloir la liberté des échanges, en principe, c'est vouloir que les échanges ne puissent subir de restrictions en aucun cas et sous aucun prétexte.

D'abord, mettons de côté les échanges immoraux, frauduleux, déshonnêtes. C'est la mission principale de la loi, c'est le droit et le devoir du Gouvernement de réprimer l'abus de toutes les facultés, de celle d'échanger comme de toutes les autres.

Quant aux échanges qui ne blessent pas l'honnêteté, ils peuvent être restreints, nous en convenons, dans un but spécial. Le principe n'est engagé que lorsque la restriction est décrétée à cause de l'avantage qu'on prétend trouver dans la restriction elle-même.

Si, par exemple, l'État a besoin de revenus, et qu'il ne puisse s'en procurer suffisamment, et par d'autres procédés moins onéreux, qu'en taxant certains échanges, il est impossible de dire que la taxe blesse le principe de la liberté, pas plus que l'impôt foncier n'infirme le principe de la propriété. Mais alors tout le monde reconnaît que la restriction est un inconvénient attaché à la perception de la taxe. De là à restreindre pour restreindre, il y a l'infini.

Le port des lettres est taxé en moyenne à 45 centimes, et rend au Trésor, si je ne me trompe, 20 millions. Mais jamais le ministre des finances n'a dit qu'il a porté la taxe à ce taux pour empêcher d'écrire, parce que les relations épistolaires sont mauvaises en elles-mêmes. S'il pouvait compter sur un revenu égal d'une taxe moindre, il n'hésiterait pas à la réduire. Mais que penseriez-vous, s'il venait dire à la tribune : « Il est funeste en principe qu'on s'écrive, et pour l'empêcher, sacrifiant même les 20 millions que je retire de cette taxe, je vais la porter à 10 fr., 50 fr., 100 fr., enfin, jusqu'à ce qu'on n'écrive plus. Et quant au revenu actuel, qui sera

compromis, je le retrouverai en frappant sur le peuple
d'autres impôts ? »

Messieurs, ne voyez-vous pas qu'entre cette taxe prohibi-
tive et la taxe actuelle il y a toute l'épaisseur d'un principe,
puisque, dans le premier cas, on déplore que la taxe restreigne
les relations épistolaires, et que, dans le second, on a, au
contraire, pour but systématique de détruire ces relations?

Et c'est là le caractère que nous combattons dans la
douane. Elle restreint, elle prohibe, non point pour un objet
particulier, comme de créer des ressources au trésor, mais,
au contraire, elle sacrifie le trésor par l'exagération des taxes,
et même par la prohibition, dans le but avoué, intentionnel,
systématique, d'empêcher des échanges. En tant qu'elle agit
ainsi, elle se fonde donc très-expressément sur le principe
antisocial de la restriction. Elle cherche la restriction pour
la restriction même, la considérant comme bonne en soi, et
même comme si bonne, qu'elle vaut la peine d'un sacrifice
de revenu. C'est à ce principe que nous opposons le principe de la liberté.

On cherche encore à prévenir, à épouvanter le public de
ce que nous voulons, à ce qu'on assure, passer sans transition d'un système à l'autre. Quelle niaiserie ! Et jusqu'à
quand la France sera-t-elle dupe de ces manœuvres straté-
giques des gens qui exploitent la restriction?

Tout ce que nous voulons, c'est faire comprendre à l'o-
pinion que le principe de la liberté est juste, vrai et avantageux, — et que celui de la restriction est inique, faux et
nuisible.

Nous n'avons jamais dit, nous ne dirons jamais que lorsqu'on est engagé dans une fausse voie, il faut franchir
d'un bond la distance qui nous sépare de la bonne. Nous
disons qu'il faut faire volte-face, revenir sur ses pas, et
marcher vers l'orient au lieu de continuer à marcher vers
le couchant.

Et quand nous demanderions une réforme instantanée, est-ce que cela dépend de nous? sommes-nous ministres? disposons-nous de la majorité? n'avons-nous pas assez d'adversaires, assez d'intérêts en présence pour être bien assurés que la réforme sera lente, et ne sera que trop lente?

Dans quelle direction faut-il marcher? — Faut-il marcher vite ou lentement? — Ce sont deux questions indépendantes l'une de l'autre, et qui n'ont même aucun rapport entre elles. Elles en ont si peu, que, dans le sein de notre association, encore que nous soyons tous d'accord sur le but qu'il faut atteindre, nous pouvons différer d'avis sur la durée convenable de la transition. Ce sur quoi nous sommes unanimes, c'est pour dire que, puisque la France est engagée dans une mauvaise voie, il faut l'en faire sortir *avec le moins de perturbation possible*. L'immense majorité de nos collègues pense que cette perturbation sera d'autant plus amoindrie que la transition sera plus lente. Quelques-uns, et je dois dire que je suis du nombre, croient que la réforme la plus subite, la plus instantanée, la plus générale, serait en même temps la moins douloureuse ; et si c'était ici le moment de développer cette thèse, je suis sûr que je l'appuierais sur des raisons dont vous seriez frappés. Je ne suis pas comme ce Champenois qui disait à son chien: « Pauvre bête, il faut que je te coupe la queue ; mais sois tranquille, pour t'épargner des souffrances, je ménagerai la transition et ne t'en couperai qu'un morceau tous les jours. »

Mais, je le répète, la question pour nous n'est pas de savoir combien de kilomètres la réforme fera à l'heure ; la seule chose qui nous occupe, c'est de décider l'opinion publique à prendre la route de la liberté au lieu de prendre celle de la restriction. Nous voyons un équipage qui prétend aller vers les Pyrénées, et qui, selon nous, y tourne le dos; nous avertissons le cocher et les passagers; nous mettons en œuvre, pour les tirer d'erreur, tout ce que nous savons de géographie et de topographie ; voilà tout.

Il y a cependant une différence. Quand on prouve à un cocher qu'il se trompe, son erreur se dissipe tout à coup, et il tourne bride au plus tôt. Il n'en est pas ainsi de la réforme commerciale. Elle ne peut que suivre le progrès de l'opinion, et, en ces matières, ce progrès est lent et successif. Vous voyez donc bien que, d'après nous-mêmes, l'instantanéité d'une réforme, fût-elle désirable, est une impossibilité.

Après tout, je m'en console aisément, Messieurs, et je vous dirai pourquoi. C'est que les lumières qu'une discussion prolongée concentrera sur la question du libre-échange, devront nécessairement éclairer d'autres questions économiques qui ont, avec le libre-échange, la plus étroite affinité.

Je vous en citerai quelques-unes.

Par exemple, vous connaissez ce vieil adage : *Le profit de l'un est le dommage de l'autre.* On en a conclu qu'un peuple ne pouvait prospérer qu'aux dépens des autres peuples ; et la politique internationale, il faut le dire, est fondée sur cette triste maxime. Comment a-t-elle pu entrer dans les convictions publiques ?

Il n'y a rien qui modifie aussi profondément l'organisation, les institutions, les mœurs et les idées des peuples que les moyens généraux par lesquels ils pourvoient à leur subsistance ; et ces moyens, il n'y en a que deux : la spoliation, en prenant ce mot dans son acception la plus étendue, et la production. — Car, Messieurs, les ressources que la nature offre spontanément aux hommes sont si limitées, qu'ils ne peuvent vivre que sur les produits du travail humain ; et ces produits, il faut qu'ils les créent ou qu'ils les ravissent à d'autres hommes qui les ont créés.

Les peuples de l'antiquité, et particulièrement les Romains, — dans la société desquels nous passons tous notre jeunesse, — qu'on nous accoutume à admirer et que l'on propose sans cesse à notre imitation, vivaient de rapine. Ils détestaient, méprisaient le travail. La guerre, le butin, les tributs et l'esclavage devaient alimenter toutes leurs consommations.

Il en était de même des peuples dont ils étaient environnés.

Il est bien évident que, dans cet ordre social, cette maxime : Le profit de l'un est le dommage de l'autre, était de la plus rigoureuse vérité. Il en est nécessairement ainsi entre deux hommes ou deux peuples qui cherchent réciproquement à se spolier.

Or, comme c'est chez les Romains que nous allons chercher toutes nos premières impressions, toutes nos premières idées, nos modèles et les sujets de notre vénération presque religieuse, il n'est pas bien surprenant que cette maxime ait été considérée par nos sociétés industrielles comme la loi des relations internationales (1).

Elle sert de base au système restrictif; et si elle était vraie, il n'y aurait pas de remède entre l'incurable antagonisme que la Providence se serait plu à mettre entre les nations.

Mais la doctrine du libre-échange démontre rigoureusement, mathématiquement, la vérité de l'axiome opposé, à savoir : Que le dommage de l'un est le dommage de l'autre, et que chaque peuple est intéressé à la prospérité de tous.

Je n'aborderai pas ici cette démonstration qui résulte d'ailleurs du fait seul que la nature de l'échange est opposée à celle de la spoliation. Mais votre sagacité vous fera apercevoir d'un coup d'œil les grandes conséquences de cette doctrine, et le changement radical qu'elle introduirait dans la politique des peuples, si elle venait à obtenir leur universel assentiment.

---

(1) V. au tome IV, *Baccalauréat* et *Socialisme*, p. 442.

(*Note de l'éditeur.*)

S'il était bien démontré, comme est démontré un théorème de géométrie, que tout progrès fait par un peuple dans une industrie, encore qu'il contrarie chez les autres peuples celui qui se livre à l'industrie similaire, n'en est pas moins favorable à l'ensemble de leurs intérêts, que deviendraient ces efforts dangereux vers la prépondérance, ces jalousies nationales, ces guerres de débouchés, etc., et par suite, ces armées permanentes, toutes choses qui sont certainement un reste de barbarie ?

L'orateur signale ici quelques questions d'une haute gravité qu'une discussion sur le libre-échange doit éclairer d'une vive lumière, entre autres ce problème fondamental de la science politique : Quelles doivent être les bornes de l'action gouvernementale ?

En appelant votre attention sur quelques-uns des graves problèmes que soulève la question du libre-échange, j'ai voulu vous montrer l'importance de cette question et l'importance de la science économique elle-même.

Depuis quelque temps, de nombreux écrivains se sont élevés contre l'économie politique et ont cru qu'il suffisait, pour la flétrir, d'altérer son nom. Ils l'ont appelée *l'économisme*. Messieurs, je ne pense pas qu'on ébranlerait les vérités démontrées par la géométrie, en l'appelant *géométrisme*.

On l'accuse de ne s'occuper que de richesse, et de trop abaisser ainsi l'esprit humain vers la terre. C'est surtout devant vous que je tiens à la laver de ce reproche, car vous êtes dans l'âge où il est de nature à faire une vive impression.

D'abord, quand il serait vrai que l'économie politique s'occupât exclusivement de la manière dont se forment et se distribuent les richesses, ce serait déjà une vaste science, si l'on veut prendre ce mot *richesses*, non dans le sens vulgaire, mais dans son acception scientifique. Dans le monde l'expression *richesses* implique l'idée du superflu. Scientifiquement, la richesse, c'est l'ensemble des services réciproques que se rendent les hommes, et à l'aide desquels la société existe et se développe. Le progrès de la richesse, c'est plus de pain pour ceux qui ont faim, des vêtements qui non-seulement mettent à l'abri des intempéries, mais encore donnent à l'homme le sentiment de la dignité ; la richesse, c'est plus de loisirs et par conséquent la culture de l'esprit ; c'est, pour un peuple, des moyens de repousser les agressions étrangères ; c'est, pour le vieillard, le repos dans l'indépendance ; pour le père, la faculté de faire élever son fils et de doter sa fille ; la richesse, c'est le bien-être, l'instruction, l'indépendance, la dignité.

Mais si l'on jugeait que même dans ce cercle étendu l'économie politique est une science qui s'occupe trop d'intérêts matériels, il ne faut pas perdre de vue qu'elle conduit à la solution de problèmes d'un ordre plus élevé, ainsi que vous avez pu vous en convaincre quand j'ai appelé votre attention sur ces deux questions : Est-il vrai que le profit de l'un soit le dommage de l'autre ? Quelle est la limite rationnelle de l'action du gouvernement ?

Mais ce qui vous surprendra, Messieurs, c'est que les socialistes, qui nous reprochent de nous trop préoccuper des biens de ce monde, manifestent eux-mêmes, dans l'opposition qu'ils font au libre-échange, le culte exclusif et exagéré de la richesse. Que disent-ils en effet ? Ils conviennent que la liberté commerciale aurait, au point de vue politique et moral, les résultats les plus désirables. Personne ne conteste qu'elle tend à rapprocher les peuples, à éteindre les haines nationales, à consolider la paix, à favoriser la communication des idées, le triomphe de la vérité et le progrès vers l'unité. Sur quoi donc se fondent-ils pour repousser cette liberté ? Uniquement sur ce qu'elle nuirait au travail national, soumettrait nos industries aux inconvénients de la concurrence étrangère, diminuerait le bien-être des masses et, pour trancher le mot, la *richesse*.

En présence de l'objection, ne sommes-nous pas forcés de traiter la question économique, de montrer que nos adversaires ne voient la concurrence que par un de ses côtés, et que la liberté commerciale a autant d'avantages au point de vue matériel que sous tous les autres rapports? Et quand nous le faisons, on nous dit : Vous ne vous occupez que de la richesse ; vous donnez trop d'importance à la richesse.

Après avoir repoussé le reproche fait à l'économie politique d'être une science d'importation anglaise, l'orateur termine ainsi :

Messieurs, je m'arrête, et j'ai peut-être déjà trop abusé de votre patience. Je terminerai en vous engageant de toutes mes forces à consacrer quelques instants pris sur vos loisirs à l'étude de l'économie politique. Permettez-moi aussi un autre conseil. Si jamais vous entrez dans l'Association du libre-échange, ou toute autre qui ait en vue un grand objet d'utilité publique, n'oubliez pas que les débats de cette nature ont pour juge l'opinion, et qu'ils veulent être soutenus sur le terrain du principe et non sur celui de l'expédient. J'appelle Expédient, par opposition à Principe, cette disposition à juger les questions au point de vue des circonstances du moment, et même, trop souvent, des intérêts de classe ou des intérêts individuels. A une association il faut un lien, et ce ne peut être qu'un principe. A l'intelligence il faut un guide, une lumière, et ce ne peut être qu'un principe. Au cœur humain il faut un mobile qui détermine l'action, le dévouement, et au besoin le sacrifice ; et l'on ne se dévoue pas à l'expédient, mais au principe. Consultez l'histoire, Messieurs, voyez quels sont les noms chers à l'humanité, et vous reconnaîtrez qu'ils appartiennent à des hommes animés d'une foi vive. Je gémis pour mon siècle et pour mon pays de voir l'expédient en honneur, la dérision et le ridicule réservés au principe ; car jamais rien de grand et de beau ne s'accomplit dans le monde que par le dévouement à un principe. Ces deux forces sont souvent aux prises, et il n'est que trop fréquent de voir triompher l'homme qui représente le fait actuel, et succomber le représentant de l'idée générale. Cependant, portez plus loin votre regard, et vous verrez le Principe faire son œuvre, l'Expédient ne laisser aucune trace de son passage.

L'histoire religieuse nous en offre un admirable exemple. Elle nous montre le principe et l'expédient en présence dans le plus mémorable événement dont le monde ait été témoin. Qui jamais fut plus entièrement dévoué à un principe, au principe de la fraternité, que le fondateur du christianisme ? Il fut dévoué jusqu'à souffrir pour lui la persécution, la raillerie, l'abandon et la mort. Il ne paraissait pas se préoccuper des conséquences, il les remettait entre les mains de son Père et disait : *Que la volonté de Dieu soit faite.*

La même histoire nous montre, à côté de ce modèle, l'homme de l'expédient. Caïphe, redoutant la colère des Romains, transige avec le devoir, sacrifie le juste et dit : « Il est *expédient* (expedit) qu'un homme périsse pour le salut de tous. » L'homme de la transaction triomphe, l'homme du principe est crucifié. Mais qu'arrive-t-il ? Un demi-siècle après, le genre humain tout entier, Juifs et Gentils, Grecs et Romains, maîtres et esclaves, se rallient à la doctrine de Jésus ; et, si Caïphe avait vécu à cette époque, il aurait pu voir la charrue passer sur la place où fut cette Jérusalem qu'il avait cru sauver par une lâche et criminelle transaction [1].

---

[1] V. les chap. xiv et xviii de la première série des *Sophismes*, t. IV, p. 86 et 64.   (*Note de l'éditeur.*)

45.— QUATRIÈME DISCOURS.

Prononcé à Lyon, au commencement d'août 1847, sur les conséquences comparées du régime protecteur et du libre-échange.

Messieurs, il semble qu'en se permettant de convoquer un grand nombre de ses concitoyens autour d'une chaire pour leur adresser ce qu'on appelle un « discours, » on s'engage par cela même à remplir toutes les difficiles conditions de l'art oratoire. Je suis pourtant bien éloigné d'une telle prétention, et mon insuffisance me force de réclamer toute votre indulgence. Vous serez peut-être portés à me demander pourquoi, me sentant aussi dépourvu des qualités qu'exige la tribune, j'ai la hardiesse de l'aborder. C'est, Messieurs, qu'en considérant attentivement les souffrances et les misères qui affligent l'humanité, — le travail souvent excessif, la rémunération plus souvent insuffisante, — les entraves qui retardent ses progrès et font particulièrement obstacle à ses tendances vers l'égalité des conditions, j'ai cru très-sincèrement qu'une bonne part de ces maux devait être attribuée à une simple erreur d'économie politique, erreur qui s'est emparée d'assez d'intelligences pour devenir l'opinion, et, par elle, la loi du pays ; — et dès lors j'ai considéré comme un devoir de combattre cette erreur avec les deux seules armes honnêtes qui soient à ma disposition, la plume et la parole. Voilà mon excuse, Messieurs. J'espère que vous voudrez bien l'accueillir, car j'ai remarqué de tout temps que les hommes étaient disposés à beaucoup pardonner en faveur de la sincérité des intentions.

J'ai parlé d'une erreur qui prévaut, non-seulement dans la législation, mais encore et surtout dans les esprits. Vous devinez que j'ai en vue le système restrictif, cette barrière par laquelle les nations s'isolent les unes des autres, dans l'objet, à ce qu'elles croient, d'assurer leur indépendance et d'augmenter leur bien-être.

Je ne voudrais pas d'autres preuves de la fausseté de ce système que le langage qu'il a introduit dans l'économie politique, langage toujours emprunté au vocabulaire des batailles. Ce ne sont que *tributs, invasions, luttes, armes égales, vainqueurs et vaincus*, comme si les effets des échanges pouvaient être les mêmes que ceux de la violence. L'impropriété du langage ne révèle pas seulement la fausseté de l'idée, elle la propage ; car, après s'être servi de ces locutions dans le sens figuré, on les emploie dans leur acception rigoureuse, et l'on a entendu un de nos honorables protectionnistes s'écrier : « J'aimerais mieux une invasion de Cosaques qu'une invasion de bestiaux étrangers. » Je me propose d'exposer aujourd'hui les conséquences comparées du régime protecteur et du libre-échange ; mais, avant, permettez-moi d'analyser une des expressions que je viens de citer, celle de *lutte industrielle*. Cette expression, comme toutes celles qui trouvent un accès facile dans l'usage, a certainement un côté vrai. Elle n'est pas fausse, elle est incomplète. Elle se réfère à quelques effets, et non à l'ensemble des effets. Elle induit à penser que lorsque, dans un pays, une industrie succombe devant la rivalité de l'industrie similaire du dehors, la nation en masse en est affectée de la même manière que cette industrie. Et c'est là une grande erreur, car la *lutte industrielle* diffère de la lutte militaire en ceci : Dans la lutte armée, le vaincu est soumis à un tribut, dépouillé de sa propriété, réduit en esclavage ; dans la lutte industrielle, la nation vaincue entre immédiatement en partage du fruit de la victoire. Ceci paraît étrange et semble un paradoxe ; c'est pourtant ce qui constitue la différence entre ce genre de relations humaines qu'on nomme *échanges*, et cet autre genre de relations qu'on appelle *guerres*. Et, certes, on

conviendra qu'il doit y avoir une dissemblance, quant aux
effets, entre deux ordres d'action si différents par leur
nature.

Comment se fait-il que le résultat de la *lutte industrielle*
soit de faire participer le vaincu aux avantages de la victoire ? J'expliquerai ceci par un exemple familier, trop
familier peut-être pour cette enceinte, mais que je vous
demande la permission de vous soumettre comme très-
propre à faire comprendre ma pensée.

Dans une petite ville, la maîtresse de maison fait ce qu'on
nomme le pain du ménage. Mais voici qu'un boulanger s'é-
tablit aux environs. Notre ménagère calcule qu'elle aurait
plus de profit à s'adresser à l'industrie rivale. Cependant
elle essaye de *lutter*. Elle s'efforce de mieux faire ses achats
de blé, de ménager le combustible et le temps. Mais, de
son côté, le boulanger fait des efforts semblables. Plus la
ménagère diminue son prix de revient, plus le boulanger
diminue son prix de vente, jusqu'à ce qu'enfin l'industrie
du ménage succombe. Mais remarquez bien qu'elle ne succombe que parce qu'elle confère au ménage plus de profit
en succombant qu'elle n'eût fait en se maintenant.

Il en est de même quand deux nations sont en *lutte industrielle* sur le terrain du *bon marché ;* et si les Anglais,
par exemple, placés dans des conditions plus favorables,
nous fournissent de la houille, ou le Brésil du sucre, à si
bas prix qu'on n'en puisse plus faire en France, renoncer
à en produire chez nous, c'est constater précisément l'a-
vantage supérieur que nous trouvons à l'acheter ailleurs.

Entre ces deux cas, il n'y a qu'une différence : dans
l'un, les qualités de producteur et de consommateur se
confondent dans la même personne, et dès lors tous les
effets de la prétendue défaite se montrent en même temps
et sont faciles à comprendre ; dans l'autre, le consommateur de la houille ou du sucre n'est pas le même que le

producteur, et il est alors aisé d'introduire dans le débat
cette conclusion, qui consiste à ne montrer le résultat de la
lutte que par un côté, celui du producteur, faisant abstraction du consommateur. Évidemment pour ne rien négliger
dans l'appréciation du résultat général, il faut considérer la
nation comme un être collectif qui comprend l'intérêt
producteur et l'intérêt consommateur ; et alors on s'apercevra que la lutte industrielle l'affecte exactement comme
elle affecte ce ménage que j'ai cité pour exemple. C'est,
dans l'un et l'autre cas, l'acquisition par voie d'échange,
choisie de préférence à l'acquisition par voie de production directe (¹).

Mais, Messieurs, je veux, pour un moment, faire aussi
abstraction de cette compensation que le consommateur
recueille en cas de défaite industrielle, compensation dont
les protectionnistes ne tiennent jamais compte. Je veux examiner la lutte industrielle sous le point de vue exclusif des
industries qui y sont engagées, et rechercher si c'est la restriction ou la liberté qui leur donne les meilleures chances.

C'est encore une question intéressante ; car quand une
grande ville, comme Lyon, par exemple, a fondé, au moins
en grande partie, son existence sur une industrie, il est
bien naturel qu'elle ne veuille pas la voir succomber par
la considération des avantages qu'en pourraient recueillir
les consommateurs.

Quel est le champ de bataille de deux industries rivales ?
Le *bon marché*. Comment l'une peut-elle vaincre l'autre ?
Par le *bon marché*. Si, d'une manière permanente, les
Suisses peuvent vendre à 80 fr. la même pièce d'étoffe que
vous ne pouvez établir qu'à 100 fr., vous serez battus.

Aussi, voyons-nous tous les hommes poursuivre instinctivement un but : *la réduction des prix de revient*.

(¹) V. le chap. *Domination par le travail*, tome IV, p. 265.
(*Note de l'éditeur.*)

Messieurs, je ne sais pourquoi on a voulu faire de l'économie politique une science mystérieuse, car, s'il est une science qui se tienne toujours près des faits et du bon sens, c'est certainement celle-là. Observez ce qui se passe dans vos comptoirs, dans vos ateliers, dans vos ménages, à la campagne, à la ville : que cherchent tous les hommes sans distinction de rangs, de races, de profession? *A diminuer le prix de revient.*

C'est pour cela qu'ils ont substitué la charrue à la houe, la charrette à la hotte, la vapeur au cheval, le rail au pavé, la broche au fuseau; toujours, partout, on veut *diminuer le prix de revient.* N'est-ce pas une indication que les bons gouvernements doivent faire de même, agir dans le même sens? Mais, au contraire, ils se sont fait une économie politique en vertu de laquelle, autant qu'il est en eux, ils enflent vos *prix de revient;* car que fait le régime protecteur? Il renchérit tous les éléments qui entrent dans vos prix de revient et les constituent. Ce n'est pas seulement son résultat, c'est sa prétention; ce n'est pas un accident, c'est un système, un but, un parti pris. Ainsi, il se met en contradiction avec toutes les tendances de l'humanité. Et on appelle cela de l'économie politique sage et prudente !

Mais voyons un peu. De quoi se compose le prix de revient d'une pièce d'étoffe ? D'abord de toutes les matières qui entrent dans sa confection; ensuite du prix de tous les objets qui ont été consommés par les travailleurs pendant le cours entier de l'opération. Il faut évidemment, pour que l'industrie continue, pour que l'opération se renouvelle, qu'à chaque fois le prix total de la vente couvre tous ces débours partiels.

Or, que fait le régime protecteur? En tant qu'il agit, il ajoute, et il a la prétention d'ajouter à tous ces prix partiels. Il aspire méthodiquement à les élever. Il dit : Vous payerez un peu plus cher la machine, le combustible, la teinture, le lin, le coton et la laine qui entrent dans cette pièce d'étoffe. Vous payerez un peu plus cher le blé, le vin, la viande, les vêtements que vous et vos ouvriers aurez consommés et usés pendant l'opération, et de tout cela, il résultera pour vous un prix de revient plus élevé qu'il ne devrait l'être ; mais, en compensation, je vous donnerai un privilége sur les consommateurs du pays, et, quant à ceux du dehors, nous tâcherons de les décider à vous surpayer par les ruses diplomatiques, ou par un grand déploiement de forces qui retomberont encore à la charge de votre *prix de revient.*

Eh quoi ! Messieurs, ai-je besoin de vous dire toute l'inanité et tout le danger d'un pareil système ? A supposer que la contrebande ne vienne pas vous chasser du marché intérieur, ni les belles phrases, ni les canons, ni la complaisance avec laquelle les ministres vantent leur prudence et leur sagesse ne forceront l'étranger à vous donner 100 fr. de ce qu'il trouve ailleurs à 80.

Jusqu'ici vous n'avez peut-être pas beaucoup souffert de ce système (je me place toujours au point de vue producteur), mais pourquoi ? Parce que les autres nations, excepté la Suisse, s'étaient soumises aux mêmes causes d'infériorité. J'ai dit excepté la Suisse ; et remarquez que c'est aussi la Suisse qui vous fait la plus rude concurrence. Et cependant, qu'est-ce que la Suisse ? Elle ne recueille pas des feuilles de mûriers sur ses glaciers ; elle n'a ni le Rhône ni la Saône ; elle vous offusque néanmoins. Que sera-ce donc de l'Italie qui a commencé la réforme, et de l'Angleterre qui l'a accomplie ?

Car, Messieurs, on vous dit sans cesse que l'Angleterre n'a fait qu'un simulacre de réforme ; et, quant à moi, je ne puis assez m'étonner qu'on puisse, en France, au dix-neuvième siècle, en imposer aussi grossièrement au public sans se discréditer. Sans doute l'Angleterre n'a pas complétement

achevé sa réforme; mais pour qui comprend quelque chose
dans la marche des événements, il est aussi certain qu'elle
l'achèvera, qu'il est certain que l'eau du Rhône, qui passe
sous les ponts de Lyon, se rendra à la Méditerranée. Et en
attendant, on peu dire que la réforme est si avancée, en ce
qui touche notre question, qu'on peut la considérer comme
complète. L'Angleterre a affranchi de tous droits, et d'une
manière absolue, la soie, la laine, le coton, le lin, le blé, la
viande, le beurre, le fromage, la graisse, l'huile, c'est-à-dire
les 99/100 de ce qui entre dans la valeur d'une pièce d'é-
toffe. Et vous n'êtes pas effrayés, voyant ce que peut la
Suisse, de ce que pourra bientôt l'Angleterre! Vous résis-
terez, je le sais, par la supériorité de votre goût, par les
qualités artistiques qui distinguent vos fabricants. Mais il
y a une chose à quoi rien ne résiste : c'est le *bon marché*.

On vous dit : « Pourquoi vous mêler d'économie politique? Occupez-vous de vos affaires. » Vous le voyez, Messieurs, l'économie politique pénètre au cœur de vos affaires. Elle vous intéresse aussi directement que le bon état
de vos machines ou de vos routes, qui ont pour objet de
diminuer vos *prix de revient.*

Hier, on me citait un fait qui doit être ici à la connaissance de tout le monde, et qui est bien propre à vous faire
réfléchir. On m'assurait, et je n'ai pas de peine à le croire,
car c'est bien naturel, qu'à cause de l'influence de l'octroi
sur la cherté de la vie, toutes les industries qui n'ont pas
besoin de s'exercer au milieu d'une grande agglomération
d'hommes tendaient à aller s'établir à la campagne.

Eh bien! Messieurs, entre une nation et une autre, la
douane fait exactement ce que fait l'octroi entre la ville et
la campagne; et, par la même raison qu'on va tisser aux
environs plutôt que de tisser à Lyon, on ira tisser en Angleterre plutôt que de tisser en France.

Et remarquez que l'octroi ne renchérit que les objets de

consommation. La douane renchérit et les objets de consommation et toutes les matières qui entrent dans la confection du produit. N'est-il pas clair, Messieurs, que la
tendance à laquelle je fais ici allusion serait bien plus manifeste si l'octroi frappait la soie, la teinture, les machines,
le fer, le coton et la laine?

Le régime prohibitif ne surcharge pas les prix de revient
seulement par les droits et les entraves; il les grève encore
par la masse énorme d'impôts qu'il traîne à sa suite.

D'abord, il paralyse l'action de la douane, en tant qu'instrument fiscal, cela est évident. Quand on prohibe textuellement ou non le drap et le fer, on renonce à tout revenu
public de ce côté. Il faut donc tendre les autres cordes de
l'impôt, le sel, la poste, etc.

Une ville a mis un droit d'octroi sur l'entrée des légumes,
et tire de cet impôt un revenu de 20,000 fr., indispensable
à sa bonne administration. Dans cette ville, il y a plusieurs
maisons qui jouissent de l'avantage d'avoir des jardins. Le
hasard, ou l'imprévoyance des électeurs, fait que les propriétaires de ces maisons forment la majorité du conseil
municipal. Que font-ils? Pour donner de la valeur à leurs
jardins, ils prohibent les légumes de la campagne. Je n'examine point ici le point de vue moral ni le côté économique
de cette mesure. Je me renferme dans l'effet fiscal. Il est
clair comme le jour que la caisse de la ville aura perdu
20,000 fr., quoique les habitants payent leurs légumes plus
cher que jamais; et je prévois que M. le maire, s'il a un
grain de sagesse dans la cervelle, viendra dire à son conseil :
Messieurs, je ne puis plus administrer. Il faut de toute
nécessité, puisque vous repoussez les légumes étrangers,
dans l'intérêt, dites-vous, des habitants, frapper ces mêmes
habitants d'un impôt de quelque autre espèce.

C'est ainsi que l'exagération de la douane a conduit à des
taxes de nouvelle invention.

Ensuite, le régime prohibitif nécessite un grand développement des forces militaires et navales; et ceci, Messieurs, mérite que nous nous y arrêtions un instant.

Ce régime est né de l'idée que la richesse, c'est le numéraire. Partant de là, voici comment on a raisonné : il y a une certaine quantité de numéraire dans le monde; nous ne pouvons augmenter notre part qu'en diminuant celle des autres, — d'où, par parenthèse, cette conclusion désespérante : la prospérité d'un peuple est incompatible avec la prospérité d'un autre peuple.

Mais ensuite, comment faire pour soutirer l'argent des autres nations et pour qu'elles ne nous soutirent pas le nôtre? Il y a deux moyens. Le premier, c'est de leur *acheter le moins possible*. Ainsi nous garderons notre numéraire; de là la restriction et la prohibition. Le second, c'est de leur *vendre le plus possible*. Ainsi nous attirerons à nous leurs métaux précieux; de là le système colonial. Car, Messieurs, pour assurer la vente, il faut donner à meilleur marché; — et la restriction, comme nous venons de voir, est un empêchement invincible. Il a donc fallu songer à vendre cher, plus cher que les autres; mais cela ne pouvait se faire qu'en subjuguant les consommateurs, en leur imposant nos lois et nos produits; en un mot, en ayant recours à ce principe de destruction et de mort : la violence.

Mais, si ce principe est bon et vrai pour un pays, il est bon et vrai pour tous les autres. Ils ont donc tous tendu vers ces deux choses contradictoires : *vendre sans acheter*, — et de plus, vers les acquisitions de colonies et les agrandissements de territoire.

En d'autres termes, le principe de la restriction a jeté dans le monde un antagonisme radical, et un ferment de discorde pour ainsi dire méthodique.

Or, quand les choses en sont là, quand la tendance de

tous les peuples à la fois est de se ruiner réciproquement et de se dominer les uns les autres, il est bien clair que chacun doit se soumettre aussi à un autre effort, quelque pénible qu'il soit, celui de se donner de fortes armées permanentes et de puissantes marines militaires.

Et cela ne se peut sans de lourds impôts, d'interminables entraves; ce qui aboutit encore, et toujours, à *augmenter le prix de revient des produits.*

Ainsi, entraves, gênes, impôts, priviléges, inégalités, reuchérissement des objets de consommation, renchérissement des matières premières, infériorité industrielle, jalousies nationales, principe d'antagonisme, armées permanentes, puissantes marines, guerres imminentes, développement de la force brutale, voilà le programme du régime restrictif. Je voudrais vous présenter aussi celui du libre-échange. Mais quoi! ai-je autre chose à faire pour cela que de prendre justement le contre-pied de ce que je viens de dire?

Le libre-échange est non-seulement une grande réforme, mais c'est la source obligée de toutes les réformes financières et contributives.

Quand on a demandé la réduction du port des lettres, l'abaissement de l'impôt du sel, la simple exécution de la loi sur les surtaxes, qu'a-t-il été répondu? « Rien de tout cela ne peut se faire sans que le fisc perde quelques millions! » Le problème, l'éternel problème est donc de trouver ces quelques millions, quelque chose qui fasse l'office qu'a fait l'*income-tax* entre les mains de sir Robert Peel.

Eh bien! par un bonheur providentiel, pour le salut de nos finances, il se rencontre que la douane se présente, parmi tous nos impôts, avec ce caractère unique, étrange, qu'en soulageant le contribuable on élève le revenu. C'est ce qu'avouent, de la manière la plus explicite, les deux grands apôtres de la restriction! « Si la douane n'était que fiscale, dit M. Ferrier, elle donnerait peut-être le double de revenu. » «Il n'est pas étonnant, ajoute M. de Saint-Cricq, que la douane rende peu, puisque son objet est précisément d'éloigner les occasions de perception ! »

Donc, en transformant la douane protectrice en douane fiscale, c'est-à-dire en faisant une institution nationale de ce qui n'est qu'une machine à priviléges, vous avez de quoi faire face à la réforme de la poste et du sel.

Mais ce n'est pas tout, je vous ai fait voir que la restriction était un principe de guerre ; par cela même le libre-échange est un principe de paix. Qu'on dise que je suis un rêveur, un enthousiaste, peu m'importe, je soutiens qu'avec le libre-échange et l'entrelacement des intérêts qui en est la suite, nous n'avons plus besoin, pour maintenir notre indépendance, de transformer cinq cent mille laboureurs en cinq cent mille soldats. Quand les Anglais pourront aller, comme nous, à la Martinique et à Bourbon, quand nous pourrons aller, aussi bien qu'eux, à la Jamaïque et dans l'Inde, quel intérêt aurions-nous à nous arracher des colonies et des débouchés ouverts à tout le monde ?

Non, je ne me laisse pas aller ici à un désir, à un sentiment, à une vague espérance. J'obéis à une conviction entière, fondée sur ce qui est pour moi une démonstration rigoureuse, quand je dis que l'esprit du libre-échange est exclusif de l'esprit de guerre, de conquête et de domination. Dès que l'on comprendra que la prospérité réelle, durable, inébranlable de chaque industrie particulière est fondée, non sur les monopoles nuisibles aux masses, mais au contraire sur la prospérité des masses qui sont sa clientèle, c'est-à-dire du monde entier ; quand les Lyonnais croiront que plus les Américains, les Anglais, les Russes, seront riches, plus ils achèteront de soieries ; quand la même conviction existera dans chaque centre de population et d'in-

dustrie; en un mot, quand l'opinion publique sanctionnera
le libre-échange, je dis que la dernière heure des agressions violentes aura sonné, et que, dès ce moment, nous
pourrons diminuer dans une forte proportion nos forces de
terre et de mer.

Car le meilleur des boulevards, la plus efficace des fortifications, la moins dispendieuse des armées, c'est le libre-
échange, qui fait plus que de repousser la guerre, qui la
prévient; qui fait mieux que de vaincre un ennemi, qui en
fait un ami.

Et, à cet égard, ma foi dans le libre-échange est telle que
je veux la mettre ici à l'épreuve d'une prédiction, quoique
je sache combien il est dangereux de faire le prophète,
même hors de son pays. Si ma prédiction ne se vérifie pas,
je consens, il le faudra bien, à ce que mes paroles perdent
le peu d'autorité qui peut s'y attacher. Mais aussi, si elle
s'accomplit, j'aurai peut-être droit à quelque confiance.
L'Angleterre a adopté le libre-échange. Je prédis solennellement que d'ici à sept ans, c'est-à-dire pendant le cours
de la législation actuelle, elle aura licencié la moitié de ses
forces de mer. — On me dira sans doute : Cela est si peu
probable que, le jour même où sir Robert Peel a introduit
la réforme, et, dans le même exposé des motifs, il a demandé une allocation pour augmenter la marine. — Je le
sais, et j'ose dire que c'est la plus grande faute, sous tous
les rapports, et la plus grande inconséquence qu'ait faite
cet homme d'État, d'ailleurs alors nouveau converti au
libre-échange. — Mais cette circonstance, en rendant ma
prédiction plus hasardée, ne fait que lui donner plus de
poids si elle se réalise [1].

Nos forces de terre et de mer ramenées ainsi successivement à des proportions moins colossales, je n'ai pas be-

---

[1] Voir la note *finale* du tome III, p. 518.   (*Note de l'éditeur.*)

soin de dire la série de réformes financières et contributives qui deviendraient enfin abordables. Trop de précision à cet égard me ferait sortir de mon sujet. Je crois pouvoir dire cependant que, procédant du libre-échange, ces réformes seraient faites dans son esprit et s'attaqueraient d'abord aux impôts qui présentent un caractère évident d'inégalité, ou gênent les mouvements du travail et la circulation des hommes et des produits. C'est nommer l'octroi et la législation des boissons.

Il me sera permis. aussi de faire observer qu'une réduction des forces de terre et de mer amènerait de toute nécessité un adoucissement de la loi du recrutement, si lourde pour la population des campagnes, et de l'inscription maritime, plus onéreuse encore pour notre population du littoral, en même temps qu'elle est, après le régime restrictif, le plus grand fléau de notre marine marchande. (V. le n° 36.)

Messieurs, je livre ces remarques à vos méditations. Examinez-les en toute sincérité : vous vous convaincrez qu'il n'y a rien de chimérique, rien d'impraticable; que celui qui vous parle n'est pas un illuminé ; que ces réformes naissent les unes des autres, et ont leur base dans celle de notre législation commerciale. Que faut-il pour réaliser le bien dont je n'ai pu vous tracer qu'une bien incomplète esquisse? Rien qu'une seule chose, partager l'esprit du libre-échange. Aidez-nous dans cette entreprise ; j'en appelle à vous tous, Messieurs, et particulièrement à ceux d'entre vous qui tiennent en leurs mains les véhicules de l'instruction, les organes de la publicité. Ils savent aussi quelle responsabilité morale se lie à cette puissance. Je les en conjure, qu'aucune considération de personne ou de parti ne les détourne de se dévouer à la cause, à la sainte cause de la libre communication et de l'union des peuples. A Dieu ne plaise que je demande à qui que ce soit le moindre sa-

crifice de ses convictions politiques ! mais, grâce au ciel, la
foi dans le libre-échange peut s'allier avec les opinions les
plus divergentes en d'autres matières. On l'a vue soutenue
par le journal des *Débats*, par le *Siècle*, par le *Courrier* ; et le
National a déclaré que la liberté du travail et de l'échange
était la fille de ses œuvres. En voulez-vous un autre exemple ? Voyez-la régner de temps immémorial sur le pays le
plus démocratique de la terre, la Suisse, et s'établir au sein
de la nation la plus aristocratique du monde, l'Angleterre. Hommes de toutes les opinions politiques, unissons-
nous pour éclairer l'opinion. Ne disons pas qu'il ne se présentera point un grand ministre pour réaliser nos vœux.
L'opinion publique est le foyer où se forment les grands
hommes. Quand nous avons eu à défendre ou notre territoire, ou le principe de la révolution française, ce ne sont
ni les généraux habiles, ni les soldats dévoués qui nous ont
manqué. De même, quand l'opinion voudra la liberté commerciale, ce n'est pas un homme d'État qui nous fera défaut, un homme sincère et dévoué se présentant devant la
chambre avec le plan de réforme que je viens d'esquisser,
et osant dire : Voilà un programme de justice et de paix ;
il triomphera avec moi, ou je tomberai avec lui !

46. — CINQUIÈME DISCOURS.

Prononcé dans la seconde réunion publique tenue à Lyon, en août 1847,
sur l'influence du régime protecteur à l'égard des salaires.

MESSIEURS,

Si dans ces communications, que vous voulez bien me
permettre d'avoir avec vous, j'avais en vue un succès personnel, certes, je ne paraîtrais pas aujourd'hui à cette tribune. Ce n'est pas que, sur le vaste sujet qui m'est proposé,

les idées ou les convictions me fassent défaut. Au contraire, car, quand j'ai voulu mettre quelque ordre dans les démonstrations que j'avais à vous soumettre, elles se sont présentées en si grand nombre à mon esprit que, malgré mes efforts, il m'a été impossible de faire entrer tous ces matériaux dans le cadre d'un discours; et j'ai dû prendre le parti de m'en remettre beaucoup à l'inspiration du moment et à votre bienveillance.

Et cependant, cette grande question du salariat, je dois la circonscrire à un seul point de vue, car vous n'attendez pas que je la traite ici dans tous ses aspects moraux, sociaux, philosophiques et politiques.

Cela me conduirait à scruter les fondements de la propriété, l'origine et les fonctions du capital, les lois de la production, de la répartition des richesses, et même de la population; à rechercher si le *salariat* est, pour une portion de l'humanité, une forme naturelle, équitable et utile de participation aux fruits du travail; si cette forme a toujours existé, si elle est destinée à disparaître, et, enfin, si elle est une transition entre un mode imparfait et un mode moins défectueux de rémunération, entre le servage dans le passé et l'association dans l'avenir.

Loin de moi de blâmer les hardis pionniers de la pensée qui explorent ces vastes régions. Quelquefois, il est vrai, j'ai souhaité de leur voir poser le pied sur le terrain solide des vérités acquises, plutôt que de rester dans le vague ou d'emprunter les ailes de l'imagination. J'ai peu de foi, je l'avoue, dans ces arrangements sociaux, dans ces organisations artificielles que chaque matin voit éclore et que chaque soir voit mourir. Il n'est pas probable qu'à un signal donné l'humanité se laisse jeter dans un moule, quelque séduisante qu'en soit la forme, quel que soit le génie de l'inventeur. La société m'apparaît comme une résultante. Les faits passés qui exercent tant d'influence sur le présent,

les traditions, les habitudes, les erreurs dominantes, les vérités acquises, les expériences faites, les préjugés, les passions, les vertus, les vices, voilà les forces diverses qui déterminent nos institutions et nos lois. Comment croire que
la société s'en dépouillera tout à coup, comme on rejette
un vêtement pour en prendre un à la mode? — Je n'en
rends pas moins justice aux bonnes intentions des publicistes qui poursuivent cette chimère; et je crois qu'ils ont
rendu un service à la science en la forçant de scruter ces
grandes questions et d'élargir le champ de ses études (¹).

Mais s'il est vrai que le progrès soit subordonné à la diffusion de la lumière et de l'expérience, je ne vois pas qu'on
puisse blâmer, comme on le fait, un homme ou une association d'hommes qui s'attaquent à une erreur déterminée,
laquelle a donné naissance à une institution funeste.

On nous dit sans cesse que le libre-échange ne donne pas
la clef du grand problème de l'humanité. Il n'a pas cette
prétention. Il ne s'annonce pas comme devant panser
toutes les plaies, guérir tous les maux, dissiper tous les préjugés, fonder à lui seul le règne de l'égalité et de la justice
parmi les hommes, et ne laisser, après lui, rien à faire à
l'humanité.

Nous croyons qu'il est en lui-même un très-grand progrès, et, de plus, par l'esprit qu'il propage, par les lumières
qu'il suppose, une excellente préparation à d'autres progrès
encore. Mais nous nous rendrions coupables d'exagération
si nous le présentions, ainsi qu'on nous en accuse souvent,
comme une panacée universelle, particulièrement à l'égard
des classes laborieuses.

Je me renfermerai donc dans cette question :

Quelle est l'influence du régime restrictif sur le taux des
salaires, ou plutôt sur la condition des ouvriers?

_____

(¹) V. le chap. 1ᵉʳ du tome VI.   (*Note de l'éditeur.*)

Voilà tout ce que je veux examiner. Je ne cherche pas ce que deviendrait le sort de cette classe dans un phalanstère ou en Icarie. Je prends la société telle qu'elle est, telle que le passé nous l'a léguée. Dans cette société je vois le capital rémunérant le travail. C'est un premier *fait*. Je vois en outre des légions d'hommes occupés à entraver la circulation des produits; c'est un second *fait*. Je cherche comment le second de ces faits agit sur le premier.

Et d'abord une première question se présente à moi. Qui a placé là cette légion armée? Ce ne sont pas les ouvriers, puisqu'ils n'ont pas la voix au chapitre; ce sont les maîtres. Donc, en vertu de la maxime : *Id fecit cui prodest*, la présomption est que cette institution, si elle profite à quelqu'un, profite aux maîtres.

Messieurs, permettez-moi de raisonner provisoirement sur cette hypothèse que le régime restrictif, dans l'ensemble de ses effets, bons et mauvais, entraîne une certaine déperdition de forces utiles ou de richesses. Cette hypothèse n'est pas tellement absurde qu'on ne puisse s'en servir un instant. Je n'ai jamais rencontré personne qui ne m'ait fait cette concession sous cette forme : *Vous avez raison en principe*. Le fondateur du système restrictif en France l'a lui-même considéré comme transitoire, ce qu'il n'aurait pas fait s'il avait reconnu dans son essence une vertu productive. Il paraît certain qu'empêcher les produits du Midi de pénétrer dans le Nord, et réciproquement, favoriser par là dans le Nord des industries que seconderait mieux le climat du Midi, c'est paralyser partout une certaine portion de ces forces gratuites que la nature avait mises à la disposition des hommes. Je puis donc sans témérité raisonner un instant sur cette hypothèse, admise d'ailleurs par les protectionnistes eux-mêmes, que le régime prohibitif, dans l'ensemble de ses effets, tout compensé, entraîne la déperdition d'une certaine quantité de richesses.

De plus, l'instrument lui-même coûte quelque chose. Les incertitudes que les tarifs sujets à changement font planer sur l'industrie et le commerce, les collisions qu'ils peuvent amener entre les peuples, et contre lesquelles il faut se précautionner, le développement qu'il faut donner à l'action de la justice pour réprimer des actions innocentes en elles-mêmes, que cette législation fait inscrire au nombre des délits et des crimes, les obstacles, les visites, les retards, les erreurs, les contestations, — ce sont autant d'inconvénients inséparables du système, et qui se traduisent en *déperdition de forces.* Tout le monde sait que le seul retard, apporté cette année à la suspension de l'échelle mobile, a peut-être coûté à la France cinquante millions.

Or, si, au total, dans la généralité de ses effets directs ou indirects, le système restrictif entraîne une déperdition de richesses, il faut nécessairement que cette perte retombe sur quelqu'un.

Lors donc que les législateurs protectionnistes affirment que la classe ouvrière, non-seulement n'entre pas en participation de la perte définitive, mais encore bénéficie par ce régime, c'est comme s'ils disaient :

« Nous, qui faisons la loi, voulant procurer à la classe ouvrière un profit extra-naturel, nous nous infligeons encore une seconde perte égale à tout le bénéfice que nous prétendons conférer aux ouvriers. »

Je le demande : Y a-t-il aucune vraisemblance que les législateurs aient agi ainsi (1)?

Qu'on me permette de formuler ma pensée dans la langue des chiffres, non pour arriver à des précisions exactes, mais par voie d'élucidation.

Représentons par 100 le revenu national sous l'empire des relations libres. Nous n'avons aucune donnée pour sa-

(1) V. le chap. VI de la seconde série des *Sophismes,* t. IV, p. 173.
(*Note de l'éditeur.*)

voir comment le revenu se partage entre le capital et le travail. Mais comme, si les capitalistes sont plus riches, les
travailleurs sont plus nombreux, admettons 50 pour les uns,
et 50 pour les autres. Survient la restriction. Et d'après
notre hypothèse le revenu général descend à 80. — Or,
selon les protectionnistes, la part des ouvriers étant augmen-
tée, nous pouvons la supposer de 60, d'où il suit que celle
des capitalistes tomberait à 20.

Je défie les protectionnistes de sortir de ce cercle. S'ils
conviennent que le régime protecteur entraîne une perte
comme résidu général de tous ses effets, et s'ils affirment
néanmoins qu'il enrichit les ouvriers, la conséquence nécessaire est que ceux qui n'ont pas fait la loi recueillent
un profit, et que ceux qui ont fait la loi encourent deux
pertes (1).

Et, s'il en est ainsi, il faudrait regarder comme attaqués
de folie les hommes qui, dans l'intérêt des ouvriers, réclament une extension de droits politiques; car, certes, jamais
les ouvriers, dans leur esprit de justice, ne feraient aussi
bien leurs affaires, et n'infligeraient aux capitalistes une loi
aussi rigoureuse.

Mais voyez à quelle absurde contradiction on arrive. Qui
m'expliquera comment il se fait que, le capital se détrui-
sant, le travail se développe, et que, pour comble d'absurdité, la loi qui détruit le capital soit précisément celle qui
enrichit le travail?

Je ne pense pas qu'on puisse contester la rigueur de ces
déductions. Seulement, on pourra dire : Elles reposent sur
l'assertion que le régime restrictif entraîne une déperdition
de forces, et c'est là une concession que les protectionnistes
ont faite, il est vrai, mais qu'ils se hâtent de retirer.

Eh ! Messieurs, c'est précisément où je voulais vous ame-

(1) V. ci-après les numéros 57 et 58.   (*Note de l'éditeur.*)

ner : à reconnaître qu'il faut étudier le régime restrictif en lui-même ; savoir si, au total, il entraîne ou n'entraîne pas une déperdition de richesses. S'il l'entraîne, il est jugé ; et lorsqu'on met en avant les ouvriers et leurs salaires, je ne dirai pas qu'on ajoute l'hypocrisie à la cupidité, mais qu'on entasse erreur sur erreur.

La vérité est qu'en vertu de la loi de solidarité, de l'effort que chacun fait pour se débarrasser du fardeau, de cette *vis medicatrix* qui est au fond de la société humaine, le mal tend à se répartir sur tous, maîtres et ouvriers, en proportions diverses.

Ne nous en tenons pas à des présomptions, et attaquons directement le problème.

Un simple ouvrier l'a admirablement posé en ces termes pleins de justesse et de clarté :

Quand deux ouvriers courent après un maître, les salaires baissent.

Quand deux maîtres courent après un ouvrier, les salaires haussent.

L'économie politique ne fait qu'habiller cette pensée d'un vêtement plus doctoral quand elle dit : Le taux du salaire dépend du rapport de l'offre à la demande.

Le capital et le travail, voilà les deux éléments de ce taux. Quand il y a sur le marché une quantité de capital et une quantité de travail déterminées, le taux moyen des salaires s'en déduit de toute nécessité. Les maîtres voulussent-ils l'élever par bienveillance, ils ne le pourraient pas. Si le capital est représenté par 100 fr. et le travail par 100 hommes, le salaire ne peut être que de 1 fr. Si la philanthropie des maîtres ou de la loi le portait à 2 fr., le capital restant à 100, comme de 100 fr. on ne peut tirer que 50 fois 2 fr., il n'y aurait que 50 ouvriers d'employés. L'humanité en masse n'en serait que plus malheureuse, et l'inégalité des conditions plus choquante ; et, sans parler de la perte résultant de l'inactivité de 50 ouvriers, il est clair que la position ne serait plus tenable, que ces 50 ouvriers viendraient offrir leurs bras au rabais, et que la force des choses ramènerait la répartition primitive.

Il n'y a donc pas d'autre moyen au monde d'augmenter le taux des salaires que d'augmenter la proportion du capital disponible, ou de diminuer la quantité du travail offert (1).

Cela posé, voyons comment le régime protecteur agit sur chacun de ces deux éléments.

Une nation est sous le régime libre, et elle possède, de temps immémorial, une fabrique de drap. La présomption est que, puisqu'une certaine portion de capital et de travail a pris naturellement cette direction, cette industrie, malgré la concurrence étrangère, réalise des profits égaux à ceux des autres entreprises analogues. Si elle donnait beaucoup moins, elle ne se serait pas établie ; si elle donnait plus, elle ne serait pas seule.

Cependant elle provoque la prohibition du drap étranger. Voyons ce qui se passe.

D'abord, le premier effet, l'effet le plus immédiat est que le drap renchérit ; et tous les habitants, y compris les ouvriers de toute sorte qui se vêtissent de drap, sont frappés comme d'une taxe. C'est pour eux une perte bien réelle. Je vous prie d'en prendre bonne note, de ne pas la perdre de vue ; je vous la rappellerai plus tard, quand nous aurons vu si nous lui trouvons ou non une compensation.

Puisque le drap est plus cher, notre fabrique fait plus de profits ; et puisque ses profits antérieurs étaient égaux aux profits moyens des industries analogues, ses profits actuels seront supérieurs. Or, vous savez que la tendance des capitaux est de se porter et d'entraîner le travail là où sont

(1) V. au tome IV, page 74, le chap. xii de la première série des Sophismes. (Note de l'éditeur.)

les plus gros bénéfices. Il y aura donc, dans la fabrication du drap, un surcroît de demande de travail et un surcroît de capital pour y faire face, c'est-à-dire ce qui constitue précisément les conditions dans lesquelles le salaire hausse. C'est là que les protectionnistes triomphent.

Mais, ainsi que je le répète souvent, les sophismes ne sont pas des raisonnements faux, ce sont des raisonnements incomplets. Ils ont le tort de ne montrer qu'une chose là où il y en a deux ; et la médaille par un seul côté.

D'où sort ce capital qui va étendre la fabrication du drap ? Voilà ce qu'il faut examiner; et voilà sur quoi j'appelle toute votre attention ; car évidemment, Messieurs, si nous venions à découvrir que le plein ne s'est fait d'un côté qu'aux dépens d'un vide qui se serait fait d'un autre, et que la prohibition a agi comme cette servante qui prenait par le dessous d'une pièce de vin de quoi combler ce qui manquait au-dessus, évidemment, dis-je, nous ne serions pas plus avancés, et nous serions en droit de reprocher au sophisme d'avoir dissimulé cette circonstance.

Donc, d'où sort ce capital ? Le soleil ou la lune l'ont-ils envoyé mêlé à leurs rayons, et ces rayons ont-ils fourni au creuset l'or et l'argent, emblèmes de ces astres ? ou bien l'a-t-on trouvé au fond de l'urne d'où est sortie la loi restrictive ? Rien de semblable. Ce capital n'a pas une origine mystérieuse ou miraculeuse. Il a déserté d'autres industries, par exemple, la fabrication des soieries. N'importe d'où il soit sorti, et il est positivement sorti de quelque part, de l'agriculture, du commerce et des chemins de fer, là, il a certainement découragé l'industrie, le travail et les *salaires*, justement dans la même proportion où il les a encouragés dans la fabrication du drap. — En sorte que vous voyez, Messieurs, que le capital ou une certaine portion de capital ayant été simplement *déplacé*, sans accroissement quelconque, la part du salaire reste parfaitement la même. Il

est impossible de voir, dans ce pur remue-ménage (passez-
moi la vulgarité du mot), aucun profit pour la classe ouvrière. Mais, a-t-elle perdu? Non, elle n'a pas perdu du
côté des salaires (si ce n'est par les inconvénients qu'entraîne la perturbation, inconvénients qu'on ne remarque
pas quand il s'agit d'établir un abus, mais dont on fait
grand bruit et auxquels les protectionnistes s'attachent avec
des dents de boule-dogues quand il est question de l'extirper); la classe ouvrière n'a rien perdu ni gagné du côté
du salaire, puisque le capital n'a été augmenté ni diminué,
mais seulement *déplacé*. Mais reste toujours cette cherté
du drap que j'ai constatée tout à l'heure, que je vous ai signalée comme l'effet immédiat, inévitable, incontestable
de la mesure ; et à présent, je vous le demande, à cette
perte, à cette injustice qui frappe l'ouvrier, où est la compensation? Si quelqu'un en sait une, qu'il me la signale.

Et songez, Messieurs, qu'une perte semblable se renouvelle vingt fois par jour, — à propos du blé, à propos de
la viande, à propos de la hache et de la truelle. L'ouvrier
ne peut ni manger, ni se vêtir, ni se chauffer, ni travailler,
sans payer ce tribut au monopole. On parle de sa malheureuse condition. Pour moi, ce qui m'étonne, en présence
de tels faits, c'est que cette condition ne soit pas cent fois
plus malheureuse encore.

Heureusement que cette cherté ne se maintient jamais,
grâce au ciel, à la hauteur où les monopoleurs voulaient
l'élever. Je le reconnais ici, parce qu'avant tout il faut être
vrai. La concurrence intérieure vient toujours déjouer, dans
une certaine mesure, les espérances et les calculs des protectionnistes.

Aux entrepreneurs d'industrie, le régime restrictif offre
des compensations. S'ils payent plus cher ce qu'ils achètent, ils font payer plus cher ce qu'ils vendent ; non qu'ils
ne perdent, en définitive, mais enfin leur perte est atté-

nuée; pour l'ouvrir, il n'y a aucune atténuation possible.

Aussi, je me représente quelquefois un simple ouvrier, trouvant, je ne sais par quelle issue, accès dans l'enceinte législative. Ce serait certainement un spectacle curieux et même imposant, s'il se présentait à la barre de l'assemblée étonnée, — calme, modéré, mais résolu, et si, au milieu du silence universel, il disait : « Vous avez élevé, par la loi, le prix des aliments, des vêtements, du fer, du combustible; vous nous promettiez que le ricochet de ces mesures élèverait notre salaire en proportion et même au delà. Nous vous croyions, car l'appât d'un profit, fût-il illégitime, hélas ! rend toujours crédule. Mais votre promesse a failli. Il est bien constaté maintenant que votre loi, n'ayant pu que déplacer le capital et non l'accroître, n'a eu d'autre résultat que de faire peser sur nous, sans compensation, le poids de la cherté. Nous venons vous demander d'élever législativement le taux des salaires, au moins dans la même mesure que vous avez élevé législativement le prix de la subsistance. »

Je sais bien ce qu'on répondrait à ce malencontreux pétitionnaire. On lui dirait, et avec raison : « Il nous est impossible d'élever par la loi le taux du salaire ; car la loi ne peut pas faire qu'on tire d'un capital donné plus de salaires qu'il n'en renferme. »

Mais je me figure que l'ouvrier répliquerait : « Eh bien ! ce que vous dites que la loi ne peut faire directement, elle ne l'a pas fait indirectement selon vos promesses. Puisqu'il n'est pas en votre pouvoir de renchérir le salaire, ne renchérissez pas la vie. Nous ne demandons pas de faveur, nous demandons franc jeu, et que les produits soient purs de toute intervention législative, puisque le salaire est inaccessible à l'intervention législative. »

En vérité, Messieurs, je n'imagine pas ce qu'on pourrait

répondre. Et remarquez qu'en bonne justice, ce n'est pas
avec des présomptions, des probabilités qu'on peut repousser une telle requête. Il faut une certitude absolue (1).

Beaucoup de personnes se sont laissé séduire par ce fait
que les salaires sont plus élevés, par exemple, à Paris qu'en
Bretagne, et elles en ont conclu qu'ils tendent à se mettre
au niveau du prix de la vie. Mais la question n'est pas de
savoir si les divers salaires, qui prennent leur source dans
un capital donné, ne peuvent pas varier à l'infini selon une
multitude de circonstances. Nous ne mettons pas cela en
doute. Ce que nous nions, c'est que l'ensemble ou la grande
moyenne des salaires s'élève dans un pays, en vertu d'une
loi qui *déplace* le capital sans l'accroître.

Et, Messieurs, cette objection qu'on nous faisait il y a
deux ans, quand nous avons commencé notre œuvre, les
événements, avec une voix plus forte que la nôtre, se sont
chargés d'y répondre; car la disette est survenue et la
cherté avec elle. Or, qu'a-t-on vu? On a vu le salaire baisser plutôt que hausser. Ainsi, le fait nous a donné raison.
Et, d'ailleurs, le fait s'explique de la manière la plus
claire.

Quand le prix de la subsistance renchérit, l'universalité
des hommes dépense davantage pour en avoir la quantité
nécessaire. Il reste donc moins à dépenser à autre chose.
On se prive, et par là on produit la stagnation de l'industrie, qui amène forcément la baisse des salaires. En sorte
que, dans les temps de cherté, l'ouvrier est froissé par les
deux bouts à la fois, par la diminution de ses profits et par
l'élévation du prix de la vie.

La cherté artificielle a exactement les mêmes effets que
la cherté naturelle; seulement, comme elle dure plus, il se
fait, j'en conviens, certains arrangements sociaux sur cette

---

(1) V. au tome VI, le chap. des *Salaires*.   (*Note de l'éditeur.*)

donnée, car l'humanité a une souplesse merveilleuse. Mais les arrangements ne changent pas la nature des choses, ils s'y conforment, et savez-vous comment, à la longue, l'équilibre se rétablit ? Par la mort. La mort prend soin, à la longue et après bien des souffrances, de faire descendre la population au niveau de ce que peuvent nourrir des salaires réduits, tout au plus restés invariables, et combinés avec la cherté de la vie.

Puisque j'ai touché à ce formidable sujet de la population, je relèverai une objection qui nous a été faite en sens inverse.

On nous a dit : Le libre-échange est impuissant à conférer à la classe ouvrière un bien permanent. Il est vrai qu'il baissera le prix de la vie sans altérer le salaire, et conférera par conséquent plus de bien-être aux travailleurs ; mais ils multiplieront en vertu de ce bien-être même, et au bout de vingt ans, ils se trouveront replacés dans leur condition actuelle.

D'abord, cela n'est pas sûr ; il est possible que le capital augmente pendant ses vingt années aussi rapidement que la population.

Ensuite, il faut tenir compte des habitudes et des idées de prévoyance que donnent vingt ans de bien-être.

Mais, enfin, en admettant cette loi fatale, ne voit-on pas la faiblesse de l'objection ? N'est-ce rien que vingt années de bien-être ? est-ce une chose à dédaigner ? Mais c'est ainsi que la société progresse. D'ici à vingt ans elle aura accompli quelque autre œuvre qui prolongera le bien-être de vingt ans encore. Et quelle est la réforme à laquelle on ne pourrait opposer la même fin de non-recevoir ? Trouvez-vous un moyen de supprimer l'octroi sans le remplacer par aucun autre impôt ? Avez-vous imaginé un engrais qui ne coûte rien, et qui doit accroître prodigieusement la fertilité de la terre ? Je vous dirai : A quoi bon ? Brûlez votre in-

vention financière ou agricole. Elle soulagerait, il est vrai,
les hommes d'un lourd fardeau. Mais quoi! en vertu de ce
bien-être même, ils multiplieraient, et reviendraient, sauf
le nombre, au point de départ. Messieurs, l'humanité est
ainsi faite que c'est précisément à multiplier qu'elle aime à
consacrer ce qu'on lui laisse de bien-être; et faut-il pour
cela considérer ce bien-être comme perdu, le lui refuser
d'avance?

Comment trouverait-on ce raisonnement, s'il s'adressait
à un individu au lieu de s'adresser à une nation ou à une
classe?

Je suppose un jeune homme qui gagne 1,000 fr. par an.
Il désire épouser une jeune personne qui en gagne autant;
cependant il attend pour se mettre en ménage que leurs
appointements soient doublés. Le moment arrive, mais le
patron leur fait cette morale :

« Mes enfants, vous avez certainement droit à 4,000 fr.
entre deux, ils vous sont dus en toute justice. Mais si je
vous les donnais, vous vous marieriez; dans deux ou trois
ans vous auriez deux enfants, vous seriez quatre, et ce ne
serait jamais que 1,000 fr. par tête. Vous voyez qu'il ne
vaut pas la peine que je vous paye le traitement que vous
désirez, et dont d'ailleurs je reconnais la parfaite légi-
timité. »

La réponse que ferait le jeune homme est parfaitement
celle que pourrait faire l'humanité à l'objection que je ré-
fute. « Payez-moi ce qui m'est dû, dirait-il. Pourquoi vous
occupez-vous de l'usage que j'en ferai, s'il est honnête ?
Vous dites qu'après m'être procuré les jouissances de la famille, je n'en serai pas plus riche; je serai toujours plus
riche des jouissances éprouvées. Je sais que si j'emploie
ainsi l'excédant de mes appointements, je ne pourrai pas
l'employer à autre chose; mais est-ce une raison de dire
que je n'en ai pas profité? Autant vaudrait me refuser mon

dîner d'aujourd'hui sous prétexte que quand je l'aurai mangé, il n'en resterait plus rien. » Appliquée à un peuple, l'objection est de cette force. Elle revient à ceci : Sous le régime prohibitif, dans vingt ans la France aurait 40 millions d'habitants; sous un régime libre, comme elle aurait joui de plus de bien-être, elle en aurait 50 millions, lesquels, au bout de ce terme, ne seraient pas individuellement plus riches.

Et compte-t-on pour rien 10 millions d'habitants de plus; toutes les satisfactions que cela suppose, toutes les existences conservées, toutes les affections satisfaites, tous les désordres prévenus, toutes les existences allumées au flambeau de la vie? Et est-on bien certain que ce bien-être dû à la réforme, le peuple eût pu trouver une autre manière de le dépenser plus morale, plus profitable au pays, plus conforme au vœu de la nature et de la Providence (¹)?

Messieurs, ainsi que je vous l'ai fait pressentir en commençant, je laisse de côté bien des considérations. Si, dans le petit nombre de celles que je vous ai présentées, et malgré le soin que j'ai mis à me renfermer dans mon sujet, il m'est échappé quelques paroles qui aient la moindre tendance à jeter quelque découragement ou quelque irritation dans les esprits, ce serait bien contre mon intention. Ma conviction est qu'il n'y a pas entre les diverses classes de la société cet antagonisme d'intérêts qu'on a voulu y voir. J'aperçois bien un débat passager entre celui qui vend et celui qui achète, entre le producteur et le consommateur, entre le maître et l'ouvrier. Mais tout cela est superficiel; et, si on va au fond des choses, on découvre le lieu qui unit tous les ordres de fonctions et de travaux, qui est *le bien que chacun retire de la prospérité de tous*. Regardez-y bien, et vous verrez que c'est là ce qui prévaudra sur de vaines ja-

(¹) V. le chap. *de la Population, des Harmonies.*

lousies de nation à nation et de classe à classe. Des classes !
le mot même devrait être banni de notre langue politique.
Il n'y a pas de classes en France ; il n'y a qu'un peuple, et
des citoyens se partageant les occupations pour rendre plus
fructueuse l'œuvre commune. Et par cela même que les
occupations sont partagées, que l'échange est intervenu,
les intérêts sont liés par une telle solidarité qu'il est impossible de blesser les uns sans que les autres en souffrent.

Moi qui ne crois pas à l'antagonisme réel des nations,
comment croirais-je à l'antagonisme fatal des classes ? On
dit que l'intérêt divise les hommes. Si cela est, il faut désespérer de l'humanité, et gémir sur les lacunes ou plutôt
les contradictions du plan de la Providence ; car, quoique
je n'ignore pas l'existence et l'influence d'un autre principe
celui de la sympathie, tout nous prouve que l'intérêt a été
placé dans le cœur de l'homme comme un mobile indomptable ; et, si sa nature était de diviser, il n'y aurait pas de
ressource. Mais je crois, au contraire, que l'intérêt *unit*, à
la condition toutefois d'être bien compris ; et c'est pour cela
que Malebranche avait raison de considérer l'erreur comme
là source du mal dans le monde. J'en citerai un exemple,
tiré de la fausse application qu'on fait souvent de deux
mots que j'ai souvent répétés aujourd'hui, les mots *travail*
et *capital*.

On dit : Le capital fait concurrence au travail, et quand on
dit cela, on est bien près d'avoir allumé une guerre plus ou
moins sourde entre les travailleurs et les capitalistes. Et si
cependant ce prétendu axiome, qu'on répète avec tant de
confiance, n'était qu'une erreur, et plus qu'une erreur, un
grossier non-sens ! Non, il n'est pas vrai que le capital fasse
concurrence au travail. Ce qui est vrai, c'est que les capitaux se font concurrence entre eux, et que le travail se fait
concurrence à lui-même. Mais du capital au travail la concurrence est impossible. J'aimerais autant entendre dire que

le pain fait concurrence à la faim; car, au contraire, comme le pain apaise la faim, le capital rémunère et satisfait le travail. Et voyez où conduit cette simple rectification ! Si c'est avec lui-même et non avec le travail que le capital rivalise, que doivent désirer les travailleurs? Est-ce que les capitalistes soient ruinés? Oh! non. S'ils font des vœux conformes à leurs vrais intérêts, ils doivent désirer que les capitaux grossissent, s'accumulent, multiplient, abondent et surabondent, s'offrent au rabais, jusqu'à ce que leur rémunération tombe de degré en degré, jusqu'à ce qu'ils deviennent comme ces éléments que Dieu a mis à la disposition des hommes, sans attacher à sa libéralité aucune condition onéreuse, jusqu'à ce qu'ils descendent enfin autant que cela est possible, dans le domaine *gratuit*, et par conséquent *commun* de la famille humaine. Ils n'y arriveront jamais, sans doute; mais ils s'en rapprocheront sans cesse, et le monde économique est plein de ces asymptotes. Voilà la *communauté*, je ne dis point le *communisme*, que l'on ne peut mettre au commencement des temps et au point de départ de la société; mais la *communauté* qui est la fin de l'homme, la récompense de ses longs efforts, et la grande consommation des lois providentielles. D'un autre côté, que doivent souhaiter les possesseurs de capitaux? Est-ce d'être entourés d'une population chétive, souffrante et dégradée? Non; mais que toutes les classes croissent en bien-être, en richesse, en dignité, en goûts épurés, afin que la clientèle s'ouvre et s'élargisse indéfiniment devant eux. La *clientèle!* j'appelle votre attention sur ce mot; il est un peu vulgaire; mais vous trouverez en lui la solution de bien des problèmes, les idées d'union, de concorde et de paix. Sachons détacher nos regards de notre petit cercle, ne pas chercher la prospérité dans les faveurs, les priviléges, l'esprit d'exclusion, toutes choses qui nuisent aux masses et réagissent tôt ou tard sur nous-mêmes par la ruine de la *clientèle*.

Accoutumons-nous au contraire à favoriser, à encourager ce qui étend la prospérité sur la vaste circonférence qui nous entoure, c'est-à-dire sur le monde entier, ne fût-ce qu'en considération du bien qui, sous forme d'une plus vaste et plus riche *clientèle*, se reflétera infailliblement, à la longue, dans notre propre sphère d'activité.

Enfin, Messieurs, puisque j'en suis à disséquer des mots, j'appellerai encore votre attention sur deux expressions que l'on ne saurait confondre sans danger. Le monde éprouve comme une sorte d'effroi, comme un poids pénible, comme un pressentiment triste, parce qu'il lui semble qu'il s'élabore au sein du corps social une aristocratie d'argent qui, sous le nom de bourgeoisie, va remplacer l'aristocratie de naissance. Il craint que ce phénomène ne prépare à nos fils les difficultés qu'ont surmontées nos pères; et il se demande si l'humanité est destinée à tourner toujours dans ce cercle de combats suivis de victoires et de victoires suivies de combats. J'ai aussi demandé à ce mot bourgeoisie ce qu'il portait en lui, ce qu'il voulait dire, quelle était sa signification; et je l'ai trouvé vide. Je vous disais, à la dernière séance, qu'il fallait beaucoup se méfier des métaphores; et je vous signalais, comme exemple, cette similitude absurde que, par l'abus des mots, on était parvenu à établir entre l'échange et la guerre. Il n'est pas plus vrai qu'il y ait similitude ou même analogie entre une bourgeoisie qui sort du peuple par le travail, et une aristocratie qui domine le peuple par la conquête. Il n'y a pas même d'opposition à établir entre bourgeoisie et peuple, puisque l'une et l'autre s'élèvent par le travail. Sans quoi, il faudrait dire que les vertus par lesquelles l'individualité s'affranchit du joug de la misère, — l'activité, l'ordre, l'économie, la tempérance, — sont le chemin de l'aristocratie et le fléau de l'humanité. Il y a certainement là des idées mal comprises. (*V. ci-après le n°* 51.)

Il est vrai que, dans notre pays, un certain degré de richesse confère seul la fonction électorale. Quoi qu'il en soit de ce privilége, que je n'ai pas à examiner ici, il devrait au moins rendre la bourgeoisie attentive, ne fût-ce que par prudence, à ne faire que des lois justes et toujours empreintes de la plus entière impartialité. Or, j'ai eu occasion, aujourd'hui même, de prouver qu'elle n'a pas agi ainsi, quand elle a essayé de changer, par la loi positive, l'ordre et le cours naturel des rémunérations. Mais est-ce intention perverse ? Non ; je crois fermement que c'est simplement erreur. Et je n'en veux qu'une preuve, qui est décisive, c'est que le système qu'elle a établi l'opprime elle-même comme il opprime le peuple, et de la même manière, sinon au même degré. Pour qu'on pût voir le germe d'une aristocratie naissante dans cet acte et les actes analogues, il faudrait commencer par prouver que ceux mêmes qui les votent n'en sont pas victimes. S'ils le sont, leurs intentions sont justifiées ; et le lien de la solidarité humaine n'est pas infirmé.

Une circonstance récente a un moment ébranlé, je l'avoue, ma confiance dans la pureté des intentions. En présence de la cherté des subsistances, deux de mes honorables amis avaient proposé un abaissement des droits sur l'entrée du bétail. La Chambre a repoussé cette mesure. Ce n'est pas de l'avoir repoussée que je la blâme ; en cela elle n'aurait fait que persister dans un système qui, selon moi, n'est imputable qu'à l'erreur. Mais elle a fait plus que de repousser la mesure ; elle a refusé de l'examiner, elle a fui la lumière, elle a mis une sorte de passion à étouffer le débat ; et, par là, il me semble qu'elle a proclamé, à la face du monde, qu'elle avait bien réellement la conscience de son tort.

Mais, à moins que de pareilles expériences ne se renouvellent, je persiste à croire et à dire que la Chambre, ou si l'on veut la bourgeoisie, ne trompe pas le peuple ; elle se trompe elle-même. La Chambre ne sait pas l'économie politique, voilà tout. Et le peuple, la sait-il ? Allez au nord et au midi, au levant et au couchant, interrogez l'immense majorité des hommes, qu'ils payent ou ne payent pas le cens, que trouvez-vous partout ? Des protectionnistes sincères. Et pourquoi ? parce que le système restrictif est tellement spécieux, que la plupart des hommes s'y laissent prendre. Car comment se posent-ils le problème ? le voici : « Admettrons-nous ou n'admettrons-nous pas la concurrence ? » et fort naïvement ils répondent : « Non. » — Ne les blâmons pas trop ; car la concurrence, vous devez le savoir, a une physionomie qui, au premier aspect, ne prévient pas trop en sa faveur. Il faut beaucoup étudier et réfléchir pour reconnaître que, malgré sa rébarbative figure, elle est l'antithèse du privilége, la loi du nivellement rationnel, et la force qui pousse notre race vers les régions de l'égalité. Pourrait-on voir des symptômes aristocratiques dans une loi sur l'hygiène, qui aurait été rendue il y a trois siècles, contrairement à la théorie de la circulation du sang ? et cette loi, en blessant le peuple, ne blesserait-elle pas aussi ceux qui l'auraient faite ?

Qui donc a le droit de reprocher à la législature d'avoir élevé le prix de la vie ? Est-ce les ouvriers ? ne font-ils pas en cela cause commune avec elle ? ne partagent-ils pas les mêmes erreurs, les mêmes craintes, les mêmes illusions ? ne voteraient-ils pas les mêmes restrictions, s'ils y étaient appelés ? Qu'ils commencent donc par étudier la question, par découvrir la fraude, par la dénoncer, par mettre la législature en demeure, par réclamer justice ; et si justice leur est refusée, ils auront acquis le droit de pousser un peu plus loin leurs investigations. Alors, le moment sera venu où ils pourront raisonnablement se poser cette terrible question que m'adressait ces jours-ci un homme illustre, un des plus ardents amis de l'humanité : Quel moyen y a-t-il de renverser une loi que le législateur vote dans son propre intérêt ? — Puisse la législature rendre inutile la solution de ce problème !

47. — SIXIÈME DISCOURS, A MARSEILLE.

Fin d'août 1847.

MESSIEURS,

Se faire valoir en commençant un discours, c'est certainement violer la première règle de la rhétorique. Je crois néanmoins pouvoir dire, sans trop d'inconvenance, que c'est faire preuve de quelque abnégation que de paraître, dans les circonstances où je me trouve, devant une assemblée aussi imposante. Je parle après deux orateurs, l'un aussi familier aux pratiques commerciales qu'aux profondeurs de la science économique, l'autre célèbre dans le monde littéraire où il a cueilli une palme si glorieuse et si méritée, tous deux jugés dignes de représenter dans les conseils de la nation la reine de la Méditerranée. Je parle devant le plus grand orateur du siècle, c'est-à-dire devant le meilleur et le plus redoutable des juges, s'il n'en était, je l'espère, le plus indulgent. Je vois dans l'auditoire cette phalange de publicistes distingués qui, dans ces derniers temps, et précisément sur la question qui nous occupe, ont élevé la presse marseillaise à une hauteur qui n'a été nulle part dépassée. Enfin, l'auditoire tout entier est bien propre à effrayer ma faiblesse ; car l'éclat que jette la presse marseillaise ne peut guère être que l'indice et le reflet des lumières abondamment répandues dans cette grande et belle cité.

Il ne faut pas croire que toutes les objections qu'on a soulevées contre le libre-échange soient prises dans l'économie politique. Il est même probable que si nous n'avions à combattre que des arguments protectionnistes, la victoire ne se ferait pas longtemps attendre. J'ai assisté à beaucoup de conférences, composées d'hommes de lettres ou de jeunes gens parfaitement désintéressés dans la question, et je me suis convaincu qu'un patriotisme et une philanthropie fort respectables, mais peu éclairés, avaient ouvert contre le libre-échange une source d'objections aussi abondante au moins que l'économie politique du *Moniteur Industriel*.

Les rêveries sociales, qui, de nos jours, ont une circulation très-active, ne sont pas dangereuses, en ce sens qu'il n'y a pas à craindre qu'elles s'emparent jamais de la pratique des affaires ; mais elles ont l'inconvénient de dévorer une masse énorme d'intelligences, surtout parmi les jeunes gens, et de la détourner d'études sérieuses. Par là elles retardent certainement le progrès de notre cause. Ne nous en plaignons pas trop cependant. Elles prouvent que la France est calomniée, et que souvent elle se calomnie elle-même. Non, l'égoïsme n'a pas tout envahi. Quoi que nous voyions à la surface, il existe au fond de la société un sentiment de justice et de bienveillance universelle, une aspiration vers un ordre social qui satisfasse d'une manière plus complète et surtout plus égale les besoins physiques, intellectuels et moraux de tous les hommes. Les utopies mêmes que ce sentiment fait éclore en constatent l'existence ; et si elles sont bien souvent frivoles comme doctrine, elles sont précieuses comme symptôme. De tout temps on a fait des utopies ; elles n'étaient guère que la manifestation de quelques bonnes volontés individuelles. Mais remarquez que de nos jours il n'est pas un écrivain, un orateur qui ne se croie tenu de mettre en tête de ses écrits et de ses discours, ne fût-ce que comme étiquette, ne fût-ce, passez-moi l'expression, que comme réclame, les mots : égalité, fraternité, émancipation du travailleur. Donc ce n'est pas dans celui qui s'adresse au public, mais dans le public lui-même que ce sentiment existe, puisqu'il signale à ceux qui lui parlent la voie qu'il faut qu'ils prennent pour en être écoutés.

Sans doute, Messieurs, guidés par cette indication, par cette exigence des lecteurs, les faiseurs de projets, les inventeurs de sociétés, tourmenteront souvent cette corde de la philanthropie jusqu'à la faire grincer (¹); mais comme on a dit que l'hypocrisie était un hommage rendu à la vertu, de même on peut dire que l'affectation philanthropique est un hommage à ce sentiment de justice et de bienveillance universelle qui prend de plus en plus possession de notre siècle et de notre pays ; et félicitons-nous de ce que ce sentiment existe, car, dès qu'il sera éclairé, il fera notre force.

C'est pourquoi, Messieurs, je voudrais soumettre à votre examen une vue du libre échange qui réponde tout à la fois aux arguments des protectionnistes et aux scrupules du patriotisme et de la philanthropie. Je le ferai avec d'autant plus de confiance que la question a été parfaitement traitée sous d'autres aspects par les honorables orateurs qui m'ont précédé à cette tribune ; et dès lors il me sera permis, devant une assemblée aussi éclairée, et malgré la défaveur qui s'attache au mot, de me lancer un peu dans le domaine de l'*abstraction*.

Et puisque ce mot se présente à mes lèvres, permettez-moi une remarque.

J'ai bien souvent maudit la scolastique pour avoir inventé le mot *abstraction*, qui exige tant de commentaires, quand elle avait à sa disposition le mot si simple et si juste : *vérité universelle*. Car, regardez-y de près, qu'est-ce qu'une abstraction, si ce n'est une *vérité universelle*, un de ces faits qui sont vrais partout et toujours ?

Un homme tient deux boules à sa main droite et deux à sa main gauche. Il les réunit et constate que cela fait quatre boules. S'il fait l'expérience pour la première fois, tout ce qu'il peut énoncer, c'est ce fait particulier : « Aujourd'hui, à quatre heures, à Marseille, deux boules et deux boules font quatre boules. » Mais s'il a renouvelé l'expérience de jour et de nuit, sur plusieurs points du globe, avec des objets divers, il peut à chaque fois éliminer les circonstances de temps, de lieux, de sujet, et proclamer que « deux et deux font quatre. » C'est une abstraction de l'école, soit ; mais c'est surtout une *vérité universelle*, une de ces formules qu'on ne peut interdire à l'arithmétique sans en arrêter immédiatement les progrès.

Et voyez, Messieurs, l'influence des mots. Vous savez combien nos adversaires nous dépopularisent et nous ridiculisent, en nous jetant à la face le mot *abstraction*. Vous êtes dans l'erreur, s'écrient-ils, car ce que vous dites est une *abstraction !* et ils ont les rieurs pour eux. Mais voyez quelle figure ils feraient, si l'école n'eût pas inventé ce mot et qu'ils fussent réduits à nous dire : « Vous êtes dans l'erreur, car ce que vous dites est une vérité universelle. » (Rires.) Vous riez, Messieurs, et cela prouve que les rieurs passeraient de notre côté. (Nouveaux rires.)

La science économique a aussi une formule, promulguée par J. B. Say, formule qui ruine de fond en comble le régime restrictif. C'est celle-ci : *Les produits s'échangent contre des produits.* On peut contester la vérité de cette formule, mais une fois reconnue vraie, on ne peut nier qu'elle ne renverse tous les arguments protectionnistes, particulièrement celui du *travail national ;* car si chaque importation implique et provoque une exportation correspondante, il est clair que les importations peuvent aller jusqu'à l'infini sans que le *travail national* en reçoive aucune atteinte.

Qu'est-ce donc que le commerce ? Je dis que le commerce est un troc, un ensemble, une série, une multitude de trocs.

Un homme se promène sur le port de Marseille. À chaque étranger qui débarque, il fait des propositions de ce genre : « Voulez-vous me donner ces bottes ? je vous donnerai ce chapeau ; » ou : « Voulez-vous me donner ces dattes ? je vous donnerai ces olives. » Est-il possible de voir là une atteinte à l'intérêt des tiers, au travail national ? Quoi ! alors que chacun reconnaît à cet homme la propriété de ces olives, alors qu'on lui reconnaît le droit de les détruire par l'usage, alors que chacun sait qu'elles n'ont pas même d'autre destination au monde que d'être détruites par l'usage, comment pourrait-on dire qu'il nuit aux intérêts des tiers si, au lieu de les consommer, il les échange ? Et si le troc, qui est l'élément du commerce, est avantageux, alors qu'il est déterminé par l'influence si clairvoyante de l'intérêt personnel, comment le commerce, qui n'est qu'un vaste appareil au moyen duquel les négociants, le numéraire, les lettres de change, les routes, les voiles et la vapeur facilitent les trocs et les multiplient ; comment le commerce, dis-je, pourrait-il être nuisible ?

Pour vous assurer que *les produits s'échangent contre les produits*, suivez par la pensée une cargaison de sucre, par exemple. Assurément tous ceux qui ont concouru à la former ont reçu quelque chose en compensation et, d'un autre côté, lorsque, divisée en fractions infinies, elle est arrivée aux derniers acheteurs, aux destinataires, aux consommateurs, ceux-ci ont donné quelque chose en retour. Donc, quoique l'opération ait pu être fort compliquée, il y a eu, de part et d'autre, produits donnés et produits reçus, ou *échanges*.

J'avoue cependant qu'il est une autre formule qui me semble plus complète, plus féconde, qui ouvre à la science de grands et admirables horizons, qui donne une solution plus exacte de la question du libre-échange, et qui, lavant l'économie politique du reproche de sécheresse, est destinée, je l'espère, à rallier les écoles dissidentes. Cette formule est celle-ci : *Les services s'échangent contre les services.*

D'abord, Messieurs, vous remarquerez que cette seconde formule fait rentrer dans le domaine de la science une foule de professions que la première semble en exclure ; car on ne saurait, sans forcer le sens des termes, donner le nom de *produit* à l'œuvre qu'accomplissent dans la société les magistrats, les militaires, les écrivains, les professeurs, les prêtres et même les négociants ; ils ne créent pas des produits, ils rendent des services.

Ensuite, cette formule efface la fausse distinction qu'on a faite entre les classes dites productives et improductives ; car, si l'on y regarde de près, on reste convaincu que ce qui s'échange entre les hommes, ce n'est précisément pas les produits, mais les services ; et ceci devant nous conduire à de vastes aperçus, je vous demande, Messieurs, un instant d'attention.

Si vous décomposez un produit quel qu'il soit, vous vous apercevrez qu'il est le résultat de la coopération de deux forces : une *force naturelle* et une *force humaine.* Prenez-les tous, l'un après l'autre, depuis le premier jusqu'au dernier, et vous reconnaîtrez que pour amener une chose à cette condition d'utilité qui la rend propre à notre usage, il faut *toujours* le concours de la nature et *souvent* le concours du travail.

Or, il est démontré, pour moi, que ce concours de la nature est toujours gratuit. Ce qui fait l'objet de la rémunération, c'est le service rendu à l'occasion d'un produit. On nous livre un produit ; on nous fait payer la peine, l'effort, la fatigue dont il a été l'occasion, en un mot, le *service rendu,* mais jamais la coopération des agents naturels [1].

Messieurs, je n'ai certes pas la prétention de faire ici un

_____

[1] V. au tome VI, le chap. v, et au tome IV, le chap. iv.

(*Note de l'éditeur.*)

cours d'économie politique; mais la distinction que je soumets à votre examen est si importante en elle-même et par ses conséquences, que vous me permettrez de m'y arrêter un moment.

Je dis que la nature et le travail concourent à la création des produits. Or, la coopération de la nature étant nécessairement *gratuite*, nous payons les produits d'autant moins cher que cette coopération est plus grande. Voilà pourquoi tout progrès industriel consiste à faire concourir la nature dans une proportion toujours plus forte.

Le produit n'a aucune valeur, quelle que soit son utilité, quand la nature, ayant tout fait, ne laisse rien à faire au travail. La lumière du soleil, l'air, l'eau des torrents sont dans ce cas.

Cependant, si vous voulez de la lumière pendant la nuit, vous ne pouvez vous la procurer sans peine; et là apparaît le principe de la rémunération.

Quoique cette combinaison de gaz, qu'on appelle l'air respirable, soit dans le domaine de la communauté, si vous désirez un des gaz particuliers qui le composent, il faut le séparer; c'est une peine à prendre, ou à rémunérer si un autre la prend pour vous.

Quand l'eau est à vos pieds et dans un état de pureté qui la rend potable, elle est *gratuite;* mais s'il faut l'aller chercher à cent pas, elle *coûte*. Elle coûte davantage, s'il faut l'aller chercher à mille pas, et davantage encore si, de plus, il faut la clarifier. C'est une peine à votre charge, puisque vous devez en profiter; et, si un autre la prend pour vous, c'est un *service* qu'il vous rend et que vous payez par un autre *service*.

La houille est à cent pieds sous terre; c'est certainement la nature qui l'a faite et placée là à une époque antédiluvienne. Ce travail de la nature n'a ni valeur ni prix; il ne peut être le principe d'aucune rémunération; mais pour avoir la houille, ce que vous avez à rémunérer, c'est la peine que prennent ceux qui l'extraient et la transportent, et ceux qui ont fait les instruments d'extraction ou de transport.

Tenons-nous donc pour assurés que ce ne sont pas les produits qui se payent, mais les services rendus à l'occasion des produits.

Vous me demanderez où je veux en venir et quel rapport il y a entre cette théorie et le libre-échange; le voici :

S'il est vrai que nous ne payions que le *service*, cette part d'utilité que le travail a ajoutée au produit, et si nous recevons *gratuitement, par-dessus le marché*, toute l'utilité qu'a mise dans ce produit la coopération de la nature, il s'ensuit que les marchés les plus avantageux que nous puissions faire sont ceux où, pour un très-léger service humain, on nous donne, par-dessus le marché, une très-grande proportion de services naturels.

Si une marchandise m'est portée dans un bateau à voiles, elle me coûtera moins cher que si elle m'est portée dans un bateau à rames. Pourquoi? parce que dans le premier cas il y a eu travail de la nature, qui est *gratuit*.

Afin de me faire comprendre complétement, il me faudrait exposer ici les lois de la concurrence. Cela n'est pas possible; mais j'en ai dit assez pour vous montrer d'autres conséquences de cette théorie.

Elle doit détruire jusque dans leur germe les jalousies internationales. Remarquez ceci : la nature n'a pas distribué ses bienfaits sur le globe d'une manière uniforme; un pays a la fertilité, un autre l'humidité, un troisième la chaleur, un quatrième des mines abondantes, etc.

Puisque ces avantages sont gratuits, on ne peut nous les faire payer. Par exemple, les Anglais, pour nous livrer une quantité donnée de houille, exigent de nous un service d'autant moindre, que la nature a été pour eux plus libérale relativement à la houille, et que, par conséquent, ils prennent à cette occasion une moindre peine. Quant à nous, Provençaux, qui n'avons pas de houille, que devons-nous désirer? Que la houille anglaise soit enfouie dans les entrailles de la terre à des profondeurs inaccessibles? qu'elle soit éloignée des routes, des canaux, des ports de mer? Ce ne serait pas seulement un vœu immoral, ce serait un vœu absurde; car ce serait désirer d'avoir plus de peine à rémunérer, c'est-à-dire plus de peine à prendre nous-mêmes. Dans notre propre intérêt, nous devons donc désirer que tous les pays du monde soient le plus favorisés possible par la nature; que partout la chaleur, l'humidité, la gravitation, l'électricité entrent dans une grande proportion dans la création des produits, qu'il reste de moins en moins à faire au travail; car cette peine humaine qu'il reste à prendre est seule la mesure de celle qu'on nous demande pour nous livrer le produit. — Que la houille anglaise soit à la surface du sol, que la mine touche le rivage de la mer, qu'un vent toujours propice la pousse vers nos rivages, que les capitaux en Angleterre soient si abondants que la rémunération en soit de plus en plus réduite, que des inventions merveilleuses viennent diminuer le concours onéreux du travail, ce n'est pas les Anglais qui profiteront de ces avantages, mais nous; car ils se traduisent tous en ces termes : *Bon marché*, et le bon marché ne profite pas au vendeur, mais à l'acheteur. Ainsi ce bienfait que la nature semblait avoir accordé à l'Angleterre, c'est à nous qu'elle l'a accordé, ou du moins nous entrons en participation de ce bienfait par l'échange.

D'un autre côté, si les Anglais veulent avoir de l'huile ou de la soie, la nature ne leur ayant accordé qu'une intensité de chaleur qui laisserait beaucoup à faire au travail, quels vœux doivent-ils faire conformément à leur vrai intérêt? Que les choses se fassent en Provence le plus possible par l'intervention de la nature; que la nature ne laisse au travail qu'une coopération supplémentaire très-restreinte, puisque c'est cette coopération seule qui se paye (¹).

Ainsi, vous le voyez, Messieurs, l'économie politique bien comprise démontre, par le motif que je viens de dire et par bien d'autres, que chaque peuple, loin d'envier les avantages des autres peuples, doit s'en féliciter; et il s'en félicitera certainement dès qu'il comprendra que ces avantages ont beau nous paraître localisés, — par l'échange, ils sont le domaine commun et gratuit de tous les hommes.

La claire perception de cette vérité réalisera, ce me semble, dans la pratique même des affaires, le dogme de la fraternité.

Sans doute, la fraternité prend aussi sa source dans un autre ordre d'idées plus élevées. La religion nous en fait un devoir; elle sait que Dieu a placé dans le cœur de l'homme, avec l'intérêt personnel, un autre mobile: la sympathie. L'un dit : Aimez-vous les uns les autres; et l'autre : Vous n'avez rien à perdre, vous avez tout à gagner à vous aimer les uns les autres. Et n'est-il pas bien consolant que la science vienne démontrer l'accord de deux forces en apparence si contraires? Messieurs, ne nous faisons pas illusion. On a beau déclamer contre l'intérêt, il vit, et il vit par décret imprescriptible de celui qui a arrangé l'ordre moral. Jetons les yeux autour de nous, regardons agir tous les hommes, descendons dans notre propre conscience; et nous reconnaîtrons que l'intérêt est dans la société un ressort nécessaire, puisqu'il est indomptable. Ne serait-il pas dès lors bien décourageant qu'il fût par sa nature, et alors même qu'il serait bien compris, un aussi mauvais conseiller qu'on le dit? et ne faudrait-il pas en conclure qu'il a pour triste mission d'étouffer la sympathie? Mais s'il y a harmo-

(¹) V. tome IV, pages 36 à 45, et tome VI, le chap. *Concurrence.*
                                        (*Note de l'éditeur.*)

nie et non discordance entre ces deux mobiles, si tous deux tendent à la même fin, c'est un avenir certain ouvert au règne de la fraternité parmi les hommes. Y a-t-il pour l'esprit une satisfaction plus vive, pour le cœur une jouissance plus douce, que de voir deux principes qui semblaient antagonistes, deux lois providentielles qui paraissaient agir en sens opposés sur nos destinées, se réconcilier dans un effet commun et proclamer ainsi que cette parole qui, il y a dix-huit siècles, annonça la *fraternité* au monde, n'était pas aussi contraire à la pente du cœur humain que le disait naguère une superficielle philosophie?

Messieurs, après avoir essayé de vous donner une idée de la doctrine du libre-échange, je vous dois une peinture du régime restrictif.

Les personnes qui fréquentent le jardin des Plantes à Paris, ont été à même d'observer un phénomène assez singulier. Vous savez qu'il y a un grand nombre de singes renfermés chacun dans sa cage. Quand le gardien met les aliments dans l'écuelle que chaque cage renferme, on croit d'abord que les singes vont dévorer chacun ce qui lui est attribué. Mais les choses ne se passent pas ainsi. On les voit tous passer les bras entre les barreaux et chercher à se dérober réciproquement la pitance ; ce sont des cris, des grimaces, des contorsions, au milieu desquels bon nombre d'écuelles sont renversées et beaucoup d'aliments gâtés, salis et perdus. Cette perte retombe aujourd'hui sur les uns, demain sur les autres et, à la longue, elle doit se répartir à peu près également sur tous, à moins que quelques singes des plus vigoureux n'y échappent ; mais alors vous comprenez que ce qui n'est pas perdu pour eux retombe en aggravation de perte sur les autres.

Voilà l'image fidèle du régime restrictif.

Pour montrer cette similitude, j'aurais à prouver deux choses: d'abord que le régime restrictif est un système de spoliation réciproque ; ensuite qu'il entraîne nécessairement une déperdition de richesses à répartir sur la communauté. Cette démonstration, que je pourrais rendre mathématique, m'entraînerait trop loin. Je la confie à votre sagacité ; et vous reconnaîtrez, avec quelque confusion, que si souvent les singes singent les hommes, dans cette circonstance ce sont les hommes qui ont singé les singes.

L'heure me presse, et je ne voudrais pas perdre l'occasion d'appeler votre attention sur un autre aspect de la question : je veux parler des chances qu'ouvre le libre-échange à toutes ces réformes financières après lesquelles nous soupirons tous si ardemment et si vainement. J'en ai parlé à Lyon, et le sujet me paraît si grave que je me suis promis d'en parler partout où je pourrai me faire entendre.

Messieurs, il ne peut pas entrer dans ma pensée de heurter les convictions politiques de qui que ce soit. Mais ne me sera-t-il pas permis de dire qu'il n'existe aucun parti politique (je ne dis pas aucun homme politique, mais aucun parti) qui se présente devant les Chambres et devant le pays avec un plan de réforme financière clair, net, précis, actuellement praticable? Car, si je regarde du côté du ministère, je ne vois rien de semblable dans ses discours, et encore moins dans ses actes ; et si je me tourne du côté de l'opposition, je n'y vois qu'une tendance marquée vers l'accroissement des dépenses, ce qui n'est certes pas un acheminement vers la diminution des charges publiques.

Eh bien ! je ne sais si je me fais illusion (vous allez en juger), mais il me semble que le libre-échangiste tient en ses mains ce programme si désiré.

Je suppose qu'à l'ouverture de la prochaine session, un homme investi de la confiance de la couronne se présente devant les mandataires du pays et leur dise :

« Le libre-échange laissera entrer en France une multitude d'objets qui maintenant sont repoussés de nos frontières, et qui, par conséquent, verseront dans le Trésor des recettes dont je me servirai pour réduire l'impôt du sel et la taxe des lettres. »

« Le libre-échange créera plus de sécurité pour la France qu'elle ne peut s'en donner par le développement onéreux de la force brutale. Il me permettra donc de réduire, dans de fortes proportions, nos forces de terre et de mer ; et avec les fonds que cette grande mesure laissera libres, nous doterons les communes de manière à ce qu'elles puissent supprimer leurs octrois, nous transformerons l'impôt des boissons, et nous aurons l'avantage d'adoucir la loi du recrutement et de l'inscription maritime. »

Messieurs, il me semble que ce langage serait de nature à faire quelque impression, même sur les hommes qui ont le plus contracté l'habitude de ce qu'on appelle *opposition systématique.*

Vous remarquerez, Messieurs, qu'il y a deux parties dans ce programme.

D'abord deux réformes importantes, celles du sel et de la poste, découlent immédiatement de la réforme commerciale. Les autres sont l'effet de la sécurité que, selon nous, le libre-échange doit garantir aux nations.

Quant à la première partie du programme, il n'y a pas d'objection possible. Il est évident que le drap, le fer, les tissus de coton, etc., s'ils pouvaient entrer en acquittant des droits modérés, donneraient un revenu au Trésor. Cet excédant de recettes serait-il suffisant pour combler le déficit laissé par le sel et le port des lettres ? Je le crois tellement, que j'ose dire qu'une compagnie de banquiers assumerait sur elle les chances de cette triple opération, et qu'elle dirait au gouvernement : La douane, le sel et la poste vous donnent actuellement 250 millions. Levez les prohibitions, abaissez les droits prohibitifs, en même temps réduisez l'impôt du sel et la taxe des lettres ; s'il y a déficit,

26.

nous le comblerons, s'il y a excédant, vous nous le donnerez. — Et si une telle offre était repoussée, ce serait,
certes, la meilleure preuve que le système restrictif n'est pas
destiné à protéger, mais à exploiter le public. (*V. tome* V,
pages 407 *et suiv.*)

Quant à l'étroite relation qui existe entre le libre-échange
et la paix des peuples, cela est-il davantage contestable ? Je
ne développerai pas théoriquement cette pensée. Mais voyez
ce qui se passe en Angleterre : il y a deux ans, elle a aboli
la loi céréale, ce qui a été considéré comme une révolution
intérieure et même politique. Ne saute-t-il pas aux yeux
que par là elle a rendu plus difficile toute collision avec les
États-Unis et les autres pays d'où elle tirera désormais ses
subsistances ? L'année dernière, elle a réformé la législation sur les sucres ; il y a là bien autre chose qu'une révolution intérieure et politique, c'est vraiment une révolution
sociale, une ère nouvelle ouverte aux destinées de la
Grande-Bretagne et à son action sur le monde.

On nous dit sans cesse que nous sommes anglomanes, et
on prend soin de nous rappeler que l'Angleterre a toujours
suivi une politique machiavélique et oppressive pour les
autres nations. Est-ce que nous ne le savons pas ? Est-ce que
l'histoire est lettre close pour nous ? Nous le savons, et nous
détestons cette politique plus et mieux que nos adversaires ; car nous en détestons non-seulement les effets, mais
encore les causes. Et où cette politique a-t-elle ses racines ?
Dans le système restrictif, dans la funeste pensée de vouloir toujours vendre sans jamais acheter. C'est pour cela
que l'Angleterre a suscité tant de guerres, mis le Nord aux
prises avec le Midi, affaibli les peuples les uns par les autres, afin de profiter de cet affaiblissement général pour
étendre ses conquêtes et ses colonies.

Je dis que c'est une pensée de restriction qui la poussait
dans cette voie, et à tel point que, tant que cette pensée a

pesé dans ses déterminations, la paix des nations n'a pu être qu'une inconséquence de sa politique.

Mais enfin, l'Angleterre a réussi; elle a des conquêtes, des colonies; elle est parvenue à ses fins, et peut approvisionner sans concurrence la moitié du globe.

Et que fait-elle?

Elle dit à ses colonies : Je ne veux plus vous donner des priviléges sur mon marché, mais, en esprit de justice, je ne puis en exiger pour moi sur les vôtres; et, en conséquence, vous réglerez vous-mêmes vos tarifs.

N'est-ce pas, Messieurs, l'affranchissement réel des colonies, du moins au point de vue commercial et social, sinon au point de vue administratif? N'est-ce pas revenir au point de départ et proclamer qu'on a fait fausse route (¹)?

Qu'on ne nous fasse point dire que nous voyons là de la générosité, de l'abnégation, de l'héroïsme; non, nous n'y voyons que de l'intérêt, mais de l'intérêt bien entendu, de l'intérêt qui est d'accord avec l'intérêt de l'humanité.

Le principe restrictif est mauvais à nos yeux; s'il est mauvais, il entraîne des conséquences funestes, il n'est même mauvais que par là; s'il entraîne des conséquences funestes, les Anglais, qui ont poussé plus loin ce régime que tout autre peuple, ont dû les premiers apercevoir ces conséquences et en souffrir; ils changent de route, quoi de surprenant? Mais je dis que ce changement est une révolution immense dans les affaires du monde, une des plus grandes révolutions dont le globe ait été témoin. Je dis qu'elle est d'autant plus solide que les Anglais l'ont faite, non par abnégation, mais par intérêt; je dis qu'elle ouvre devant les peuples un avenir de paix et de concorde, puisqu'elle leur enseigne que lorsqu'on arrive à une domination injuste, ce qu'on a de mieux à faire, c'est d'y renoncer. Je

(¹) V. l'appendice du tome III, et notamment les pages 459 et suiv.
(*Note de l'éditeur.*)

dis que plus les nations entreront dans cette voie, plus elles
pourront sans danger se soulager du poids des armées permanentes et des marines militaires.

On dit qu'il y a d'autres causes de guerre que les conflits
commerciaux. Je le sais ; mais avec ces trois choses : libre-
échange, non-intervention, attachement des citoyens pour
les institutions du pays, une nation de 36 millions d'âmes
n'est pas seulement invincible, elle est inattaquable.

Mais ce programme, il faut en convenir, a un côté chimérique. L'opinion n'en veut pas ; ce n'est pas une petite
objection. Le public est tellement infatué des prétendus
avantages du régime protecteur, qu'il repousse la liberté
commerciale même avec ce cortége de réformes que je viens
d'énumérer. Laissez-moi, dit-il, dans toute leur pesanteur,
les impôts du sel, de la poste, des boissons, l'octroi, le
recrutement et l'inscription maritime plutôt que de me
rendre participant, par l'échange, aux bienfaits que la nature
a départis aux autres peuples.

Messieurs, voilà le préjugé qu'il faut détruire ; c'est notre
mission, c'est le but de notre Association. L'œuvre est laborieuse, mais elle est grande et belle. Il s'agit de conquérir
le libre-échange, et, avec lui, la paix du monde et l'adoucissement des charges publiques. Marseillais, je vous
adjure, non-seulement au nom de vos intérêts, mais au nom
de ce tribut que nous devons tous à la société, de marcher
en esprit d'union et de concorde vers ces paisibles conquêtes, de poursuivre votre tâche avec vigueur et persévérance. Étendez la publicité de vos excellents journaux, provoquez des associations à Aix, à Avignon, à Cette, à Nîmes,
à Montpellier, fondez des chaires d'économie politique,
unissez-vous intimement à l'Association parisienne, prêtez-
lui le concours de votre force morale, de votre intelligence,
de votre expérience des affaires, et au besoin de vos finances ; et alors, soyez-en sûrs, vous n'entendrez plus dire ce

qu'on répète sans cesse en empruntant et parodiant les paroles de Bossuet : « *Le libre-échange se meurt, le libre-échange est mort !* » Le libre-échange est mort ! Je ne sais si ceux qui le disent le croient ; mais, quant à moi, je ne l'ai jamais cru, parce que, s'il y a beaucoup de choses périssables dans ce monde, il y en a une au moins qui ne meurt jamais : c'est la vérité.

Le terrain de la discussion peut être longtemps envahi par des erreurs opposées. La vérité peut être lente à s'y montrer. Mais dès qu'elle y paraît, elle est invincible ; et pour que messieurs les protectionnistes suspendissent les chants funèbres qu'ils ont entonnés sur la tombe imaginaire du libre-échange, il suffirait peut-être qu'ils jetassent les yeux sur cette assemblée si nombreuse, si imposante, si éclairée et si sympathique.

Messieurs, soyons sûrs d'une chose : si le libre-échange pouvait mourir, ce qui le tuerait, ce n'est pas la discussion, c'est l'indifférence. Si on le discute, il vit. Je dirai même qu'il marche vers son triomphe. Or, voyez ce qui se passe. En Suisse et en Toscane, il règne. En Angleterre, il a surmonté des obstacles formidables. Aux États-Unis, l'intérêt national a vaincu le privilége. A Naples, le tarif a subi une réforme profonde. En Prusse, le développement du régime protecteur a été brusquement arrêté. On assure que l'empereur de Russie médite de révolutionner le système des douanes dans un sens libéral. En Espagne même, la discussion est portée sur un terrain officiel par une enquête dont les commencements promettent les plus heureux résultats. Des associations pour le libre-échange se sont formées à Gênes, à Rome, à Amsterdam ; et, dans un mois, des hommes éminents, accourus de tous les points de l'Europe, se réuniront à Bruxelles pour y soutenir la sainte cause de la libre communication des peuples. Sont-ce là des signes de mort ? et ne devons-nous pas plutôt concevoir l'espérance

que nous sommes appelés à assister, plus tôt peut-être que
nous ne le croyons, à ce grand écroulement des barrières
qui séparent les peuples, les condamnent à d'inutiles travaux, tiennent l'incertitude toujours suspendue sur l'industrie et le commerce, fomentent les haines nationales,
servent de motif ou de prétexte au développement de la
force brutale, transforment les travailleurs en solliciteurs,
et jettent parmi les citoyens eux-mêmes la discorde, toujours inséparable du privilége ; car ce qui est privilége
pour l'un est servitude pour l'autre.

Je n'ai pas parlé de la France. Mais, Messieurs, qui donc
ose dire qu'une grande idée est morte en France, quand
cette idée est conforme à la justice et à la vérité, et quand,
sans compter Paris, des villes comme Marseille, Lyon, Bordeaux et le Havre se sont unies pour son triomphe?

Et puis, Messieurs, remarquez que, dans ce grand combat entre la liberté et la restriction, toutes les hautes intelligences dont le pays s'honore, pourvu qu'elles soient affranchies des mauvaises inspirations de l'esprit de parti, sont
du côté de la liberté. Sans doute, tout le monde ne peut
pas avoir l'expérience du négociant ; tout le monde n'est
pas obligé non plus de pénétrer dans toutes les subtilités de
la théorie économique. Mais s'il est un homme, au regard
d'aigle, qui n'ait pas besoin, comme nous, des lourdes bé-
quilles de la pratique et de l'analyse, et qui ait reçu du ciel,
avec le don du génie, l'heureux privilége d'arriver d'un
bond et dans toutes les directions jusqu'aux bornes et par
delà les bornes des connaissances du siècle, cet homme est
avec nous. Tel est, j'ose le dire, l'inimitable poëte, l'illustre
orateur, le grand historien, dont l'entrée dans cette enceinte
a attiré vos avides regards. Vous n'avez pas oublié que M. de
Lamartine a défendu la cause de la liberté, dans une circonstance où elle se confondait intimement avec l'intérêt marseillais. Je n'ai pas oublié non plus que M. de Lamartine,

avec cette précision, ce bonheur d'expression qui n'appartiennent qu'à lui, a résumé toute notre pensée en ces termes : « La liberté fera aux hommes une justice que l'arbitraire ne saurait leur faire. » (Bruyants applaudissements.) J'espère donc, et j'ai la ferme confiance que M. de Lamartine ne me démentira pas, si je dis que sa présence dans cette assemblée est un témoignage de bienveillance envers des hommes qui essayent leurs premiers pas dans cette carrière du bien public, qu'il parcourt avec tant de gloire, mais qu'elle révèle aussi sa profonde sympathie pour la sainte cause de l'union des peuples et de la libre communication des hommes, des choses et des idées [1].

48. — SEPTIÈME DISCOURS, A PARIS, SALLE MONTESQUIEU.

7 Janvier 1848.

Messieurs, je me propose de démontrer que le libre-échange est la cause, ou du moins un des aspects de la grande cause du peuple, des masses, de la démocratie.

Mais, avant, permettez-moi de vous citer un fait qui vient à l'appui de la proposition que vient de développer avec tant de chaleur et de talent mon ami M. Coquelin.

J'ai visité à Marseille les ateliers d'un grand fabricant de machines. Cette entreprise se faisait d'abord sur de faibles

---

[1] A la suite de cet appel, M. de Lamartine prit la parole et termina en ces termes un magnifique discours :

« Vous vous souviendrez alors, vous ou vos enfants, vous vous souviendrez avec reconnaissance de ce missionnaire de bien-être et de richesse, qui est venu vous apporter de si loin et avec un zèle entièrement désintéressé, la vérité gratuite, dont il est l'organe, et la parole de vie matérielle ; et vous placerez le nom de M. Bastiat, ce nom qui grandira à mesure que sa vérité grandira elle-même, vous le placerez à côté de *Cobden*, de *J. W. Fox* et de leurs amis de la grande ligue européenne, parmi les noms des apôtres de cet évangile du travail émancipé, dont la doctrine est une semence sans ivraie, qui fait germer chez tous les peuples, — sans acception de langue, de patrie ou de nationalité, — la liberté, la justice et la paix ! (*Note de l'éditeur.*)

dimensions, et vous en devinez le motif : le fer est fort
cher en France ; il est dans la nature de la cherté de diminuer la consommation, et l'on ne peut pas faire beaucoup de machines et de navires en fer là où le haut prix de
la matière première restreint l'usage de ces choses. L'établissement n'avait donc qu'une médiocre importance, lorsque le chef se décida à demander l'autorisation de travailler
à l'entrepôt. Vous savez, messieurs, ce que c'est que travailler *à l'entrepôt.* C'est mettre en œuvre des matières que
l'on va chercher partout où on les trouve au plus bas prix,
à la condition, soit d'exporter le produit, soit de payer le
droit de douane, si on le livre à la consommation française.

Dès cet instant la fabrique prit des proportions considérables, et il fallut bientôt lui adjoindre une succursale. Les
machines qui en sortent, faites avec du fer anglais ou sué-
dois, vont se vendre sur les marchés extérieurs, en Italie,
en Égypte, en Turquie, où elles rencontrent la concurrence étrangère. Et puisque l'établissement prospère, puisqu'il occupe 1,000 à 1,200 ouvriers français, c'est une
preuve sans réplique que notre pays n'est pas affligé de
cette infériorité dont on parle sans cesse, même à l'égard
d'une fabrication où les Anglais excellent.

C'est là du libre-échange, mais, remarquez bien ceci, du
libre-échange absolu quant au côté onéreux, et fort incom-
plet quant au côté favorable à cet établissement.

En effet, le manufacturier dont je parle ne jouit d'aucune
espèce de privilége pour la vente sur les marchés neutres.
Mais, pour la fabrication, il est loin de posséder tous les
avantages de la liberté.

D'abord, ni lui ni ses ouvriers ne reçoivent en franchise
les objets de leur consommation personnelle, comme les
Anglais. Ensuite, on ne travaille *à l'entrepôt* qu'à la condition de se soumettre à beaucoup d'entraves. La douane es-
tampille tout le fer étranger, et, en le manipulant, il faut

s'y prendre de manière à laisser paraître le poinçon sacré, ce qui entraîne beaucoup de fausses manœuvres et de déchets. Enfin, la houille et l'outillage ont payé d'énormes droits.

Malgré cela, la fabrique prospère ; et, chose bien remarquable, elle emploie aujourd'hui plus de fer *national* qu'elle n'en consommait avant d'être autorisée à mettre en œuvre du fer étranger. Pourquoi? Parce qu'alors ce n'était qu'un établissement mesquin, et aujourd'hui c'est une usine considérable ; parce qu'elle a décuplé ses produits, et que le fer français étant nécessaire pour certaines pièces il en entre plus partiellement dans dix machines qu'il n'en entrait exclusivement dans une seule.

Voilà qui est assez satisfaisant pour notre pays, mais voici qui l'est beaucoup moins.

Quand un acquéreur se présente, notre manufacturier écoute attentivement de quelle manière il prononce le mot *machine*, car cela a une grande influence sur la transaction qui doit suivre.

Si le client dit : Combien cette *maquina* ou *macine?* le manufacturier répond : 20,000 francs. Mais si le client a le malheur d'articuler en bon français *machine*, on lui demande sans pitié 30,000 francs. Pourquoi cette différence? Quel rapport y a-t-il entre le prix de la machine et la manière dont le mot se prononce? Il y en a un très-intime ; et notre fabricant, qui a beaucoup de sagacité, devine que le client qui dit *macine* est un Italien, et que le client qui dit *machine* est un Français. Or le Français, en qualité de citoyen *protégé* (rire prolongé), doit payer un travail exécuté en France un tiers de plus que l'étranger ; car si la machine entre dans la consommation française, elle a 33 p. 100 de droits à acquitter, d'où il résulte que les étrangers nous battent avec nos propres armes. Mais que voulez-vous? la protection est une si bonne chose, qu'il faut bien subir

quelques inconvénients pour elle. Nous aurions tort de
nous plaindre, puisque nous sommes protégés, battus et
contents. (Bruyante hilarité.)

Messieurs, cette machine française, vendue plus cher à
nos compatriotes qu'aux étrangers, me met sur la voie
d'une autre considération fort importante que je crois devoir vous soumettre.

Vous avez sans doute entendu dire que l'une des raisons
qui rendent la concurrence anglaise si redoutable, c'est la
supériorité des capitaux britanniques. Il y a un grand nombre de personnes qui disent : C'est ce capital anglais qui
nous effraie. Sous tous les autres rapports, beauté du climat,
fertilité du sol, habileté des ouvriers, nous avons des avantages réels ; et, quant au fer et à la houille, nous les aurions,
par la liberté, au même prix, à très-peu de chose près, que
nos rivaux eux-mêmes. Mais le capital, le capital, comment
lutter contre ce colosse?

Messieurs, je crois que je pourrais prouver que la richesse d'un peuple n'est pas nuisible à l'industrie d'un
peuple voisin, par la même raison que la richesse de Paris
n'a pas fait tort aux Batignolles. Mais j'accepte l'objection.
Admettons que l'infériorité de notre capital nous place
vis-à-vis des Anglais dans une position fâcheuse. Je vous le
demande, serait-ce un bon moyen de rétablir l'équilibre
que de frapper d'inertie une partie de notre capital déjà
si chétif?. Si vous me disiez : Comme notre capital est fort
exigu, il faut tâcher de faire rendre à 100,000 francs autant de services qu'à 120,000, je vous comprendrais. Mais
que faites-vous? Autant de fois il y a 100,000 francs en
France, autant de fois, par la protection, vous les trans-
formez en 80,000 fr. Est-ce là un bon remède au mal dont
vous vous plaignez? Est-ce là un bon moyen de rétablir
l'équilibre entre les capitaux français et anglais ?

Je suppose qu'un manufacturier de Rouen et un manufacturier de Manchester élèvent, en même temps, chacun une usine, conçues absolument sur le même plan, destinées à donner exactement les mêmes produits; enfin, identiques en tout.

Ne voyez-vous pas qu'il faudra au Rouennais un capital beaucoup plus considérable, par le fait du régime protecteur ? Il lui faudra un plus grand capital fixe, puisque ses bâtisses et ses machines lui coûteront plus cher. La disproportion sera plus grande encore dans le *capital circulant*, puisque, pour mettre en mouvement la même quantité de coton, de houille, de teinture, on devra faire de plus grandes avances en France qu'en Angleterre. En sorte que si l'Anglais peut commencer l'opération avec 400,000 francs, il en faudra 600,000 au Français.

Et remarquez que cela se répète pour toutes les opérations, depuis la plus gigantesque jusqu'à la plus humble, car il n'y a si mince atelier où l'outillage n'exige, en France, une plus forte dépense à cause du régime protecteur.

Maintenant, si chaque entrepreneur français, grand ou petit, faisait son inventaire, on trouverait que la France, dans un moment donné, a un capital déterminé. Donc, si dans chaque entreprise le capital est plus grand qu'il ne devrait être pour l'effet produit, il s'ensuit rigoureusement que le nombre des entreprises doit être moindre, à moins que l'on n'aille jusqu'à prétendre que, d'un tout connu, on peut tirer un égal nombre de fractions, soit qu'on les tienne grandes ou petites.

Le résultat est donc un moins grand nombre d'entreprises, une moins grande quantité de matière mise en œuvre, un moins grand nombre de produits, et par suite, plus d'ouvriers se faisant concurrence sur la place, diminution de travail et de salaires. Singulière façon de rétablir l'équilibre entre le capital français et le capital anglais ! Autant vau-

drait garder la liberté et jeter un quart de nos capitaux dans
la rivière. Et c'est là ce qu'on appelle mettre notre pays à
même de lutter *à forces égales*.

C'est bien pis encore si nous considérons l'industrie agricole ; et jamais il n'y eut mystification plus grande que celle
qui nous fait voir, dans la restriction, un moyen de favoriser l'agriculture.

Vous savez, Messieurs, que les terres s'achètent d'autant plus cher qu'elles donnent plus de revenu. C'est encore là une *généralité*, et c'est précisément pourquoi c'est
une vérité.

Cela posé, admettons que les restrictions imaginées par
la Chambre du double vote aient réussi à maintenir, en
France, le prix du blé à un taux un peu plus élevé, un
franc, par exemple, en moyenne. Il est clair que si ces
mesures n'ont pas eu ce résultat, elles ont été inefficaces
et ont créé des entraves inutiles, ce dont nos adversaires
ne conviennent pas. Pour les combattre, il faut raisonner
dans leur hypothèse. Mettons donc que le blé, qui se serait
vendu 19 francs sous un régime libre, s'est vendu 20 francs
sous le système protecteur.

L'hectare de terre, qui produit dix hectolitres, a donc
donné 10 francs de plus par an. Il peut donc se vendre
200 francs plus cher, à 5 p. 100, à supposer que ce soit le
taux auquel les terres se vendent.

Ainsi, le propriétaire a été plus riche de 200 francs en
capital, et la rente lui en a été servie par ceux qui mangent
du pain, lesquels ont payé les dix hectolitres de blé au prix
de 20 francs chaque au lieu de 19.

Quant à l'agriculture, elle n'a pas été le moins du monde
encouragée. Qu'importe au fermier de vendre ce blé
19 francs, en payant 10 francs de moins, ou de le vendre
20 francs, en payant 10 francs de plus au propriétaire ? Il
n'y a pas un centime de différence dans sa rémunération, et

ce prétendu encouragement ne lui fera pas produire un grain de blé de plus. Tout cela aboutit à cette chose véritablement monstrueuse : supposer au propriétaire de cet hectare de terre un capital fictif de 200 francs, et lui en faire servir la rente par quiconque mange du pain. Il eût été beaucoup plus simple de lui donner un titre pour aller toucher 10 francs tous les ans à la rue de Rivoli, en votant en même temps un impôt spécial pour ce service. Ah ! croyons que les électeurs à 1,000 francs savaient ce qu'ils faisaient.

Je voulais parler, Messieurs, sur la connexité qu'il y a entre le libre-échange et la cause démocratique ; et je crois vraiment que la digression à laquelle je viens de me livrer ne m'a pas trop écarté de mon sujet. Je regrette seulement que le temps qu'elle a pris ne me permette plus de donner à ma pensée tout le développement dont elle est susceptible.

Messieurs, en fondant notre Association, nous avons eu un but spécial, et notre première règle est de ne pas nous occuper d'autre chose. Nous ne nous demandons pas les uns aux autres notre profession de foi sur des matières étrangères au but précis de l'Association ; mais cela ne veut pas dire que chacun de nous ne réserve pas complétement ses convictions et ses actes politiques. Il n'a pu entrer dans notre pensée d'aliéner ainsi notre indépendance ; et comme je ne serais nullement choqué qu'un de mes collègues vînt déclarer ici qu'il est ce qu'on appelle *conservateur*, je ne vois aucun inconvénient à dire que, quant à moi, j'appartiens, cœur et âme, à la cause de la démocratie, si l'on entend par ce mot le progrès indéfini vers l'égalité et la fraternité, par la liberté. D'autres ajoutent : Et par *l'association*, — soit ; pourvu qu'elle soit *volontaire ;* auquel cas, c'est toujours la liberté.

Messieurs, ce n'est pas ici le lieu d'entrer dans des considérations métaphysiques sur la liberté, mais permettez-moi

seulement une observation. Nous ne pouvons pas nous dissimuler que toutes les sociétés modernes ont leur point de
départ dans l'esclavage, dans un état de choses où un homme
avec ses facultés, les fruits de son travail et sa personnalité
tout entière, était la propriété d'un autre homme. L'esclave
n'a pas de droits, ou au moins il n'a pas de droits *reconnus*.
Sa parole, sa pensée, sa conscience, son travail, tout appartient au maître.

Le grand travail de l'humanité, travail préparatoire si
l'on veut, mais qui absorbe ses forces jusqu'à ce qu'il soit
accompli, c'est de faire tomber successivement ces injustes
usurpations. Nous avons reconquis la liberté de penser, de
parler, d'écrire, de travailler, d'aller d'un lieu à un autre ;
et c'est la réunion de toutes ces *libertés*, avec les garanties qui les préservent de nouvelles atteintes, qui constitue
la liberté !

La liberté n'est donc autre chose que la propriété de soi-
même, de ses facultés, de ses œuvres.

Or, Messieurs, sommes-nous propriétaires de nos œuvres
si nous n'en pouvons disposer par l'échange, parce que cela
contrarie un autre homme ? Si, à force de soins et de travail, j'ai produit une chose, un meuble, par exemple, en
suis-je le vrai propriétaire si je ne le puis envoyer en Belgique pour avoir du drap ? Et remarquez qu'il importe peu
que l'échange se fasse ainsi directement. Qu'il me convienne
d'envoyer ce meuble en Belgique pour l'échanger contre du
drap, ou en Angleterre pour recevoir une lettre de change,
ou en Arabie pour recevoir du café, ou au Pérou pour
recevoir de l'or, — qui me servent à acquitter le drap
belge, — si mes membres m'appartiennent, si les garantir
du froid est une affaire qui me regarde, je dois être libre
de choisir entre ces divers moyens de me procurer des
vêtements. Lorsqu'un tiers s'interpose entre mes membres
et moi et a la prétention de m'imposer la manière la plus

dispendieuse de me vêtir, parce que cette interposition qui me nuit lui profite, il porte atteinte à ma propriété, à ma liberté. Non-seulement il m'empêche de recevoir le drap belge, mais du même coup il m'empêche implicitement de fabriquer le meuble, ou il diminue l'avantage que j'ai à le faire. Je ne suis plus un homme libre, mais un homme exploité ; nous sommes dans le principe de l'esclavage, esclavage fort adouci dans ses formes, fort adroit, fort subtil, dont peut-être ni celui qui en souffre ni celui qui en profite n'ont la conscience, mais qui n'en est pas moins de l'esclavage. (Sensation marquée.)

Et, Messieurs, voulez-vous que la chose vous paraisse sensible ? Imaginez-vous que cette interposition s'opère en dehors de la loi. Figurez-vous que les fabricants de drap et de coton se présentent devant la législature, et qu'ils tiennent aux députés ce langage : « Il nous est venu dans l'idée qu'il y a trop de draps et de calicots dans le pays ; que si l'on chassait les produits étrangers, nos articles seraient très-recherchés et hausseraient de prix, ce qui serait un grand avantage pour nous. Nous venons vous demander de placer des hommes sur la frontière aux frais du Trésor, pour repousser les draps et les calicots. » Supposons que les députés répondent : « Nous comprenons que cette mesure serait très-lucrative pour vous ; mais, en bonne conscience, nous ne pouvons faire supporter au public les frais de l'opération. Si le drap belge vous importune, chassez-le vous-mêmes, c'est bien le moins. » (Rires.)

Si, en conséquence de cette résolution, messieurs les fabricants faisaient garder la frontière par leurs domestiques, s'ils vous interdisaient ainsi et les moyens de vous pourvoir au dehors et les moyens d'y envoyer le fruit de votre travail, ne seriez-vous pas révoltés ?

Eh quoi ! vous croyez-vous dans une position plus brillante et surtout plus digne, parce que messieurs les prohi-

bitionnistes ont obtenu beaucoup plus, — parce que la législa-
lature met le Trésor public à leur disposition, et vous fait
payer à vous-mêmes ce qu'il en coûte pour vous ravir votre
liberté? (Vive émotion.) Un homme célèbre a dit : La France
est assez riche pour payer sa liberté; la France est assez
riche pour payer sa gloire. Dira-t-on aussi : La France est
assez riche pour payer ses chaînes? (Rires.)

Mais, Messieurs, étudions la question non plus écono-
miquement, mais géographiquement. Si la restriction a été
imaginée dans l'intérêt des masses, la liberté doit être un
produit aristocratique, quoique assurément ces deux mots,
liberté, aristocratie, hurlent de se trouver ensemble.

Voici d'abord la Suisse : c'est le pays le plus démocratique de l'Europe. Là, l'ouvrier a un suffrage qui pèse autant que celui de son chef. Et la Suisse n'a pas voulu de
douane même fiscale.

Ce n'est pas qu'il ait manqué de gros propriétaires de
champs et de forêts, de gros entrepreneurs qui aient essayé
d'implanter en Suisse la restriction. Ces hommes qui vendent des produits disaient à ceux qui vendent leur travail :
Soyez bonnes gens; laissez-nous renchérir nos produits,
nous nous enrichirons, nous ferons de la dépense, et il vous
en reviendra de gros avantages *par ricochet.* (Hilarité.) Mais
jamais ils n'ont pu persuader au peuple suisse qu'il fût de
son avantage de payer cher ce qu'il peut avoir à bon
marché. La doctrine des *ricochets* n'a pas fait fortune dans
ce pays. Et, en effet, il n'y a pas d'abus qu'on ne puisse
justifier par elle. Avant 1830, on pouvait dire aussi : C'est
un grand bonheur que le peuple paye une liste civile de
36 millions. La cour mène grand train, et l'industrie profite *par ricochet...*

En vérité, je crois que, dans certain petit volume, j'ai
négligé d'introduire un article intitulé : *Sophisme des ricochets.*

Je réparerai cet oubli à la prochaine édition (¹). (Hilarité prolongée.)

Nos adversaires disent que l'exemple de la Suisse ne conclut pas, parce que c'est un pays de montagnes. (Rires.) Voyons donc un pays de plaines.

La Hollande jouissait en même temps de la liberté politique et de la liberté commerciale ; et, comme le disait tout à l'heure notre honorable président, elle regrette ce régime de libre-échange, sous lequel elle était devenue, malgré l'infériorité de sa position, un des pays les plus florissants et même les plus puissants de l'Europe.

Voyez encore l'Italie. A l'aurore de son affranchissement sa première pensée — non, sa seconde pensée, la première est pour l'indépendance nationale (applaudissements) — sa seconde pensée est pour la liberté du commerce et la destruction de tous les monopoles.

Traversons l'Océan. Vous savez que l'Amérique septentrionale est une démocratie. Il y a cependant des nuances, il y a le parti whig et le parti populaire. L'un veut la restriction, l'autre la liberté. Ce dernier a triomphé, en 1846, et a porté M. Polk à la présidence. Tout l'effort de la lutte a porté précisément sur cette question des tarifs ; et, malgré la résistance acharnée des whigs, résistance poussée jusqu'à cette limite après laquelle il n'y a plus que la guerre civile, le principe de la protection a été exclu du tarif. Quel a été le résultat ? Vous le savez ; le président Polk l'a hautement proclamé dans son message. Mais que dis-je ? non, vous ne le savez pas, car la traduction qu'ont donnée de ce document nos journaux, à commencer par le *Moniteur*, est très-habilement arrangée pour vous égarer.

(¹) V. tome V, page 13, pages 80 à 83, et au même tome, page 336, le pamphlet *Ce qu'on voit et ce qu'on ne voit pas.*
                                                          (Note de l'éditeur.)

Ici l'orateur donne lecture du message et compare les traduc-tions.

Je dois cependant dire que d'autres journaux, entre au-tres *le National*, ont reproduit les passages supprimés par *le Moniteur* et *la Presse*. Mais, hélas ! par je ne sais quelle fatalité, *le National* a omis ce qui intéressait le plus son public, les paragraphes qui se rapportent à la marine mar-chande et à la hausse des salaires.

Enfin, Messieurs, que se passe-t-il en Angleterre ? N'est-il pas de notoriété publique que c'est la démocratie qui réalise la liberté commerciale, et que l'aristocratie lui op-pose une résistance désespérée ? Ignorez-vous que les lords anglais, ces vigilants conservateurs de tout ce qui porte quelque stigmate de féodalité, ont rejeté d'au milieu d'eux et chassé du pouvoir sir R. Peel lui-même, leur général, pour avoir, en présence de la famine, laissé entrer le blé étranger ?

J'ai nommé l'Angleterre. C'est un sujet que les passions du jour rendent délicat ; l'heure avancée ne me permettant pas de dire ma pensée tout entière, j'aime mieux m'abstenir. Sans cela, croyez que je m'expliquerais ouvertement ; car je ne crois pas qu'un acte d'indépendance puisse être mal accueilli devant un auditoire français. Je ne crains pas d'être réfuté, je ne crains pas d'être critiqué ; mais il m'est bien permis de craindre d'être mal compris. (Approbation.)

Je dirai cependant que l'aristocratie britannique a la vue longue. Elle sait tout ce que la liberté commerciale porte dans ses flancs. Elle sait que c'est la fin du régime colonial, la mort de l'acte de navigation, le renversement de sa di-plomatie traditionnelle, le terme de sa politique envahis-sante et jalouse. Ce qu'elle regrette, ce n'est pas seulement le monopole du blé, c'est un autre monopole qu'elle voit compromis, l'exploitation de l'armée, de la marine, des gouvernements lointains et des ambassades. Aussi la voyons-nous en ce moment même pousser un ridicule cri d'alarme. A l'entendre, l'Angleterre est au moment d'être envahie. Il faut courir aux armes, multiplier les places fortes, les bataillons, les vaisseaux de guerre, c'est-à-dire les commodores et les colonels (on rit), en un mot les charges publiques, son riche domaine. Selon sa tactique constante, elle essaye de mettre le peuple de son côté, en réveillant ses plus mauvais instincts, en faussant en lui le sentiment national.

Voilà le spectacle que nous offre aujourd'hui même l'aristocratie anglaise. Mais les hommes éclairés de la démocratie ont les yeux ouverts sur ces menées. Ils ne laisseront pas ce déploiement de force brutale, venant à la suite des mesures de l'année dernière, aller dans toute l'Europe décréditer et amoindrir le libre-échange. Il y a quelques mois, M. Cobden paraissait rassasié par la reconnaissance publique. Et aujourd'hui le voilà affrontant une impopularité passagère, parce qu'il réclame, avec le libre-échange, toutes les conséquences du libre-échange, c'est-à-dire un changement complet dans la politique de son pays, et le bienfait du désarmement, suivi de l'allégement des taxes publiques. Il rentre dans l'agitation ; car il s'aperçoit que son œuvre est incomplète, et qu'après avoir fait triompher le libre-échange dans les lois, il lui reste à faire pénétrer l'*esprit du libre-échange* dans les cœurs. Et je dis que quiconque ne sympathise avec ses nobles efforts n'a pas l'intelligence de l'avenir. (Applaudissements prolongés.) (*V. tome III, pages* 459 à 492.)

Mais qu'ai-je besoin de chercher des exemples au dehors ? Pour montrer que notre cause est celle des masses, ne suffit-il pas de jeter un coup d'œil sur notre histoire contemporaine ? Il y en a, parmi vous, qui ont pu voir les éléments démocratique et aristocratique parvenir à leur apogée, je dirai même à leur exagération, l'un en 93, l'autre en 1822. La *Convention* et la *Chambre du double vote*, voilà les points ex-

. trêmes des deux principes. Or, qu'ont fait ces assemblées? L'une a mis toutes les restrictions à la sortie des produits, l'autre à leur entrée.

Je ne nie pas qu'il n'y eût des prohibitions à l'entrée sous la République. Elles furent établies, comme mesures de guerre, par un décret d'urgence du Comité de salut public.

Mais quant au tarif, permettez-moi de vous dire dans quel esprit il était conçu.

En 93, les législateurs étaient nommés par la foule. On peut même dire qu'ils étaient sous la dépendance immédiate, constante, ombrageuse de la foule. Aussi, à quel résultat aspire le tarif? A créer la plus grande abondance possible des aliments, des vêtements et de tous les objets de consommation générale. Pour atteindre ce but, que fait-on? On décrète que toutes les choses vraiment utiles pourront librement entrer; et afin que la masse n'en soit pas ébréchée par l'exportation, on décrète qu'elles ne pourront pas sortir.

Certes, Messieurs, je ne justifie pas cette dernière mesure. C'est une atteinte à la propriété, à la liberté, au travail; et je suis convaincu qu'elle allait contre le but qu'on avait en vue.

Mais il n'en reste pas moins que toute la préoccupation du législateur, à cette époque, était de mettre la plus grande abondance possible à la portée du peuple; et pour cela il allait jusqu'à violer la propriété.

Voici quelques articles entièrement exempts de droits à l'entrée:

Bestiaux de toutes sortes, grains de toutes sortes, beurres frais, fondu et salé, bois de toutes sortes, chair salée de toutes sortes, chanvre, même apprêté, charbon de bois, coton en rame et en laine, cuivre, fer en gueuse et ferraille (le fer en barre payait 1 franc par quintal, l'acier 1 fr. 50 c.), laines, lard frais, légumes, lin teillé ou apprêté, mâts de vais-

seaux, suif, etc., et les farines de toutes sortes sauf la farine d'avoine. Et voyez, Messieurs, quelle minutieuse solli-
citude se révèle jusque dans cette singulière exception.
Pourquoi exclure seulement la farine d'avoine ? Cela ne
peut s'expliquer que par la crainte que les spéculateurs ne
mêlassent à la nourriture du peuple un ingrédient grossier
indigne de l'homme.

Maintenant voici quelques articles dont la sortie.est entièrement *prohibée :*

Argent et or, bestiaux, matières résineuses, chanvre, coton en laine, cuirs, cuivre, grains et farines de toutes sortes, laines, lins, engrais, matières premières du papier,
suif, etc., etc.

Messieurs, le peuple de 93 n'était pas plus profond économiste que celui de 1822 ; mais on le consultait alors. On
lui demandait : Veux-tu qu'on taxe le froment étranger afin
d'élever le prix du froment naturel ? Et, avec ce bon sens
que je vous ai signalé chez les Suisses, il répondit : *Non.*
(Rire général.)

Une preuve que ce n'est pas le progrès de l'économie politique qui dirigeait le législateur en veste, c'est un article
bien remarquable que je dois encore vous lire.

On voulait tout laisser entrer ; on ne voulait rien laisser
sortir. C'était une contradiction. Évidemment pour recevoir, il faut payer. On se condamnait donc à tout payer en
or. Mais à cette époque, comme aujourd'hui, on était convaincu que la sortie de l'or est une calamité publique. Comment donc échapper à la difficulté ?

On décréta qu'il serait défendu, sous des peines sévères
(en harmonie avec les mœurs de l'époque), d'exporter de
l'or, « à moins qu'on ne prouve, dit le décret, qu'on en fait
entrer la contre-valeur en objets nécessaires à la consommation du peuple ; » et à la suite on désigne toujours les
mêmes objets : Bestiaux, grains, farines, lin, suifs, etc.

En sorte que, pendant que nous justifions l'exclusion des choses utiles par la peur que l'or ne sorte, les importer était le motif même pour lequel la Convention permettait la sortie de l'or.

1822 arriva, et avec lui le triomphe de la grande propriété, le principe aristocratique, la Chambre du double vote.

Et que fait-elle, cette Chambre? Précisément le contraire de ce qu'avait fait la Convention. Elle s'oppose à l'entrée des produits pour en provoquer la cherté, et, par le même motif, elle en favorise la sortie.

Se peut-il concevoir deux législations plus opposées et qui, dans leur exagération, portent plus manifestement l'empreinte de leur origine? L'une pousse la passion démocratique jusqu'à violer la propriété du riche, dans l'intérêt *mal entendu* du pauvre ; l'autre pousse la passion aristocratique jusqu'à violer la propriété du pauvre, dans l'intérêt *mal entendu* du riche ! (Sensation.)

Pour nous, nous disons : La justice est dans la liberté du travail et de l'échange. (Applaudissements.)

En présence de ces faits, en présence du triomphe de l'élément aristocratique qui éclate dans notre tarif, est-il rien de plus surprenant et de plus triste, Messieurs, que de voir une partie considérable du parti démocratique, en France, porter toutes ses forces et toutes ses sympathies du côté de la restriction? (*V. les n°s* 17, 18, 19, 22 *et* 23.)

Comment les chefs de ce bizarre mouvement expliquent-ils ce que je puis bien appeler cette désertion de la cause du peuple?

Ils disent qu'ils se défient de notre association, parce qu'il y a dans son sein des conservateurs ! Mais n'y en a-t-il pas parmi les protectionnistes?

Mais, Messieurs, quand on fonde une association dans un but spécial, a-t-on à demander aux associés leur profession de foi sur des objets étrangers au but de l'Association ? Pourquoi les hommes de la démocratie ne sont-ils pas venus à nous ? Ils auraient été certainement bien accueillis, à la seule condition de ne pas vouloir détourner l'Association de son but.

N'est-il pas aisé de voir d'ailleurs comment le libre-échange peut attirer les sympathies des conservateurs sincères ? Je dis sincères, car celui qui n'est pas sincère n'est d'aucun parti, il n'est rien. Mettons-nous à leur point de vue ; ils doivent raisonner ainsi : Ce que nous redoutons avant tout, c'est le désordre et l'anarchie. Et quel meilleur moyen de prévenir le désordre que de diminuer les souffrances du pauvre, que de mettre à sa portée la plus grande quantité possible d'objets de consommation, que de l'élever ainsi non-seulement en bien-être, mais en dignité, que d'alléger le poids de ses charges ? Et comment diminuer sérieusement les impôts sans diminuer l'armée ? Et comment diminuer l'armée, tant que les jalousies commerciales tiennent l'éventualité d'une guerre toujours suspendue sur nos têtes ?

Les chefs de l'opposition disent encore que nous avons *raison en principe* (on rit), ce qui ne signifie absolument rien, si cela ne veut dire que nous avons pour nous la vérité, le droit, la justice et l'utilité générale. Mais alors pourquoi ne sont-ils pas avec nous ? C'est, disent-ils, qu'avant d'adopter le libre-échange, la France a une grande mission à remplir, celle de propager et faire triompher en Europe l'idée démocratique.

Eh ! Messieurs, est-ce que le libre-échange est un obstacle à cette propagande ? Est-ce que notre principe n'aura pas de plus belles chances quand les étrangers pourront venir librement en France puiser des produits et des idées, quand nous pourrons librement leur porter nos idées et nos produits ?

Veut-on insinuer que la France doit accomplir sa mis-

sion par les armes? Alors, je l'avoue, on a raison de repousser le libre-échange; mais il reste à prouver que l'on peut
faire pénétrer la vérité dans les cœurs à la pointe de la
baïonnette.

Messieurs, la propagande n'a que deux instruments efficaces et légitimes, la persuasion et l'exemple. La persuasion,
la France en a le noble privilége par la supériorité de
sa littérature et l'universalité de sa langue. Et, quant à
l'exemple, il dépend de nous de le donner. Soyons le peuple
le plus éclairé, le mieux gouverné, le mieux ordonné, le
plus exempt de charges, d'entraves et d'abus, le plus heureux de la terre. Voilà la meilleure propagande.

Et c'est parce que la libre communication des peuples
nous paraît un des moyens les plus efficaces d'atteindre ces
résultats, que nous en appelons à vous pour nous aider à
tenir haut et ferme le drapeau du *Libre-Échange*.

49. — DISCOURS AU CERCLE DE LA LIBRAIRIE ([1]).

16 Décembre 1847.

MESSIEURS,

Un de mes amis, qui assistait dernièrement à une séance
de l'Académie des sciences morales et politiques, m'a rap-
porté que la conversation étant tombée sur la *propriété*,
qui, vous le savez, est fréquemment attaquée de nos jours,
sous une forme ou sous une autre, un membre de cette
compagnie avait résumé sa pensée sous cette forme :
l'homme naît propriétaire. Ce mot, Messieurs, je le répète

([1]) Ce discours diffère de ceux qui précèdent en ce qu'il traite plus
particulièrement de la *propriété littéraire;* mais il se rattache comme
les autres au *droit de propriété,* qui n'a, quel qu'en soit l'objet, qu'une
seule et même base. Avec la lettre dont nous le faisons suivre, ce discours représente tout ce que nous avons pu recueillir de l'auteur sur ce
côté spécial du sujet. *(Note de l'éditeur.)*

ici comme l'expression la plus énergique et la plus juste de ma propre pensée

Oui, l'homme *naît propriétaire*, c'est-à-dire que la propriété est le résultat de son organisation.

On naît propriétaire, car on naît avec des besoins auxquels il faut absolument pourvoir pour se développer, pour se perfectionner et même pour vivre ; et on naît aussi avec un ensemble de facultés coordonnées à ces besoins.

On naît donc avec la propriété de sa personne et de ses facultés. C'est donc la propriété de la personne qui entraîne la propriété des choses, et c'est la propriété des facultés qui entraîne celle de leur produit.

Il résulte de là que la *propriété* est aussi naturelle que l'existence même de l'homme.

Cela est-il vrai qu'on en voit les rudiments chez les animaux eux-mêmes ; car, en tant qu'il y a de l'analogie entre leurs besoins et leurs facultés et les nôtres, il doit en exister dans les conséquences nécessaires de ces facultés et de ces besoins.

Quand l'hirondelle a butiné des brins de paille et de mousse, qu'elle les a cimentés avec un peu de boue et qu'elle en a construit un nid, on ne voit pas ses compagnes lui ravir le fruit de son travail.

Chez les sauvages aussi, la propriété est reconnue. Quand un homme a pris quelques branches d'arbre, quand il a façonné ces branches en arcs ou en flèches, quand il a consacré à ce travail un temps dérobé à des occupations plus immédiatement utiles, quand il s'est imposé des privations pour arriver à se munir d'armes, toute la tribu reconnaît que ces armes sont sa propriété ; et le bon sens dit que, puisqu'elles doivent servir à quelqu'un et produire une utilité, il est bien naturel que ce soit à celui qui s'est donné la peine de les fabriquer. Un homme plus fort peut certainement les ravir, mais ce n'est pas sans soulever l'in-

dignation générale, et c'est précisément pour mieux prévenir ces extorsions que les gouvernements ont été établis.

Ceci montre, Messieurs, que le droit de propriété est antérieur à la loi. Ce n'est pas la loi qui a donné lieu à la
propriété, mais, au contraire, la propriété qui a donné lieu
à la loi. Cette observation est importante ; car il est assez
commun, surtout parmi les juristes, de faire reposer la propriété sur la loi, d'où la dangereuse conséquence que le
législateur peut tout bouleverser en conscience. Cette fausse
idée est l'origine de tous les plans d'organisation dont nous
sommes inondés. Il faut dire, au contraire, que la loi est le
résultat de la propriété, et la propriété, le résultat de l'organisation humaine.

Mais le cercle de la propriété s'étend et se consolide avec
la civilisation. Plus la race humaine est faible, ignorante,
passionnée, violente, plus la propriété est restreinte et in-
certaine.

Ainsi, chez les sauvages dont je parlais tout à l'heure,
quoique le droit de propriété soit reconnu, l'appropriation
du sol ne l'est pas ; la tribu en jouit en commun. A peine
même une certaine superficie de terre est-elle reconnue
comme propriété à chaque tribu par les tribus voisines.
Pour constater ce phénomène, il faut rencontrer un degré
plus élevé de civilisation et observer les peuples partout.

Aussi qu'arrive-t-il ? c'est que, dans l'état sauvage, la
terre n'étant point personnellement possédée, tous recueillent les fruits spontanés qu'elle donne, mais nul ne songe à
la travailler. Dans ces contrées, la population est rare, misérable, décimée par la souffrance, la maladie et la famine.

Chez les nomades, les tribus jouissent en commun d'un
espace déterminé ; on peut au moins élever des troupeaux.
La terre est plus productive, la population plus nombreuse,
plus forte, plus avancée.

Au milieu des peuples civilisés, la propriété a franchi le

dernier pas; elle est devenue individuelle. Chacun, sûr de recueillir le fruit de son travail, fait rendre au sol tout ce qu'il peut rendre. La population s'accroît en nombre et en richesse.

Dans ces diverses conditions sociales, la loi suit les phénomènes et ne les précède pas; elle régularise les rapports, ramène à la règle ceux qui s'en écartent, mais elle ne crée pas ces rapports.

Je ne puis m'empêcher, Messieurs, de retenir un moment votre attention sur les conséquences de ce droit de propriété personnelle attaché au sol.

Au moment où l'appropriation s'opère, la population est excessivement rare comparée à l'étendue des terres; chacun peut donc clore une parcelle aussi grande qu'il la peut cultiver sans nuire à ses frères, puisqu'il y a surabondamment de la terre pour tout le monde. Non-seulement il ne nuit pas à ses frères, mais il leur est utile, et voici comment : quelque grossière que soit une culture, elle donne toujours plus de produits, en un an, que le cultivateur et sa famille n'en peuvent consommer. Une partie de la population peut donc se livrer, à d'autres travaux, comme la chasse, la pêche, la confection des vêtements, des habitations, des armes, des outils, etc., et échanger avec avantage ce travail contre du travail agricole. Observez, Messieurs, que tant que la terre non encore appropriée abondera, ces deux natures de travaux se développeront parallèlement d'une manière harmonique; il sera impossible à l'un d'opprimer l'autre. Si la classe agricole mettait ses services à trop haut prix, on déserterait les autres industries pour défricher de nouvelles terres. Si, au contraire, l'industrie exigeait une rémunération exorbitante, on verrait le capital et le travail préférer l'industrie à l'agriculture, en sorte que la population pourrait progresser longtemps et l'équilibre se maintenir, avec quelques dérangements partiels, sans doute, mais d'une manière bien plus régulière que si le législateur y mettait la main.

Mais, lorsque la totalité du territoire est occupée, il se produit un phénomène qu'il faut remarquer.

La population ne laisse pas de croître. Les nouveaux venus n'ont pas le choix de leurs occupations. Il faut pourtant plus d'aliments, puisqu'il y a plus de bouches, plus de matières premières, puisqu'il y a plus d'êtres humains à vêtir, loger, chauffer, éclairer, etc.

Il me paraît incontestable que le droit de ces nouveaux venus est de travailler pour des populations étrangères, d'envoyer au dehors leurs produits pour recevoir des aliments. Que si, par la constitution politique du pays, la classe agricole a le pouvoir législatif du pays, et si elle profite de ce pouvoir pour faire une loi qui défende à toute la population de travailler pour le dehors, l'équilibre est rompu ; et il n'y a pas de limite à l'intensité du travail que les propriétaires fonciers pourront exiger en retour d'une quantité donnée de subsistances.

Messieurs, d'après ce que je viens de dire de la propriété en général, il me semble difficile de ne pas reconnaître que la propriété littéraire rentre dans le droit commun. (Adhésions.) Un livre n'est-il pas le produit du travail d'un homme, de ses facultés, de ses efforts, de ses soins, de ses veilles, de l'emploi de son temps, de ses avances? Ne faut-il pas que cet homme vive pendant qu'il travaille? Pourquoi donc ne recevrait-il pas des services volontaires de ceux à qui il rend des services? Pourquoi son livre ne serait-il pas sa propriété? Le fabricant de papier, l'imprimeur, le libraire, le relieur, qui ont matériellement concouru à la formation d'un livre, sont rémunérés de leur travail. L'auteur sera-t-il seul exclu des rémunérations dont son livre est l'occasion?

Ce sera beaucoup avancer la question que de la traiter

historiquement. Permettez-moi donc de vous rendre compte fort succinctement de l'état de la législation sur cette matière.

J'ai défini devant vous la propriété. J'ai dit : « Toute production appartient à celui qui l'a formée, et *parce* qu'il l'a formée. » Messieurs, il fut un temps où l'on était bien loin de reconnaître un principe qui nous paraît aujourd'hui si simple. Vous comprenez que ce principe ne pouvait être admis ni dans le droit romain, ni par l'aristocratie féodale, ni par les rois absolus ; car il eût renversé une société fondée sur la conquête, l'usurpation et l'esclavage. Comment voulez-vous que les Romains, qui vivaient sur le travail des nations conquises ou des esclaves, que les Normands, qui vivaient sur le travail des Saxons, pussent donner pour base à leur droit public cette maxime subversive de toute spoliation organisée : « Une production appartient à celui qui l'a formée. »

A l'époque où l'imprimerie fut inventée, un autre droit existait en Europe. Le roi était le maître, le propriétaire universel des choses et des hommes. Permettre de travailler était un *droit domanial et royal*. La règle était que tout émanait du prince. Nul n'avait le droit d'exercer une profession. Le droit ne pouvait résulter que d'une concession royale. Le roi désignait les personnes qu'il lui plaisait de placer dans l'exception pour un genre de travail déterminé, à qui il voulait bien, par monopole, par privilége, *privata lex*, conférer la faculté de vivre en travaillant.

La profession d'écrivain ne pouvait échapper à cette règle. Aussi l'édit du 26 août 1686, le premier qui se soit occupé de ces matières, dispose ainsi : « Il est défendu à tous imprimeurs et libraires d'imprimer et mettre en vente un ouvrage pour lequel aucun privilége n'aura été accordé, sous peine de confiscation et de punition exemplaire. »

Et remarquez, Messieurs, que toute la théorie de la pro-

priété, telle qu'elle est encore enseignée dans nos écoles,
est puisée dans le droit romain et féodal. Et, si je ne me
trompe, la définition officielle de la propriété sur les bancs
de l'école est encore le *jus utendi et abutendi*. Il n'est donc
pas surprenant que beaucoup de juristes négligent de rechercher des rapports entre la propriété et la nature de
l'homme, surtout en ce qui concerne la propriété littéraire.

Il arriva que, relativement au *privilégié*, le monopole
avait tous les effets de la propriété. Déclarer que nul, sinon
l'auteur, n'aurait la faculté d'imprimer le livre, c'était faire
l'auteur propriétaire, sinon de droit, du moins de fait.

La révolution de 1789 devait renverser cet ordre de
choses. C'est ce qui arriva. L'Assemblée constituante reconnut à chacun la faculté d'écrire et de faire imprimer; mais
elle crut avoir tout fait en reconnaissant le droit, et ne songea pas à stipuler des garanties en faveur de la propriété littéraire. Elle proclama un *droit de l'homme* et non une propriété. Elle détruisait ainsi cette sorte de garantie, qui, sous
l'ancien régime, résultait incidemment du monopole. Aussi,
pendant quatre ans, chacun put à son gré multiplier et
vendre à son profit les copies des livres des auteurs vivants;
c'est comme si l'Assemblée constituante avait dit : « Cultiver
la terre est un droit de l'homme, » et qu'en conséquence
chacun eût été libre de s'emparer du champ de son voisin.

Par une coïncidence bien singulière, et qui prouve combien les mêmes causes produisent les mêmes effets, les
choses s'étaient passées exactement de même en Angleterre. Là aussi le droit de travailler avait été d'émanation
royale. Là aussi la faculté n'avait été d'abord qu'une concession, un privilége. Là aussi ces monopoles avaient été
détruits et le droit au travail reconnu. Là aussi on avait cru
tout faire en paralysant l'action royale; et en reconnaissant
que chacun aurait le droit d'écrire et d'imprimer, on avait
omis de stipuler que l'œuvre appartenait à l'ouvrier. Là

aussi enfin, cet interrègne de la loi dura trois à quatre années, pendant lesquelles la propriété littéraire fut mise au pillage.

En Angleterre comme en France, l'aspect de ces désordres amena la législation qui, à très-peu de chose près, régit encore les deux pays.

La Convention rendit, sur le rapport de Lackanal, un décret dont les termes méritent d'être cités. (L'orateur les commente.)

Cette dernière observation répond à une objection qu'on a souvent élevée contre la propriété littéraire. On dit : Tant que l'auteur a entre les mains son manuscrit, personne ne lui conteste la propriété de son œuvre ; mais une fois qu'il l'a livré à l'impression, doit-il être propriétaire de toutes les éditions futures ? chacun n'a-t-il pas le droit de multiplier et de faire vendre ces éditions ?

Messieurs, la loi ne doit être ni un jeu de mots ni une surprise ; il n'y a pas d'autre manière de tirer parti d'un livre que d'en multiplier les copies et de les vendre. Accorder cette faculté à ceux qui n'ont pas fait le livre ou qui n'en ont pas obtenu la cession, c'est déclarer que l'œuvre n'appartient pas à l'ouvrier, c'est nier la propriété même. C'est comme si l'on disait : *Le champ sera approprié, mais les fruits seront au premier qui s'en emparera.* (Applaudissements.)

Après avoir lu les considérants du décret, il est difficile de s'expliquer le décret lui-même. Il se borne à attribuer aux auteurs, comme cadeau législatif, l'*usufruit* de leur œuvre. En effet, de même que déclarer un homme *usufruitier à perpétuité,* c'est le déclarer propriétaire, — dire qu'il sera propriétaire pendant un nombre d'années déterminé, c'est dire qu'il sera *usufruitier.* Ce n'est pas un mot qui constitue le droit : la loi aurait beau dire que je m'appelle *empereur ;* si elle me laisse dans la situation où je suis, elle ne fait que proclamer un mensonge.

Notre législation actuelle ne me paraît fondée sur aucun principe. Ou la propriété littéraire est un droit supérieur à la loi, et alors la loi ne doit faire autre chose que le constater, le régler et le garantir ; ou l'œuvre littéraire appartient au public, et, en ce cas, on ne voit pas pourquoi l'usufruit est attribué à l'auteur.

Il me semble que cette disposition de la loi se ressent des idées dont notre ancien droit public avait imbu les esprits. La Convention s'est substituée au Roi ; elle a cru faire envers les auteurs un acte de munificence qu'elle était maîtresse de régler et de limiter ; elle a supposé que le fond du droit était en elle et non dans l'auteur, et alors elle en a cédé ce qu'elle a jugé à propos d'en céder. Mais, en ce cas, pourquoi cette solennelle déclaration du droit ?

..... Un écrivain de talent a consacré des pages éloquentes à combattre, dans son principe même, la propriété littéraire. Il se fonde sur ce qu'il y a de triste et de dégradant, selon lui, à voir le génie chercher sa récompense dans un peu d'or. Je ne puis m'empêcher de craindre qu'il n'y ait dans cette manière de juger un reste de préventions aristocratiques, et que l'auteur n'ait cédé, à son insu, à ce sentiment de mépris pour le travail, qui était le caractère distinctif des anciens possesseurs d'esclaves ; et qui nous est inculqué à tous avec l'éducation universitaire. Les écrivains sont-ils d'une autre nature que les autres hommes ? N'ont-ils pas des besoins à satisfaire, une famille à élever ? Y a-t-il quelque chose de méprisable en soi à recourir pour cela au travail intellectuel ? Les mots *mercantilisme*, *industrialisme*, *individualisme*, s'accumulent sous la plume de M. Blanc. Est-ce donc une chose basse, ignoble, honteuse, d'échanger librement des services, parce que l'or sert d'intermédiaire à ces échanges ? Sommes-nous tous nobles par nature ? descendons-nous des dieux de l'Olympe ?

Après avoir flétri ce sentiment, je pourrais dire cette

nécessité qui soumet les hommes à recevoir des services en
échange de ceux qu'ils rendent, et, pour trancher le mot,
à *travailler* en vue d'une rémunération, M. Blanc imagine
tout un système de rémunération. Seulement il veut qu'elle
soit nationale et non individuelle. Je n'examinerai pas le
système de M. Blanc, qui me paraît susceptible de beaucoup d'objections. Mais est-il certain que les écrivains con-
serveront plus de dignité quand la brigue et les sollicita-
tions seront le chemin des récompenses? (Rires.)

Je suis d'accord avec M. Blanc que, dans l'état actuel des
choses, les livres amusants, dangereux, quelquefois cor-
rupteurs, et toujours faits à la hâte, sont plus lucratifs que
les grands et sérieux ouvrages, qui ont exigé beaucoup de
travaux et de veilles. Mais pourquoi? parce que le public
demande ces livres; on lui sert ce qu'il veut. Il en est ainsi
de toutes les productions. Partout où les masses sont disposées à faire des sacrifices pour obtenir une chose, cette
chose se fait; il se trouve toujours des gens qui la font. Ce
ne sont pas des mesures législatives qui corrigeront cela,
c'est le perfectionnement des mœurs. En toutes choses, il
n'y a de ressource que dans le progrès de l'opinion publique [1].

On dira que c'est un cercle vicieux, puisque les mauvais livres ne font que corrompre de plus en plus les masses
et l'opinion; je ne le crois pas. Je suis convaincu qu'il y a
des natures d'ouvrages que le temps décrédite.

Au reste, il me semble que la propriété littéraire est un
obstacle à ce danger. N'est-il pas évident que plus l'usufruit est restreint, plus il y a intérêt à écrire vite, à abonder
dans le sens de la vogue?

Quant au désintéressement dont M. Blanc parle en termes
chaleureux, et, je puis le dire, pleins d'élévation et d'élo-

[1] V. la même conclusion aux pages 140 et 144 du tome IV.
(*Note de l'éditeur.*)

quence, à Dieu ne plaise que je me sépare de lui sur ce
terrain. Certes, les hommes qui veulent rendre sans aucune rémunération des services à la société, dans quelque
branche que ce soit, militaire, ecclésiastique, littéraire ou
autre, méritent toute notre sympathie, toute notre admiration, tous nos hommages, et plus encore si, comme les
grands modèles qu'il nous cite, ils travaillent dans le dénûment et la douleur. Mais quoi! serait-il généreux à la
société de s'emparer du dévouement d'une classe particulière pour s'en faire un titre contre elle, pour l'imposer
comme une obligation légale, et pour refuser à cette classe
le droit commun de recevoir des services contre des services? (Mouvement.)

Parmi les objections que l'on fait, non sur le principe de
la propriété littéraire, mais à son application, il en est
une qui me paraît très-sérieuse; c'est l'état de la législation chez les peuples qui nous avoisinent. Il me semble que
c'est là un de ces progrès à l'occasion desquels se manifeste
le plus la solidarité des nations. A quoi servirait que la propriété littéraire fût reconnue en France, si elle ne l'était
pas en Belgique, en Hollande, en Angleterre; si les imprimeurs et libraires de ces pays pouvaient impunément
violer cette propriété? Tel est l'état des choses actuel, dira-
t-on, et il n'empêche pas que notre législation n'ait accordé
aux auteurs l'usufruit de leurs œuvres. L'inconvénient ne
serait pas pire quant à la propriété.

Mais tout le monde sait dans quelle position anormale la
contrefaçon place notre librairie relativement aux ouvrages
des auteurs vivants. Que serait-ce donc si la propriété littéraire eût été reconnue en France? si les œuvres de Cor-
neille, de Racine et de tous les grands hommes des siècles
passés étaient encore grevées d'un droit d'auteur dont les
éditeurs belges s'affranchiraient? Aujourd'hui, il y a au
moins un fonds immense d'ouvrages pour la reproduction

desquels notre librairie est placée sous ce rapport dans les mêmes conditions que la librairie étrangère. Sans cela, il est douteux qu'elle pût exister.

Il y en a qui pensent qu'en m'exprimant ainsi je démens ces principes de liberté commerciale que je recommande en d'autres matières, puisque je parais redouter pour notre librairie la concurrence étrangère.

Je repousse de toutes mes forces l'accusation et l'assimilation.

Si les Belges, grâce à une position naturelle ou à une supériorité personnelle, peuvent imprimer à meilleur marché que nous, je regarderais comme une injustice et une folie de prohiber les livres belges ; car ce serait soutenir une industrie qui perd en mettant une taxe sur les acheteurs de livres. J'attaquerais cette protection comme toutes les autres. Mais quel rapport cela a-t-il avec la question de contrefaçon? En bonne logique, il faut que les cas soient semblables pour être assimilés. Je suppose qu'il s'établisse une fabrique de drap sur le territoire belge, et que les Belges trouvent le moyen d'aller soustraire dans les fabriques françaises de la laine et des teintures; évidemment ce ne serait pas là de la concurrence, ce serait de la spoliation. N'aurions-nous pas le droit de réclamer que la législation belge fût réformée, et que la diplomatie française, pour être bonne à quelque chose une fois dans sa vie, provoquât ce grand acte de justice internationale ?

En résumé, Messieurs, si mes vues ne sont pas celles de M. Blanc, j'ose dire que mes désirs sont les siens. Oui, je désire comme lui que notre littérature s'élève, s'épure et se moralise; je désire que la France conserve et étende de plus en plus la légitime et glorieuse suprématie de sa belle langue, qui, plus que ses baïonnettes, portera jusqu'aux extrémités de la terre le principe de notre Révolution. (Applaudissements.)

LETTRE.

Mugron, le 9 Septembre 1847.

« MONSIEUR,

« J'apprends avec une vive satisfaction l'entrée dans le monde du journal que vous publiez dans le but de défendre la *propriété intellectuelle*.

« Toute ma doctrine économique est renfermée dans ces mots : *Les services s'échangent contre les services*, ou en termes vulgaires : *Fais ceci pour moi, je ferai cela pour toi*, ce qui implique la propriété intellectuelle aussi bien que matérielle.

« Je crois que les *efforts* des hommes, sous quelque forme que ce soit, et les résultats de ces efforts, leur appartiennent, ce qui leur donne le droit d'en disposer pour leur usage ou par l'échange. J'admire comme un autre ceux qui en font à leurs semblables le sacrifice volontaire ; mais je ne puis voir aucune moralité ni aucune justice à ce que la loi leur impose systématiquement ce sacrifice. C'est sur ce principe que je défends le libre-échange, voyant sincèrement dans le régime restrictif une atteinte, sous la forme la plus onéreuse, à la propriété en général, et en particulier à la plus respectable, la plus immédiatement et la plus généralement nécessaire de toutes les propriétés, celle du travail.

« Je suis donc, en principe, partisan très-prononcé de la propriété littéraire. Dans l'application, il peut être difficile de garantir ce genre de propriété. Mais la difficulté n'est pas une fin de non-recevoir contre le droit.

« La propriété de ce qu'on a produit par le travail, par l'exercice de ses facultés, est l'essence de la société. Antérieure aux lois, loin que les lois doivent la contrarier, elles n'ont guère d'autre objet au monde que de la garantir.

« Il me semble que la plus illogique de toutes les législations est celle qui régit chez nous la propriété littéraire. Elle lui donne un règne de vingt ans après la mort de l'auteur. Pourquoi pas quinze? pourquoi pas soixante? Sur quel principe a-t-on fixé un nombre arbitraire? Sur ce malheureux principe que la loi *crée* la propriété, principe qui peut bouleverser le monde.

« *Ce qui est juste est utile :* c'est là un axiome dont l'économie politique a souvent occasion de reconnaître la justesse. Il trouve une application de plus dans la question. Lorsque la propriété littéraire n'a qu'une durée légale très-limitée, il arrive que la loi elle-même met toute l'énorme puissance de l'intérêt personnel du côté des œuvres éphémères, des romans futiles, des écrits qui flattent les passions du moment et répondent à la mode du jour. On cherche le *débit* dans le public actuel que la loi vous donne, et non dans le public futur dont elle vous prive. Pourquoi consumerait-on ses veilles à une œuvre durable, si l'on ne peut transmettre à ses enfants qu'une épave? Plante-t-on des chênes sur un sol communal dont on a obtenu la concession momentanée? Un auteur serait puissamment encouragé à compléter, corriger, perfectionner son œuvre, s'il pouvait dire à son fils : « Il se peut que de mon vivant ce livre ne soit pas apprécié. Mais il se fera son public par sa valeur propre. C'est le chêne qui vous couvrira, vous et vos enfants, de son ombre. »

« Je sais, Monsieur, que ces idées paraissent bien *mercantiles* à beaucoup de gens. C'est la mode aujourd'hui de tout fonder sur le principe du désintéressement *chez les autres.* Si les déclamateurs voulaient descendre un peu au fond de leur conscience, peut-être ne seraient-ils pas si prompts à proscrire dans l'écrivain le soin de son avenir et de sa famille, ou le sentiment de l'*intérêt*, puisqu'il faut l'appeler par son nom. — Il y a quelque temps, je passai toute une nuit à lire un petit ouvrage où l'auteur flétrit avec une grande énergie quiconque tire la moindre rémunération du travail intellectuel. Le lendemain matin, j'ouvris un journal, et, par une coïncidence assez bizarre, la première chose que j'y lus, c'est que ce même auteur venait de vendre ses œuvres pour une somme considérable. Voilà tout le désintéressement du siècle, morale que nous nous imposons les uns aux autres, sans nous y conformer nous-mêmes. En tout cas, le désintéressement, tout admirable qu'il est, ne mérite même plus son nom s'il est exigé par la loi, et la loi est bien injuste si elle ne l'exige que des ouvriers de la pensée.

« Pour moi, convaincu par une observation constante et par les actes des déclamateurs eux-mêmes, que l'intérêt est un mobile individuel indestructible et un ressort social nécessaire, je suis heureux de comprendre qu'en cette circonstance, comme dans beaucoup d'autres, il coïncide dans ses effets généraux avec la justice et le plus grand bien universel : aussi je m'associe de tout cœur à votre utile entreprise.

« Votre bien dévoué.

« Frédéric BASTIAT,

« Rédacteur en chef du *Libre-Échange.* »

———

22 Mai 1847.

On nous reproche d'être absolus, exagérés, et cette imputation, soigneusement propagée par nos adversaires, a été reproduite par des hommes auxquels leurs talents et leur haute position donnent de l'autorité, par M. Charles Dupin, pair de France, et M. Cunin-Gridaine, ministre.

Et cela parce que nous avons l'audace de penser que vouloir enrichir les hommes en les entravant, et resserrer les liens sociaux en isolant les nations, c'est une vaine et folle entreprise. — Que la perception des taxes ne se puisse établir sans qu'il en résulte quelque entrave à la liberté des transactions comme à celle du travail, nous le comprenons. Alors ces restrictions incidentes sont un des inconvénients de l'impôt, et ces inconvénients peuvent être tels qu'ils fassent renoncer à l'impôt lui-même. — Mais voir dans les restrictions la source de la richesse et la cause du bien-être ; sur cette donnée, les renforcer et les multiplier systématiquement, non plus pour remplir le trésor, mais aux frais du trésor ; croire que les restrictions ont en elles une vertu productive, qu'il en sort un travail plus intense, mieux réparti, plus assuré de sa rémunération, plus capable d'égaliser les profits, c'est là une *théorie* absurde, qui ne pouvait conduire qu'à une *pratique* insensée. Par ce motif, nous les combattons l'une et l'autre, non avec exagération, mais avec zèle et persévérance.

Après tout, qu'est-ce que la modération?

Nous sommes convaincus que *deux et un font trois*, et nous nous croyons tenus de le dire nettement. Voudrait-on que nous prissions des détours? que nous dissions, par exemple : Il se peut que deux et un fassent à peu près trois. Nous en soupçonnons quelque chose, mais nous ne nous hâterons pas de l'affirmer, d'autant que certains personnages ont cru de leur intérêt de faire établir la législation du pays sur cette autre donnée qui semble contredire la nôtre : *qui de trois paye un reste quatre.*

Nous interdire, par l'imputation d'absolutisme, de prouver la vérité de notre thèse, c'est vouloir que le pays n'ouvre jamais les yeux. Nous ne donnerons pas dans le piége.

Oh! si l'on nous disait : « Il est bien vrai que *la ligne droite est la plus courte.* Mais que voulez-vous? on a cru longtemps que c'était la plus longue. La nation s'est habituée à suivre la ligne courbe. Elle y use son temps et ses forces, mais il ne faut reconquérir que peu à peu, et par gradation, ce temps et ces forces perdus, » on nous trouverait d'une modération fort louable. Car que demandons-nous? Une seule chose : que le public voie clairement ce qu'il perd à prendre la ligne courbe. Après cela, et si, sachant bien ce que la ligne courbe lui coûte en impôts, privations, vexations, vains efforts, il ne veut la quitter que lentement, ou s'il persiste même à s'y tenir, nous n'y saurions que faire. Notre mission est d'exposer la vérité. Nous ne croyons pas, comme les socialistes, que le peuple soit une masse inerte, et que le moteur soit dans celui qui décrit le phénomène, mais dans celui qui en souffre ou en profite. Peut-on être plus modéré?

D'autres nous taxent d'exagération par un autre motif.

C'est, disent-ils, parce que vous attaquez toutes les protections à la fois. Pourquoi ne pas user d'artifice ? pourquoi vous mettre sur les bras en même temps l'agriculture, les manufactures, la marine marchande et les classes ouvrières, sans compter les partis politiques toujours prêts à courtiser le nombre et la force ?

C'est en cela, ce nous semble, que nous faisons preuve de modération et de sincérité.

Combien de fois n'a-t-on pas essayé, et sans doute à bonne intention, de nous faire abandonner le terrain des principes ! On nous conseillait d'attaquer l'abus de la protection accordée à quelques fabriques.

« Vous aurez le concours de l'agriculture, nous disait-on ; avec ce puissant auxiliaire, vous battrez les monopoles industriels les plus onéreux, et vous briserez d'abord un des plus solides anneaux de cette chaîne qui vous fatigue. Ensuite, vous vous retournerez contre l'intérêt agricole, sûr d'avoir cette fois l'appui de l'industrie manufacturière (¹). »

Ceux qui nous donnent ces conseils oublient une chose, c'est que nous n'aspirons pas tant à renverser le régime protecteur qu'à éclairer le public sur ce régime, ou plutôt, si la première de ces tâches est le but, la seconde nous semble le moyen indispensable.

Or, quelle force auraient eue nos arguments, si nous avions soigneusement mis hors de cause le principe même de la protection ? et, en le mettant en cause, comment pouvions-nous éviter d'éveiller les susceptibilités de l'agriculture ? Croit-on que les manufacturiers nous eussent laissé le choix de nos démonstrations ? qu'ils ne nous eussent pas amenés à nous prononcer sur la question de principe, à dire explicitement ou implicitement que la protection est chose mauvaise par nature ? Une fois le mot lâché, l'agriculture se

(¹) V. le nº 5.   (*Note de l'éditeur.*)

serait tenue sur ses gardes, et nous, nous aurions, qu'on nous pardonne le mot, pataugé dans des précautions et des distinctions subtiles, au milieu desquelles notre polémique aurait perdu toute force, et notre sincérité tout crédit.

Ensuite, le conseil lui-même implique que, au moins dans l'opinion de ceux qui le donnent, et sans doute dans la nôtre, la protection est chose désirable, puisque, pour l'arracher d'une des branches de l'activité nationale, il faudrait se servir d'une autre branche, à laquelle on laisserait croire que ses priviléges seront respectés ; puisqu'on parle de battre les manufactures par l'agriculture, et celle-ci par celle-là ? Or, c'est ce dont nous ne voulons pas. Au contraire, nous nous sommes engagés dans la lutte parce que nous croyons la protection mauvaise pour tout le monde.

C'est ce que nous nous sommes imposé la tâche de faire comprendre et de vulgariser. — Mais alors, dira-t-on, la lutte sera bien longue. — Tant mieux qu'elle soit longue, si cela est indispensable pour que le public s'éclaire.

Supposons que la ruse qu'on nous suggère ait un plein succès (succès que nous croyons chimérique), supposons que la première année les propriétaires des deux Chambres balayent tous les priviléges industriels, et que la seconde année, pour se venger, les manufacturiers emportent tous les priviléges agricoles.

Qu'arrivera-t-il ? En deux ans, la liberté commerciale sera dans nos lois, mais sera-t-elle dans nos intelligences ? Ne voit-on pas qu'à la première crise, au premier désordre, à la première souffrance, le pays s'en prendrait à une réforme mal comprise, attribuerait ses maux à la concurrence étrangère, invoquerait et ferait triompher bien vite le rétour de la protection douanière ? Pendant combien d'années, pendant combien de siècles peut-être cette courte période de liberté, accompagnée de souffrances accidentelles, ne défrayerait-elle pas les arguments des prohibitionnistes ? Ils auraient soin de raisonner sur la supposition qu'il y a une connexion nécessaire entre ces souffrances et la liberté, comme ils le font aujourd'hui à propos des traités de Méthuen et de 1786...

C'est une chose bien remarquable, qu'au milieu de la crise qui désole l'Angleterre, pas une voix ne s'élève pour l'attribuer aux réformes libérales accomplies par sir R. Peel. Au contraire, chacun sent que, sans ces mesures, l'Angleterre serait en proie à des convulsions devant lesquelles l'imagination recule d'horreur. D'où provient cette confiance en la liberté ? De ce que la Ligue a travaillé pendant de longues années ; de ce qu'elle a familiarisé toutes les intelligences avec les notions d'économie publique ; de ce que la réforme était dans les esprits, et que les bills du parlement n'ont fait que sanctionner une volonté nationale forte et éclairée.

Enfin, nous avons repoussé ce conseil, malgré ce qu'il avait de séduisant pour l'impatience, la *furia francese*, par un motif de justice.

C'est notre conviction qu'en détendant la pression du régime protecteur, aussi progressivement que l'on voudra, mais selon une transition arrêtée d'avance et *sur tous les points à la fois*, on offre à toutes les industries des compensations qui rendent la secousse véritablement insensible. Si le prix du blé est tenu de quelque chose au-dessous de la moyenne actuelle, d'un autre côté, le prix des charrues, des vêtements, des outils et même du pain et de la viande, impose une charge moins lourde aux agriculteurs. De même, si le maître de forge voit baisser de quelques francs la tonne de fer, il a la houille, le bois, l'outillage et les aliments à de meilleures conditions. Or, il nous a paru que ces compensations qui naissent de la liberté, une fois établies, devaient accompagner uniformément la réforme elle-même pendant tout le temps de la transition, pour que celle-ci fût conforme à l'utilité générale et à la justice.

Est-ce là de l'exaltation, de l'exagération? Est-ce là un plan conçu dans des cerveaux brûlés? Et à moins qu'on ne veuille nous faire renoncer à notre principe, ce que nous ne ferons jamais tant qu'on ne nous en prouvera pas la fausseté, comment pourrait-on exiger de nous plus de modération et de prudence?

La modération ne consiste pas à dire qu'on a une demi-conviction, quand on a une conviction entière. Elle consiste à respecter les opinions contraires, à les combattre sans emportement, à ne pas attaquer les personnes, à ne pas provoquer des proscriptions ou des destitutions, à ne pas soulever les ouvriers égarés; à ne pas menacer le gouvernement de l'émeute.

N'est-ce pas ainsi que nous la pratiquons?

51. — PEUPLE ET BOURGEOISIE.

22 Mai 1847.

Les hommes sont facilement dupes des systèmes, pourvu qu'un certain arrangement symétrique en rende l'intelligence facile.

Par exemple, rien n'est plus commun, de nos jours, que d'entendre parler du peuple et de la bourgeoisie comme constituant deux classes opposées, ayant entre elles les mêmes rapports hostiles qui ont armé jadis la *bourgeoisie* contre l'*aristocratie*.

« La *bourgeoisie*, dit-on, était faible d'abord. Elle était opprimée, foulée, exploitée, humiliée par l'*aristocratie*. Elle a grandi, elle s'est enrichie, elle s'est fortifiée jusqu'à ce que, par l'influence du nombre et de la fortune, elle eût vaincu son adversaire en 89.

« Alors elle est devenue elle-même l'*aristocratie*. Au-dessous d'elle, il y a le *peuple*, qui grandit, se fortifie et se prépare à vaincre, dans le second acte de la *guerre sociale*. »

Si la symétrie suffisait pour donner de la vérité aux systèmes, on ne voit pas pourquoi celui-ci n'irait pas plus loin. Ne pourrait-on pas ajouter en effet :

Qaand le peuple aura triomphé de la bourgeoisie, il dominera et sera par conséquent aristocratie à l'égard des mendiants. Ceux-ci grandiront, se fortifieront à leur tour et prépareront au monde le drame de la troisième *guerre sociale*.

Le moindre tort de ce système, qui défraye beaucoup de journaux populaires, c'est d'être faux.

Entre une nation et son aristocratie, nous voyons bien une ligne profonde de séparation, une hostilité irrécusable d'intérêts, qui ne peut manquer d'amener tôt ou tard la lutte. L'aristocratie est venue du dehors ; elle a conquis sa place par l'épée ; elle domine par la force. Son but est de faire tourner à son profit le travail des vaincus. Elle s'empare des terres, commande les armées, s'arroge la puissance législative et judiciaire, et même, pour être maîtresse de tous les moyens d'influence, elle ne dédaigne pas les fonctions ou du moins les dignités ecclésiastiques. Afin de ne pas affaiblir l'esprit de corps qui est sa sauvegarde, les priviléges qu'elle a usurpés, elle les transmet de père en fils par ordre de primogéniture. Elle ne se recrute pas en dehors d'elle, ou, si elle le fait, c'est qu'elle est déjà sur la voie de sa perte.

Quelle similitude peut-on trouver entre cette constitution et celle de la bourgeoisie? Au fait, peut-on dire qu'il y ait une bourgeoisie? Qu'est-ce que ce mot représente? Appellera-t-on *bourgeois* quiconque, par son activité, son assiduité, ses privations, s'est mis à même de vivre sur du travail antérieur accumulé, en un mot sur un capital? Il n'y a qu'une funeste ignorance de l'économie politique qui ait pu suggérer cette pensée : que vivre sur du travail accumulé, c'est vivre sur le travail d'autrui. — Que ceux donc qui définissent ainsi la bourgeoisie commencent par nous dire ce qu'il y a, dans les loisirs laborieusement conquis, dans le développement intellectuel qui en est la suite, dans la formation des capitaux qui en est la base, de nécessairement opposé aux intérêts de l'humanité, de la communauté ou même des classes laborieuses.

Ces loisirs, s'ils ne coûtent rien à qui que ce soit, méritent ils d'exciter la jalousie [1]? Ce développement intellectuel ne tourne-t-il pas au profit du progrès, dans l'ordre moral aussi bien que dans l'ordre industriel? Ces capitaux sans cesse croissants, précisément à cause des avantages qu'ils confèrent, ne sont-ils pas le fonds sur lequel vivent les classes qui ne sont pas encore affranchies du travail manuel? Et le bien-être de ces classes, toutes choses égales d'ailleurs, n'est-il pas exactement proportionnel à l'abondance de ces capitaux et, par conséquent, à la rapidité avec laquelle ils se forment, à l'activité avec laquelle ils rivalisent?

Mais, évidemment, le mot *bourgeoisie* aurait un sens bien restreint si on l'appliquait exclusivement aux hommes de loisir. On entend parler aussi de tous ceux qui ne sont pas salariés, qui travaillent pour leur compte, qui dirigent, à leurs risques et périls, des entreprises agricoles, manufacturières, commerciales, qui se livrent à l'étude des sciences, à l'exercice des arts, aux travaux de l'esprit.

Mais alors il est difficile de concevoir comment on trouve entre la bourgeoisie et le peuple cette opposition radicale qui autoriserait à assimiler leurs rapports à ceux de l'aristocratie et de la démocratie. Toute entreprise n'a-t-elle pas ses chances? n'est-il pas bien naturel et bien heureux que

[1] V. au tome V, pages 142 à 145, et tome VI, les chap. v et viii.
                                    (*Note de l'éditeur.*)

le mécanisme social permette à ceux qui peuvent perdre de les assumer [1]? Et d'ailleurs n'est-ce pas dans les rangs des travailleurs que se recrute constamment, à toute heure, la bourgeoisie? N'est-ce pas au sein du peuple que se forment ces capitaux, objet de tant de déclamations si insensées? Où conduit une telle doctrine? Quoi! par cela seul qu'un ouvrier aura toutes les vertus par lesquelles l'homme s'affranchit du joug des besoins immédiats, parce qu'il sera laborieux, économe, ordonné, maître de ses passions, probe; parce qu'il travaillera avec quelque succès à laisser ses enfants dans une condition meilleure que celle qu'il occupe lui-même, — en un mot à fonder une famille, — on pourra dire que cet ouvrier est dans la mauvaise voie, dans la voie qui éloigne de la cause populaire, et qui mène dans cette région de perdition, la *bourgeoisie!* Au contraire, il suffira qu'un homme n'ait aucune vue d'avenir, qu'il dissipe follement ses profits, qu'il ne fasse rien pour mériter la confiance de ceux qui l'occupent, qu'il ne consente à s'imposer aucun sacrifice, pour qu'il soit vrai de dire que c'est là l'*homme-peuple* par excellence, l'homme qui ne s'élèvera jamais au-dessus du travail le plus brut, l'homme dont les intérêts coïncideront toujours avec l'intérêt social bien entendu!

L'esprit se sent saisir d'une tristesse profonde à l'aspect des conséquences effroyables renfermées dans ces doctrines erronées, et à la propagation desquelles on travaille cependant avec tant d'ardeur. On entend parler d'une *guerre sociale* comme d'une chose naturelle, inévitable, forcément amenée par la prétendue hostilité radicale du peuple et de la bourgeoisie, semblable à la lutte qui a mis aux mains, dans tous les pays, l'aristocratie et la démocratie. Mais, encore une fois, la similitude est-elle exacte? Peut-on assi-

---

[1] V. le chap. *Salaires*, des *Harmonies.* (*Note de l'éditeur.*)

miler la richesse acquise par la force à la richesse acquise par le travail? Et si le peuple considère toute élévation, même l'élévation naturelle par l'industrie, l'épargne, l'exercice de toutes les vertus, comme un obstacle à renverser, — quel motif, quel stimulant, quelle raison d'être restera-t-il à l'activité et à la prévoyance humaine (¹)?

Il est affligeant de penser qu'une erreur, grosse d'éventualités si funestes, est le fruit de la profonde ignorance dans laquelle l'éducation moderne retient les générations actuelles sur tout ce qui a rapport au mécanisme de la société.

Ne voyons donc pas deux nations dans la nation; il n'y en a qu'une. Des degrés infinis dans l'échelle des fortunes, toutes dues au même principe, ne suffisent pas pour constituer des classes différentes, encore moins des classes hostiles.

Cependant, il faut le dire, il existe dans notre législation, et principalement la législation financière, certaines dispositions qui n'y semblent maintenues que pour alimenter et, pour ainsi dire, justifier l'erreur et l'irritation populaires.

On ne peut nier que l'influence législative concentrée dans les mains du petit nombre, n'ait été quelquefois mise en œuvre avec partialité. La bourgeoisie serait bien forte devant le peuple, si elle pouvait dire : « Notre participation aux biens communs diffère par le degré, mais non par le principe. Nos intérêts sont identiques; en défendant les miens, je défends les vôtres. Voyez-en là preuve dans nos lois; elles sont fondées sur l'exacte justice. Elles garantissent également toutes les propriétés, quelle qu'en soit l'importance. »

Mais en est-il ainsi? La propriété du travail est-elle traitée

(¹) V. tome V, page 383, le chap. xi du pamphlet : *Ce qu'on voit et ce qu'on ne voit pas*, et au tome VI, la fin du chap. vi.
(Note de l'éditeur.)

par nos lois à l'égal de la propriété accumulée fixée dans le sol ou le capital ? Non certes ; mettant de côté la question de la répartition des taxes, on peut dire que le régime protecteur est le terrain spécial sur lequel les intérêts et les classes se livrent le combat le plus acharné, puisque ce régime a la prétention de pondérer les droits et les sacrifices de toutes les industries. Or, dans cette question, comment la classe qui fait la loi a-t-elle traité le travail ? comment s'est-elle traitée elle-même ? On peut affirmer qu'elle n'a rien fait et qu'elle ne peut rien faire pour le travail proprement dit, quoiqu'elle affiche la prétention d'être la gardienne fidèle du *travail national*. Ce qu'elle a tenté, c'est d'élever le prix de tous les produits, disant que la hausse des salaires s'ensuivrait naturellement. Or, si elle a failli, comme nous le croyons, dans son but immédiat, elle a bien moins réussi encore dans ses intentions philanthropiques. Le taux de la main-d'œuvre dépend exclusivement du rapport entre le capital disponible et le nombre des ouvriers. Or, si la protection ne peut rien changer à ce rapport, si elle ne parvient ni à augmenter la masse du capital, ni à diminuer le nombre des bras, quelque influence qu'elle exerce sur le prix des produits, elle n'en exercera aucune sur le taux des salaires.

On nous dira que nous sommes en contradiction ; que, d'une part, nous arguons de ce que les intérêts de toutes les classes sont homogènes, et que nous signalons maintenant un point sur lequel la classe riche abuse de la puissance législative.

Hâtons-nous de le dire, l'oppression exercée, sous cette forme, par une classe sur une autre, n'a eu rien d'intentionnel ; c'est purement une erreur économique, partagée par le peuple et par la bourgeoisie. Nous en donnerons deux preuves irrécusables : la première, c'est que la protection ne profite pas à la longue à ceux qui l'ont établie. La seconde, c'est que si elle nuit aux classes laborieuses, elles l'ignorent complétement, et à ce point qu'elles se montrent mal disposées envers les amis de la liberté.

Cependant il est dans la nature des choses que la cause d'un mal, quand une fois elle est signalée, finisse par être généralement reconnue. Quel terrible argument ne fournirait pas aux récriminations des masses l'injustice du régime protecteur ! Que la classe électorale y prenne garde ! Le peuple n'ira pas toujours chercher la cause de ses souffrances dans l'absence d'un phalanstère, d'une organisation du travail, d'une combinaison chimérique. Un jour il verra l'injustice là où elle est. Un jour il découvrira que l'on fait beaucoup pour les produits, qu'on ne fait rien pour les salaires, et que ce qu'on fait pour les produits est sans influence sur les salaires. Alors il se demandera : Depuis quand les choses sont-elles ainsi ? Quand nos pères pouvaient approcher de l'urne électorale, était-il défendu au peuple, comme aujourd'hui, d'échanger son salaire contre du fer, des outils, du combustible, des vêtements et du pain ? Il trouvera la réponse écrite dans les tarifs de 1791 et de 1795. Et qu'aurez-vous à lui répondre, industriels législateurs, s'il ajoute : « Nous voyons bien qu'une nouvelle aristocratie s'est substituée à l'ancienne ? (V. n° 18, *page* 100.)

Si donc la bourgeoisie veut éviter la *guerre sociale*, dont les journaux populaires font entendre les grondements lointains, qu'elle ne sépare pas ses intérêts de ceux des masses, qu'elle étudie et comprenne la solidarité qui les lie ; si elle veut que le consentement universel sanctionne son influence, qu'elle la mette au service de la communauté tout entière ; si elle veut qu'on ne s'inquiète pas trop du pouvoir qu'elle a de faire la loi, qu'elle la fasse juste et impartiale ; qu'elle accorde à tous ou à personne la protection douanière. Il est certain que la propriété des bras et des facultés est aussi sacrée que la propriété des produits. Puisque la loi élève le prix des produits, qu'elle élève donc aussi le

taux des salaires ; et, si elle ne le peut pas, qu'elle les laisse
librement s'échanger les uns contre les autres.

52. — L'ÉCONOMIE POLITIQUE DES GÉNÉRAUX.

20 Juin 1847.

Lorsque, au sein du Parlement, il arrive à un financier,
s'aventurant dans la science de Jomini, de faire manœuvrer
des escadrons, il se peut qu'il attire le sourire sur les lèvres
de MM. les généraux. Il n'est pas surprenant non plus que
MM. les généraux fassent quelquefois de l'économie politique peu intelligible pour les hommes qui se sont occupés
de cette branche des connaissances humaines.

Il y a cependant cette différence entre la stratégie et l'é-
conomie politique. L'une est une science spéciale ; il suffit
que les militaires la sachent. L'autre, comme la morale,
comme l'hygiène, est une science générale, sur laquelle il
est à désirer que chacun ait des idées justes. (*V. tome IV,
page 122.*)

Le général Lamoricière, dans un discours auquel, sous
d'autres rapports, nous rendrons pleinement justice, a émis
une théorie des débouchés que nous ne pouvons laisser
passer sans commentaires.

« Au point de vue de l'économie politique *pure*, a dit l'honorable
général, les débouchés sont quelque chose : dans le temps qui court, on
dépense de l'argent *et même des hommes* pour conserver ou pour conquérir des débouchés. Or, dans la situation de la France sur le marché
du monde, n'est-ce donc pas quelque chose pour elle qu'un débouché
de 63 millions de produits français ? La France envoie en Afrique pour
17 millions de cotons tissés, 7 ou 8 millions de vins, etc. »

Il n'est que trop vrai que, *dans le temps qui court*, on dépense de l'argent *et même des hommes* pour conquérir des
débouchés ; mais, nous en demandons pardon au général
Lamoricière, loin que ce soit au nom de l'économie poli-

tique pure, c'est au nom de la mauvaise et très-mauvaise
économie politique. Un débouché, c'est-à-dire une vente
au dehors, n'a de mérite qu'autant qu'elle couvre tous les
frais qu'elle entraîne ; et si, pour la réaliser, il faut avoir
recours à l'argent des contribuables, encore que l'industrie
que cette vente concerne puisse s'en féliciter, la nation en
masse subit une perte quelquefois considérable, sans parler de l'immoralité du procédé et du sang plus qu'inuti-
lement répandu.

C'est bien pis encore quand, pour nous créer de prétendus débouchés, nous envoyons au dehors et l'homme qui
doit acheter nos produits, et l'argent avec lequel il doit les
payer. Nous ne mettons pas en doute que les fonctionnaires
algériens, français ou arabes, à qui on expédie de Paris et
aux dépens des contribuables, leurs traitements mensuels,
n'en consacrent une faible partie à acheter des cotons et
des vins de France. Il paraît que sur 130 millions que nous
dépensons en Afrique, 60 millions reçoivent cette destination. L'économie politique *pure* enseigne que, si les choses
devaient persévérer sur ce pied, voici quel serait le résultat :

Nous arrachons un Français à des occupations utiles; nous
lui donnons 130 francs pour vivre. Sur ces 130 francs il
nous en rend 60 en échange de produits qui valent exactement cette somme. Total de la perte : 70 francs en argent,
60 francs en produits, et tout ce que le travail de cet
homme aurait pu créer en France pendant une année.

Donc, quelque opinion que l'on se fasse de l'utilité de
notre conquête en Afrique (question qui n'est pas de notre
ressort), il est certain que ce n'est pas par ces débouchés
illusoires qu'on peut apprécier cette utilité, mais par la
prospérité future de notre colonie (1).

Aussi, un autre général, M. de Trézel, ministre de la

(1) V. au tome V, pag. 370, le chap. l'*Algérie* du pamphlet : *Ce qu'on
voit et ce qu'on ne voit pas.* (*Note de l'éditeur.*)

guerre, a-t-il cru devoir présenter, comme compensation à nos sacrifices, non les débouchés présents, mais les produits futurs de l'Algérie. Malheureusement, il nous est impossible de ne pas apercevoir une autre erreur économique dans l'arrière-plan du brillant tableau exhibé par M. le Ministre aux yeux de la Chambre.

Il s'est exprimé ainsi :

« Sa *bonne fortune* a donné l'Afrique au pays, et certainement nous ne laisserons pas échapper par légèreté, par paresse, ou par la crainte de dépenser de l'argent *et des hommes même*, un pays qui doit nous donner 200 lieues de côtes sur la Méditerranée, à trente-six heures de notre littoral, qui doit nous donner des productions pour *lesquelles nous payons énormément d'argent aux pays voisins.*

« Ainsi, sans compter les céréales qui autrefois, comme je l'ai déjà dit, ont nourri Rome, l'Afrique nous donne l'olivier qui est une production spéciale de ce pays. Elle nous donne l'huile *pour laquelle nous payons 60 millions par année à l'étranger.* Nous avons en Afrique le riz et la soie *qui s'achètent encore hors de France,* parce la France n'en produit pas. Nous avons le tabac. *Calculez combien de millions nous payons pour ce produit à l'étranger.* Il est certain qu'avant peu d'années, avant vingt-cinq ans peut-être, nous aurons tiré tous ces produits-là de l'Afrique, et nous pourrons considérer alors l'Afrique comme une de nos provinces. »

Ce qui domine dans ce passage, c'est l'idée que la France perd intégralement la *valeur* des objets qu'elle importe de l'étranger. Or, elle ne les importe que parce qu'elle trouve du profit à produire cette même *valeur* sous la forme des objets qu'elle donne en échange, exactement comme M. de Trézel utilise mieux son temps dans ses travaux administratifs que s'il le passait à coudre ses habits. C'est sur cette erreur qu'est fondé tout le régime restrictif.

D'un autre côté, on nous présente comme un gain national le blé, l'huile, la soie, le tabac que nous fournira, dans vingt-cinq ans, la terre d'Afrique. — Cela dépend de ce que ces choses coûteront, y compris, outre les frais de production, ceux de conquête et de défense. Il est évident que si, avec ces mêmes sommes, nous pouvions pro-

duire ces mêmes choses en France, ou, ce qui revient au
même, de quoi les acheter à l'étranger, et réaliser encore
une économie, ce serait une mauvaise spéculation que d'aller les produire en Barbarie. Ceci soit dit en dehors de tous
les autres points de vue de l'immense question algérienne.
Quelle que soit l'importance, et, si l'on veut, la supériorité
des considérations tirées d'un ordre plus élevé, ce n'est
pas une raison pour se tromper sous le rapport de l'économie politique *pure*.

53. — RECETTES PROTECTIONNISTES.

27 Décembre 1846.

Depuis que nous avons publié un rapport au Roi sur le
grand parti qu'on pourrait tirer d'une paralysie générale
des mains droites (1), comme moyen de favoriser le travail,
il paraît que beaucoup de cervelles sont en quête de nouvelles recettes protectionnistes. Un de nos abonnés nous envoie, sur ce sujet, une lettre qu'il a l'intention d'adresser
au conseil des ministres. Il nous semble qu'elle contient
des vues dignes de fixer l'attention des hommes d'État.
Nous nous empressons de la reproduire.

MESSIEURS LES MINISTRES,

Au moment où la protection douanière semble compromise, la nation reconnaissante voit avec confiance que vous
vous occupez de la ressusciter sous une autre forme. C'est
un vaste champ ouvert à l'imagination. Votre système
de *gaucherie* a du bon; mais il ne me semble pas assez radical, et je prends la liberté de vous suggérer des moyens
plus héroïques, toujours fondés sur cet axiome fondamental : *l'intensité du travail, abstraction faite de ses résultats, c'est la richesse.*

(1, V. tome IV, page 258.   (*Note de l'éditeur.*)

De quoi s'agit-il? de fournir à l'activité humaine de nouveaux aliments. C'est ce qui lui manque; et, pour cela, de
faire le vide dans les moyens actuels de satisfaction, — de
créer une grande demande de produits.

J'avais d'abord pensé qu'on pourrait fonder de grandes
espérances sur l'*incendie*, — sans négliger la guerre et la
peste. — Par un bon vent d'ouest mettre le feu aux quatre
coins de Paris, ce serait certainement assurer à la population les deux grands bienfaits que le régime protecteur a
en vue : *travail et cherté.* — ou plutôt *travail par cherté.* Ne
voyez-vous pas quel immense mouvement l'incendie de
Paris donnerait à l'industrie nationale? En est-il une seule
qui n'aurait de l'ouvrage pour vingt ans? Que de maisons
à reconstruire, de meubles à refaire, d'outils, d'instruments,
d'étoffes, de livres et de tableaux à remplacer! Je vois
d'ici le travail gagner de proche en proche et s'accroître par
lui-même comme une avalanche, car l'ouvrier occupé en
occupera d'autres et ceux-ci d'autres encore. Ce n'est pas
vous qui viendrez prendre ici la défense du consommateur,
car vous savez trop bien que le producteur et le consommateur ne font qu'un. Qu'est-ce qui arrête la production?
Évidemment les produits existants. Détruisez-les, et la production prendra une nouvelle vie. Qu'est-ce que nos richesses? ce sont nos besoins, puisque sans besoins point
de richesses, sans maladies point de médecins, sans guerres
point de soldats, sans procès point d'avocats et de juges. Si
les vitres ne se cassaient jamais, les vitriers feraient triste
mine ; si les maisons ne s'écroulaient pas, si les meubles
étaient indestructibles, que de métiers seraient en souffrance! Détruire, c'est se mettre dans la nécessité de rétablir.
Multiplier les besoins, c'est multiplier la richesse. Répandez
donc partout l'incendie, la famine, la guerre, la peste, le
vice et l'ignorance, et vous verrez fleurir toutes les professions, car toutes auront un vaste champ d'activité. Ne dites-

vous pas vous-mêmes que la rareté et la cherté du fer font
la fortune des forges? N'empêchez-vous pas les Français d'a-
cheter le fer à bon marché? Ne faites-vous pas en cela pré-
dominer l'intérêt de la production sur celui de la consommation? Ne créez-vous pas, pour ainsi dire, la maladie afin
de donner de la besogne au médecin? Soyez donc consé-
quents. Ou c'est l'intérêt du consommateur qui vous guide,
et alors recevez le fer; ou c'est l'intérêt du producteur, et
en ce cas, incendiez Paris. Ou vous croyez que la richesse
consiste à avoir plus en travaillant moins, et alors laissez
entrer le fer; ou vous pensez qu'elle consiste à avoir moins
avec plus de travail, et en ce cas brûlez Paris ; car de dire
comme quelques-uns : Nous ne voulons pas de principes
absolus, — c'est dire : Nous ne voulons ni la vérité, ni l'erreur, mais un mélange de l'une et de l'autre : erreur, quand
cela nous convient, vérité quand cela nous arrange.

Cependant, Messieurs les Ministres, ce système de protection, quoique théoriquement en parfaite harmonie avec
le régime prohibitif, pourrait bien être repoussé par l'opinion publique, qui n'a pas encore été suffisamment préparée
et éclairée par l'expérience et les travaux du *Moniteur industriel.* Vous jugerez prudent d'en ajourner l'exécution à
des temps meilleurs. Vous le savez, *la production surabonde, il y a partout encombrement de marchandises, la faculté de consommer fait défaut à la faculté de produire, les
débouchés sont trop restreints*, etc., etc. Tout cela nous annonce que l'incendie sera bientôt regardé comme le remède
efficace à tant de maux.

En attendant, j'ai inventé un autre mode de protection
qui me semble avoir de grandes chances de succès.

Il consiste simplement à substituer un encouragement
direct à un encouragement indirect.

Doublez tous les impôts ; cela vous créera un excédant
de recettes de 14 à 1,500 millions. Vous répartirez ensuite

ce fonds de subvention entre toutes les branches de *travail national* pour les soutenir, les aider et les mettre en mesure de résister à la concurrence étrangère.

Voici comment les choses se passeront.

Je suppose que le fer français ne puisse se vendre qu'à 350 fr. la tonne. — Le fer belge se présente à 300 fr. — Vite vous prenez 55 fr. sur le fonds de subvention et les donnez à notre maître de forge. — Alors il livre son fer à 295 fr. Le fer belge est exclu, c'est ce que nous voulons. Le fer français reçoit son prix rémunérateur de 350 fr., c'est ce que nous voulons encore.

Le blé étranger a-t-il l'impertinence de s'offrir à 17 fr. quand le blé national exige 18 francs? Aussitôt vous donnez 1 franc 50 centimes à chaque hectolitre de notre blé qui se vend à 16 francs 50 centimes, et chasse ainsi son concurrent. Vous procéderez de même pour les draps, toiles, houilles, bestiaux, etc., etc. Ainsi le travail national sera protégé, la concurrence étrangère éloignée, le prix rémunérateur assuré, l'inondation prévenue, et tout ira pour le mieux.

« Eh ! morbleu, c'est justement ce que nous faisons, me direz-vous. Entre votre projet et notre pratique, il n'y a pas un atome de différence. Même principe, même résultat. Le procédé seul est légèrement altéré. Les charges de la protection, que vous mettez sur les épaules du contribuable, nous les mettons sur celles du consommateur, ce qui, en définitive, est la même chose. Nous faisons passer directement la subvention du public au protégé. Vous, vous la faites arriver du public au protégé, par l'intermédiaire du Trésor, rouage inutile, en quoi seulement votre invention se distingue de la nôtre. »

Un moment, Messieurs les Ministres, je conviens que je ne propose rien de neuf. Mon système et le vôtre sont identiques. C'est toujours le travail de tous subventionnant le travail de chacun, — pure illusion, — ou de quelques-uns, — criante injustice.

Mais laissez-moi vous faire observer le beau côté de mon procédé. Votre protection indirecte ne protége efficacement qu'un petit nombre d'industries. Je vous offre le moyen de les protéger toutes. Chacune aura sa part à la curée. Agriculteurs, fabricants, négociants, avocats, médecins, fonctionnaires, auteurs, artistes, artisans, ouvriers, tous mettent leur obole à la tirelire de la protection; n'est-il pas bien juste que tous y puisent quelque chose?

Sans doute, cela serait juste, mais dans la pratique... — Je vous vois venir. Vous allez me dire: Comment doubler et tripler les impôts? comment arracher 150 millions à la poste, 300 millions au sel, un milliard à la contribution foncière?

— Rien de plus simple. — Et d'abord, par vos tarifs vous les arrachez bien réellement au public, et vous allez comprendre que mon procédé ne vous donnera aucun embarras, si ce n'est quelques écritures, car tout se passera sur le papier.

En effet, selon notre droit public, chacun concourt à l'impôt en proportion de sa fortune.

Selon l'équité, l'État doit à tous une *égale protection*.

Il résulte de là que mon système se réduira, pour M. le ministre des finances, à ouvrir à chaque citoyen un compte qui se composera invariablement de deux articles, ainsi qu'il suit:

Doit N. à la caisse des subventions 100 fr. pour sa part d'impôts.

Avoir N. par la caisse des subventions, 90 fr. pour sa part de protection.

— Mais c'est comme si nous ne faisions rien du tout!

— C'est très-vrai. Et par la douane non plus vous ne

feriez rien du tout, si vous pouviez la faire servir à protéger également *tout le monde.*

— Aussi ne l'appliquons-nous qu'à protéger *quelques-uns.*

— C'est ce que vous pouvez très-bien faire par mon procédé. Il suffit de désigner d'avance les classes qui seront exclues, quand on partagera les fonds de la tontine, pour que la part des autres soit plus grosse.

— Ce serait une horrible injustice.

— Vous la commettez bien maintenant.

— Du moins, nous ne nous en apercevons pas.

— Ni le public non plus. Voilà pourquoi elle se commet.

— Que faut-il donc faire ?

— Protéger tout le monde, ou ne protéger personne.

54. — DEUX PRINCIPES.

7 Février 1847.

— Je viens de lire un chef-d'œuvre sur le libre-échange. Qu'en pensez-vous ?

— J'en penserais tout le bien possible, si je n'avais lu immédiatement après un chef-d'œuvre sur la protection.

— Vous donnez donc la préférence à ce dernier ?

— Oui ; si je n'avais lu le premier immédiatement avant.

— Mais enfin, lequel des deux vous a convaincu ?

— Ni l'un ni l'autre, ou plutôt l'un et l'autre ; car, arrivé au bout, je disais comme Henri IV sortant du plaid : Ils ont, ma foi, tous deux raison.

— En sorte que vous n'en êtes pas plus avancé ?

— Heureux si je n'étais pas plus reculé ! car il m'est ensuite tombé sous la main un troisième factum, intitulé : *Contradictions économiques,* où *Liberté* et *Non-Liberté, Pro-*

tection et *Non-Protection* sont arrangées de la belle manière. Vraiment, monsieur, la tête m'en tourne.

> Vo solcando un mar crudele
> Senza vele
> E senza sarte.

Orient et Occident, Zénith et Nadir, tout se confond dans ma tête, et je n'ai pas la plus petite boussole pour me reconnaître au milieu de ce dédale. Ceci me rappelle la triste position où je me suis trouvé il y a quelques années.

— Contez-moi cela, je vous prie.

— Nous chassions, Eugène et moi, entre Bordeaux et Bayonne, dans ces vastes landes où rien, ni arbres ni clochers, n'arrête le regard. La brume était épaisse. Nous fîmes tant de tours et de détours à la poursuite d'un lièvre, qu'enfin.....

— Vous le prîtes?

— Non, ce fut lui qui nous prit, car le drôle parvint à nous désorienter complétement. Le soir une route ignorée se présente à nous. A ma grande surprise, Eugène et moi nous nous tournons le dos. Où vas-tu, lui dis-je? — A Bayonne. — Mais tu prends la direction de Bordeaux. — Tu te moques, le vent est Nord et il nous glace les épaules. — C'est qu'il souffle du *Sud*. — Mais ce matin le soleil s'est levé là. — Non, il a paru ici. — Ne vois-tu pas devant nous les Pyrénées? — Ce sont des nuages qui bordent la mer. Bref, jamais nous ne pûmes nous entendre.

— Comment cela finit-il?

— Nous nous assîmes au bord du chemin, attendant qu'un passant nous tirât de peine. Bientôt un voyageur se présente : Monsieur, lui dis-je, voici mon ami qui prétend que Bayonne est à gauche, et je soutiens qu'il est à droite. — Mes beaux Messieurs, répondit-il, vous avez, chacun de vous, un peu tort et un peu raison. Gardez-vous des *idées arrêtées* et des *systèmes absolus*. Bonsoir! — Et il partit.

J'étais tenté de lui envoyer une pierre dans le dos, quand j'aperçus un second voyageur qui venait vers nous. — Je l'accostai le plus poliment du monde, et lui dis : Brave homme, nous sommes désorientés. Dites-nous si, pour rentrer à Bayonne, il faut marcher par ici ou par là. — Ce n'est pas la question, nous dit-il : l'essentiel est de ne pas franchir la distance qui vous sépare de Bayonne, d'un seul bond et *sans transition*. Cela ne serait pas sage, et vous risqueriez de vous casser le nez. — Monsieur, lui dis-je, c'est vous qui n'êtes pas dans la question. Quant à notre nez, vous y prenez trop d'intérêt. Soyez sûr que nous y veillerons nous-mêmes. Cependant, avant de nous décider à marcher vite ou lentement, il faut bien que nous sachions de quel côté il faut marcher. — Mais le maroufle insistant : Marchez progressivement, nous dit-il, et ne mettez jamais un pied devant l'autre sans avoir bien réfléchi aux conséquences. Bon voyage. — Ce fut heureux pour lui qu'il y eût du plomb de loup dans mon fusil; s'il n'y eût eu que de la grenaille, franchement, j'aurais criblé au moins la croupe de sa monture.

— Pour punir le cavalier. O justice distributive !

— Survint un troisième voyageur. Il avait l'air grave et posé. J'en augurai bien, et lui adressai ma question : De quel côté est Bayonne ? — Chasseur diligent, me dit-il, il faut distinguer entre la théorie et la pratique. Étudiez bien la configuration du sol, et si la théorie vous dit que Bayonne est vers le bas, marchez vers le haut.

— Mille bombes ! m'écriai-je, avez-vous tous juré ?...

— Ne jurez pas vous-même. Et dites-moi quel parti vous prîtes.

— Celui de suivre la première moitié du dernier conseil. Nous examinâmes l'écorce des bruyères, la pente des eaux. Une fleur nous mit d'accord. Vois, dis-je à Eugène, elle a coutume de se pencher vers le soleil

Et cherche encór le regard de Phébus.

Donc, Bayonne est là. Il se soumit à ce gracieux arbitrage,
et nous cheminâmes d'assez bonne intelligence. Mais, chose
singulière ! Eugène avait de la peine à laisser *le monde tel
qu'il est*, et l'univers, faisant un demi-tour dans son imagination, le replaçait sans cesse sous l'empire de la même
erreur.

— Ce qui est arrivé à votre ami, en géographie, vous arrivera souvent en économie politique. La carte se retourne
dans le cerveau, et l'on trouve alors des donneurs d'avis
de la même force.

— Que faut-il donc faire ?

— Ce que vous avez fait : apprendre à s'*orienter.*

— Mais dans les landes de l'économie politique, trouve-
rai-je, pour me guider, une pauvre petite fleur ?

— Non, mais un principe.

— Ce n'est pas si gracieux. Et y a-t-il véritablement une
idée claire, simple, qui puisse servir de fil conducteur à
travers ce labyrinthe?

— Il y en a une.

— Dites-la-moi de grâce.

— Je préfère que vous la disiez vous-même. Répondez-
moi. A quoi le blé est-il bon ?

— Eh parbleu ! à être mangé.

— Voilà un principe.

— Vous appelez cela un principe ? En ce cas, j'en fais
souvent, comme M. Jourdain de la prose, sans le savoir.

— C'est un principe, vous dis-je, et le plus méconnu
quoique le plus vrai de tous ceux qui ont jamais figuré dans
un corps de doctrine. — Et, dites-moi, le blé n'a-t-il pas
encore une autre utilité ?

— A quoi serait-il utile, sinon à être mangé ?

— Cherchez bien.

— Ah ! j'y suis : à procurer du travail au laboureur.

— Vous y êtes en effet. Voilà un autre principe.

— Diantre ! je ne croyais pas qu'il fût si facile de faire des principes. J'en dis un à chaque mot.

— N'est-il pas vrai que tous les produits imaginables ont les deux genres d'*utilité* que vous venez d'assigner au blé ?

— Que voulez-vous dire ?

— A quoi sert la houille ?

— A nous fournir de la chaleur, de la lumière, de la force.

— Ne sert-elle pas à autre chose ?

— Elle sert encore à procurer du travail aux mineurs, aux voituriers, aux marins.

— Et le drap n'a-t-il pas deux espèces d'utilité ?

— Si fait. Il garantit du froid et de la pluie. De plus, il donne du travail au berger, au fileur, au tisseur.

— Pour vous prouver que vous avez bien réellement émis deux principes, permettez-moi de les revêtir d'une forme générale. Le premier dit : *Les produits sont faits pour être consommés* ; le second : *Les produits sont faits pour être produits.*

— Voilà que je recommence à comprendre un peu moins.

— Je vais donc varier le thème :

Premier principe : L'homme travaille pour consommer.

Second principe : L'homme consomme pour travailler.

Premier principe : Le blé est fait pour les estomacs.

Second principe : Les estomacs sont faits pour le blé.

Premier principe : Les moyens sont faits pour le but.

Second principe : Le but est fait pour les moyens.

Premier principe : Le laboureur laboure afin qu'on mange.

Second principe : On mange afin que le laboureur laboure.

Premier principe : Les bœufs vont devant la charrette.

Second principe : La charrette va devant les bœufs.

— Juste ciel ! quand je disais :.*Le blé est utile parce qu'on le mange*, et puis : *Le blé est utile parce qu'on le cultive*, j'émettais, sans m'en douter, ce torrent de principes ?

> Par la sambleu! *Monsieur*, je ne croyais pas être
> Si *savant* que je suis.

— Tout beau ! vous n'avez dit que deux principes, et moi, je les ai mis en variations.

— Mais où diable en voulez-vous venir ? |

— A vous faire connaître la bonne et la mauvaise boussole, au cas que vous vous égariez jamais dans le dédale économique. Chacune d'elles vous guidera, selon un orientement opposé, l'une vers le temple de la vérité, l'autre dans la région de l'erreur.

— Voulez-vous dire que les deux écoles, libérale et protectionniste, qui se partagent le domaine de l'opinion, diffèrent seulement en ceci, que l'une *met les bœufs avant la charrette*, et l'autre, *la charrette avant les bœufs ?*

— Justement. Je dis que si l'on remonte au *point précis* qui divise ces deux écoles, on le trouve dans l'application vraie ou fausse du mot *utilité*. Ainsi que vous venez de le dire vous-même, chaque produit a deux espèces d'utilité : l'une est relative au consommateur, et consiste *à satisfaire des besoins* ; l'autre a trait au producteur, et consiste *à être l'occasion d'un travail*. On peut donc appeler la première de ces utilités *fondamentale*, et la seconde *occasionnelle*. L'une est la boussole de la vraie science, l'autre la boussole de la fausse science. Si l'on a le malheur, comme cela est trop commun, de monter à cheval sur le second principe, c'est-à-dire de ne considérer les produits que dans leurs rapports avec les producteurs, on voyage avec une boussole retournée, on s'égare de plus en plus ; on s'enfonce dans la région des *priviléges*, des *monopoles*, de l'*antagonisme*, des *jalousies nationales*, de la *dissipation*, de la *réglementa-*

tion, de la *politique* de *restriction* et d'*envahissement* ; en un mot, on entre dans une série de conséquences subversives de l'humanité, prenant constamment le mal pour le bien, et cherchant dans des maux nouveaux le remède aux maux qu'on a fait surgir de la législation. Si, au contraire, on prend pour flambeau et pour boussole, au point de départ, l'intérêt du consommateur, ou plutôt de la *consommation générale*, on s'avance vers la liberté, l'égalité, la fraternité, la paix universelle, le bien-être, l'épargne, l'ordre et tous les principes progressifs du genre humain ([1]).

— Quoi ! ces deux axiomes : *Le blé est fait pour être mangé ; le blé est fait pour être cultivé,* peuvent conduire à des résultats si opposés ?

— Très-certainement. Vous savez l'histoire de ces deux navires qui voyageaient de conserve. Un orage vint à éclater. Quand il fut dissipé, il n'y avait rien de changé dans l'univers, si ce n'est qu'une des deux boussoles, par l'effet de l'électricité, se tournait vers le sud. Mais c'est assez pour qu'un navire fasse fausse route pendant l'éternité entière, du moins tant qu'il obéit à cette fausse indication.

— Je vous avoue que je suis à mille lieues de comprendre l'importance que vous attachez à ce que vous appelez *deux principes* (quoique j'aie eu l'honneur de les trouver), et je serais bien aise que vous me fissiez connaître toute votre pensée.

— Eh bien ! écoutez-moi, je divise mon sujet en...

— Miséricorde ! je n'ai pas le temps de vous écouter. Mais dimanche prochain je suis tout à vous.

— Je voudrais bien pourtant.....

— Je suis pressé. Adieu.

— A présent que je vous tiens.....

([1]) V. au tome IV, pages 15 et 251, le chap. II de la première série des *Sophismes*, et le chap. XV de la seconde série, puis au tome VI le chap. XI des *Harmonies.* (*Note de l'éditeur.*)

— Oh ! vous ne me tenez pas encore. A dimanche (1).

— A dimanche, soit. Dieu, que les auditeurs sont légers !

— Ciel ! que les démonstrateurs sont lourds !

55. — LA LOGIQUE DE M. CUNIN-GRIDAINE.

2, Mai 1847.

M. Cunin-Gridaine, parlant des deux associations qui se
sont formées, l'une pour demander à rançonner le public,
l'autre pour demander que le public ne fût pas rançonné,
s'exprime ainsi :

« *Rien ne prouve mieux l'exagération que l'exagération*
« *qui lui est opposée. C'est le meilleur moyen de montrer*
« *aux esprits calmes et désintéressés où est la vérité, qui*
« *ne se sépare jamais de la modération.* »

Il est certain, selon Aristote, que la vérité se rencontre
entre deux exagérations opposées. Le tout est de s'assurer
si deux assertions contraires sont également exagérées ;
sans quoi, le jugement à intervenir, impartial en apparence, serait inique en réalité.

Pierre et *Jean* plaidaient devant le juge d'une bourgade.

Pierre, demandeur, concluait à bâtonner *Jean* tous les
jours.

Jean, défendeur, concluait à n'être pas bâtonné du tout.

Le juge prononça cette sentence :

« Attendu que *rien ne prouve mieux l'exagération que*
« *l'exagération qui lui est opposée*, coupons le différend par
« le milieu, et disons que *Pierre* bâtonnera *Jean*, mais
« seulement les *jours impairs.* »

Jean fit appel, comme on le peut croire ; mais ayant

---

(1) Le dimanche est le jour de la semaine où paraissait le *Libre-*
Échange.   (*Note de l'éditeur.*)

appris la logique, il se garda bien cette fois de conclure à ce que son rude adversaire fût simplement *débouté*.

Quand donc l'avoué de Pierre eut lu l'exploit introductif d'instance finissant par ces mots : « Plaise au tribunal admettre Pierre à faire pleuvoir une grêle de coups sur les épaules de Jean. »

L'avoué de Jean répliqua par cette demande reconventionnelle : « Plaise au tribunal permettre à Jean de prendre sa revanche sur le dos de Pierre. »

La précaution ne fut pas inutile. Pour le coup, la justice se trouvait bien placée entre deux exagérations. Elle décida que Jean ne serait plus battu par Pierre, ni Pierre par Jean. Au fond, Jean n'aspirait pas à autre chose.

Imitons cet exemple ; prenons nos précautions contre la logique de M. Cunin-Gridaine.

De quoi s'agit-il ? Les *Pierre* de la rue Hauteville (¹) plaident pour être admis à rançonner le public. Les *Jean* de la rue Choiseul plaident naïvement pour que le public ne soit pas rançonné. Sur quoi M. le ministre prononce gravement que la *vérité* et la *modération* sont au point intermédiaire entre ces deux prétentions.

Puisque le jugement doit se fonder sur la supposition que l'association du libre-échange est exagérée, ce qu'elle a de mieux à faire, c'est de l'être en effet, et de se placer à la même distance de la vérité que l'association prohibitionniste, afin que le juste milieu coïncide quelque peu avec la justice.

Donc, l'une demande un impôt sur le consommateur au profit du producteur ; que l'autre, au lieu de perdre son temps à opposer une fin de non-recevoir, exige formellement un impôt sur le producteur au profit du consommateur.

(¹. Les bureaux du *Libre-Échange* étaient rue de Choiseul, et ceux du *Moniteur Industriel*, rue Hauteville. (*Note de l'éditeur.*)

Et quand le maître de forges dit : Pour chaque quintal de fer que je livre au public, j'entends qu'il me paye, en outre du prix, une prime de 20 fr. ;

Que le public se hâte de répondre : Pour chaque quintal de fer que j'introduirai du dehors, en franchise, je prétends que le maître de forges français me paye une prime de 20 fr.

Alors, il serait vrai de dire que les prétentions des deux parties sont également exagérées, et M. le ministre les mettra hors de cause, disant : « Allez, et ne vous infligez pas de taxes les uns aux autres, » — si du moins il est fidèle à sa logique.

Fidèle à sa logique? Hélas! cette logique est toute dans l'exposé des motifs; elle ne reparaît plus dans les actes. Après avoir posé en fait que l'injustice et la justice sont deux exagérations, que ceux qui veulent le maintien des droits protecteurs et ceux qui en demandent la suppression sont également éloignés de la vérité, que devait faire M. le ministre pour être conséquent? Se placer au milieu, imiter le juge de village qui se prononça pour la demi-bastonnade; en un mot, réduire les droits protecteurs de *moitié*. — Il n'y a pas seulement touché. (*V. le n° 50.*)

Sa dialectique, commentée par ses actes, revient donc à ceci : Pierre, vous demandez à frapper quatre coups; Jean, vous demandez à n'en recevoir aucun.

La *vérité*, qui ne se sépare jamais de la *modération*, est entre ces deux demandes. Selon ma logique, je ne devrais autoriser que deux coups; selon mon bon plaisir, j'en permets quatre, comme devant. Et, pour l'exécution de ma sentence, je mets la force publique à la disposition de Pierre, aux frais de Jean.

Mais le plus beau de l'histoire, c'est que Pierre sort de l'audience furieux de ce que le juge a osé, en paroles, comparer son exagération à celle de Jean. (*Voir le Moniteur industriel.*)

56. — LES HOMMES SPÉCIAUX.

28 Novembre 1847.

Il y a des personnes qui s'imaginent que les hommes d'étude, ou ce qu'elles nomment avec trop de bienveillance les *savants*, sont incompétents pour parler du libre-échange. La liberté et la restriction, disent-elles, c'est une question qui doit être débattue par des hommes *pratiques*.

Ainsi le *Moniteur industriel* nous fait observer qu'en Angleterre la réforme commerciale a été due aux efforts des manufacturiers.

Ainsi le comité Odier se montre très-fier du procédé qu'il a adopté, et qui consiste en de prétendues *enquêtes*, où tout se résume à demander tour à tour à chaque industrie privilégiée si elle veut renoncer à son privilége.

Ainsi un membre du conseil général de la Seine, fabricant de drap, protégé par la prohibition absolue, disait à ses collègues, en parlant d'un de nos collaborateurs : « Je le connais ; c'était un juge de paix de village ; il n'entend rien à la fabrique. »

Nos amis mêmes se laissent quelquefois dominer par cette prévention. Et dernièrement la Chambre de commerce du Havre, faisant allusion à notre déclaration de principes (qui est d'une page), faisait remarquer que nous n'y parlons pas des intérêts maritimes. Puis elle ajoute : « La Chambre ne pouvait jusqu'à un certain point se plaindre de cet oubli, parce que les noms qui figurent au bas de cette déclaration lui inspirent peu de confiance pour l'étude de ces questions. »

Celui de nos collaborateurs qui est ainsi désigné deux

fois commence par déclarer très-solennellement qu'il n'a
nullement la prétention de connaître les procédés nauti-
ques mieux que les armateurs, les procédés métallurgiques
mieux que les maîtres de forges, les procédés agricoles
mieux que les agriculteurs, les procédés de tissage mieux
que les fabricants, et les procédés de nos dix mille industries mieux que ceux qui les exercent.

Mais, franchement, cela est-il nécessaire pour reconnaître qu'aucune de ces industries ne doit être mise législativement en mesure de rançonner les autres? Faut-il avoir
vieilli dans une fabrique de drap et obtenu de lucratives
fournitures pour juger une question de bon sens et de justice, et pour décider que le débat doit être libre entre celui
qui vend et celui qui achète ?

Assurément nous sommes loin de méconnaître l'importance du rôle qui est réservé aux hommes pratiques dans
la lutte entre le droit commun et le privilége.

C'est par eux surtout que l'opinion publique sera déli-
vrée de ses terreurs imaginaires. Quand un homme comme
M. Bacot, de Sédan, vient dire : « Je suis fabricant de drap ;
et qu'on me donne les avantages de la liberté, je m'en
redoute pas les risques; » quand M. Bosson, de Boulogne,
dit : « Je suis filateur de lin ; et si le régime restrictif, en
renchérissant mes produits, ne fermait pas mes débouchés
au dehors et n'appauvrissait pas ma clientèle au dedans,
ma filature prospérerait davantage ; » quand M. Dufrayer,
agriculteur, dit : « Sous prétexte de me protéger, le
système restrictif m'a placé au milieu d'une population qui
ne consomme ni blé, ni laine, ni viande, en sorte que je ne
puis faire que cette agriculture qui convient aux pays pauvres ; » — nous savons tout l'effet que ces paroles doivent
exercer sur le public.

Lorsque ensuite la question viendra devant la législature,
le rôle des hommes pratiques acquerra une importance

à peu près exclusive. Il ne s'agira plus alors du principe, mais de l'exécution. On serait d'accord qu'il faut détruire un état de choses injuste et artificiel, pour rentrer dans une situation équitable et naturelle. Mais par où faut-il commencer? Dans quelle mesure faut-il procéder? Pour résoudre ces questions d'exécution, il est évident que ce seront les hommes pratiques, du moins ceux qui se sont rangés au principe de la liberté, qui devront surtout être consultés.

Loin de nous donc la pensée de repousser le concours des *hommes spéciaux.* Il faudrait avoir perdu l'esprit pour méconnaître la valeur de ce concours.

Il n'en est pas moins vrai cependant, qu'il y a, au fond de cette lutte, des questions dominantes, primordiales, qui, pour être résolues, n'ont pas besoin de ces connaissances technologiques universelles qu'on semble exiger de nous.

« Le législateur a-t-il mission de *pondérer* les profits des « diverses industries?

« Le peut-il sans compromettre le bien général?

« Peut-il, sans injustice, augmenter les profits des uns « en diminuant les profits des autres?

« Dans cette tentative, arrivera-t-il à répartir d'une ma- « nière égale ses faveurs?

« En ce cas même, n'y aurait-il pas, pour résidu de l'o- « pération, toute la déperdition de *forces* résultant d'une « mauvaise direction du travail?

« Et le mal n'est-il pas plus grand encore, s'il est radi- « calement impossible de favoriser également tous les « genres de travaux?

« En définitive, payons-nous un gouvernement pour « qu'il nous aide à nous nuire les uns aux autres, ou, au « contraire, pour qu'il nous en empêche? »...

Pour résoudre ces questions, il n'est nullement nécessaire d'être un habile armateur, un ingénieux mécanicien;

un agriculteur consommé. Il est d'autant moins nécessaire de connaître à fond les procédés de tous les arts et de tous les métiers, que ces procédés n'y font absolument rien. Dira-t-on par exemple qu'il faut bien savoir le *prix de revient* du drap, pour juger s'il est possible de lutter avec l'étranger à *armes égales?* — Oui certes, cela est nécessaire, dans l'esprit du régime protecteur, puisque ce régime a pour but de rechercher si une industrie est en perte afin de faire supporter cette perte par le public; mais cela n'est pas nécessaire dans l'esprit du libre-échange, car le libre-échange repose sur ce dilemme : Ou votre industrie gagne, et alors la protection vous est inutile; ou elle perd, et alors la protection est nuisible à la masse.

En quoi donc une enquête spéciale est-elle indispensable, puisque, quel qu'en soit le résultat, la conclusion est toujours la même?

Supposons qu'il s'agisse de l'esclavage. On accordera sans doute que la question de droit passe avant la question d'exécution. — Que pour arriver à connaître le meilleur mode d'affranchissement, on fasse une enquête, nous le concevons ; mais cela suppose la question de droit résolue. Mais s'il s'agissait de débattre la question de *droit* devant le public, si la majorité était encore favorable au principe même de l'esclavage, serait-on bien venu de fermer la bouche à un abolitionniste en lui disant : « Vous n'êtes pas compétent; vous n'êtes pas planteur, vous n'avez pas d'esclaves. »

Pourquoi donc oppose-t-on, à ceux qui combattent les monopoles, cette fin de non-recevoir qu'ils n'ont pas de monopoles ?

Les armateurs du Havre ne s'aperçoivent-ils pas que cette même fin de non-recevoir, on la tournera contre eux ?

S'ils ont, avec raison, la prétention de connaître à fond la question maritime, ils n'ont pas sans doute celle de posséder des connaissances universelles. Or, d'après leur système, quiconque ose réclamer contre un monopole doit préalablement fournir la preuve qu'il connaît à fond l'industrie à laquelle ce monopole a été conféré. Ils nous disent, à nous, que nous ne sommes pas aptes à juger si la loi doit se mêler de nous faire *surpayer* les transports, parce que nous n'avons jamais armé de navires. Mais alors on leur dira : Avez-vous jamais dirigé un haut fourneau, une filature, une fabrique de drap ou de porcelaine, une exploitation agricole ? Quel droit avez-vous de vous défendre contre les taxes que ces industries vous imposent?

La tactique des prohibitionnistes est admirable. Par elle, si le public en est dupe, ils sont toujours sûrs au moins du *statu quo*. Si vous n'appartenez pas à une industrie protégée, ils déclinent votre compétence. « Tu n'es que rançonné, tu n'as pas la parole. » — Si vous appartenez à une industrie protégée, ils vous permettent de parler, mais seulement de votre intérêt spécial, le seul que vous êtes censé connaître. Ainsi, le monopole ne rencontrerait jamais d'adversaire (¹).

57. — UN PROFIT CONTRE DEUX PERTES.

9 Mai 1847.

Il y a maintenant dix-sept ans qu'un publiciste, que je ne nommerai pas, dirigea contre la protection douanière un argument, sous forme algébrique, qu'il nommait la *double incidence de la perte.*

Cet argument fit quelque impression. Les privilégiés se hâtèrent de le réfuter ; mais il arriva que tout ce qu'ils firent dans ce but ne servit qu'à élucider la démonstration,

_____

(¹) L'auteur a signalé plus tard le danger d'une classification scientifique uniquement basée sur les phénomènes de la production. V. au tome VI les pages 346 et 347.   (*Note de l'éditeur.*)

à la rendre de plus en plus invincible, et, en outre, à la populariser ; si bien qu'aujourd'hui, dans le pays où s'est passée la chose, la protection n'a plus de partisans.

On me demandera peut-être pourquoi je ne cite pas le nom de l'auteur? Parce que mon maître de philosophie m'a appris que cela met quelquefois en péril l'effet de la citation (1).

Il nous dictait un cours parsemé de passages dont quelques-uns étaient empruntés à Voltaire et à Rousseau, invariablement précédés de cette formule : « Un célèbre auteur a dit, etc. » Comme il s'était glissé quelques éditions de ces malencontreux écrivains dans le collége, nous savions fort bien à quoi nous en tenir. Aussi nous ne manquions jamais, en récitant, de remplacer la formule par ces mots : Rousseau a dit, Voltaire a dit. — Mais aussitôt le pédagogue, levant les mains au ciel, s'écriait : « Ne citez pas, l'ami B...; apprenez que beaucoup de gens admireront la phrase qui la trouveraient détestable s'ils savaient d'où elle est tirée. » C'était le temps où régnait une opinion qui détermina notre grand chansonnier, je devrais dire notre grand poëte, à mettre au jour ce refrain :

> C'est la faute de Voltaire,
> C'est la faute de Rousseau.

Supprimant donc le nom de l'auteur et la forme algébrique, je reproduirai l'argument qui se borne à établir que toute faveur du tarif entraîne nécessairement :

1° Un profit pour une industrie ;

2° Une perte égale pour une autre industrie ;

3° Une perte égale pour le consommateur.

Ce sont là les effets *directs et nécessaires* de la protection.

---

(1) Le nom que l'auteur ne cite pas est celui d'un membre éminent de la Ligue anglaise, le colonel Perronnet Thompson. V. tome III, pages 89, 218 et 282.   (*Note de l'éditeur*).

En bonne justice, et pour compléter le bilan, il faudrait encore lui imputer de nombreuses *pertes accessoires*, telles que : frais de surveillance, formalités dispendieuses, incertitudes commerciales, fluctuations de tarifs, opérations contrariées, chances de guerre multipliées, contrebande, répression, etc.

Mais je me restreins ici aux conséquences *nécessaires* de la protection.

Une anecdote rendra peut-être plus claire la démonstration de notre problème.

Un maître de forges avait besoin de bois pour son usine. Il avait traité avec un pauvre bûcheron, quelque peu clerc, qui, pour 40 sous, devait bûcher du matin au soir, un jour par semaine.

La chose paraîtra singulière ; mais il advint qu'à force d'entendre parler protection, travail national, supériorité de l'étranger, prix de revient, etc., notre bûcheron devint économiste à la manière du *Moniteur industriel* : si bien qu'une pensée lumineuse se glissa dans son esprit en même temps qu'une pensée de monopole dans son cœur.

Il alla trouver le maître de forges, et lui dit :

— Maître, vous me donnez 2 francs pour un jour de travail ; désormais vous me donnerez 4 francs et je travaillerai deux jours.

— L'ami, répondit le maître de forges, j'ai assez du bois que tu refends dans la journée.

— Je le sais, dit le bûcheron ; aussi j'ai pris mes mesures. Voyez ma hache, comme elle est émoussée, ébréchée. Je vous assure que je mettrai deux jours pleins à hacher le bois que j'expédie maintenant en une journée.

— Je perdrai 2 francs à ce marché.

— Oui, mais je les gagnerai, moi ; et, relativement au bois et à vous, je suis producteur et vous n'êtes que consommateur. Le consommateur ! cela mérite-t-il aucune pitié ?

— Et si je te prouvais qu'indépendamment des 40 sous qu'il me fera perdre, ce marché fera perdre aussi 40 sous à un autre producteur?

— Alors je dirais que sa perte balance mon gain, et que le résultat définitif de mon invention est pour vous, et par conséquent pour la nation en masse, une perte sèche de 2 francs. Mais quel est ce travailleur qui aura à se plaindre?

— Ce sera, par exemple, Jacques le jardinier, auquel je ne pourrai plus faire gagner comme aujourd'hui 40 sous par semaine, puisque ces 40 sous, je te les aurai donnés ; et si je n'en prive pas Jacques, j'en priverai un autre.

— C'est juste, je me rends et vais aiguiser ma hache. Au fait, si par la faute de ma hache il se fait moins de besogne dans le monde pour une valeur de 2 francs, c'est une perte, et il faut bien qu'elle retombe sur quelqu'un... Mais, pardon, maître, il me vient une idée. Si vous me faites gagner ces 2 francs, je les ferai gagner au cabaretier, et ce gain compensera la perte de Jacques.

— Mon ami, tu ne ferais là que ce que Jacques fera lui-même tant que je l'emploierai, et ce qu'il ne fera plus si je le renvoie, comme tu le demandes.

— C'est vrai; je suis pris, et je vois bien qu'il n'y a pas de profit national à ébrécher les haches.

Cependant, notre bûcheron, tout en bûchant, ruminait le cas dans sa tête. Il se disait : Pourtant, j'ai cent fois entendu dire au patron qu'il était avantageux de protéger le producteur aux dépens du consommateur. Il est vrai qu'il a fait apparaître ici un autre producteur auquel je n'avais pas songé.

A quelque temps de là, il se présenta chez le maître de forges, et lui dit :

— Maître, j'ai besoin de 20 kilogrammes de fer, et voici 5 francs pour les payer.

— Mon ami, à ce prix je ne t'en puis donner que 10 kilogrammes.

— C'est fâcheux pour vous, car je sais un Anglais qui
me donnera pour mes 5 francs les 20 kilogrammes dont
j'ai besoin.

— C'est un coquin.

— Soit.

— Un égoïste, un perfide, un homme que l'intérêt fait
agir.

— Soit.

— Un individualiste, un bourgeois, un marchand qui ne
sait ce que c'est qu'abnégation, dévouement, fraternité,
philanthropie.

— Soit; mais il me donne pour 5 francs 20 kilogrammes
de fer, et vous, si fraternel, si dévoué, si philanthrope, vous
ne m'en donnez que 10.

— C'est que ses machines sont plus perfectionnées que
les miennes.

— Oh! oh! monsieur le philanthrope, vous travaillez
donc avec une hache obtuse, et vous voulez que ce soit moi
qui supporte la perte.

— Mon ami, tu le dois, pour que mon industrie soit favorisée. Dans ce monde, il ne faut pas toujours songer à
soi et à son intérêt.

— Mais il me semble que c'est toujours votre tour d'y
songer. Ces jours-ci vous n'avez pas voulu me payer pour
me servir d'une mauvaise hache, et aujourd'hui vous voulez que je vous paye pour vous servir de mauvaises machines.

— Mon ami, c'est bien différent; mon industrie est nationale et d'une haute importance.

— Relativement aux 5 francs dont il s'agit, il n'est pas
important que vous les gagniez si je dois les perdre.

— Et ne te souvient-il plus que lorsque tu me proposais

de fendre mon bois avec une hache émoussée, je te démontrai qu'outre ma perte, il en retomberait sur le pauvre Jacques une seconde, égale à la mienne, et chacune d'elles égale à ton profit, ce qui, en définitive, constituait, pour la nation en masse, une perte sèche de 2 francs? — Pour qu'il y eût parité dans les deux cas, il te faudrait prouver que mon gain et ta perte se balançant, il y aura encore un préjudice causé à un tiers.

— Je ne vois pas que cette preuve soit très-nécessaire ; car, selon vous-même, que j'achète à vous, que j'achète à l'Anglais, la nation ne doit rien perdre ni gagner. Et alors, je ne vois pas pourquoi je disposerais à votre avantage, et non au mien, du fruit de mes sueurs. Au surplus, je crois pouvoir prouver que si je vous donne 10 francs de vos 20 kilogrammes de fer, je perdrai 5 francs, et une autre personne perdra 5 francs; vous n'en gagnerez que 5, d'où résultera pour la nation entière une perte sèche de 5 francs.

— Je suis curieux de t'entendre bûcher cette démonstration.

— Et si je la refends proprement, conviendrez-vous que votre prétention est injuste?

— Je ne te promets pas d'en convenir; car, vois-tu, en fait de ces choses-là, je suis un peu comme le Joueur de la comédie, et je dis à l'économie politique : -

Tu peux bien me convaincre, ô *science* ennemie,
Mais me faire avouer, morbleu, je t'en défie!.

Cependant voyons ton argument.

— Il faut d'abord que vous sachiez une chose. L'Anglais n'a pas l'intention d'emporter dans son pays ma pièce de 100 sous. Si nous faisons marché, (— le maître de forges, *à part :* j'y mettrai bon ordre, —) il m'a chargé d'acheter pour 5 francs deux paires de gants que je lui remettrai en échange de son fer.

— Peu importe, arrive enfin à la preuve.

— Soit ; maintenant calculons. — En ce qui concerne les 5 francs qui représentent le prix naturel du fer, il est clair que l'industrie française ne sera ni plus ni moins encouragée, dans son ensemble, soit que je les donne à vous pour faire le fer directement, soit que je les donne au gantier qui me fournit les gants que l'Anglais demande en échange du fer.

— Cela paraît raisonnable.

— Ne parlons donc plus de ces premiers 100 sous. Restent les autres 5 francs en litige. Vous dites que si je consens à les perdre, vous les gagnerez, et que votre industrie sera favorisée d'autant.

— Sans dout.

— Mais si je conclus avec l'Anglais, ces 100 sous me resteront. Précisément, je me trouve avoir grand besoin de chaussure, et c'est juste ce qu'il faut pour acheter des souliers. Voilà donc un troisième personnage, le cordonnier, intéressé dans la question. — Si je traite avec vous, votre industrie sera encouragée dans la mesure de 5 francs ; celle du cordonnier sera découragée dans la mesure de 5 francs, ce qui fait la balance exacte. — Et, en définitive, je n'aurai pas de souliers ; en sorte que ma perte sera sèche, et la nation, en ma personne, aura perdu 5 francs.

— Pas mal raisonné pour un bûcheron ! mais tu perds de vue une chose, c'est que les 5 francs que tu ferais gagner au cordonnier, — si tu traitais avec l'Anglais, — je les lui ferai gagner moi-même si tu traites avec moi.

— Pardon, excuse, maître ; mais vous m'avez vous-même appris, l'autre jour, à me préserver de cette confusion.

J'ai 10 francs ;

Traitant avec vous, je vous les livre et vous en ferez ce que vous voudrez.

Traitant avec l'Anglais, je les livre, savoir : 5 francs au gantier, 5 francs au cordonnier, et ils en feront ce qu'ils voudront.

Les conséquences ultérieures de la circulation qui sera imprimée à ces 10 francs par vous dans un cas, par le gantier et le cordonnier dans l'autre, sont identiques et se compensent. Il ne doit pas en être question (¹).

Il n'y a donc en tout ceci qu'une différence. Selon le premier marché, je 'n'aurai pas de souliers; selon le second, j'en *aurai*.

Le maître de forges s'en allant : Ah ! où diable l'économie politique va-t-elle se nicher? Deux bonnes lois feront cesser ce désordre : une loi de douanes qui me donnera la force, puisque aussi bien je n'ai pas la raison, — et une loi sur l'enseignement, qui envoie toute la jeunesse étudier la société à Sparte et à Rome. Il n'est pas bon que le peuple voie si clair dans ses affaires (²)!

58. — DEUX PERTES CONTRE UN PROFIT.

30 Mai 1847.

A M. Arago, de l'Académie des sciences.

MONSIEUR,

Vous avez le secret de rendre accessibles à tous les esprits les plus hautes vérités de la science. Oh ! ne pourriez-vous, à grand renfort d'x, trouver au théorème suivant une de

(¹) V. au tome V, page 363, le chap. vii du pamphlet *Ce qu'on voit et ce qu'on ne voit pas.*   (*Note de l'éditeur.*)
(²) V. tome IV, page 442, le pamphlet *Baccalauréat et Socialisme.* (*Note de l'éditeur.*)

ces démonstrations par $a+b$, qui ne laissent plus de place
à la controverse ! Son simple énoncé suffira pour montrer
l'immense service que vous rendriez au pays et à l'humanité. Le voici :

SI UN DROIT PROTECTEUR ÉLÈVE LE PRIX D'UN OBJET D'UNE
QUANTITÉ DONNÉE, LA NATION GAGNE CETTE QUANTITÉ UNE
FOIS ET LA PERD DEUX FOIS.

Si cette proposition est vraie, il s'ensuit que les nations
s'infligent à elles-mêmes des pertes incalculables. Il faudrait
reconnaître qu'il n'est aucun de nous qui ne jette des pièces
d'un franc dans la rivière chaque fois qu'il mange ou qu'il
boit, qu'il s'avise de toucher à un outil ou à un vêtement.

Et comme il y a longtemps que ce jeu dure, il ne faut
pas être surpris si, malgré le progrès des sciences et de
l'industrie, une masse bien lourde de misère et de souffrances pèse encore sur nos concitoyens.

D'un autre côté, tout le monde convient que le régime
protecteur est une source de maux, d'incertitudes et de
dangers, en dehors de ce calcul de profits et de pertes. Il
nourrit les animosités nationales, retarde l'union des peuples, multiplie les chances de guerre, fait inscrire dans nos
codes, au rang des délits et des crimes, des actions innocentes en elles-mêmes. Ces inconvénients accessoires du
système, il faut bien s'y soumettre quand on croit que le
système repose lui-même sur cette donnée : *que tout renchérissement, de son fait, est un gain national.* — Car, Monsieur, je crois avoir observé et vous aurez peut-être observé
comme moi que, malgré le grand mépris que les individus
et les peuples affichent pour le *gain*, ils y renoncent diffici-
lement, — mais s'il venait à être prouvé que ce prétendu
gain est accompagné d'abord d'une *perte égale*, ce qui fait
compensation, puis d'une *seconde perte encore égale*, laquelle constitue une duperie bien caractérisée ; comme dans
le cœur humain l'horreur des pertes est aussi fortement

enracinée que l'amour des profits, il faut croire que le régime protecteur et toutes ses conséquences directes et indirectes s'évanouiraient avec l'illusion qui les a fait naître.

Vous ne serez donc pas surpris, Monsieur, que je désire voir cette démonstration, revêtue de l'évidence invincible que communique la langue des équations. Vous ne trouverez pas mauvais non plus que je m'adresse à vous ; car, parmi tous les problèmes qu'offrent les sciences que vous cultivez avec tant de gloire, il n'en est certainement aucun plus digne d'occuper, au moins quelques instants, vos puissantes facultés. J'ose dire que celui qui en donnerait une solution irréfutable, n'eût-il fait que cela dans ce monde, aurait assez fait pour l'humanité et pour sa propre renommée.

Permettez-moi donc d'établir en langue vulgaire ce que je voudrais voir mettre en langue mathématique.

Supposons qu'un couteau anglais se donne en France pour 2 fr.

Cela veut dire qu'il s'échange contre 2 fr. ou tout autre objet valant lui-même 2 fr., par exemple une paire de gants de ce prix.

Admettons qu'un couteau semblable ne puisse se faire chez nous à moins de 3 fr.

Dans ces circonstances, un coutelier français s'adresse au gouvernement et lui dit : Protégez-moi. Empêchez mes compatriotes d'acheter des couteaux anglais, et moi je me charge de les pourvoir à 3 fr.

Je dis que ce renchérissement d'un franc sera *gagné une fois*, mais j'ajoute qu'il sera *perdu deux fois* par la France, et que le même phénomène se présentera dans tous les cas analogues.

D'abord, finissons-en avec les 2 fr. qui sont en dehors du renchérissement. En tant que cela concerne ces 2 fr., il est bien clair que l'industrie française n'aura rien gagné ni perdu à la mesure. Que ces 2 fr. aillent au coutelier ou au gantier, cela peut arranger l'un de ces industriels et déranger l'autre, mais cela n'affecte en rien l'ensemble du *travail national*. Jusque-là, il y a changement de direction, mais non accroissement ou décroissement dans l'industrie : 2 fr. de plus prennent le chemin de la coutellerie, 2 fr. de moins prennent celui de la ganterie, voilà tout. Injuste faveur ici, oppression non moins injuste là, c'est tout ce qu'il est possible d'apercevoir; ne parlons donc plus de ces 2 fr.

Mais il reste un troisième franc dont il est essentiel de suivre la trace; il constitue le surenchérissement du couteau; c'est la *quantité donnée* dont le prix des couteaux est élevé. C'est celle que je dis être gagnée une fois et perdue deux par le pays.

Qu'elle soit gagnée une fois, cela est hors de doute. Évidemment l'industrie coutelière est favorisée, par la prohibition, dans la mesure de *un franc*, qui va solder des salaires, des profits, du fer, de l'acier. En d'autres termes, la production des gants n'est découragée que de 2 fr. et celle des couteaux est encouragée de 3 fr., ce qui constitue bien pour l'ensemble de l'industrie nationale, tout balancé jusqu'ici, un excédant d'encouragement de 20 sous, 1 franc ou 100 centimes, comme on voudra les appeler.

Mais il est tout aussi évident que l'acquéreur du couteau, quand il l'obtenait d'Angleterre contre une paire de gants, ne déboursait que 2 fr., tandis que maintenant il en dépense 3. Dans le premier cas, il restait donc à sa disposition *un franc* au delà du prix du couteau; et, comme nous sommes tous dans l'habitude de faire servir les francs à quelque chose, nous devons tenir pour certain que ce franc aurait été dépensé d'une manière quelconque et aurait encouragé l'industrie nationale tout autant qu'un franc peut s'étendre.

Si, par exemple, vous étiez cet acheteur, — avant la prohibition vous pouviez acheter une paire de gants pour 2 fr., contre laquelle paire de gants vous auriez obtenu le couteau anglais. — Et, en outre, il vous serait resté 1 fr., avec lequel vous auriez acheté, selon votre bon plaisir, des petits pâtés ou un petit volume in-12.

Si donc nous faisons le compte du *travail national*, nous trouvons de suite à opposer au gain du coutelier une perte équivalente, savoir celle du pâtissier ou du libraire.

Il me semble impossible de nier que, dans un cas comme dans l'autre, vos 3 fr., puisque vous les aviez, ont encouragé dans une mesure exactement semblable l'industrie du pays. Sous le régime de la liberté, ils se sont partagés entre un gantier et un libraire; sous le régime de la protection, ils sont allés exclusivement au coutelier, et je crois qu'on pourrait défier le génie de la prohibition lui-même d'ébranler cette vérité.

Ainsi, voilà le franc gagné une fois par le coutelier et perdu une fois par le libraire.

Reste à examiner votre propre situation, vous acheteur, vous consommateur. Ne saute-t-il pas aux yeux qu'avant la prohibition, vous aviez pour vos 3 fr. et un couteau et un petit volume in-12, tandis que depuis, vous ne pouvez avoir pour vos mêmes 3 fr. qu'un couteau et pas de volume in-12? Vous perdez donc dans cette affaire un volume, soit l'équivalent d'*un franc*. Or, si cette seconde perte n'est compensée par aucun profit pour qui que ce soit en France, j'ai raison de dire que ce franc, gagné une fois, est perdu deux fois.

Savez-vous, Monsieur, ce qu'on dit à cela? car il est bon que vous connaissiez l'objection. On dit que votre perte est compensée par le profit du coutelier, ou, en termes généraux, que la perte du consommateur est compensée par le profit du producteur.

Votre sagacité aura bien vite découvert que la mystification ici consiste à laisser dans l'ombre le fait déjà établi que le profit d'un producteur, le coutelier, est balancé par la perte d'un autre producteur, le libraire; et que votre franc, par cela même qu'il a été encourager la coutellerie, n'a pu aller encourager, comme il l'aurait fait, la librairie.

Après tout, comme il s'agit de sommes égales, qu'on établisse, si on le préfère, la compensation entre le producteur et le consommateur, peu importe, pourvu qu'on n'oublie pas le libraire, et qu'on ne fasse pas reparaître deux fois le même gain pour l'opposer alternativement à deux pertes bien distinctes.

On dit encore : Tout cela est bien petit, bien mesquin. Il ne vaut guère la peine de faire tant de bruit pour un petit franc, un petit couteau, et un petit volume in-12. Je n'ai pas besoin de vous faire observer que le franc, le couteau et le livre sont mes signes algébriques, qu'ils représentent la vie, la substance des peuples; et c'est parce que je ne sais pas me servir des a, b, c, qui généralisent les questions, que je mets celle-ci sous votre patronage.

On dira encore ceci : Le franc que le coutelier reçoit en plus, grâce à la protection, il le fait gagner à des travailleurs. — Je réponds : Le franc que le libraire recevrait en plus, grâce à la liberté, il le ferait gagner aussi à d'autres travailleurs; en sorte que, de ce côté, la compensation n'est pas détruite, et il reste toujours que, sous un régime vous avez un livre, et sous l'autre vous n'en avez pas. — Pour éviter la confusion volontaire ou non qu'on ne manquera pas de faire à ce sujet, il faut bien distinguer la distribution originaire de vos 3 francs d'avec leur circulation ultérieure, laquelle, dans l'une et dans l'autre hypothèse, suit des parallèles infinies, et ne peut jamais affecter notre calcul [1].

_____

[1] Sur le _Sophisme des ricochets_, V. au présent volume, n° 48, page 320; au tome IV, les pages 74, 160, 229; et au tome V, indépen-

Il me semble qu'il faudrait être de bien mauvaise foi
pour venir argumenter de l'importance relative des deux
industries comparées, disant : Mieux vaut la coutellerie
que la ganterie ou la librairie. Il est clair que mon argumentation n'a rien de commun avec cet ordre d'idées. Je
cherche l'effet général de la prohibition sur l'ensemble de
l'industrie, et non si l'une a plus d'importance que l'autre.
Il m'eût suffi de prendre un autre exemple pour montrer
que ce qui, dans mon hypothèse, se résout en privation
d'un livre est, dans beaucoup de cas, privation de pain, de
vêtements, d'instruction, d'indépendance et de dignité.

Dans l'espoir que vous attacherez à la solution de ce
problème l'importance vraiment radicale qu'il me semble
mériter, permettez-moi d'insister encore sur quelques
objections qu'on pourra faire. — On dit : La perte ne sera
pas d'*un franc*, parce que la concurrence intérieure suffira
pour faire tomber les couteaux français à 2 fr. 50, peut-être
à 2 fr. 25. Je conviens que cela pourra arriver. Alors il
faudra changer mes chiffres. Les *deux pertes* seront moindres, et le *gain aussi* ; mais il n'y aura pas moins deux
pertes pour un gain tant que la protection protégera.

Enfin, on objectera, sans doute, qu'il faut au moins
protéger l'industrie nationale en raison des taxes dont elle
est grevée. La réponse se déduit de ma démonstration
même. Soumettre le peuple à deux pertes pour un gain,
c'est un triste moyen d'alléger ses charges. Qu'on suppose
les impôts aussi élevés qu'on voudra ; qu'on suppose que
le gouvernement nous prend les 99 centièmes de nos revenus, est-ce un remède proposable, je le demande, que de
gratifier le coutelier surtaxé d'un franc pris au libraire surtaxé, avec perte par-dessus le marché d'un franc pour le
consommateur surtaxé ?

damment des pages 80 à 83, les pages 336 et suivantes, contenant le
pamphlet *Ce qu'on voit et ce qu'on ne voit pas.*   (*Note de l'éditeur.*)

Je ne sais, Monsieur, si je me fais illusion, mais il me semble que la démonstration rigoureuse que je sollicite de vous, si vous prenez la peine de la formuler, ne sera pas un objet de pure curiosité scientifique, mais dissipera bien des préjugés funestes.

Par exemple, vous savez combien on est impatient de toute *concurrence étrangère*. C'est le monstre sur lequel se déchargent toutes les colères industrielles. Eh bien ! que voit-on dans le cas proposé ? où est la rivalité réelle ? quel est le vrai, le dangereux concurrent du gantier et du libraire français ? N'est-ce pas le coutelier français qui sollicite l'appui de la loi, pour absorber à lui seul la rémunération de ses deux confrères, même aux dépens d'une perte sèche pour le public ? Et de même, quels sont les vrais, les dangereux antagonistes du coutelier français ? Ce n'est pas le coutelier de Birmingham ; ce sont le libraire et le gantier français, qui, du moins s'ils n'ont pas une taie sur les yeux, feront des efforts incessants pour reprendre au coutelier une clientèle qu'il leur a législativement et injustement ravie. N'est-il pas assez singulier de découvrir que ce monstre de la concurrence, dont nous croyons entendre les rugissements de l'autre côté du détroit, nous le nourrissons au milieu de nous ? D'autres points de vue aussi neufs qu'exacts sortiront de cette équation que j'ose attendre, Monsieur, de vos lumières et de votre patriotisme (1).

(1) Sur la *Concurrence*, V. tome IV, page 45, et tome VI, le chap. x.
(*Note de l'éditeur.*)

59. — LA PEUR D'UN MOT.

I

Un Économiste. Il est assez singulier que le Français, si plein de courage et même de témérité, qui n'a peur ni de l'épée, ni du canon, ni des revenants, ni guère du diable, se laisse quelquefois terrifier par un mot. Morbleu, j'en veux faire l'expérience. (*Il s'approche d'un artisan et dit en grossissant la voix* : Libre-Échange !)

L'artisan (*tout effaré*) : Ciel ! vous m'avez épouvanté. Comment pouvez-vous prononcer ce gros mot ?

— Et quelle idée, s'il vous plaît, y attachez-vous ?

— Aucune ; mais il est certain que ce doit être une horrible chose. Un gros monsieur vient souvent dans nos quartiers, disant : *Sauve qui peut ! le libre-échange va arriver.* Ah ! si vous entendiez sa voix sépulcrale ! tenez, j'en ai encore la chair de poule.

— Et le gros monsieur ne vous dit pas de quoi il s'agit ?

— Non, mais c'est assurément de quelque invention diabolique, pire que la poudre-coton ou la machine Fieschi, — ou bien de quelque bête fauve récemment trouvée dans l'Atlas, et tenant le milieu entre le tigre et le chacal, — ou encore de quelque terrible épidémie, comme le choléra asiatique.

— A moins que ce ne soit de quelqu'un de ces monstres imaginaires dont on a fait peur aux enfants, Barbe-Bleue, Gargantua ou Croquemitaine.

— Vous riez ? Eh bien ! si vous le savez, dites-moi ce que c'est que le *libre-échange.*

— Mon ami, c'est l'*échange libre.*

— Ah ! bah ! rien que cela ?

--- Pas autre chose ; le droit de *troquer librement* nos services entre nous.

— Ainsi, *libre-échange* et *échange libre*, c'est blanc bonnet et bonnet blanc ?

— Exactement.

— Eh bien! tout de même, j'aime mieux *échange libre*. Je ne sais si c'est un effet de l'habitude, mais *libre-échange* me fait encore peur. Mais pourquoi le gros monsieur ne nous a-t-il pas dit ce que vous me dites ?

— C'est, voyez-vous, qu'il s'agit d'une discussion assez singulière entre des gens qui veulent la liberté pour tout le monde, et d'autres qui la veulent aussi pour tout le monde, excepté pour leurs pratiques. Peut-être le gros monsieur est-il du nombre de ces derniers.

— En tout cas, il peut se vanter de m'avoir fait une fière peur, et je vois bien que j'ai été dupe comme le fut feu mon grand-père.

— Est-ce que feu votre grand-père avait pris aussi le *libre-échange* pour un dragon à trois têtes ?

— Il m'a souvent conté que dans sa jeunesse on avait réussi à l'exalter beaucoup contre une certaine *madame Véto*. Il se trouva que c'était une loi qu'il avait prise pour une ogresse.

— Cela prouve que le peuple a encore bien des choses à apprendre, et qu'en attendant qu'il les sache il ne manque pas de personnes, comme votre gros monsieur, disposées à abuser de sa crédulité (1).

— En sorte donc que tout se réduit à savoir si chacun a le droit de faire ses affaires, ou si ce droit est subordonné aux convenances du gros monsieur?

— Oui; la question est de savoir si, subissant la concurrence dans vos ventes, vous ne devez pas en profiter dans vos achats.

— Voudriez-vous m'éclaircir un peu plus la chose?

— Volontiers. Quand vous faites des souliers, quel est votre but?

— De gagner quelques écus.

— Et si l'on vous défendait de dépenser ces écus, que feriez-vous?

— Je cesserais de faire des souliers.

— Votre vrai but n'est donc pas de gagner des écus?

— Il va sans dire que je ne recherche les écus qu'à cause de ce que je puis me procurer avec : du pain, du vin, un logis, une blouse, un paroissien, une école pour mon fils, un trousseau pour ma fille, et de belles robes pour ma femme (¹).

— Fort bien. Négligeons donc les écus pour un instant, et disons, pour abréger, que lorsque vous faites des souliers c'est pour avoir du pain, du vin, etc. Mais alors pourquoi ne faites-vous pas vous-même ce pain, ce vin, ce paroissien, ces robes?

— Miséricorde! pour faire seulement une page de ce paroissien, ma vie entière ne suffirait pas.

— Ainsi, quoique votre état soit bien modeste, il met en votre pouvoir mille fois plus de choses que vous n'en pourriez faire vous-même (²).

— C'est assez plaisant, surtout quand je songe qu'il en est ainsi de tous les états. Pourtant, comme vous dites, le mien n'est pas des meilleurs, et j'en aimerais mieux un autre, celui d'évêque, par exemple.

— Soit. Mais mieux vaut encore être cordonnier et échanger des souliers contre du pain, du vin, des robes, etc., que

(¹) V. le pamphlet *Maudit argent*, tome V, page 64.
(²) V. les chap. ı et ıv du tome VI.

(*Note de l'éditeur.*)

de vouloir faire toutes ces choses. Gardez donc votre état, et tâchez d'en tirer le meilleur parti possible.

— J'y fais de mon mieux. Le malheur est que j'ai des concurrents qui me rabattent le caquet. Ah ! si j'étais le seul cordonnier de Paris seulement pendant dix ans, je n'envierais pas le sort du roi, et je ferais joliment la loi à la pratique.

— Mais, mon ami, les autres en disent autant ; et s'il n'y avait qu'un laboureur, un forgeron et un tailleur dans le monde, ils vous feraient joliment la loi aussi. Puisque vous subissez la concurrence, quel est votre intérêt ?

— Eh parbleu ! que ceux à qui j'achète mon pain et mes habits la subissent comme moi.

— Car si le tailleur de la rue Saint-Denis est trop exigeant...

— Je m'adresse à celui de la rue Saint-Martin.

— Et si celui de la rue Saint-Denis obtenait une loi qui vous forçât d'aller à lui?

— Je le traiterais de...

— Doucement; ne m'avez-vous pas dit que vous avez un paroissien?

— Le paroissien ne dit pas que je ne doive pas profiter de la concurrence, puisque je la subis.

— Non; mais il dit qu'il ne faut maltraiter personne et qu'il faut toujours se croire le plus pécheur de tous les pécheurs.

— Je l'ai lu bien souvent. Et, tout de même, j'ai peine à me croire plus malhonnête homme qu'un fripon.

— Croyez toujours, la foi nous sauve. Bref, il vous paraît que la concurrence doit être la loi de tous ou de personne?

— Justement.

— Et vous avez reconnu qu'il est impossible d'y soustraire tout le monde?

— Bien évidemment, à moins de ne laisser qu'un homme dans chaque métier.

— Donc, il faut n'y soustraire personne.

— Cela va tout seul. A chacun liberté de vendre, acheter, marchander, troquer, échanger, — honnêtement néanmoins.

— Eh ! mon ami, c'est ce qui s'appelle *libre-échange*.

— Pas plus malin que cela?

— Pas plus malin que cela. (*A part* : En voilà un de converti.)

— En ce cas, vous pouvez déguerpir et me laisser tranquille avec votre libre-échange. Nous en jouissons complétement. Me donne sa pratique qui veut, et je donne la mienne à qui il me plaît.

— C'est ce qu'il nous reste à voir.

II

— Ah ! monsieur l'éconi... l'écona... l'éconé... comment diable s'appelle votre métier ?

— Vous voulez dire *économiste*.

— Oui, économiste. En voilà un drôle de métier ! Je gage qu'il rapporte plus que celui de cordonnier ; mais aussi, je lis quelquefois des gazettes où vous êtes joliment habillé ! Quoi qu'il en soit, vous faites bien de venir un dimanche. L'autre jour vous m'avez fait perdre un quart de journée, avec vos échanges.

— Cela se retrouvera. Mais en effet, vous voilà tout endimanché. Dieu ! le bel habit ! L'étoffe en est moelleuse. Où l'avez-vous prise ?

— Chez le marchand.

— Oui; mais d'où le marchand l'a-t-il tirée ?

— De la fabrique, sans doute.

— Et je suis sûr qu'il a fait un profit dessus. Pourquoi n'êtes-vous pas allé vous-même à la fabrique?

— C'est trop loin, ou, pour mieux dire, je ne sais où cela est, et n'ai pas le temps de m'en informer.

— Vous vous adressez donc aux marchands? On dit que ce sont des parasites qui vendent plus cher qu'ils n'achètent, et ont l'audace de se faire payer leurs services.

— Cela m'a toujours paru fort dur; car enfin, ils ne façonnent pas le drap comme je fais le cuir; tel qu'ils l'ont acheté, ils me le vendent; quel droit ont-ils de bénéficier?

— Aucun. Ils n'ont que celui de vous laisser aller chercher votre drap à Mazamet et vos cuirs à Buenos-Ayres.

— Comme je lis quelquefois la *Démocratie pacifique*, j'ai pris en horreur les marchands, ces intermédiaires, ces agioteurs, ces accapareurs, ces brocanteurs, ces parasites, et j'ai bien souvent essayé de m'en passer.

— Eh bien?

— Eh bien! je ne sais comment cela se fait, mais cela a toujours mal tourné. J'ai eu de mauvaise marchandise, ou elle ne me convenait pas, ou l'on m'en faisait prendre trop à la fois, ou je ne pouvais choisir; j'en étais pour beaucoup de frais, de ports de lettres, de temps perdu; et ma femme, qui a bonne tête, celle-là, et qui veut ce qu'elle veut, m'a dit: Jacques, fais des souliers (1).

— Et elle a eu raison. En sorte que vos échanges se faisant par l'intermédiaire des marchands et négociants, vous ne savez pas même de quel pays sont venus le blé qui vous nourrit, le charbon qui vous chauffe, le cuir dont vous faites des souliers, les clous dont vous les cuirassez, et le marteau qui les enfonce.

— Ma foi, je ne m'en soucie guère, pourvu qu'ils arrivent.

(1) V. le chap. vi du pamphlet *Ce qu'on voit et ce qu'on ne voit pas*, tome V, page 356.   (*Note de l'éditeur.*)

— D'autres s'en soucient pour vous ; n'est-il pas juste qu'ils soient payés de leur temps et de leurs soins ?

— Oui, mais il ne faut pas qu'ils gagnent trop.

— Vous n'avez pas cela à craindre. Ne se font-ils pas aussi concurrence entre eux ?

— Ah ! je n'y pensais pas.

— Vous me disiez l'autre jour que les échanges sont parfaitement libres. Ne faisant pas les vôtres par vous-même, vous ne pouvez le savoir.

— Est-ce que ceux qui les font pour moi ne sont pas libres ?

— Je ne le crois pas. Souvent, en les empêchant d'aller dans un marché où les choses sont à bas prix, on les oblige à aller dans un autre où elles sont chères.

— C'est une horrible injustice qu'on leur fait là !

— Point du tout ; c'est à vous qu'on fait l'injustice, car ce qu'ils ont acheté cher, ils ne peuvent vous le vendre à bon marché.

— Contez-moi cela, je vous prie.

— Le voici. Quelquefois, le drap est cher en France et à bon marché en Belgique. Le marchand qui cherche du drap pour vous va naturellement là où il y en a à bas prix. S'il était libre, voici ce qui arriverait : Il emporterait, par exemple, trois paires de souliers de votre façon, contre lesquels le Belge lui donnerait assez de drap pour vous faire une redingote. Mais il ne le fait pas, sachant qu'il rencontrerait à la frontière un douanier qui lui crierait : *Défendu !* Donc le marchand s'adresse à vous et vous demande une quatrième paire de souliers, parce qu'il en faut quatre paires pour obtenir la même quantité de drap français.

— Voyez la ruse ! Et qui a aposté là ce douanier ?

— Qui pourrait-ce être, sinon le fabricant de drap français ?

— Et quelle est sa raison ?

— C'est qu'il n'aime pas la concurrence.

— Oh ! morguienne, je ne l'aime pas non plus, et il faut bien que je la subisse.

— C'est ce qui nous fait dire que les échanges ne sont pas libres.

— Je pensais que cela regardait les marchands.

— Cela vous regarde, vous, puisqu'en définitive c'est vous qui donnez quatre paires de souliers au lieu de trois pour avoir une redingote.

— C'est fâcheux ; mais cela vaut-il la peine de faire tant de bruit ?

— La même opération se répète pour presque tout ce que vous achetez ; pour le blé, pour la viande, pour le cuir, pour le fer, pour le sucre, en sorte que vous n'avez pour quatre paires de souliers que ce que vous pourriez avoir pour deux.

— Il y a du louche là-dessous. Tout de même, je remarque, d'après ce que vous dites, que les seuls concurrents dont on se débarrasse sont des étrangers.

— C'est vrai.

— Eh bien ! il n'y a que moitié mal ; car, voyez-vous, je suis patriote comme tous les diables.

— A votre aise. Mais remarquez bien ceci : ce n'est pas l'étranger qui perd deux paires de souliers ; c'est vous, et vous êtes Français !

— Je m'en vante !

— Et puis, ne disiez-vous pas que la concurrence doit être pour tous ou pour personne ?

— Ce serait de toute justice.

— Cependant M. Sakoski est étranger, et nul ne l'empêche d'être votre concurrent.

— Et un rude concurrent encore. Comme ça vous trousse une botte !

— Difficile à parer, n'est-ce pas ? Mais puisque la loi laisse nos fashionables choisir entre vos bottes et celles

d'un Allemand, pourquoi ne vous laisserait-elle pas choisir
entre du drap français et du drap belge?

— Que faut-il donc faire?

— D'abord, n'avoir pas peur du *libre-échange.*

— Dites l'*échange libre,* c'est moins effrayant. Et ensuite?

— Ensuite, vous l'avez dit : demander liberté pour tous
ou protection pour tous.

— Et comment diable voulez-vous que la douane protége
un avocat, un médecin, un artiste, un pauvre ouvrier?

— C'est parce qu'elle ne le peut pas qu'elle ne doit protéger personne; car favoriser les ventes de l'un, c'est nécessairement grever les achats de l'autre (1).

60. — MIDI A QUATORZE HEURES.

(Ébauche inédite.)

..... 1847.

On a fait de l'économie politique une science pleine de
subtilités et de mystères. Rien ne s'y passe naturellement.
On la dédaigne, on la persifle aussitôt qu'elle s'avise de
donner à un phénomène simple une explication simple.

— Le Portugal est pauvre, dit-on ; d'où cela vient-il?

— De ce que les Portugais sont inertes, paresseux, im-
prévoyants, mal administrés, répond-elle.

— Non, réplique-t-on, c'est l'échange qui fait tout le
mal; — c'est le traité de Méthuen, l'invasion des draps
anglais à bon marché, l'épuisement du numéraire, etc.

Puis on ajoute : Les Anglais travaillent beaucoup, et
cependant il y a beaucoup de pauvres parmi eux ; comment cela se peut-il ?

(1) V. la fin du n° 43, pages 244 et 245, et le n° 53, page 359.
(*Note de l'éditeur.*)

— Parce que, répond-elle naïvement, ce qu'ils gagnent par le travail on le leur prend par l'impôt. On le distribue à des colonels, à des commodores, à des gouverneurs, à des diplomates. On va faire au loin des acquisitions de territoire, qui coûtent beaucoup à obtenir et plus à conserver. Or ce qui est gagné une fois ne peut être dépensé deux; et ce que l'Anglais met à satisfaire sa gloriole, il ne le peut consacrer à satisfaire ses besoins réels.

— Quelle explication misérable et terre à terre! s'écrie-t-on. Ce sont les colonies qui enrichissent l'Angleterre.

— Vous disiez tout à l'heure qu'elle était pauvre, quoiqu'elle travaillât beaucoup.

— Les travailleurs anglais sont pauvres, mais l'Angleterre est riche.

— C'est cela : le travail produit, la politique détruit; et voilà pourquoi le travail n'a pas sa récompense.

— Mais c'est la politique qui provoque le travail, en lui donnant les colonies pour tributaires.

— C'est au contraire à ses dépens que sont fondées les colonies; et c'est parce qu'il sert à cela qu'il ne sert pas à nourrir, vêtir, instruire et moraliser le travailleur.

— Mais voici un peuple qui est laborieux et n'a pas de colonies. Selon vous, il doit s'enrichir.

— C'est probable.

— Eh bien! cela n'est pas. Tirez-vous de là.

— Voyons, dit-elle : peut-être que ce peuple est imprévoyant et prodigue. Peut-être est-ce sa manie de convertir tous ses revenus en fêtes, jeux, bals, spectacles, brillants costumes, objets de luxe, fortifications, parades militaires?

— Quelle hérésie! quand c'est le luxe qui enrichit les nations... Cependant ce peuple souffre. Comment n'a-t-il pas seulement du pain à discrétion?...

— Sans doute que la récolte a manqué.

— C'est vrai. Mais les hommes n'ont-ils pas le droit de

vivre? D'ailleurs, ne peut-on pas faire venir des aliments du dehors?

— Peut-être que ce peuple a fait des lois qui s'y opposent.

— C'est encore vrai. Mais n'a-t-il pas bien fait, pour encourager la production des aliments au dedans?

— Quand il n'y a pas de vivres dans le pays, il faut pourtant bien choisir entre s'en passer ou en faire venir.

— Est-ce là tout ce que vous avez à nous apprendre? Ne sauriez-vous suggérer à l'État une meilleure solution du problème?...

Ainsi toujours on veut donner des explications compliquées aux faits les plus simples, et l'on ne se croit savant qu'à la condition d'aller chercher *midi à quatorze heures.*

Les faits économiques agissant et réagissant les uns sur les autres, effets et causes tour à tour, présentent, il faut en convenir, une complication incontestable. Mais, quant aux lois générales qui gouvernent ces faits, elles sont d'une simplicité admirable, d'une simplicité telle qu'elle embarrasse quelquefois celui qui se charge de les exposer; car le public est ainsi fait, qu'il se défie autant de ce qui est simple qu'il se fatigue de ce qui ne l'est pas. Lui montrez-vous que le travail, l'ordre, l'épargne, la liberté, la sécurité sont les sources des richesses, — que la paresse, la dissipation, les folles entreprises, les guerres, les atteintes à la propriété, ruinent les nations; il hausse les épaules, en disant : « Ce « n'est que cela! C'est là l'économie des sociétés!... La « plus humble des ménagères se gouverne d'après ces prin- « cipes. Il n'est pas possible que de telles trivialités soient « la base d'une science; et je vais la chercher ailleurs. « Parlez-moi de Fourier.

On cherche ce qu'il dit après qu'il a parlé ;

« mais il y a dans ses pivots, ses arômes, ses gammes, ses

« passions en ton majeur et mineur, ses papillonnes, ses
« postfaces, cisfaces et transfaces, quelque chose qui res-
« semble au moins à un appareil scientifique. »

Cependant, à beaucoup d'égards, les besoins, le travail,
la prévoyance collective, ressemblent aux besoins, au travail, à la prévoyance individuels.

Donc une question économique nous embarrasse-t-elle,
allons observer Robinson dans son île, et nous obtiendrons
la solution.

S'agit-il de comparer la liberté à la restriction ?

De savoir ce que c'est que travail et capital ?

De rechercher si l'un opprime l'autre ?

D'apprécier les effets des machines ?

De décider entre le luxe et l'épargne ?

De juger s'il vaut mieux exporter qu'importer ?

Si la production peut surabonder et la consommation lui
faire défaut ?

Courons à l'île du pauvre naufragé. Regardons-le agir.
Scrutons et le mobile, et la fin, et les conséquences de
ses actes. Nous n'y apprendrons pas tout, ni spécialement
ce qui concerne la répartition de la richesse au sein d'une
société nombreuse; mais nous y verrons poindre les faits
primordiaux. Nous y observerons les lois générales dans
leur action la plus simple; et l'économie politique est là en
germe.

Faisons à quelques problèmes seulement l'application
de cette méthode.

— Ce qui tue le travail, Monsieur, ne sont-ce pas les
machines? Elles se substituent aux bras ; elles sont cause
que la production surabonde et que l'humanité en est réduite à ne pouvoir plus consommer ce qu'elle produit.

— Monsieur, permettez-moi de vous inviter à m'accompagner dans l'île du Désespoir..... Voilà Robinson qui a
bien de la peine à se procurer de la nourriture. Il chasse et

pêche tout le long du jour; pas un moment ne lui reste pour réparer ses vêtements et se bâtir une cabane. — Mais que fait-il maintenant? Il rassemble des bouts de ficelle et en fait un filet qu'il place au travers d'un large ruisseau. Le poisson s'y prend de lui-même, et Robinson n'a plus qu'à donner quelques heures par jour à la tâche de se pourvoir d'aliments. Désormais il peut s'occuper de se vêtir et de se loger.

— Que concluez-vous de là?

— Qu'une machine ne *tue* pas le travail, mais le laisse *disponible*, ce qui est bien différent; car un travail *tué*, comme lorsque l'on coupe le bras à un homme, est une perte, et un travail rendu disponible, comme si l'on nous gratifiait d'un troisième bras, est un profit.

— En est-il de même dans la société?

— Sans doute, si vous admettez que les besoins d'une société, comme ceux d'un homme, sont indéfinis.

— Et s'ils n'étaient pas indéfinis?

— En ce cas, le profit se traduirait en loisirs.

— Cependant vous ne pouvez pas nier que, dans l'état social, une nouvelle machine ne laisse des bras sans ouvrage.

— Momentanément certains bras, j'en conviens; mais l'ensemble du travail, je le nie. Ce qui produit l'illusion, c'est ceci : on omet de voir que la machine ne peut mettre une certaine quantité de travail *en disponibilité*, sans mettre aussi *en disponibilité* une quantité correspondante de rémunération.

— Comment cela?

— Supposez que Robinson, au lieu d'être seul, vive au sein d'une société et vende le poisson, au lieu de le manger. Si, ayant inventé le filet, il continue à vendre le poisson au même prix, chacun, excepté lui, aura pour s'en procurer à faire le même travail qu'auparavant. S'il le vend à meilleur marché, tous les acheteurs réaliseront une épargne qui ira provoquer et rémunérer du travail (¹).

— Vous venez de parler d'épargne. Oseriez-vous dire que le luxe des riches n'enrichit pas les marchands et les ouvriers ?

— Retournons à l'île de Robinson, pour nous faire une idée juste du luxe. Nous y voici ; que voyez-vous ?

— Je vois que Robinson est devenu Sybarite. Il ne mange plus pour satisfaire sa faim ; il tient à la variété des mets, donne à son appétit une excitation factice, et, de plus, il s'occupe à changer tous les jours la forme et la couleur de ses vêtements.

— Par là il se crée du travail. En est-il réellement plus riche ?

— Non ; car tandis qu'il chiffonne et marmitonne, ses armes se rouillent et sa case se délabre..

— Règle générale bien simple et bien méconnue : chaque travail donne un résultat et non pas deux. Celui qu'on dissipe à contenter des fantaisies puériles ne peut satisfaire des besoins plus réels et d'un ordre plus élevé.

— Est-ce qu'il en est de même dans la société ?

— Exactement. Pour un peuple, le travail qu'exige le goût des modes et des spectacles ne peut être consacré à ses chemins de fer ou à son instruction.

— Si les goûts de ce peuple se tournaient vers l'étude et les voyages, que deviendraient les tailleurs et les comédiens ?

— Professeurs et ingénieurs.

— Avec quoi la société payerait-elle plus de professeurs et d'ingénieurs ?

(¹) V. au tome V, page 368, le chap. viii de *Ce qu'on voit et ce qu'on ne voit pas.*   (*Note de l'éditeur.*)

— Avec ce qu'elle donnerait de moins aux comédiens et aux modistes.

— Voulez-vous insinuer par là que, dans l'état social, les hommes doivent exclure toute diversion, tous les arts, et se couvrir simplement au lieu de se décorer ?

— Ce n'est pas ma pensée. Je dis que le travail qui est employé à une chose est pris sur une autre ; que c'est au bon sens d'un peuple, comme à celui de Robinson, de choisir. Seulement il faut qu'on sache bien que le luxe *n'ajoute rien* au travail ; il le déplace.

— Est-ce que nous pourrions étudier aussi le traité de Méthuen dans l'île du Désespoir ?

— Pourquoi pas ? Allons y faire une promenade..... Voyez : Robinson est occupé à se faire des habits pour se garantir du froid et de la pluie. Il regrette un peu le temps qu'il y consacre ; car il faut manger aussi, et son jardin réclame tous ses soins. Mais voici qu'une pirogue aborde l'île. L'étranger qui en descend montre à Robinson des habits bien chauds et propose de les céder contre quelques légumes, en offrant de continuer à l'avenir ce marché. Robinson regarde d'abord si l'étranger est armé. Le voyant sans flèches ni tomahawk, il se dit : Après tout, il ne peut prétendre à rien que je n'y consente ; examinons. — Il examine les habits, suppute le nombre d'heures qu'il mettrait à les faire lui-même, et le compare au nombre d'heures qu'il devrait ajouter à son travail horticole pour satisfaire l'étranger. — S'il trouve que l'échange, en le laissant tout aussi bien nourri et vêtu, met quelques-unes de ses heures en *disponibilité*, il accepte, sachant bien que ces heures disponibles sont un profit net, soit qu'il les emploie au travail ou au repos. — Si, au contraire, il croit le marché désavantageux, il le refuse. Qu'est-il besoin, en ce cas, qu'une force extérieure le lui interdise ? Il sait se l'interdire lui-même.

Revenant au traité de Méthuen, je dis : La nation portugaise ne prend aux Anglais du drap contre du vin que parce qu'une quantité donnée de travail lui donne en définitive, par ce procédé, plus de vin à la fois et plus de drap. Après tout, elle échange parce qu'elle *veut* échanger. Il n'était pas besoin d'un traité pour l'y décider. Remarquez même qu'un traité, dans le sens de l'échange, ne peut être que la destruction de conventions contraires ; si bien que, lorsqu'il arrive à stipuler le libre-échange, il ne stipule plus rien du tout. Il se borne à laisser les parties stipuler pour elles-mêmes. — Le traité de Méthuen ne dit pas : Les Portugais seront forcés de donner du vin pour du drap. Il dit : Les Portugais prendront du drap contre du vin, *s'ils veulent*.

— ..... Ah ! ah ! ah ! Vous ne savez pas ?

— Pas encore.

— Je suis allé tout seul à l'île du Désespoir. Robinson est ruiné.

— En êtes-vous bien sûr ?

— Il est ruiné, vous dis-je.

— Et depuis quand ?

— Depuis qu'il donne des légumes contre des vêtements.

— Et pourquoi continue-t-il ?

— Ne savez-vous pas l'arrangement qu'il fit autrefois avec l'insulaire du voisinage ?

— Cet arrangement lui permet de prendre des habits contre des légumes, mais ne l'y force pas.

— Sans doute, mais ce coquin d'insulaire a tant de peaux à sa disposition, il est si habile à les préparer et à les coudre, en un mot, il donne *tant* d'habits pour *si peu* de légumes, que Robinson ne résiste pas à la tentation. Il est bien malheureux de n'avoir pas au-dessus de lui un *état* qui dirigerait sa conduite.

— Que pourrait faire l'État en cette occurrence ?

— Prohiber l'échange.

— En ce cas, Robinson ferait ses vêtements comme autrefois. Qui l'en empêche, si c'est son avantage ?

— Il a essayé ; mais il ne peut les faire aussi vite qu'il fait les légumes qu'on lui demande en retour. Et voilà pourquoi il persiste à échanger. Vraiment, à défaut d'un *État*, qui n'a pas besoin de raisonner lui, et procède par voie d'injonctions, ne pourrions-nous pas envoyer au pauvre Robinson un numéro du *Moniteur industriel* pour lui ouvrir les yeux ?

— Mais d'après ce que vous me dites, il doit être plus riche qu'avant.

— Ne pouvez-vous comprendre que l'insulaire offre une quantité toujours plus grande de vêtements contre une quantité de légumes qui reste la même ?

— C'est pour cela que l'affaire devient toujours meilleure pour Robinson.

— Il est ruiné, vous dis-je. C'est un fait. Vous ne prétendez pas raisonner contre un fait.

— Non ; mais contre la cause que vous lui assignez. Faisons donc ensemble un voyage dans l'île..... Mais que vois-je ! Pourquoi me cachiez-vous cette circonstance ?

— Laquelle ?

— Voyez donc comme Robinson est changé ! Il est devenu paresseux, indolent, désordonné. Au lieu de bien employer les heures que son marché mettait à sa disposition, il dissipe ces heures-là et les autres. Son jardin est en friche ; il ne fait plus ni vêtements ni légumes ; il gaspille ou détruit ses anciens ouvrages. S'il est ruiné, qu'allez-vous chercher une autre explication ?

— Oui ; mais le Portugal ?

— Le Portugal est-il paresseux ?

— Il l'est, je n'en saurais disconvenir.

— Est-il désordonné?

— A un degré incontestable.

— Se fait-il la guerre à lui-même? Nourrit-il des factions, des sinécures, des abûs?

— Les factions le déchirent, les sinécures y pullulent, et c'est la terre des abus.

— Alors sa misère s'explique comme celle de Robinson.

— C'est trop simple. Je ne puis pas me contenter de cela. Le *Moniteur industriel* vous accommode les choses bien autrement. Ce n'est pas lui qui expliquerait la misère par le désordre et la paresse. Prenez donc la peine d'étudier la science économique pour en venir là (¹)!...

61. — LE PETIT MANUEL DU CONSOMMATEUR OU DE TOUT LE MONDE.

(Ébauche inédite.)

..... 1847.

Consommer, — Consommateur, — Consommation, — vilains mots qui représentent les hommes comme des coureurs d'estaminet, sans cesse en face de la demi-tasse et du petit verre.

Mais l'économie politique est bien forcée de s'en servir. (Je parle des trois mots et non du petit verre.) Elle n'ose en faire d'autres, ayant trouvé ceux-là tout faits.

Disons pourtant ce qu'ils signifient. Le travail, celui de la tête comme celui du bras, a pour fin de satisfaire un de nos besoins ou de nos désirs. Il y a donc deux termes dans l'évolution économique : la peine et la récompense. Celle-ci est le produit de celle-là. Prendre la peine, c'est *produire* ; jouir de la récompense, c'est *consommer*.

On peut donc *consommer* l'œuvre de l'intelligence comme

(¹) V. ci-dessus, le n° 39, page 219.

l'œuvre des bras, — un drame, un livre, une leçon, un tableau, une statue, un sermon, comme du blé, des meubles, des vêtements; — par les yeux, par les oreilles, par l'intelligence, par le cœur, comme par la bouche et par l'estomac. En ce cas, le mot *consommer* est bien étroit, bien vulgaire, bien impropre, bien bizarre, — j'en conviens. Mais je n'en sais pas d'autre; et tout ce que je puis faire, c'est de répéter que j'entends par là — jouir de la récompense d'un travail (¹).

Il n'est aucune échelle métrique, barométrique ou dynamométrique qui puisse donner la mesure normale de la peine et de la récompense; et il n'y en aura jamais jusqu'à ce qu'on ait trouvé le moyen de toiser une répugnance et de pondérer un désir.

Chacun y est pour soi. La récompense et la charge de l'effort me regardant, c'est à moi de les comparer et de voir si l'une vaut l'autre. A cet égard, la contrainte serait d'autant plus absurde qu'il n'y a pas deux hommes sur la terre qui fassent, dans tous les cas, la même appréciation.

Le troc ne change pas la nature des choses. Règle générale: c'est à celui qui veut la récompense à prendre la peine. S'il veut la récompense de la peine d'autrui, il doit céder en retour la récompense de sa propre peine. Alors il compare la vivacité d'un désir avec la peine qu'il se donnerait pour le satisfaire et dit: Qui veut prendre cette peine pour moi? j'en prendrai une autre pour lui.

Et comme chacun est seul juge du désir qu'il éprouve, de l'effort qu'on lui demande, le caractère essentiel de ces transactions c'est la liberté.

Quand la liberté en est bannie, soyez sûr que l'une des parties contractantes est soumise à une peine trop grande ou reçoit une récompense trop petite.

(¹) V. tome VI, chap. II.　　　　　(*Note de l'éditeur.*)

De plus, l'action de contraindre son semblable est elle-même un *effort*, et la résistance à cette action un autre *effort*, lesquels sont entièrement perdus pour l'humanité.

Il ne faut pas perdre de vue qu'il n'y a pas une proportion uniforme et immuable entre un effort et sa récompense. L'effort nécessaire pour avoir du blé est moins grand en Sicile qu'au sommet du mont Blanc ; l'effort nécessaire pour obtenir du sucre est moins grand sous les tropiques qu'au Kamtchatka. La bonne distribution du travail, sur les lieux où il est le mieux secondé par la nature, et la perfectibilité de l'intelligence humaine, tendent à diminuer sans cesse la proportion de l'effort à la récompense.

Puisque l'effort est le moyen, le côté onéreux de l'opération, et que la récompense en est le but, la fin et le fruit ; et puisque, d'un autre côté, il n'y a pas une proportion invariable entre ces deux choses, il est bien clair que, pour savoir si une nation est riche, ce n'est pas l'effort qu'il faut regarder, mais le résultat. Le plus ou moins d'efforts ne nous apprend rien. Le plus ou moins de besoins et de désirs satisfaits nous dit tout (¹). C'est ce que les économistes entendent par ces mots, qu'on a si étrangement commentés : « L'intérêt du consommateur ou plutôt de la consommation est l'intérêt général. » Le progrès des satisfactions d'un peuple, c'est évidemment le progrès de ce peuple lui-même. Il n'en est pas nécessairement ainsi du progrès de ses efforts.

Ceci n'est pas une observation oiseuse ; car il est des temps et des pays où l'on a pris, pour pierre de touche du progrès, l'accroissement de l'effort en durée et en intensité. Et qu'est-il arrivé ? La législation s'est appliquée à diminuer

---

(¹) V. le chapitre vi du tome VI. *(Note de l'éditeur.)*

le rapport de la récompense à la peine, afin que, poussés par la vivacité des désirs et le cri des besoins, les hommes accrussent incessamment leurs efforts.

Si un ange, un être infaillible, était envoyé pour gouverner la terre, il pourrait dire à chacun comment on doit s'y prendre pour que tout effort soit suivi de la plus grande récompense possible. Cela n'étant pas, il faut se confier à la LIBERTÉ.

Nous avons déjà dit que la liberté était de toute justice. De plus, elle tend fortement au résultat cherché : obtenir de tout effort la plus grande récompense ou, pour ne pas perdre de vue notre sujet spécial, la plus grande consommation possible.

En effet, sous un régime libre, chacun est non-seulement porté mais contraint à tirer le meilleur parti de ses peines, de ses facultés, de ses capitaux et des avantages naturels qui sont à sa disposition.

Il y est contraint par la concurrence. Si je m'avisais d'extraire le fer du minerai qui se trouve à Montmartre, j'aurais un grand effort à accomplir pour une bien petite récompense. Si je voulais ce fer pour moi-même, je m'apercevrais bientôt que j'en aurais davantage par l'échange, en donnant une autre direction à mon travail. Et si je voulais échanger mon fer, je verrais encore plus vite que, bien qu'il m'ait coûté de grands efforts, on ne veut m'en céder que de très-légers à la place.

Ce qui nous pousse tous à diminuer la proportion de l'effort au résultat, c'est notre intérêt personnel. Mais, chose étrange et admirable ! il y a, dans le libre jeu du mécanisme social, quelque chose qui, à cet égard, nous fait marcher de déception en déception et déjoue nos calculs, mais au profit de l'humanité.

En sorte qu'il est rigoureusement exact de dire que les

autres profitent plus que nous de nos propres progrès. Heureusement il y a compensation, et nous profitons infailliblement des progrès d'autrui.

Ceci mérite d'être brièvement expliqué.

Prenez les choses comme vous voudrez, par le haut ou le bas, mais suivez-les attentivement et vous reconnaîtrez toujours ceci :

Que les avantages qui favorisent le producteur et les inconvénients qui le gênent ne font que *glisser* sur lui, sans pouvoir s'y arrêter. A la longue, ils se traduisent en avantages ou en inconvénients pour le consommateur, qui est le public. Ils se résument en un accroissement ou une diminution des jouissances générales. Je ne veux pas disserter ici, cela viendra plus tard peut-être. Procédons par voie d'exemples.

Je suis menuisier et fais des planches à coups de hache. On me les paye 4 fr. la pièce, car il me faut un jour pour en faire une. — Désirant améliorer mon sort, je cherche un moyen plus expéditif, et j'ai le bonheur d'inventer la scie. Me voilà faisant 20 planches par jour et gagnant 80 fr. — Oui, mais ce gros profit attire l'attention. Chacun veut avoir une scie ; et bientôt on ne me donne plus que 4 fr. pour la façon de 20 planches. — Le consommateur économise les 19/20 de sa dépense, tandis qu'il ne me reste plus que l'avantage d'avoir, comme lui, des planches avec moins de peine quand j'en ai besoin (1).

Autre exemple, en sens inverse.

On met sur le vin un impôt énorme, perçu à la récolte. C'est une avance exigée du producteur, dont il s'efforce d'obtenir le remboursement du consommateur. La lutte sera longue, la souffrance longtemps partagée. Le vigneron sera réduit peut-être à arracher sa vigne. La valeur de sa

(1) V. tome IV, pages 36 à 45.   (*Note de l'éditeur.*)

terre décroîtra. Il la vendra un jour à perte ; et alors, le
nouvel acquéreur, ayant fait entrer l'impôt dans ses calculs,
n'aura pas à se plaindre. — Je ne nie pas tous les maux
infligés au producteur, pas plus que les avantages momentanément recueillis par lui dans l'exemple précédent. Mais
je dis qu'à la longue l'impôt se confond avec les frais de
production ; et il faut que le consommateur les rembourse
tous, celui-là comme les autres. Au bout d'un siècle, deux·
siècles peut-être, l'industrie de la vigne se sera arrangée là-
dessus ; on aura arraché, aliéné, souffert dans les vignobles,
et finalement le consommateur supportera l'impôt ([1]).

Pour le dire en passant, ceci prouve que si l'on nous
demande quel est l'impôt le moins onéreux, il faut répondre : le plus ancien, celui qui a donné le temps aux
inconvénients et dérangements de parcourir tout leur
cycle funeste.

De tout ce qui précède, il résulte que le consommateur
recueille à la longue tous les avantages d'une bonne législation comme tous les inconvénients d'une mauvaise ; ce
qui ne veut pas dire autre chose, si ce n'est que les bonnes
lois se traduisent en accroissement, et les mauvaises en
diminution de jouissances pour le public. Voilà pourquoi le
consommateur, qui est le public, doit avoir l'œil alerte et
l'esprit avisé; et voilà aussi pourquoi je m'adresse à lui.

Malheureusement, le consommateur est d'une bonhomie
désespérante, et cela s'explique. Comme les maux ne lui
arrivent qu'à la longue et par cascades, il lui faudrait beaucoup de prévoyance. Le producteur, au contraire, reçoit
le premier choc ; il est toujours sur le qui-vive.

L'homme, en tant que *producteur*, est chargé de la partie
onéreuse de l'évolution économique, de l'effort. C'est
comme *consommateur* qu'il recueille la récompense.

([1]) V. tome V, pages 468 à 475.　　　　(*Note de l'éditeur.*)

On a dit que le producteur et le consommateur ne font qu'un.

Si l'on considère un produit isolé, il n'est certainement pas vrai que le producteur et le consommateur ne font qu'un ; et l'on peut avoir souvent le spectacle de l'un exploitant l'autre.

Si l'on généralise, l'axiome est parfaitement exact, et c'est en cela que consiste l'immense déception qui se rencontre au bout de toute injustice, de toute atteinte à la liberté ; le producteur, en voulant rançonner le consommateur, se rançonne lui-même.

Il est des gens qui croient qu'il y a compensation. Non, il n'y a pas compensation : d'abord, parce qu'aucune loi ne peut faire à chacun une part égale d'injustice, ensuite, parce que dans l'opération de l'injustice il y a toujours une déperdition de jouissances, surtout lorsque cette injustice consiste, comme dans le régime restrictif, à déplacer le travail et les capitaux, à diminuer la récompense générale sous prétexte d'accroître le travail général.

En résumé, avez-vous deux lois, deux systèmes à comparer, si vous consultez l'intérêt du producteur, vous pouvez faire fausse route ; si vous consultez l'intérêt du consommateur, vous ne le pouvez pas. Il n'est pas toujours bon d'accroître la généralité des efforts, il n'est jamais mauvais d'accroître la généralité des satisfactions...

62. — REMONTRANCE.

Auch, le 30 Août 1847.

MES CHERS COLLABORATEURS,

Quand la fatigue ou le défaut de véhicules me retient dans une ville, je fais ce que tout voyageur consciencieux doit faire, je visite les monuments, les églises, les promenades et les musées.

Aujourd'hui je suis allé voir la statue érigée à M. d'Étigny, intendant de la généralité d'Auch, par la reconnaissance éclairée des bons habitants de ce pays. Ce grand administrateur, et je puis dire ce grand homme, a sillonné de magnifiques routes la province confiée à ses soins. Sa mémoire en est bénie; mais il n'en fut pas ainsi de sa personne, car il éprouva une opposition qui ne se manifesta pas toujours en doléances verbales ou écrites. On raconte qu'il fut bien souvent réduit, dans les ateliers, à faire usage de la force extraordinaire dont la nature l'avait doué. Il disait aux habitants des campagnes : « Vous me maudissez, mais vos enfants me béniront. » Quelques jours avant sa mort, il écrivait à M. le contrôleur général ces paroles qui rappellent celles du fondateur de notre religion : « Je me suis fait beaucoup d'ennemis, Dieu m'a fait la grâce de leur pardonner, car ils ne connaissent pas encore la pureté de mes intentions. »

M. d'Étigny est représenté tenant un rouleau de papier à la main droite et un autre sous le bras gauche. Il est naturel de penser que l'un de ces rouleaux est le plan du réseau de routes dont il a doté le pays. Mais à quoi peut faire allusion le second rouleau? A force de frotter mes yeux et mon binocle, j'ai cru y lire le mot REMONTRANCE. Pensant que le statuaire, dans un esprit de satire, ou plutôt pour donner aux hommes une salutaire leçon, avait voulu perpétuer le souvenir de l'opposition que ce pays avait faite à la création des routes, j'ai couru aux archives de la bibliothèque, et j'y ai découvert le document auquel l'artiste a sans doute voulu faire allusion. Il est en patois du pays; j'en donne ici la traduction fidèle, pour l'édification du *Moniteur industriel* et du comité protectionniste. Hélas ! ils n'ont rien inventé. Leurs doctrines florissaient ici il y a près d'un siècle.

Remontrance.

« MONSEIGNEUR,

« Les bourgeois et manants de la généralité d'Auch ont entendu parler du projet que vous auriez conçu d'ouvrir, dans toutes les directions, des voies de communications. Ils viennent, les yeux remplis de larmes, vous prier de bien examiner la triste position où vous allez les réduire.

« Y pensez-vous, Monseigneur ? vous voulez mettre la généralité d'Auch en relation avec les pays circonvoisins ! Mais c'est notre ruine certaine que vous méditez. Nous allons être *inondés* de toutes sortes de denrées. Que voulez-vous que devienne notre *travail national* devant l'*invasion* de produits étrangers que vous allez provoquer par l'ouverture de vos routes ? Aujourd'hui, des montagnes et des précipices infranchissables nous *protégent*. Notre travail s'est développé à l'abri de cette *protection*. Nous n'exportons guère, mais notre marché au moins nous est *réservé* et *assuré*. — Et vous voulez le livrer à l'avide étranger ! Ne nous parlez pas de notre activité, de notre énergie, de notre intelligence, de la fertilité de nos terres. Car, Monseigneur, nous sommes de tous points et à tous égards d'une infériorité désespérante. Remarquez, en effet, que si la nature nous a favorisés d'une terre et d'un climat qui admettent une grande variété de produits, il n'en est aucun pour lequel un des pays voisins ne soit dans des conditions plus favorables. Pouvons-nous lutter pour la culture du blé avec les plaines de la Garonne ? pour celle du vin avec le Bordelais ? pour l'élève du bétail avec les Pyrénées ? pour la production de la laine avec les Landes de Gascogne, où le sol n'a pas de valeur ? Vous voyez bien que si vous ouvrez des communications avec ces diverses contrées, nous aurons à subir un déluge de vin, de blé, de viande et de laines. *Ces choses-là sont bien de la richesse ; mais c'est à la condition qu'elles soient le produit du travail national. Si elles étaient le produit du travail étranger, le travail national périrait et la richesse avec lui* (¹).

« Monseigneur, ne veuillons point être plus sages que nos pères. Loin de créer pour les denrées de nouvelles voies de circulation, ils obstruaient fort judicieusement celles qui existaient. Ils ont eu soin de placer des douaniers autour de nos frontières pour repousser la concurrence du perfide étranger. Quelle inconséquence ne serait-ce pas à nous de favoriser cette concurrence ?

« Ne veuillons pas être plus sages que la nature. Elle a placé des

(¹) Soixante-dix ans après, M. de Saint-Cricq a reproduit textuellement ces paroles, afin de justifier l'avantage d'interrompre les communications.

montagnes et des précipices entre les diverses agglomérations d'hommes, afin que chacune pût travailler paisiblement à l'abri de toute rivalité extérieure. Percer ces montagnes, combler ces précipices, c'est
faire un mal analogue et même identique à celui qui résulterait de
la suppression des douanes. Qui sait même si votre dessein actuel ne
fera pas germer quelque jour cette funeste pensée dans la tête de quelque théoricien ! Prenez-y garde, Monseigneur, la logique est impi-
toyable. Si une fois vous admettez que la facilité des communications
est bonne en elle-même, et qu'en tous cas, si elle froisse les hommes à
quelques égards, elle leur confère, dans l'ensemble, plus d'avantages
que d'inconvénients, si vous admettez cela, c'en est fait du beau système de M. Colbert. Or, nous vous mettons au défi de prouver que vos
projets de routes soient fondés sur autre chose que sur cette absurde
supposition.

« Monseigneur, nous ne sommes point des théoriciens, des hommes à
principes ; nous n'avons pas de prétention au génie. Mais nous parlons
le langage du bon sens. Si vous ouvrez notre pays à toutes les rivali-
tés extérieures, si vous facilitez ainsi l'*invasion* sur nos marchés du
blé de la Garonne, du vin de Bordeaux, du lin du Béarn, de la laine
des Landes, des bœufs des Pyrénées, nous voyons clair comme le jour
comment s'exportera notre numéraire, comment s'éteindra notre travail, comment se tarira la source des salaires, comment se perdra la
valeur de nos propriétés. — Et quant aux compensations que vous
nous promettez, elles sont, permettez-nous de le dire, fort probléma-
tiques ; il faut se creuser la tête pour les apercevoir.

« Nous osons donc espérer que vous laisserez la généralité d'Auch
dans l'heureux isolement où elle est ; car, si nous succombons dans
cette lutte contre des rêveurs, qui veulent fonder la facilité du commerce, nous prévoyons bien que nos fils auront à soutenir une autre
lutte contre d'autres rêveurs qui voudront fonder aussi la liberté du
commerce.

63. — LE MAIRE D'ÉNIOS.

6 Février 1848.

C'était un singulier Maire que le maire d'Énios. D'un
caractère... Mais il est bon que le lecteur sache d'abord
ce que c'est qu'Énios.

Énios est une commune de Béarn placée.....

Pourtant, il semble plus logique d'introduire d'abord
monsieur le Maire.

Bon ! me voilà bien empêché dès le début. J'aimerais
mieux avoir l'algèbre à prouver que Peau d'âne à conter.

O Balzac ! ô Dumas ! ô Sué ! ô génies de la fiction et du
roman moderne, vous qui, dans des volumes plus pressés
que la grêle d'août, pouvez dévider, sans les embrouiller,
tous les fils d'une interminable intrigue, dites-moi au moins
s'il vaut mieux peindre le héros avant la scène ou la scène
avant le héros.

Peut-être me direz-vous que ce n'est ni le sujet ni le lieu,
mais le temps qui doit avoir la priorité.

Eh bien donc, c'était l'époque où les mines d'asphalte.....

Mais je ferai mieux, je crois, de compter à ma manière.

Énios est une commune adossée du côté du midi à une
montagne haute et escarpée, en sorte que l'ennemi (c'est
de l'*échange* que je parle), malgré sa ruse et son audace, ne
peut, comme on dit en stratégie, ni *tomber sur ses derriè-
res*, ni *le prendre à revers*.

Au nord, Énios s'étale sur la croupe arrondie de la montagne dont un *Gave* impétueux baigne le pied gigantesque.

Ainsi *protégé*, d'un côté par des pics inaccessibles, de
l'autre par un torrent infranchissable, Énios se trouverait
complétement isolé du reste de la France, si messieurs des
ponts et chaussées n'avaient jeté au travers du Gave un pont
hardi, dont, pour me conformer au *faire* moderne, je suis
tenté de vous donner la description et l'histoire.

Cela me conduirait *tout naturellement* à faire l'histoire de
notre bureaucratie : je raconterais la guerre entre le génie
civil et le génie militaire, entre le conseil municipal, le
conseil général, le conseil des ponts et chaussées, le conseil des fortifications et une foule d'autres conseils ; je
peindrais les armes, qui sont des plumes, et les projectiles,
qui sont des dossiers. Je dirais comment l'un voulait le

pont en bois, l'autre en pierre, celui-ci en fer, celui-là en
fil de fer ; comment, pendant cette lutte, le pont ne se faisait pas ; comment ensuite, grâce aux sages combinaisons
de notre budget, on commença plusieurs années de suite
les travaux en plein hiver, de manière à ce qu'au prin-
temps il n'en restât plus vestige ; comment, quand le pont
fut fait, on s'aperçut qu'on avait oublié la route pour y
aboutir ; ici, fureur du maire, confusion du préfet, etc.
Enfin, je ferais une *histoire de trente ans*, trois fois plus intéressante par conséquent que celle de M. Louis Blanc.
Mais à quoi bon ? Apprendrais-je rien à personne ?

Ensuite qui m'empêcherait de faire, en un demi-volume,
la description du pont d'Énios, de ses culées, de ses piles,
de son tablier, de ses garde-fous ? N'aurais-je pas à ma
disposition toutes les ressources du style à la mode, surtout la *personnification ?* Au lieu de dire : On balaye le pont
d'Énios tous les matins, je dirais : Le pont d'Énios est un
petit maître, un dandy, un fashionable, un lion. Tous les
matins son valet de chambre le coiffe, le frise, car il ne veut
se montrer aux belles tigresses du Béarn, qu'après s'être
assuré, en se mirant dans les eaux du Gave, que sa cravate
est bien nouée, ses bottes bien vernies et sa toilette irréprochable. — Qui sait ? On dirait peut-être du narrateur,
comme Géronte de Damis : Vraiment il a du goût !

C'est selon ces règles nouvelles que je me propose de
raconter, dès que j'aurai fait rencontre d'un éditeur béné-
vole à qui cela convienne. En attendant, je reprends la manière de ceux qui n'ont à leur disposition que deux ou trois
petites colonnes de journal.

Figurez-vous donc Énios, ses vertes prairies, au bord du
torrent, et, d'étage en étage, ses vignes, ses champs, ses
pâturages, ses forêts et les sommets neigeux de la montagne
pour dominer et fermer le tableau.

L'aisance et le contentement régnaient dans la commune.

Le *Gave* donnait le mouvement à des moulins et à des scieries ; les troupeaux fournissaient du lait et de la laine ; les champs, du blé ; la cour, de la volaille ; les vignes, un vin généreux ; la forêt, un combustible abondant. Quand un habitant du village était parvenu à faire quelques épargnes, il se demandait à quoi il valait mieux les consacrer, et le prix des choses le déterminait. Si, par exemple, avec ses économies il avait pu opter entre fabriquer un chapeau ou bien élever deux moutons, dans le cas où de l'autre côté du Gave on ne lui aurait demandé qu'un mouton pour un chapeau, il aurait cru que faire le chapeau eût été un acte de folie ; car la civilisation, et avec elle le *Moniteur industriel*, n'avaient pas encore pénétré dans ce village.

Il était réservé au maire d'Énios de changer tout cela. Ce n'est pas un maire comme un autre que le maire d'Énios : c'était un vrai pacha.

Jadis, Napoléon l'avait frappé sur l'épaule. Depuis, il était plus *Napoléoniste* que Rouslan, et plus *Napoléonien* que M. Thiers.

« Voilà un homme, disait-il, en parlant de l'empereur ; celui-là ne discutait pas, il agissait ; il ne consultait pas, il commandait. C'est ainsi qu'on gouverne bien un peuple. Le Français surtout a besoin d'être mené à la baguette. »

Quand il avait besoin de prestations pour les routes de sa commune, il mandait un paysan : Combien dois-tu de corvées (on dit encore *corvées* dans ce pays, quoique *prestations* soit bien mieux). — Trois, répond le paysan. — Combien en as-tu déjà fait ? — Deux. — Donc il t'en reste deux à faire. — Mais, monsieur le Maire, deux et deux font..... — Oui, ailleurs, mais...

Dans le pays béarnois,
Deux et deux font trois ;

et le paysan faisait quatre corvées, je veux dire prestations.

Insensiblement, M. le maire s'était habitué à regarder tous les hommes comme des niais, que la liberté de l'enseignement rendrait ignorants, la liberté religieuse athées, la liberté du commerce gueux, qui n'écriraient que des sottises avec la liberté de la presse, et feraient contrôler les fonctions par les fonctionnaires avec la liberté électorale. « Il faut organiser et mener toute cette tourbe, » répétait-il souvent. Et quand on lui demandait : « Qui mènera ? » — « Moi, » répondait-il fièrement.

Là où il brillait surtout, c'était dans les délibérations du conseil municipal. Il les discutait et les votait à lui tout seul dans sa chambre, formant à la fois majorité, minorité et unanimité. Puis il disait à l'appariteur :

« C'est aujourd'hui dimanche ? — Oui, monsieur le Maire.

— Les municipaux iront chanter vêpres ? — Oui, monsieur le Maire.

— De là ils se rendront au cabaret ? — Oui, monsieur le Maire.

— Ils se griseront ? — Oui, monsieur le Maire.

— Eh bien, prends ce papier. — Oui, monsieur le Maire.

— Tu iras ce soir au cabaret. — Oui, monsieur le Maire.

— A l'heure où l'on y voit encore assez pour signer.

— Oui, monsieur le Maire.

— Mais où l'on n'y voit déjà plus assez pour lire. — Oui, monsieur le Maire.

— Tu présenteras à mes braves municipaux cette pancarte ainsi qu'une plume trempée d'encre, et tu leur diras, de ma part, de lire et de signer. — Oui, monsieur le Maire.

— Ils signeront sans lire et je serai en règle envers mon préfet. Voilà comment je comprends le gouvernement représentatif. »

. Un jour, il recueillit dans un journal ce mot célèbre : *La légalité nous tue.* Ah ! s'écria-t-il, je ne mourrai pas sans avoir embrassé M. Viennet.

Il est pourtant bon de dire que, quand la légalité lui profitait, il s'y accrochait comme un vrai dogue. Quelques hommes sont ainsi faits ; ils sont rares, mais il y en a.

Tel était le maire d'Énios. Et maintenant que j'ai décrit et le théâtre et le héros de mon histoire, je vais la mener bon train et sans digressions.

Vers l'époque où les Parisiens allaient cherchant dans les Pyrénées des mines d'asphalte, déjà mises en actions au capital d'un nombre indéfini de millions, M. le maire donna l'hospitalité à un voyageur qui oublia chez lui deux ou trois précieux numéros du *Moniteur industriel*... Il les lut avidement, et je laisse à penser l'effet que dut produire sur une telle tête une telle lecture. Morbleu ! s'écria-t-il, voilà un gazetier qui en sait long. *Défendre, empêcher, repousser, restreindre, prohiber,* ah ! la belle doctrine ! C'est clair comme le jour. Je disais bien, moi, que les hommes se ruineraient tous, si on les laissait libres de faire des trocs ! Il est bien vrai que la légalité nous tue quelquefois, mais souvent aussi c'est l'absence de légalité. On ne fait pas assez de lois en France, surtout pour *prohiber.* Et, par exemple, on prohibe aux frontières du royaume, pourquoi ne pas prohiber aux frontières des communes ? Que diable, il faut être logique.

. Puis, relisant le *Moniteur industriel*, il faisait à sa localité l'application des principes de ce fameux journal. Mais cela va comme un gant, disait-il, il n'y a qu'un mot à changer ; il suffit de substituer travail *communal* à travail *national.*

Le maire d'Énios se vantait, comme M. Chasseloup-Laubat, de n'être point *théoricien ;* aussi, comme son modèle, il n'eut ni paix ni trêve qu'il n'eût soumis tous ses administrés à la *théorie* (car c'en est bien une) de la protection.

La topographie d'Énios servit merveilleusement ses projets. Il assembla son conseil (c'est-à-dire il s'enferma dans sa chambre), il discuta, délibéra, vota et sanctionna un nouveau tarif pour le passage du pont, tarif un peu compliqué, mais dont l'esprit peut se résumer ainsi :

Pour sortir de la commune, *zéro par tête.*

Pour entrer dans la commune, *cent francs par tête.*

Cela fait, M. le maire réunit, cette fois tout de bon, le conseil municipal, et prononça le discours suivant que nous rapporterons en mentionnant les interruptions.

« Mes amis, vous savez que le pont nous a coûté cher; il a fallu emprunter pour le faire, et nous avons à rembourser intérêts et principal; c'est pourquoi je vais frapper sur vous une contribution additionnelle.

Jérôme. Est-ce que le péage ne suffit plus?

— *Un bon système de péage,* dit le maire d'un ton doctoral, *doit avoir en vue la protection et non le revenu.* — Jusqu'ici le pont s'est suffi à lui-même, mais j'ai arrangé les choses de manière à ce qu'il ne rapportera plus rien. En effet, les denrées du dedans passeront sans rien payer, et celles du dehors ne passeront pas du tout.

Mathurin. Et que gagnerons-nous à cela?

— Vous êtes des novices, reprit le maire; et déployant devant lui le *Moniteur industriel,* afin d'y trouver réponse au besoin à toutes les objections, il se mit à expliquer le mécanisme de son système, en ces termes :

Jacques, ne serais-tu pas bien aise de faire payer ton beurre un peu plus cher aux cuisinières d'Énios?

— Cela m'irait, dit Jacques.

— Eh bien, pour cela, il faut empêcher le beurre étranger d'arriver par le pont. Et toi, Jean, pourquoi ne fais-tu pas promptement fortune avec tes poules?

— C'est qu'il y en a trop sur le marché, dit Jean.

— Tu comprends donc bien l'avantage d'en exclure celles du voisinage. Quant à toi, Guillaume, je sais que tu as encore deux vieux bœufs sur les bras. Pourquoi cela?

— Parce que François, avec qui j'étais en marché, dit Guillaume, est allé acheter des bœufs à la foire voisine.

— Tu vois bien que s'il n'eût pu leur faire passer le pont, tu aurais bien vendu tes bœufs, et Énios aurait conservé 5 ou 600 francs de numéraire.

Mes amis, ce qui nous ruine, ce qui nous empêche au moins de nous enrichir, c'est l'invasion des produits étrangers.

N'est-il pas juste que le marché *communal* soit réservé au travail *communal*?

Soit qu'il s'agisse de prés, de champs ou de vignes, n'y a-t-il pas quelque part une commune plus fertile que la nôtre pour une de ces choses? Et elle viendrait jusque chez nous nous enlever notre propre travail! Ce ne serait pas de la concurrence, mais du monopole; mettons-nous en mesure, en nous rançonnant les uns les autres, de lutter *à armes égales.*

Pierre, le sabotier. En ce moment, j'ai besoin d'huile, et on n'en fait pas dans notre village.

— De l'huile! vos ardoises en sont pleines. Il ne s'agit que de l'en retirer. C'est là une nouvelle source de travail, et le travail c'est la richesse. Pierre, ne vois-tu pas que cette maudite huile étrangère nous faisait perdre toute la richesse que la nature a mise dans nos ardoises?

Le maître d'école. Pendant que Pierre pilera des ardoises, il ne fera pas de sabots. Si, dans le même espace de temps, avec le même travail, il peut avoir plus d'huile en pilant des ardoises qu'en faisant des sabots, votre tarif est inutile. Il est nuisible si, au contraire, Pierre obtient plus d'huile en faisant des sabots qu'en pilant des ardoises. Aujourd'hui, il

a le choix entre les deux procédés ; votre mesure va le réduire à un seul, et probablement au plus mauvais, puisqu'on ne s'en sert pas. Ce n'est pas tout qu'il y ait de
l'huile dans les ardoises, il faut encore qu'elle vaille la
peine d'être extraite ; et il faut, de plus, que le temps ainsi
employé ne puisse être mieux employé à autre chose. Que
risquez-vous à nous laisser la liberté du choix ?»

Ici, les yeux de M. le maire semblèrent dévorer le *Moniteur industriel* pour y chercher réponse au syllogisme ;
mais ils ne l'y rencontrèrent pas, le *Moniteur* ayant toujours
évité ce côté de la question. M. le maire ne resta pas court
pour cela. Il lui vint même à l'esprit le plus victorieux des
arguments : « Monsieur le régent, dit-il, je vous ôte la parole et vous destitue. »

Un membre voulut faire observer que le nouveau tarif
dérangerait beaucoup d'intérêts, et qu'il fallait au moins
ménager la *transition.* — La transition ! s'écria le maire, excellent prétexte contre les gens qui réclament la liberté ;
mais quand il s'agit de la leur ôter, ajouta-t-il avec beaucoup
de sagacité, où avez-vous entendu parler de transition ?

Enfin, on alla aux voix, et le tarif fut voté à une grande
majorité. Cela vous étonne ? Il n'y a pas de quoi.

Remarquez, en effet, qu'il y a plus d'art qu'il ne semble
dans le discours du premier magistrat d'Énios.

N'avait-il pas parlé à chacun de son intérêt particulier ?
De beurre à Jacques le pasteur, de vin à Jean le vigneron,
de bœufs à Guillaume l'éleveur ? N'avait-il pas constamment
laissé dans l'ombre l'intérêt général ?

Cependant, ses efforts, son éloquence municipale, ses
conceptions administratives, ses vues profondes d'économie
sociale, tout devait venir se briser contre les pierres de l'hôtel de la Préfecture.

M. le préfet, brutalement, sans ménagement aucun,
cassa le *tarif protecteur* du pont d'Énios.

M. le maire, accouru au chef-lieu, défendit vaillamment son œuvre, ce noble fruit de sa pensée fécondée par le *Moniteur industriel* Il en résulta, entre les deux athlètes, la plus singulière discussion du monde, le plus bizarre dialogue qu'on puisse entendre ; car il faut savoir que M. le préfet était pair de France et fougueux protectionniste. En sorte que tout le bien que M. le préfet disait du tarif des douanes, M. le maire s'en emparait au profit du tarif du pont d'Énios ; et tout le mal que M. le préfet attribuait au tarif du pont, M. le maire le retournait contre le tarif des douanes.

« Quoi ! disait M. le préfet, vous voulez empêcher le drap du voisinage d'entrer à Énios !

— Vous empêchez bien le drap du voisinage d'entrer en France.

— C'est bien différent, mon but est de protéger le travail *national*.

— Et le mien de protéger le travail *communal*.

— N'est-il pas juste que les Chambres françaises défendent les fabriques françaises contre la concurrence étrangère ?

— N'est-il pas juste que la municipalité d'Énios défende les fabriques d'Énios contre la concurrence du dehors ?

— Mais votre tarif nuit à votre commerce, il écrase les consommateurs, il n'accroît pas le travail, il le *déplace*. Il provoque de nouvelles industries, mais aux dépens des anciennes. Comme vous l'a dit le maître d'école, si Pierre veut de l'huile, il pilera des ardoises ; mais alors il ne fera plus de sabots pour les communes environnantes. Vous vous privez de tous les avantages d'une bonne direction du travail.

— C'est justement ce que les théoriciens du libre-échange disent de vos mesures restrictives.

— Les libre-échangistes sont des utopistes qui ne voient jamais les choses qu'au point de vue général. S'ils se bornaient à considérer isolément chaque industrie protégée,

sans tenir compte des consommateurs ni des autres branches de travail, ils comprendraient toute l'utilité des restrictions.

— Pourquoi donc me parlez-vous des consommateurs
d'Énios?

— Mais, à la longue, votre péage nuira aux industries
mêmes que vous voulez favoriser ; car, en ruinant les consommateurs, vous ruinez la clientèle, et c'est la richesse de
la clientèle qui fait la prospérité de chaque industrie.

— C'est encore là ce que vous objectent les libre-échangistes. Ils disent que vouloir développer une branche de
travail par des mesures qui lui ferment les débouchés extérieurs, et qui, si elles lui assurent la clientèle du dedans,
vont sans cesse affaiblissant cette clientèle, c'est vouloir
bâtir une pyramide en commençant par la pointe.

— Monsieur le maire, vous êtes contrariant, je n'ai pas
de compte à vous rendre, et je casse la délibération du conseil municipal d'Énios. »

Le maire reprit tristement le chemin de sa commune, en
maugréant contre les hommes qui ont deux poids et deux
mesures, qui soufflent le chaud et le froid, et croient très-
sincèrement que ce qui est vérité et justice dans un cercle
de cinq mille hectares, devient mensonge et iniquité dans
un cercle de cinquante mille lieues carrées. Comme il était
bonhomme au fond : J'aime mieux, se dit-il, la loyale
opposition du régent de la commune, et je révoquerai sa
destitution.

En arrivant à Énios, il convoqua le conseil pour lui annoncer d'un ton piteux sa triste déconvenue. Mes amis,
dit-il, nous avons tous manqué notre fortune. M. le préfet,
qui vote chaque année des restrictions nationales, repousse
les restrictions communales. Il casse votre délibération et
vous livre sans défense à la concurrence étrangère. Mais
il nous reste une ressource. Puisque l'inondation des pro-

duits étrangers nous étouffe, puisqu'il ne nous est pas permis de les repousser par la force, pourquoi ne les refuserions-nous pas volontairement ? Que tous les habitants d'Énios conviennent entre eux de ne jamais rien acheter au dehors.

Mais les habitants d'Énios continuèrent à acheter au dehors ce qu'il leur en coûtait plus de faire au dedans ; ce qui confirma de plus en plus M. le maire dans cette opinion, que les hommes inclinent naturellement vers leur ruine quand ils ont le malheur d'être libres.

64. — ASSOCIATION ESPAGNOLE POUR LA DÉFENSE DU TRAVAIL NATIONAL.

7 Novembre 1847.

L'Espagne a aussi son association pour la défense du *travail national*.

L'objet qu'elle a en vue est celui-ci :

Étant donné un capital et le travail qu'il peut mettre en œuvre, les détourner des emplois où ils donneraient du profit, pour les lancer dans une direction où ils donneront de la perte, sauf, par une taxe déguisée, à reporter législativement cette perte sur le public. »

En conséquence, cette société demande, entre autres choses, l'exclusion des produits français, non de ceux qui nous reviennent cher (il n'est pas besoin de lois pour les exclure), mais de ceux que nous pouvons livrer à bon marché. Plus même nous les offrons à prix réduit, plus l'Espagne, dit-on, a raison de s'en défendre.

Ceci m'inspire une réflexion que je soumets humblement au lecteur.

Un des caractères de la Vérité, c'est l'Universalité.

Veut-on reconnaître si une association est fondée sur un

bon principe; il n'y a qu'à examiner si elle sympathise avec toutes celles, sous quelque degré de latitude que ce soit, qui ont adopté un principe identique.

Telles sont les associations pour le libre-échange. Un de nos collègues peut aller à Madrid, à Lisbonne, à Londres, à New-York, à Saint-Pétersbourg, à Berlin, à Florence et à Rome, même à Pékin; s'il y a dans ces villes des associations pour le libre-échange, il en sera certainement bien accueilli. Ce qu'il dit ici, il le peut dire là, bien sûr de ne froisser ni les opinions, ni même les intérêts comme ces associations les comprennent. Entre les libre-échangistes de tous les pays, il y a, en cette matière, unité de foi.

En est-il de même parmi les protectionnistes? Malgré la communauté des idées ou plutôt des arguments, lord Bentinck, venant de voter l'exclusion des bestiaux français, agissait-il conformément aux vues de nos éleveurs? Celui qui repoussait au parlement notre rouennerie serait-il bien venu au comité de Rouen? Ceux qui soutiendront l'année prochaine l'*acte de navigation* et les droits différentiels dans l'Inde exciteront-ils l'enthousiasme de nos armateurs? Supposez qu'un membre du comité Odier soit introduit au sein de l'association espagnole pour la défense du *travail national*; que pourra-t-il dire? quelle parole pourra-t-il prononcer sans trahir ou les intérêts de son pays ou ses propres convictions? Conseillera-t-il aux Espagnols d'ouvrir leurs ports et leurs frontières aux produits de nos manufactures? de ne pas s'en tenir à la fausse doctrine de la *balance du commerce?* de ne point considérer comme avantageuses les industries qui ne se soutiennent que par des taxes sur la communauté? Leur dira-t-il que les faveurs douanières ne créent pas des capitaux et du travail, mais les déplacent seulement et d'une manière fâcheuse? Un tel abandon de principes et de dignité personnelle sera peut-être applaudi par ses coreligionnaires de France (car nous

nous rappelons qu'il fut beaucoup question, au comité de Rouen, il y a dix-huit mois, de l'opportunité de prêcher le libre-échange... en Espagne), mais à coup sûr il excitera la risée des auditeurs castillans. Mettant donc ses principes au-dessus de ses intérêts, voudra-t-il se montrer héroïque? Imaginez ce Brutus de la restriction haranguant les Espagnols en ces termes : « Vous faites bien d'exhausser les barrières qui nous séparent. Je vous approuve de repousser nos navires, nos offreurs de services, nos commis-voyageurs, nos tissus de coton, de laine, de fil et de chanvre, nos mules, nos papiers peints, nos machines, nos meubles, nos modes, notre mercerie, notre orfèvrerie, notre poterie, notre horlogerie, notre quincaillerie, notre parfumerie, notre tabletterie, notre ganterie, notre librairie. Ce sont toutes choses que vous devez faire vous-mêmes, quelque travail qu'elles exigent, et même d'autant plus qu'elles en exigent davantage. Je ne vous reproche qu'une chose, c'est de rester à moitié chemin dans cette voie. Vous êtes bien bons de nous payer un *tribut* de quatre-vingt-dix millions et de vous mettre dans notre dépendance. Méfiez-vous de vos libre-échangistes. Ce sont des idéologues, des niais, des traîtres, etc. » Ce beau discours serait sans doute applaudi en Catalogne. Serait-il approuvé à Lille et à Rouen?.

Il est donc certain que les associations protectionnistes des divers pays sont antagoniques entre elles, quoiqu'elles se donnent la même étiquette et professent en apparence les mêmes doctrines ; et, pour comble de singularité, si elles sympathisent avec quelque chose, d'un pays à l'autre, c'est avec les associations de libre-échange.

La raison en est simple. C'est qu'elles veulent à la fois deux choses contradictoires : *des restrictions et des débouchés.* Donner et ne pas recevoir, vendre et ne pas acheter, exporter et ne pas importer, voilà le fond de leur bizarre doctrine. Elle les conduit très-logiquement à avoir deux langages, non-seulement différents, mais opposés, l'un pour le pays, l'autre pour l'étranger, avec cette circonstance bien remarquable que, leurs conseils fussent-ils admis des deux côtés, elles n'en seraient pas plus près de leur but.

En effet, à ne considérer que les transactions de deux peuples, ce qui est exportation pour l'un est importation pour l'autre. Voyez ce beau navire qui sillonne la mer et porte dans ses flancs une riche cargaison. Dites-moi, s'il vous plaît, quel nom il faut donner à ces marchandises. Sont-elles *importation* ou *exportation?* N'est-il pas clair qu'elles sont à la fois l'un et l'autre, selon qu'on a en vue le peuple expéditeur ou le peuple destinataire? Si donc aucun ne veut être destinataire, aucun ne pourra être expéditeur; et il est infaillible que, dans l'ensemble, les *débouchés* se restreignent juste autant que les *restrictions* se resserrent. C'est ainsi qu'on arrive à cette bizarre politique: ici, pour déterminer la cargaison à sortir, on lui confère une *prime* aux dépens du public; là, pour l'empêcher d'entrer, on lui impose une *taxe* aux dépens du public. Se peut-il concevoir une lutte plus insensée? Et qui restera vainqueur? Le peuple le plus disposé à payer la plus grosse prime ou la plus grosse taxe.

Non, la vérité n'est pas dans cet amas de contradictions et d'antagonismes. Tout le système repose sur cette idée, que l'*échange* est une duperie pour la partie qui reçoit; et, outre que le mot même *échange* contredit cette idée, puisqu'il implique qu'on reçoit des deux côtés, quel homme ne sent pas la position ridicule où il se place quand il ne peut tenir à l'étranger que ce langage: *Je vous conseille d'être dupé,* alors surtout qu'il est dupe lui-même de son propre conseil?

Voici du reste un petit échantillon de la propagande protectionniste au dehors.

Le pont de la Bidassoa.

Un homme partit de Paris, rue Hauteville, avec la prétention d'enseigner aux nations l'économie politique. Il arriva devant la Bidassoa. Il y avait beaucoup de monde sur le pont, et un aussi nombreux auditoire ne pouvait manquer de tenter notre professeur. Il s'appuya donc contre le garde-fou, tournant le dos à l'Océan ; et, ayant eu soin, pour prouver son cosmopolitisme, de mettre sa colonne vertébrale en parfaite coïncidence avec la ligne idéale qui sépare la France de l'Espagne, il commença ainsi :

« Vous tous qui m'écoutez, vous désirez savoir quels sont les bons et les mauvais échanges. Il semble d'abord que je ne devrais avoir rien à vous apprendre à cet égard ; car enfin, chacun de vous connaît ses intérêts, au moins autant que je les connais moi-même ; mais l'intérêt est un signe trompeur, et je fais partie d'une association où l'on méprise ce mobile vulgaire. Je vous apporte une autre règle infaillible et de l'application la plus facile. Avant d'entrer en marché avec un homme, faites-le jaser. Si, lui ayant parlé français, il vous répond en espagnol, ou *vice versâ*, n'allez pas plus loin, l'épreuve est faite, l'échange est de maligne nature.

Une voix. — Nous ne parlons ni espagnol ni français ; nous parlons tous la même langue, l'*escualdun*, que vous appelez basque.

— Malepeste ! se dit intérieurement l'orateur, je ne m'attendais pas à l'objection. Il faut que je me retourne. — Eh bien ! mes amis, voici une règle tout aussi aisée : Ceux d'entre vous qui sont nés de ce côté-ci de la ligne (montrant l'Espagne) peuvent échanger, sans inconvénient, avec tout le pays qui s'étend à ma droite jusqu'aux colonnes d'Hercule, et pas au delà ; et ceux qui sont nés de ce côté (montrant la France) peuvent échanger à leur aise dans toute la région qui se développe à ma gauche, jusqu'à cette autre ligne idéale qui passe entre Blanc-Misseron et Quiévrain... mais pas plus loin. Les échanges ainsi faits vous enrichiront. Quant à ceux que vous feriez par-dessus la Bidassoa, ils vous ruineraient avant que vous puissiez vous en apercevoir.

Une autre voix. — Si les échanges qui se font par-dessus la Nivelle, qui est à deux lieues d'ici, sont bons, comment les échanges qui se font par-dessus la Bidassoa peuvent-ils être mauvais? Les eaux de la Bidassoa dégagent-elles un gaz particulier qui empoisonne les échanges au passage?

— Vous êtes bien curieux, répondit le professeur; beau Basque, mon ami, vous devez me croire sur parole.

Cependant notre homme, ayant réfléchi sur la doctrine qu'il venait d'émettre, se dit en lui-même: « Je n'ai fait encore que la moitié des affaires de mon pays. » Ayant donc demandé du silence, il reprit son discours en ces termes:

« Ne croyez pas que je sois un homme *à principes* et que ce que je viens de vous dire soit *un système*. Le ciel m'en préserve! Mon arrangement commercial est si peu *théorique*, si naturel, si conforme à votre inclination, quoique vous n'en ayez pas la conscience, que l'on vous y soumettra aisément à grands coups de baïonnette. Les utopistes sont ceux qui ont l'audace de dire que les échanges sont bons quand ceux qui les font les trouvent tels: effroyable doctrine, toute moderne, importée d'Angleterre, et à laquelle les hommes se laisseraient aller tout naturellement si la force armée n'y mettait bon ordre.

« Mais, pour vous prouver que je ne suis ni exclusif ni absolu, je vous dirai que ma pensée n'est pas de condamner toutes les transactions que vous pourriez être tentés de faire d'une rive à l'autre de la Bidassoa. J'admets que vos charrettes traversent librement le pont, pourvu qu'elles y arrivent PLEINES de ce côté-ci (montrant la France), et VIDES de ce côté-là (montrant l'Espagne). Par cet ingénieux arrangement, vous gagnerez tous : vous, Espagnols, parce que vous recevrez sans donner, et vous, Français, parce que vous donnerez sans recevoir. Surtout ne prenez pas ceci pour un système. »

Les Basques ont la tête dure. On a beau leur répéter : Ceci n'est pas un système, une théorie, une utopie, un principe; ces précautions oratoires n'ont pas le pouvoir de leur faire comprendre ce qui est inintelligible. Aussi, malgré les beaux conseils du professeur, quand on le leur permet (et même quelquefois quand on ne le leur permet pas), ils échangent selon l'ancienne méthode (qu'on dit nouvelle), c'est-à-dire comme échangeaient leurs pères, et quand ils ne le peuvent faire par-dessus la Bidassoa, ils le font par-dessous, tant ils sont aveugles !

65. — L'INDISCRET.

12 Décembre 1847.

Protection à l'industrie nationale! Protection au travail national! Il faut avoir l'esprit bien de travers et le cœur bien pervers pour décrier une si belle et bonne chose.

— Oui, certes, si nous étions bien convaincus que la protection, telle que l'a décrétée la Chambre du double vote, a augmenté le bien-être de tous les Français, nous compris; si nous pensions que l'urne de la Chambre du double vote, plus merveilleuse que celle de Cana, a opéré le miracle de la multiplication des aliments, des vêtements, des moyens de travail, de locomotion et d'instruction, — en un mot, de tout ce qui compose la richesse du pays, — il y aurait à nous ineptie et perversité à réclamer le libre-échange.

Et pourquoi, en ce cas, ne voudrions-nous pas de la protection? Eh! Messieurs, démontrez-nous que les faveurs qu'elle accorde aux uns ne sont pas faites aux dépens des autres; prouvez-nous qu'elle fait du bien à tout le monde, au propriétaire, au fermier, au négociant, au manufacturier, à l'artisan, à l'ouvrier, au médecin, à l'avocat, au fonctionnaire, au prêtre, à l'écrivain, à l'artiste, prouvez-nous cela, et nous vous promettons de nous ranger autour de sa bannière; car, quoi que vous en disiez, nous ne sommes pas fous encore.

Et, en ce qui me concerne, pour vous montrer que ce n'est pas par caprice et par étourderie que je me suis engagé dans la lutte, je vous vais conter mon histoire.

Après avoir fait d'immenses lectures, profondément médité, recueilli de nombreuses observations, suivi de semaine en semaine les fluctuations du marché de mon village, entretenu avec de nombreux négociants une active correspondance, j'étais enfin parvenu à la connaissance de ce phénomène :

Quand la chose manque, le prix s'élève.

D'où j'avais cru pouvoir, sans trop de hardiesse, tirer cette conséquence :

Le prix s'élève quand et parce que la chose manque.

Fort de cette découverte, qui me vaudra au moins autant de célébrité que M. Proudhon en attend de sa fameuse formule : *La propriété, c'est le vol*, j'enfourchai, nouveau Don Quichotte, mon humble monture, et entrai en campagne.

Je me présentai d'abord chez un riche propriétaire et lui dis :

— Monsieur, faites-moi la grâce de me dire pourquoi

vous tenez tant à la mesure que prit en 1822 la *Chambre du double vote* relativement aux céréales ?

— Eh, morbleu ! la chose est claire, parce qu'elle me fait mieux vendre mon blé.

— Vous pensez donc que, depuis 1822 jusqu'en 1847, le prix du blé a été, en moyenne, plus élevé en France, grâce à cette loi, qu'il ne l'eût été sans elle ?

— Certes oui, je le pense, sans quoi je ne la soutiendrais pas.

Et si le prix du blé a été plus élevé, il faut qu'il n'y ait pas eu autant de blé en France, sous cette loi que sans cette loi ; car si elle n'eût pas affecté la quantité, elle n'aurait pas affecté le prix.

— Cela va sans dire.

Je tirai alors de ma poche un *memorandum* où j'écrivis ces paroles :

« De l'aveu du propriétaire, depuis vingt-neuf ans que la loi existe, il y a eu, en définitive, MOINS DE BLÉ en France qu'il n'y en aurait eu sans la loi. »

De là je me rendis chez un éleveur de bœufs.

— Monsieur, seriez-vous assez bon pour me dire par quel motif vous tenez à la restriction qui a été mise à l'entrée des bœufs étrangers par la *Chambre du double vote ?*

— C'est que, par ce moyen, je vends mes bœufs à un prix plus élevé.

— Mais si le prix des bœufs est plus élevé à cause de cette restriction, c'est un signe certain qu'il y a eu moins de bœufs vendus, tués et mangés dans le pays, depuis vingt-sept ans, qu'il n'y en aurait eu sans la restriction ?

— Belle question ! nous n'avons voté la restriction que pour cela.

J'écrivis sur mon *memorandum* ces mots :

« De l'aveu de l'éleveur de bœufs, depuis vingt-sept ans

que la restriction existe, il y a eu MOINS DE BŒUFS en France
qu'il n'y en aurait eu sans la restriction. »

De là je courus chez un maître de forges.

— Monsieur, ayez l'extrême obligeance de me dire pourquoi vous défendez si vaillamment la protection que la
Chambre du double vote a accordée au fer ?

— Parce que, grâce à elle, je vends mon fer à plus haut
prix.

— Mais alors, grâce à elle aussi, il y a moins de fer en
France que si elle ne s'en était pas mêlée; car si la quantité
de fer offerte était égale ou supérieure, comment le prix
pourrait-il être plus élevé ?

— Il coule de source que la quantité est moindre, puisque cette loi a eu précisément pour but de prévenir l'*invasion*.

Et j'écrivis sur mes tablettes :

« De l'aveu du maître de forges, depuis vingt-sept ans,
la France a eu MOINS DE FER par la protection qu'elle n'en
aurait eu par la liberté. »

Voici qui commence à s'éclaircir, me dis-je; et je courus
chez un marchand de drap.

— Monsieur, me refuserez-vous un petit renseignement?
Il y a vingt-sept ans que la *Chambre du double vote*, dont
vous étiez, a voté l'exclusion absolue du drap étranger.
Quel a pu être son motif et le vôtre ?

— Ne comprenez-vous pas que c'est afin que je tire
meilleur parti de mon drap et fasse plus vite fortune ?

— Je m'en doute. Mais êtes-vous bien sûr d'avoir réussi?
Est-il certain que le prix du drap ait été, pendant ce temps,
plus élevé que si la loi eût été rejetée ?

— Cela ne peut faire l'objet d'un doute. Sans la loi, la
France eût été inondée de drap, et le prix se serait avili ; ce
qui eût été un malheur effroyable.

— Je ne cherche pas encore si c'eût été un malheur ;

mais, quoi qu'il en soit, vous convenez que le résultat de la loi a été de faire qu'il y ait eu moins de drap en France?

— Cela a été non-seulement le résultat de la loi, mais son but.

— Fort bien, dis-je; et j'écrivis sur mon calepin:

« De l'aveu du fabricant, depuis vingt-sept ans, il y a eu MOINS DE DRAP en France à cause de la prohibition. »

Il serait trop long et trop monotone d'entrer dans plus de détails sur ce curieux voyage d'exploration économique.

Qu'il me suffise de vous dire que je visitai successivement un pasteur marchand de laine, un colon marchand de sucre, un fabricant de sel, un potier, un actionnaire de mines de houille, un fabricant de machines, d'instruments aratoires et d'outils, — et partout j'obtins la même réponse.

Je rentrai chez moi pour revoir mes notes et les mettre en ordre. Je ne puis mieux faire que de les publier ici.

« Depuis vingt-sept ans, grâce aux lois imposées au pays par la Chambre du double vote, il y a eu en France:

Moins de blé;

Moins de viande;

Moins de laine;

Moins de houille;

Moins de bougies;

Moins de fer;

Moins d'acier;

Moins de machines;

Moins de charrues;

Moins d'outils;

Moins de draps;

Moins de toiles;

Moins de fils;

Moins de calicot ;

Moins de sel ;

Moins de sucre ;

Et moins de toutes les choses qui servent à nourrir, vêtir, loger, meubler, chauffer, éclairer et fortifier les hommes. ».

Par le grand Dieu du ciel, m'écriai-je, puisqu'il en est ainsi, LA FRANCE A ÉTÉ MOINS RICHE.

En mon âme et conscience, devant Dieu et devant les hommes, par la mémoire de mon père, de ma mère et de mes sœurs, par mon salut éternel, par tout ce qu'il y a de cher, de précieux, de sacré et de saint en ce monde et dans l'autre, j'ai cru que ma conclusion était juste.

Et si quelqu'un me prouve le contraire, non-seulement je renoncerai à raisonner sur ces matières, mais je renoncerai à raisonner sur quoi que ce soit ; car en quel raisonnement pourrai-je avoir confiance, si je n'en puis avoir en celui-là ?

19 Décembre 1847.

« Vous vous rappelez parfaitement, cher lecteur...

— Je ne me rappelle absolument rien.

— Quoi ! huit jours ont suffi pour effacer de votre souvenir l'histoire de cette mémorable campagne !

— Pensez-vous qu'on y va rêver huit jours durant ? C'est une prétention bien *indiscrète*.

— Je vais donc recommencer.

— Ce serait ajouter une indiscrétion à une indiscrétion.

— Vous m'embarrassez. Si vous voulez que la fin du récit soit intelligible, il faut bien ne pas perdre de vue le commencement.

— Résumez-vous.

— Soit. Je disais qu'à mon retour de ma première pérégrination économique mon calepin constatait ceci : « D'après la déposition de tous les industriels protégés, la France a eu, par l'effet des lois restrictives de la Chambre du double vote, moins de blé, de viande, de fer, de drap, de toile, d'outils, de sucre, et moins de toutes choses qu'elle n'en aurait eu sans ces lois. »

— Vous me remettez sur la voie. Ces industriels disaient même que tel avait été non-seulement le résultat, mais le but des lois de la *Chambre du double vote*. Elles aspiraient à renchérir les produits en les raréfiant.

— D'où je déduisis ce dilemme : Ou elles n'ont pas raréfié les produits, et alors elles ne les ont pas renchéris, et le but a été manqué ; ou elles les ont renchéris, et en ce cas elles les ont raréfiés, et la France a été moins bien nourrie, vêtue, meublée, chauffée et sucrée.

Plein de foi dans ce raisonnement, j'entrepris une seconde campagne. Je me présentai chez le riche propriétaire et le priai de jeter les yeux sur mon calepin, ce qu'il fit un peu à contre-cœur.

Quand il eut fini sa lecture, Monsieur, lui dis-je, êtes-vous bien sûr que, relativement à vous, les excellentes intentions de la Chambre du double vote aient réussi ?

— Comment auraient-elles manqué de réussir ? répondit-il ; ne savez-vous pas que mieux je vends ma récolte, plus je suis riche ?

— C'est assez vraisemblable.

— Et ne comprenez-vous pas que moins il y a de blé dans le pays, mieux je vends ma récolte ?

— C'est encore vraisemblable.

— *Ergo.....*

— C'est cet *ergo* qui me préoccupe, et voici d'où viennent mes doutes. Si la Chambre du double vote n'eût stipulé de protection que pour vous, vous vous seriez enrichi aux dépens d'autrui. Mais elle a voulu que d'autres s'enrichissent à vos dépens, comme le constate ce calepin. Êtes-vous bien sûr que la balance de ces gains illicites soit en votre faveur ?

— Je me plais à le croire. La Chambre du double vote était peuplée de gros propriétaires, qui n'avaient pas la cataracte à l'endroit de leurs intérêts.

— En tout cas, vous conviendrez que, dans l'ensemble de ces mesures restrictives, tout n'est pas profit pour vous, et que votre part de gain illicite est fort ébréchée par le gain illicite de ceux qui vous vendent le fer, les charrues, le drap, le sucre, etc.

— Cela va sans dire.

— En outre, je vous prie de peser attentivement cette considération : Si la France a été *moins riche*, comme le constate mon calepin...

— Indiscret calepin !

— Si, dis-je, la France a été moins riche, elle a dû moins manger. Beaucoup d'hommes qui se seraient nourris de blé et de viande ont été réduits à vivre de pommes de terre et de châtaignes. N'est-il pas possible que ce décroissement de consommation et de demande ait affecté le prix du blé dans le sens de la baisse, pendant que vos lois cherchaient à l'affecter dans le sens de la hausse ? Et cette circonstance venant s'ajouter au tribut que vous payez aux maîtres de forge, aux actionnaires de mines, aux fabricants de drap, etc., ne tourne-t-elle pas, en définitive, contre vous le résultat de l'opération ?

— Monsieur, vous me faites subir un interrogatoire fort *indiscret*. Je jouis de la protection, cela me suffit; et vos subtilités et vos généralités ne m'en feront pas démordre.

L'oreille basse, j'enfourchai ma monture et me rendis chez le fabricant de drap.

— Monsieur, lui dis-je, que penseriez-vous de l'architecte qui, pour exhausser une colonne, prendrait à la base de quoi ajouter au sommet ?

— Je demanderais pour lui une place à Bicêtre.

— Et que penseriez-vous d'un fabricant qui, pour accroître son débit, ruinerait sa clientèle ?

— Je l'enverrais tenir compagnie à l'architecte.

— Permettez-moi donc de vous prier de jeter un regard sur ce calepin. Il renferme votre déposition et bien d'autres, d'où il résulte clairement que les lois restrictives émanées de la Chambre du double vote, dont vous étiez, ont fait la France moins riche qu'elle n'eût été sans ces lois. Ne vous est-il jamais tombé dans l'idée que si le monopole vous livre la consommation du pays, il ruine les consommateurs ; et que, s'il vous assure le débouché national, il a aussi pour effet, premièrement, de vous interdire dans une forte proportion vos débouchés au dehors, et de restreindre considérablement vos débouchés au dedans par l'appauvrissement de votre chalandise ?

— Il y a bien là une cause de diminution pour mes profits ; mais le monopole du drap, à lui tout seul, n'a pu appauvrir ma clientèle au point que ma perte surpasse mon bénéfice.

— Je vous prie de considérer que votre clientèle est appauvrie, non-seulement par le monopole du drap, mais aussi, comme le constate ce calepin, par le monopole du blé, de la viande, du fer, de l'acier, du sucre, du coton, etc.

— Monsieur, votre insistance devient *indiscrète*. Je fais mes affaires, que ma clientèle fasse les siennes.

— C'est ce que je vais lui conseiller.

Et, pensant que le même accueil m'attendait chez tous les protégés, je me dispensai de poursuivre mes visites. Je serai plus heureux, me dis-je, auprès des *non-protégés*. Ils ne font pas la loi, mais ils font l'opinion, car ils sont incomparablement les plus nombreux. J'irai donc voir les négociants, banquiers, courtiers, assureurs, professeurs, prêtres, auteurs, imprimeurs, menuisiers, charpentiers, charrons, forgerons, maçons, tailleurs, coiffeurs, jardiniers, meuniers,

modistes, avocats, avoués, et, en particulier, cette classe innombrable d'hommes qui n'ont rien au monde que leurs bras.

Justement le hasard me servit, et je tombai au milieu d'un groupe d'ouvriers.

— Mes amis, leur dis-je, voici un précieux calepin. Veuillez y jeter un coup d'œil. Vous le voyez, d'après la déposition des protégés eux-mêmes, la France est moins riche par l'effet des lois de la Chambre du double vote qu'elle ne le serait sans ces lois.

Un ouvrier. Est-il bien sûr que la perte retombe sur nous ?

— Je ne sais, repris-je, c'est ce qu'il s'agit d'examiner ; il est certain qu'il faut qu'elle retombe sur quelqu'un. Or, les *protégés* affirment qu'elle ne les frappe pas ; donc, elle doit frapper les *non-protégés.*

Un autre ouvrier. Cette perte est-elle bien grande ?

— Il me semble qu'elle doit être énorme pour vous ; car les *protégés,* tout en avouant que l'effet de ces lois est de diminuer la masse des richesses, affirment que, quoique la masse soit plus petite, ils prennent une part plus grande ; d'où il suit que la perte des *non-protégés* doit être double.

L'ouvrier. A combien l'estimez-vous ?

— Je ne puis l'apprécier en chiffres, mais je puis me servir de chiffres pour faire comprendre ma pensée. Représentons par 1,000 la richesse qui existerait en France sans ces lois, et par 500 la part qui reviendrait aux protégés. Celle des non-protégés serait aussi de 500. Puisqu'il est reconnu que les lois restrictives ont diminué le total, nous pouvons le représenter par 800 ; et puisque les protégés affirment qu'ils sont plus riches qu'ils ne le seraient sans ces lois, ils retirent plus de 500. Admettons 600. Il ne vous reste que 200 au lieu de 500. Par où vous voyez que, pour gagner 1, ils vous font perdre 3.

L'ouvrier. Est-ce que ces chiffres sont exacts ?

— Je ne les donne pas pour tels; je veux seulement vous faire comprendre que, si sur un tout plus petit, les protégés prennent une part plus grande, les non-protégés portent tout le poids non-seulement de la diminution totale, mais encore de l'excédant que les protégés s'attribuent.

L'ouvrier. S'il en est ainsi, ne doit-il pas arriver que la détresse des *non-protégés* rejaillisse sur les *protégés?*

— Je le crois. Je suis convaincu qu'à la longue la perte tend à se répartir sur tout le monde. J'ai essayé de le faire comprendre aux *protégés*, mais je n'ai pas réussi.

Un autre ouvrier. Quoique la protection ne nous soit pas accordée directement, on assure qu'elle nous arrive par ricochet.

— Alors il faut renverser tout notre raisonnement en partant toujours de ce point fixe et avoué, que la restriction amoindrit le total de la richesse nationale. Si, néanmoins, votre part est plus grande, celle des protégés est doublement ébréchée. En ce cas, pourquoi réclamez-vous le droit de suffrage? Assurément, vous devez laisser à des hommes si désintéressés le soin de faire les lois.

Un autre ouvrier. Êtes-vous démocrate?

— Je suis de la démocratie, si vous entendez par ce mot : A chacun la propriété de son travail, liberté pour tous, égalité pour tous, justice pour tous, et paix entre tous.

— Comment se fait-il que les meneurs du parti démocratique soient contre vous ?

— Je n'en sais rien.

— Oh! ils vous habillent de la belle façon !

— Et que peuvent-ils dire?

— Ils disent que vous êtes des *docteurs;* ils disent en outre que vous avez raison *en principe.*

— Qu'entendent-ils par là?

— Ils entendent tout simplement que vous avez raison;

que la restriction est injuste et dommageable ; qu'elle diminue la richesse générale ; que cette réduction frappe tout
le monde, et particulièrement, comme vous dites, la classe
ouvrière, et que c'est une des causes qui nous empêchent,
nous et nos familles, de nous élever en bien-être, en instruction, en dignité et en indépendance. Ils ajoutent qu'il est
bon que les choses soient ainsi ; qu'il est fort heureux que
nous souffrions et nous méprenions sur la cause de nos
souffrances, et que le triomphe de vos doctrines, en soulageant nos misères et dissipant nos préjugés, éloignerait les
chances de la grande guerre qu'ils attendent avec impatience (¹).

— Ainsi ils se mettent du côté de l'iniquité, de l'erreur
et de la souffrance, le tout pour arriver à la grande guerre ?

— Ils font à ce sujet des raisonnements admirables.

— En ce cas, je ne suis ici qu'un *indiscret*, et je me
retire.

66. — LE SUCRE ANTÉDILUVIEN.

13 Février 1818.

On croit que le sucre est d'invention moderne ; c'est une
erreur. L'art de le fabriquer a pu se perdre au déluge ;
mais il était connu avant ce cataclysme, ainsi que le prouve
un curieux document historique, trouvé dans les grottes de
Karnak, et dont on doit la traduction au savant polyglotte,
l'illustre cardinal Mezzofante. Nous reproduisons cet in-
téressant écrit, qui confirme d'ailleurs cette sentence de
Salomon : *Il n'y a rien de nouveau sous le soleil.*

« En ce temps-là, entre le 42ᵉ et le 52ᵉ parallèle, il y avait
une grande, riche, puissante, spirituelle et brave nation de

(¹) V. ci-dessus les nᵒˢ 17 à 28.   (*Note de l'éditeur.*)

plus de 36 millions d'habitants, qui tous aimaient le sucre. Le nom de ce peuple est perdu : nous l'appellerons
Welche.

Comme leur climat n'admettait pas la culture du *saccha-
rum officinarum*, les *Welches* furent d'abord fort embar-
rassés.

Cependant ils s'avisèrent d'un expédient fort étrange et
qui n'avait qu'un tort, celui d'être essentiellement théorique, c'est-à-dire raisonnable.

Ne pouvant créer le sucre en nature, ils imaginèrent d'en
créer la valeur.

C'est-à-dire qu'ils faisaient du vin, de la soie, du drap,
de la toile et autres marchandises, qu'ils envoyaient dans
l'autre hémisphère pour recevoir du sucre en échange.

Un nombre immense de négociants, armateurs, navires
et marins étaient occupés à accomplir cette transaction.

D'abord, les Welches crurent bonnement avoir trouvé le
moyen le plus simple, dans leur situation, de se sucrer.
Comme ils pouvaient choisir, sur plus de la moitié du globe,
le point où l'on donnait le plus de sucre contre le moins
de vin ou de toile, ils se disaient : Vraiment, si nous faisions
le sucre nous-mêmes, à travail égal, nous n'en obtiendrions
pas la dixième partie !

C'était trop simple, en effet, pour des Welches, et cela
ne pouvait durer.

Un grand homme d'État (amiral sans emploi) jeta un
jour parmi eux cette terrible pensée : « Si jamais nous
avons une guerre maritime, comment ferons-nous pour
aller chercher du sucre ? »

A cette réflexion judicieuse tous les esprits furent trou-
blés, et voici de quoi l'on s'avisa.

On se mit en devoir d'accaparer, précisément dans cet
autre hémisphère avec lequel on craignait de voir les communications interrompues, un imperceptible lopin de terre,

disant : « Que cet atome soit à nous, et notre provision de sucre est assurée. »

Donc, en prévision d'une guerre possible, on fit une guerre réelle qui dura cent ans. Enfin, elle se termina par un traité qui mit les Welches en possession du lopin de terre convoité, lequel prit nom : *Saccharique*.

Ils s'imposèrent de nouvelles taxes pour payer les frais de la guerre ; puis de nouvelles taxes encore pour organiser une puissante marine afin de conserver le lopin.

Cela fait, il fut question de tirer parti de la précieuse conquête.

Le petit recoin des antipodes était rebelle à la culture. Il avait besoin de protection. Il fut décidé que le commerce de la moitié du globe serait désormais interdit aux *Welches*, et que pas un d'entre eux ne pourrait sucer une boule de sucre qui ne vînt du lopin en question.

Ayant ainsi tout arrangé, taxes et restrictions, on se frotta les mains, disant : Ceci n'est pas de la théorie.

Cependant quelques *Welches*, traversant l'Océan, allèrent à Saccharique pour y cultiver la canne. Mais il se trouva qu'ils ne pouvaient supporter le travail sous ce climat énervant. On alla alors dans une autre partie du monde, puis, y ayant enlevé des hommes tout noirs, on les transporta sur l'îlot, et on les contraignit, à grands coups de bâton, à le cultiver.

Malgré cet expédient énergique, le petit îlot ne pouvait fournir le demi-quart du sucre qui était nécessaire à la nation *Welche*. Le prix s'en éleva, ainsi qu'il arrive toujours quand dix personnes recherchent une chose dont il n'y a que pour une. Les plus riches d'entre les Welches purent seuls se sucrer.

La cherté du sucre eut un autre effet. Elle excita les planteurs de Saccharique à aller enlever un plus grand nombre d'hommes noirs, afin de les assujettir, toujours à grands coups de bâton, à cultiver la canne jusque sur les sables et les rochers les plus arides. On vit alors ce qui ne s'était jamais vu, les habitants d'un pays ne rien faire directement pour pourvoir à leur subsistance et à leur vêtement, et ne travailler que pour l'exportation.

Et les *Welches* disaient : C'est merveilleux de voir comme le travail se développe sur notre îlot des antipodes.

Pourtant, dans la suite des temps, les plus pauvres d'entre eux se prirent à murmurer en ces termes :

« Qu'avons-nous fait ? Voilà que le sucre n'est plus à notre portée. En outre, nous ne faisons plus le vin, la soie et la toile qui se répandaient dans tout un hémisphère. Notre commerce est réduit à ce qu'un petit rocher peut donner et recevoir. Notre marine marchande est aux abois, et les taxes nous accablent. »

Mais on leur répondait avec raison : N'est-ce pas une gloire pour vous d'avoir une possession aux antipodes ? Quant au vin, buvez-le. Quant à la toile et au drap, on vous en fera faire en vous accordant des priviléges. Et pour ce qui est des taxes, il n'y a rien de perdu, puisque l'argent qui sort de vos poches entre dans les nôtres.

Quelquefois ces mêmes rêveurs demandaient : A quoi bon cette grande marine militaire ? On leur répondait : A conserver la colonie. — Et s'ils insistaient, disant : A quoi bon la colonie ? on leur répliquait sans hésiter : A conserver la marine militaire.

Ainsi les pauvres utopistes étaient battus sur tous les points.

Cette situation, déjà fort compliquée, s'embrouilla encore par un événement imprévu.

Les hommes d'État du pays des *Welches*, se fondant sur ce que l'avantage d'avoir une colonie entraînait de grandes dépenses, avaient jugé qu'en bonne justice, elles devaient retomber, du moins en partie, sur les mangeurs de sucre. En conséquence, ils l'avaient frappé d'un lourd impôt.

En sorte que le sucre, déjà fort cher, renchérit encore de tout le montant de la taxe.

Or, quoique le pays des *Welches* ne fût pas propre à la culture de la canne, comme il n'y a rien qu'on ne puisse faire moyennant une suffisante dose de travail et de capital, les chimistes, alléchés par les hauts prix, se mirent à chercher du sucre partout, dans la terre, dans l'eau, dans l'air, dans le lait, dans le raisin, dans la carotte, dans le maïs, dans la citrouille ; et ils firent tant qu'ils finirent par en trouver un peu dans un modeste légume, dans une plante jugée jusque-là si insignifiante, qu'on lui avait donné ce nom doublement humiliant : *Beta vulgaris*.

On fit donc du sucre chez les Welches ; et cette industrie, contrariée par la nature, mais secondée par l'intelligence dé travailleurs libres et surtout par l'élévation factice des prix, fit de rapides progrès.

Bon Dieu ! qui pourrait dire la confusion que cette découverte jeta dans la situation économique des Welches. Bientôt, elle compromit tout à la fois et la production si dispendieuse du sucre dans le petit îlot des antipodes, et ce qui restait de marine marchande occupée à faire le commerce de cet îlot, et la marine militaire elle-même, qui ne peut se recruter que dans la marine marchande.

En présence de cette perturbation inattendue, tous les Welches se mirent à chercher une issue raisonnable.

Les uns disaient : Revenons peu à peu à l'état de choses qui s'était établi naturellement, avant que d'absurdes systèmes ne nous eussent jetés dans ce désordre. Comme autrefois, faisons du sucre sous forme de vin, de soie, et de toile ; ou plutôt laissons ceux qui veulent du sucre en créer la valeur sous la forme qui leur convient. Alors nous aurons du commerce avec un hémisphère tout entier ; alors notre marine marchande se relèvera et notre marine militaire aussi, si besoin est. Le travail libre, essentiellement progressif, surmontera le travail esclave, essentiellement stationnaire. L'esclavage mourra de sa belle mort, sans qu'il soit nécessaire que les peuples fassent des uns aux autres une police pleine de dangers. Le travail et les capitaux prendront partout la direction la plus avantageuse. Sans doute, pendant la transition, il y aura quelques intérêts froissés. Nous leur viendrons en aide le plus possible. Mais quand on a fait depuis longtemps fausse route, il est puéril de refuser d'entrer dans la bonne voie parce qu'il faut se donner quelque peine.

Ceux qui parlaient ainsi furent traités de novateurs, d'idéologues, de métaphysiciens, de visionnaires, de traîtres, de perturbateurs du repos public.

Les hommes d'État disaient : « Il est indigne de nous de chercher à sortir d'une situation artificielle par un retour vers une situation naturelle. On n'est pas grand homme pour si peu. Le comble de l'art est de tout arranger sans rien déranger. Ne touchons pas à l'esclavage, ce serait dangereux ; ni au sucre de betterave, ce serait injuste ; n'admettons pas le commerce libre avec tout l'autre hémisphère, ce serait la mort de notre colonie ; ne renonçons pas à la colonie, ce serait la mort de notre marine ; et ne restons pas dans le *statu quo*, ce serait la mort de tous les intérêts. »

Ceux-ci acquirent un grand renom d'hommes modérés et pratiques. On disait d'eux : Voilà d'habiles administrateurs, qui savent tenir compte de toutes les difficultés.

Tant il y a que, pendant qu'on cherchait un changement qui ne changeât rien, les choses furent toujours en empirant, jusqu'à ce que survint la solution suprême, le déluge, qui a tranché, en les engloutissant, cette question et bien d'autres. »

67. — MONITA SECRETA.

20 Février 1848.

Un grand nombre d'électeurs protectionnistes catalans ont rédigé, pour leur député, une sorte de Cahier dont une copie nous a été communiquée. En voici quelques extraits assez curieux.

N'oubliez jamais que votre mission est de maintenir et étendre nos priviléges. Vous êtes Catalan d'abord et Espagnol ensuite.

Le ministre vous promettra faveur pour faveur. Il vous dira : Votez les lois qui me conviennent ; j'étendrai ensuite vos monopoles. Ne vous laissez pas prendre à ce piége, et répondez : Étendez d'abord nos monopoles, et je voterai ensuite vos lois.

Ne vous asseyez ni à gauche, ni à droite, ni au centre, Quand on est inféodé au ministère, on n'obtient pas grand'-chose ; et quand on lui fait de l'opposition systématique, on n'obtient rien. Prenez votre siége au centre gauche, ou au centre droit. Les positions intermédiaires sont les meilleures. L'expérience le prouve. Là, on se rend redoutable par les boules noires, et l'on se fait bien venir par les boules blanches.

Lisez à fond dans l'âme du ministre, et aussi dans celle du chef de parti qui aspire à le remplacer. Si l'un est restrictionniste par nécessité et l'autre par instinct, poussez à un changement de cabinet. Le nouvel occupant vous donnera deux garanties au lieu d'une.

Il n'est pas probable que le ministre vous demande jamais des *sacrifices* par amour de la justice, de la liberté, de l'égalité ; mais il pourrait y être conduit par les nécessités du Trésor. Il se peut qu'il vous dise un jour : « Je n'y puis plus tenir. L'équilibre de mon budget est rompu. Il faut que je laisse entrer les produits français pour avoir une occasion de perception. »

Tenez-vous prêt pour cette éventualité, qui est la plus menaçante et même la seule menaçante en ce moment. Il faut avoir deux cordes à votre arc. Entendez-vous avec vos corestrictionnistes du *centre*, et menacez de faire passer un gros bataillon à *gauche*. Le ministre effrayé aura recours à un emprunt, et nous y gagnerons un an, peut-être deux; le peuple payera les intérêts.

Si pourtant le ministre insiste, ayez à lui proposer un nouvel impôt ; par exemple, une taxe sur le vin. Dites que le vin est la *matière imposable* par excellence. Cela est vrai, puisque le vigneron est par excellence le *contribuable débonnaire*.

Surtout ne vous avisez pas, par un zèle mal entendu, de parer le coup en faisant allusion à la moindre réduction de dépenses. Vous vous aliéneriez tous les ministres présents et futurs, et de plus, tous les journalistes, ce qui est fort grave. Vous pouvez bien parler d'*économies* en général, cela rend populaire. Tenez-vous-en au mot. Cela suffit aux électeurs.

Nous venons de parler des journalistes. Vous savez que la presse est le quatrième pouvoir de l'État, nous pourrions dire le premier. Vous ne sauriez employer avec elle une diplomatie trop profonde.

Si, par le plus grand des hasards, il se rencontre un journal disposé à vendre les questions, achetez la nôtre. C'est un moyen fort expéditif. Mais il serait encore mieux d'acheter le silence; c'est moins coûteux, et, à coup sûr, plus prudent. Quand on a contre soi la raison et la justice, le plus sûr est d'étouffer la discussion.

Quant aux théories que vous aurez à soutenir, voici la grande règle :

S'il y a deux manières de produire une chose, que
l'une de ces manières soit dispendieuse et l'autre économique, frapp ez d'une taxe la manière économique au profit
de la manière dispendieuse. Par exemple, si avec soixante
journées de travail consacré à produire de la laine, les Espagnols peuvent faire venir de France dix *varas* de drap, et
qu'il leur faille cent journées de travail pour obtenir ces
dix *varas* de drap en les fabriquant eux-mêmes, favorisez le
second mode aux dépens du premier. Vous ne pouvez vous
figurer tous les avantages qu'il en résultera.

D'abord, tous les hommes qui emploient la manière dispendieuse vous seront reconnaissants et dévoués. Vous aurez en eux un fort appui.

Ensuite, le mode économique disparaissant peu à peu
du pays et le mode dispendieux s'étendant sans cesse, vous
verrez grossir le nombre de vos partisans et s'affaiblir celui de vos adversaires.

Enfin, comme un mode plus dispendieux implique plus
de travail, vous aurez pour vous tous les ouvriers et tous les
philanthropes. Il vous sera aisé, en effet, de montrer combien le travail serait affecté, si on laissait se relever le mode
économique.

Tenez-vous-en à cette première apparence et ne souffrez
pas qu'on aille au fond des choses, car qu'arriverait-il?

Il arriverait que certains esprits, trop enclins à l'investigation, découvriraient bientôt la supercherie. Ils s'aperce-
vraient que si la production des dix *varas* de drap occupe
cent journées, il y a soixante journées de moins consacrées
à la production de la laine, contre laquelle on recevait
autrefois dix *varas* de drap français.

Ne disputez pas sur cette première compensation ; c'est
trop clair, vous seriez battu ; mais montrez toujours les autres quarante journées mises en activité par le mode dispendieux.

. Alors on vous répondra : « Si nous nous en étions tenus au mode économique, le capital qui a été détourné vers la production directe du drap aurait été disponible dans le pays ; il y aurait produit des choses utiles et aurait fait travailler ces quarante ouvriers que vous prétendez avoir tirés de l'oisiveté. Et quant aux produits de leur travail, ils auraient été achetés précisément par les consommateurs de drap, puisque, obtenant à meilleur marché le drap français, une somme de rémunération suffisante pour payer quarante ouvriers serait restée disponible aussi entre leurs mains. »

Ne vous engagez pas dans ces subtilités. Traitez de rêveurs, idéologues, utopistes et économistes ceux qui raisonnent de la sorte.

Ne perdez jamais ceci de vue. Dans ce moment, le public ne pousse pas l'investigation aussi loin. Le plus sûr moyen de lui faire ouvrir les yeux, ce serait de discuter. Vous avez pour vous l'apparence, tenez-vous-y et riez du reste.

Il se peut qu'un beau jour les ouvriers, ouvrant les yeux, disent :

« Puisque vous forcez la cherté des produits par l'opération de la loi, vous devriez bien aussi, pour être justes, forcer la cherté des salaires par l'opération de la loi. »

Laissez tomber l'argument aussi longtemps que possible. Quand vous ne pourrez plus vous taire, répondez : La cherté des produits nous encourage à en faire davantage ; pour cela, il nous faut plus d'ouvriers. Cet accroissement de demande de main-d'œuvre hausse vos salaires, et c'est ainsi que nos priviléges s'étendent à vous *par ricochet*.

L'ouvrier vous répondra peut-être : « Cela serait vrai si l'excédant de production excité par la cherté se faisait au moyen de capitaux tombés de la lune. Mais si vous ne pouvez que les soutirer à d'autres industries, n'y ayant pas augmentation de capital, il ne peut y avoir augmentation de salaires.

Nous en sommes pour payer plus cher les choses qui nous
sont nécessaires, et votre *ricochet* est une déception. »

Donnez-vous alors beaucoup de mal pour expliquer et
embrouiller le mécanisme du *ricochet*.

L'ouvrier pourra insister et vous dire :

« Puisque vous avez tant de confiance dans les *ricochets*,
changeons de rôle. Ne protégez plus les produits, mais protégez les salaires. Fixez-les législativement à un taux élevé.
Tous les prolétaires deviendront riches ; ils achèteront beaucoup de vos produits, et vous vous enrichirez *par ricochet* (1).»

Nous faisons ainsi parler un ouvrier, pour vous montrer
combien il est dangereux d'approfondir les questions. C'est
ce que vous devez éviter avec soin. Heureusement, les ouvriers, travaillant matin et soir, n'ont guère le temps de
réfléchir. Profitez-en ; parlez à leurs passions ; déclamez
contre l'étranger, contre la concurrence, contre la liberté,
contre le capital, afin de détourner leur attention du
privilége.

Attaquez vertement, en toute occasion, les professeurs
d'économie politique. S'il est un point sur lequel ils ne
s'accordent pas, concluez qu'il faut repousser les choses sur
lesquelles ils s'accordent.

Voici le syllogisme dont vous pourrez faire usage :

« Les économistes sont d'accord que les hommes doivent
être égaux devant la loi ;

« Mais ils ne sont pas d'accord sur la *théorie de la rente;*

« Donc ils ne sont pas d'accord sur tous les points ;

« Donc il n'est pas certain qu'ils aient raison quand ils
disent que les hommes doivent être égaux devant la loi ;

« Donc il faut que les lois créent des priviléges pour
nous aux dépens de nos concitoyens. »

(1) V. le pamphlet *Spoliation et Loi*, pages 1 à 15 du tome V.
(*Note de l'éditeur.*)

Ce raisonnement fera un très-bon effet.

Il est un autre mode d'argumentation que vous pourrez employer avec beaucoup de succès.

Observez ce qui se passe sur la surface du globe, et s'il y survient un accident fâcheux quelconque, dites : Voilà ce que fait la liberté.

Si donc Madrid est incendié, et si, pour le reconstruire à moins de frais, on laisse entrer du bois et du fer étrangers, attribuez l'incendie, ou du moins tous les effets de l'incendie, à cette liberté.

Un peuple a labouré, fumé, hersé, semé et sarclé tout son territoire. Au moment de récolter, sa moisson est emportée par un fléau ; ce peuple est placé dans l'alternative ou de mourir de faim, ou de faire venir des subsistances du dehors. S'il prend ce dernier parti, et il le prendra certainement, il y aura un grand dérangement dans ses affaires ordinaires ; cela est infaillible : il éprouvera une crise industrielle et financière. Dissimulez avec soin que cela vaut mieux, après tout, que de mourir d'inanition, et dites : « Si ce peuple n'avait pas eu la liberté de faire venir des susbistances du dehors, il n'aurait pas subi une crise industrielle et financière. » (*V. les n°s* 21 *et* 30.)

Nous pouvons vous assurer, par expérience, que ce raisonnement vous fera grand bonheur.

Quelquefois on invoquera les *principes*. Moquez-vous des principes, ridiculisez les principes, bafouez les principes. Cela fait très-bien auprès d'une nation sceptique.

Vous passerez pour un homme *pratique*, et vous inspirerez une grande confiance.

D'ailleurs vous induirez ainsi la législature à mettre, dans chaque cas particulier, toutes les vérités en question, ce qui nous fera gagner du temps. Songez où en serait l'astronomie, si ce théorème : *Les trois angles d'un triangle sont égaux à deux angles droits*, n'était pas admis, après démonstration, une fois pour toutes, et s'il fallait le prouver en toute rencontre? On n'en finirait pas.

De même, si vos adversaires prouvent que toute restriction entraîne *deux pertes pour un profit*, exigez qu'ils recommencent la démonstration dans chaque cas particulier, et dites hardiment qu'en économie politique il n'y a pas de *vérité absolue* (¹).

Profitez de l'immense avantage d'avoir affaire à une nation qui pense que rien n'est vrai ni faux.

Conservez toujours votre position actuelle à l'égard de nos adversaires.

Que demandons-nous? des priviléges.

Que demandent-ils? la liberté.

Ils ne veulent pas usurper nos droits, ils se contentent de défendre les leurs.

Heureusement, dans leur ardeur impatiente, ils sont assez mauvais tacticiens pour chercher des preuves. Laissez-les faire. Ils s'imposent ainsi le rôle qui nous revient. Faites semblant de croire qu'ils proposent un système nouveau, étrange, compliqué, hasardeux, et que l'*onus probandi* leur incombe. Dites que vous, au contraire, ne mettez en avant ni *théorie* ni *système*. Vous serez affranchi de rien prouver. Tous les hommes modérés seront pour vous.

(¹) V. ci-dessus les nᵒˢ 57 et 58, pages 377 et 384, et V. au tome IV, pages 79, 86 et 94, les chap. XIII, XIV et XVIII de la première série des *Sophismes.* (*Note de l'éditeur.*)

68. — PETITES AFFICHES DE JACQUES BONHOMME ([1]).

12 Mars 1848.

I

SOULAGEMENT IMMÉDIAT DU PEUPLE.

PEUPLE,

On te dit : « Tu n'as pas assez pour vivre; que l'État y ajoute ce qui manque. « Qui ne le voudrait, si c'était possible?

Mais, hélas! la caisse du percepteur n'est pas l'urne de Cana.

Quand Notre-Seigneur mettait un litre de vin dans cette urne, il en sortait deux; mais quand tu mets cent sous dans la caisse du buraliste, il n'en sort pas dix francs; il n'en sort pas même cent sous, car le buraliste en garde quelques-uns pour lui.

Comment donc ce procédé augmenterait-il ton travail ou ton salaire?

Ce qu'on te conseille se réduit à ceci : Tu donneras cinq francs à l'État contre rien, et l'État te donnera quatre francs contre ton travail. Marché de dupe.

Peuple, comment l'État pourra-t-il te faire vivre, puisque c'est toi qui fais vivre l'État?

Voici le mécanisme des ateliers de charité réduits en système ([2]) :

([1]) Parmi les nombreux journaux que fit éclore le 24 février 1848, et qui n'eurent qu'une existence éphémère, il faut compter le *Jacques Bonhomme*, à la rédaction duquel Bastiat donna son concours. Cette feuille, qui aspirait à éclairer le peuple, contenait un article final destiné à être affiché et mis ainsi gratuitement sous les yeux des passants.
                                    (*Note de l'éditeur.*)
([2]) Jacques Bonhomme n'entend pas critiquer les mesures d'urgence.

L'État te prend six pains, il en mange deux, et exige ton travail pour t'en rendre quatre. Si, maintenant, tu lui demandes huit pains, il ne peut faire autre chose que ceci : t'en prendre douze, en manger quatre, et te faire gagner le reste.

Peuple, sois plus avisé; fais comme les républicains d'Amérique : donne à l'État le strict nécessaire *et garde le reste pour toi*.

Demande la suppression des fonctions inutiles, la réduction des gros traitements, l'abolition des priviléges, monopoles et entraves, la simplification des rouages administratifs.

Au moyen de ces économies, exige la suppression de l'octroi, celle de l'impôt du sel, celle de la taxe sur les bestiaux et sur le blé.

Ainsi la vie sera à meilleur marché, et, étant à meilleur marché, chacun aura un petit reliquat sur son salaire actuel; — et au moyen de ce petit reliquat multiplié par trente-six millions d'habitants, chacun pourra aborder et payer une consommation nouvelle; — et chacun consommant un peu plus, nous nous procurerons tous un peu plus de travail les uns aux autres; — et puisque le travail sera plus demandé dans le pays, les salaires hausseront; — et alors, peuple, tu auras résolu le problème : gagner plus de sous et obtenir plus de choses pour chaque sou.

Ce n'est pas si brillant que la prétendue urne de Cana du Luxembourg, mais c'est sûr, solide, praticable, immédiat et juste.

II

FUNESTE REMÈDE.

Quand notre frère souffre, il faut le soulager.

Mais ce n'est pas la bonté de l'intention qui fait la bonté

de la potion. On peut très-charitablement donner un remède qui tue.

Un pauvre ouvrier était malade ; le docteur arrive, lui tâte le pouls, lui fait tirer la langue et lui dit : Brave homme, vous n'êtes pas assez nourri. — Je le crois, dit le moribond ; j'avais pourtant un vieux médecin fort habile. Il me donnait les trois quarts d'un pain tous les soirs. Il est vrai qu'il m'avait pris le pain tout entier le matin, et en avait gardé le quart pour ses honoraires. Je l'ai chassé, voyant que ce régime ne me guérissait pas. — L'ami, mon confrère était un ignorant intéressé. Il ne voyait pas que votre sang est appauvri. Il faut *réorganiser* cela. Je vais vous introduire du sang nouveau dans le bras gauche ; pour cela il faudra que je vous le tire du bras droit. Mais pourvu que vous ne teniez aucun compte ni du sang qui sortira du bras droit ni de celui qui se perdra dans l'opération, vous trouverez *ma* recette admirable.

Voilà où nous en sommes. L'État dit au peuple : « Tu n'as pas assez de pain, je vais t'en donner. Mais comme je n'en fais pas, je commencerai par te le prendre, et, après avoir satisfait mon appétit, qui n'est pas petit, je te ferai gagner le reste. »

Ou bien : « Tu n'as pas assez de salaires, paye-moi plus d'impôts. J'en distribuerai une partie à mes agents, et avec le surplus, je te ferai travailler. »

Et si le peuple, n'ayant des yeux que pour le pain qu'on lui donne, perd de vue celui qu'on lui prend ; si, voyant le petit salaire que la taxe lui procure, il ne voit pas le gros salaire qu'elle lui ôte, on peut prédire que sa maladie s'aggravera.

69. — CIRCULAIRES D'UN MINISTÈRE INTROUVABLE.

19 Mars 1848.

*Le ministre de l'intérieur à MM. les commissaires du gouverne-
nement, préfets, maires, etc.*

Les élections approchent ; vous désirez que je vous indique la ligne de conduite que vous avez à tenir ; la voici :
Comme citoyens, je n'ai rien à vous prescrire, si ce n'est
de puiser vos inspirations dans votre conscience et dans
l'amour du bien public. Comme fonctionnaires, respectez
et faites respecter les libertés des citoyens. -

Nous interrogeons le pays. Ce n'est pas pour lui arracher, par l'intimidation ou la ruse, une réponse menson-
gère. Si l'Assemblée nationale a des vues conformes aux
nôtres, nous gouvernerons, grâce à cette union, avec une
autorité immense. Si elle ne pense pas comme nous, il ne
nous restera qu'à nous retirer et nous efforcer de la ramener à nous par une discussion loyale. L'expérience nous
avertit de ce qu'il en coûte de vouloir gouverner avec des
majorités factices.

Le ministre du commerce aux négociants de la République.

CITOYENS,

Mes prédécesseurs ont fait ou ont eu l'air de faire de
grands efforts pour vous procurer des affaires. Ils s'y sont
pris de toutes façons, sans autres résultats que celui-ci :
aggraver les charges de la nation et nous créer des obstacles. Tantôt ils forçaient les exportations par des primes;
tantôt ils gênaient les importations par des entraves. Il

leur est arrivé souvent de s'entendre avec leurs collègues de la marine et de la guerre pour s'emparer d'une petite île perdue dans l'Océan, et quand, après force emprunts et batailles, on avait réussi, on vous donnait, comme Français, le privilège exclusif de trafiquer avec la petite île, à la condition de ne plus trafiquer avec le reste du monde.

Tous ces tâtonnements ont conduit à reconnaître la vérité de cette règle, dans laquelle se confondent et votre intérêt propre, et l'intérêt national, et l'intérêt de l'humanité : *acheter et vendre là où on peut le faire avec le plus d'avantage.*

Or, comme c'est là ce que vous faites naturellement sans que je m'en mêle, je suis réduit à avouer que mes fonctions sont plus qu'inutiles; je ne suis pas même la *mouche du coche.*

C'est pourquoi je vous donne avis que mon ministère est supprimé. La République supprime en même temps toutes les entraves dans lesquelles mes prédécesseurs vous ont enlacés, et tous les impôts qu'il faut bien faire payer au peuple pour mettre ces entraves en action. Je vous prie de me pardonner le tort que je vous ai fait ; et pour me prouver que vous n'avez pas de rancune, j'espère que l'un d'entre vous voudra bien m'admettre comme commis dans ses bureaux, afin que j'apprenne le commerce, pour lequel mon court passage au ministère m'a donné du goût.

———

Le ministre de l'agriculture aux agriculteurs.

CITOYENS,

Un heureux hasard m'a suggéré une pensée qui ne s'était jamais présentée à l'esprit de mes prédécesseurs; c'est que vous appartenez comme moi à l'espèce humaine. Vous avez une intelligence pour vous en servir, et, de plus, cette source véritable de tous progrès, le désir d'améliorer votre condition.

Partant de là, je me demande à quoi je puis vous servir. Vous enseignerai-je l'agriculture? Mais il est probable que vous la savez mieux que moi. Vous inspirerai-je le désir de substituer les bonnes pratiques aux mauvaises? Mais ce désir est en vous au moins autant qu'en moi. Votre intérêt le fait naitre, et je ne vois pas comment mes circulaires pourraient parler à vos oreilles plus haut que votre propre intérêt.

Le prix des choses vous est connu. Vous avez donc une règle qui vous indique ce qu'il vaut mieux produire ou ne produire pas. Mon prédécesseur voulait vous procurer du travail manufacturier pour occuper vos jours de chômage. Vous pourriez, disait-il, vous livrer à ce travail avec avantage pour vous et pour le consommateur. Mais de deux choses l'une : où cela est vrai, et alors qu'est-il besoin d'un ministère pour vous signaler un travail lucratif à votre portée? Vous le découvrirez bien vous-mêmes, si vous n'êtes pas d'une race inférieure frappée d'idiotisme ; hypothèse sur laquelle est basé mon ministère et que je n'admets pas. Ou cela n'est pas vrai; en ce cas, combien ne serait-il pas dommageable que le ministre imposât un travail stérile à tous les agriculteurs de France, par mesure administrative !

Jusqu'ici, mes collaborateurs et moi nous sommes donné beaucoup de mouvement sans aucun résultat, si ce n'est de vous faire payer des taxes, car notez bien qu'à chacun de nos mouvements répond une taxe. Cette circulaire même n'est pas gratuite. Ce sera la dernière. Désormais, pour faire prospérer l'agriculture, comptez sur vos efforts et non sur ceux de mes bureaucrates; tournez vos yeux sur vos champs et non sur un hôtel de la rue de Grenelle.

———

Le ministre des cultes aux ministres de la religion.

CITOYENS,

Cette lettre a pour objet de prendre congé de vous. La liberté des cultes est proclamée. Vous n'aurez affaire désormais, comme tous les citoyens, qu'au ministre de la justice. Je veux dire que si, ce que je suis loin de prévoir, vous usez de votre liberté de manière à blesser la liberté d'autrui, troubler l'ordre, ou choquer l'honnêteté, vous rencontrerez infailliblement la répression légale, à laquelle nul ne doit être soustrait. Hors de là, vous agirez comme vous l'entendrez, et cela étant, je ne vois pas en quoi je puis vous être utile. Moi et toute la vaste administration que je dirige, nous devenons un fardeau pour le public. Ce n'est pas assez dire; car à quoi pourrions-nous occuper notre temps sans porter atteinte à la liberté de conscience? Évidemment, tout fonctionnaire qui ne fait pas une chose utile, en fait une nuisible par cela seul qu'il agit. En nous retirant, nous remplissons donc deux conditions du programme républicain : économie, liberté.

Le Secrétaire du ministère introuvable,

F. B.

70. — FUNESTES ILLUSIONS.

Journal des Économistes, mars 1848.

LES CITOYENS FONT VIVRE L'ÉTAT.
L'ÉTAT NE PEUT FAIRE VIVRE LES CITOYENS.

Il m'est quelquefois arrivé de combattre le Privilége par la plaisanterie. C'était, ce me semble, bien excusable. Quand quelques-uns veulent vivre aux dépens de tous, il est bien permis d'infliger la piqûre du ridicule au petit nombre qui exploite et à la masse exploitée.

Aujourd'hui, je me trouve en face d'une autre illusion. Il ne s'agit plus de priviléges particuliers, il s'agit de transformer le privilége en droit commun. La nation tout entière a conçu l'idée étrange qu'elle pouvait accroître indéfiniment la substance de sa vie, en la livrant à l'État sous forme d'impôts, afin que l'État la lui rende en partie sous forme de travail, de profits et de salaires. On demande que l'État assure le bien-être à tous les citoyens; et une longue et triste procession, où tous les ordres de travailleurs sont représentés, depuis le roide banquier jusqu'à l'humble blanchisseuse, défile devant le *grand organisateur* pour solliciter une assistance pécuniaire.

Je me tairais s'il n'était question que de mesures provisoires, nécessitées et en quelque sorte justifiées par la commotion de la grande révolution que nous venons d'accomplir; mais ce qu'on réclame, ce ne sont pas des remèdes exceptionnels, c'est l'application d'un système. Oubliant que la bourse des citoyens alimente celle de l'État, on veut que la bourse de l'État alimente celle des citoyens.

Ah! ce n'est pas avec l'ironie et le sarcasme que je m'efforcerai de dissiper cette funeste illusion; car, à mes yeux du moins, elle jette un voile sombre sur l'avenir ; et c'est là, je le crains bien, l'écueil de notre chère République.

D'ailleurs, comment avoir le courage de s'en prendre au peuple, s'il ignore ce qu'on lui a toujours défendu d'apprendre, s'il nourrit dans son cœur des espérances chimériques qu'on s'est appliqué à y faire naître ?

Que faisaient naguère et que font encore les puissants du siècle, les grands propriétaires, les grands manufacturiers? Ils demandaient à la loi des suppléments de profits, au détriment de la masse. Est-il surprenant que la masse, aujourd'hui en position de faire la loi, lui demande aussi un supplément de salaires? Mais, hélas ! il n'y a pas au-dessous d'elle une autre masse d'où cette source de subventions puisse jaillir. Le regard attaché sur le pouvoir, les industriels s'étaient transformés en solliciteurs. Faites-moi vendre mieux mon blé ! faites-moi tirer un meilleur parti de ma viande ! Élevez artificiellement le prix de mon fer, de mon drap, de ma houille ! Tels étaient les cris qui assourdissaient la Chambre privilégiée. Est-il surprenant que le peuple victorieux se fasse solliciteur à son tour ! Mais, hélas ! si la loi peut, à la rigueur, faire des largesses à quelques privilégiés, aux dépens de la nation, comment concevoir qu'elle fasse des largesses à la nation tout entière?

Quel exemple donne en ce moment même la classe moyenne? On la voit obséder le gouvernement provisoire et se jeter sur le budget comme sur une proie. Est-il surprenant que le peuple manifeste aussi l'ambition bien humble de vivre au moins en travaillant ?

Que disaient sans cesse les gouvernants? A la moindre lueur de prospérité, ils s'en attribuaient sans façon tout le mérite; ils ne parlaient pas des vertus populaires qui en sont la base, de l'activité, de l'ordre, de l'économie des travailleurs. Non, cette prospérité, d'ailleurs fort douteuse, ils s'en disaient les auteurs. Il n'y a pas encore deux mois que j'entendais le ministre du commerce dire : « Grâce à l'intervention active du gouvernement, grâce à la sagesse du roi, grâce au patronage des sciences, toutes les classes industrielles sont florissantes. » Faut-il s'étonner que le peuple ait fini par croire que le bien-être lui venait d'en haut comme une manne céleste, et qu'il tourne maintenant ses regards vers les régions du pouvoir? Quand on s'attribue le mérite de tout le bien qui arrive, on encourt la responsabilité de tout le mal qui survient.

Ceci me rappelle un curé de notre pays. Pendant les premières années de sa résidence, il ne tomba pas de grêle dans la commune; et il était parvenu à persuader aux bons villageois que ses prières avaient l'infaillible vertu de chasser les orages. Cela fut bien tant qu'il ne grêla pas; mais, à la première apparition du fléau, il fut chassé de la paroisse. On lui disait : C'est donc par mauvaise volonté que vous avez permis à la tempête de nous frapper?

La République s'est inaugurée par une semblable déception. Elle a jeté cette parole au peuple, si bien préparé d'ailleurs à la recevoir : «Je garantis le bien-être à tous les citoyens. » Et puisse cette parole ne pas attirer des tempêtes sur notre patrie!

Le peuple de Paris s'est acquis une gloire éternelle par son courage.

Il a excité l'admiration du monde entier par son amour pour l'ordre public, son respect pour tous les droits et toutes les propriétés.

Il lui reste à accomplir une tâche bien autrement difficile, il lui reste à repousser de ses lèvres la coupe empoisonnée qu'on lui présente. Je le dis avec conviction, tout l'avenir de la République repose aujourd'hui sur son bon sens. Il n'est plus question de la droiture de ses intentions, personne ne peut les méconnaître; il s'agit de la droiture de ses instincts. La glorieuse révolution qu'il a accomplie par son courage, qu'il a préservée par sa sagesse, n'a plus à courir qu'un danger : la déception; et contre ce danger, il n'y a qu'une planche de salut : la sagacité du peuple.

Oui, si des voix amies avertissent le peuple, si des mains courageuses lui ouvrent les yeux, quelque chose me dit que la République évitera le gouffre béant qui s'ouvre devant elle; et alors quel magnifique spectacle la France donnera au monde! Un peuple triomphant de ses ennemis et de ses faux amis, un peuple vainqueur des passions d'autrui et de ses propres illusions !

Je commence par dire que les institutions qui pesaient sur nous, il y a à peine quelques jours, n'ont pas été renversées, que la République, ou le gouvernement de tous par tous, n'a pas été fondé pour laisser le peuple (et par ce mot j'entends maintenant la classe des travailleurs, des salariés, ou ce qu'on appelait des prolétaires) dans la même condition où elle était avant.

C'est la volonté de tous, et c'est sa propre volonté, que sa condition change.

Mais deux moyens se présentent, et ces moyens ne sont pas seulement différents, ils sont, il faut bien le dire, diamétralement opposés.

L'école qu'on appelle *économiste* propose la destruction immédiate de tous les priviléges, de tous les monopoles, la suppression immédiate de toutes les fonctions inutiles, la réduction immédiate de tous les traitements exagérés, une diminution profonde des dépenses publiques, le remaniement de l'impôt, de manière à faire disparaître tous ceux qui pèsent sur les consommations du peuple, qui enchaînent ses mouvements et paralysent le travail. Elle demande, par exemple, que l'octroi, l'impôt sur le sel, les taxes sur l'entrée des subsistances et des instruments de travail, soient sur-le-champ abolis.

Elle demande que ce mot *liberté*, qui flotte avec toutes

nos bannières, qui est inscrit sur tous nos édifices, soit enfin une vérité.

Elle demande qu'après avoir payé au gouvernement ce qui est indispensable pour maintenir la sécurité intérieure et extérieure, pour réprimer les fraudes, les délits et les crimes, et pour subvenir aux grands travaux d'utilité nationale, LE PEUPLE GARDE LE RESTE POUR LUI.

Elle assure que mieux le peuple pourvoira à la sûreté des personnes et des propriétés, plus rapidement se formeront les capitaux.

Qu'ils se formeront avec d'autant plus de rapidité, que le peuple saura mieux *garder pour lui* ses salaires, au lieu de les livrer, par l'impôt, à l'État.

Que la formation rapide des capitaux implique nécessairement la hausse rapide des salaires, et par conséquent l'élévation progressive des classes ouvrières en bien-être, en indépendance, en instruction et en dignité.

Ce système n'a pas l'avantage de promettre la réalisation instantanée du bonheur universel; mais il nous paraît simple, immédiatement praticable, conforme à la justice, fidèle à la liberté, et de nature à favoriser toutes les tendances humaines vers l'égalité et la fraternité. J'y reviendrai après avoir exposé et approfondi les vues d'une autre école, qui paraît en ce moment prévaloir dans les sympathies populaires.

Celle-ci veut aussi le bien du peuple; mais elle prétend le réaliser par voie directe. Sa prétention ne va à rien moins qu'à augmenter le bien-être des masses, c'est-à-dire accroître leurs consommations tout en diminuant leur travail; et, pour accomplir ce miracle, elle imagine de puiser des suppléments de salaires soit dans la caisse commune, soit dans les profits exagérés des entrepreneurs d'industrie.

C'est ce système dont je me propose de signaler les dangers.

Qu'on ne se méprenne pas à mes paroles. Je n'entends pas ici condamner l'*association volontaire*. Je crois sincèrement que l'*association* fera faire de grands progrès en tous sens à l'humanité. Des essais sont faits en ce moment, notamment par l'administration du chemin du Nord et celle du journal *la Presse*. Qui pourrait blâmer ces tentatives ? Moi-même, avant d'avoir jamais entendu parler de l'*école sociétaire*, j'avais conçu un projet d'association agricole destiné à perfectionner le métayage. Des raisons de santé m'ont seules détourné de cette entreprise.

Mes doutes ont pour objet, ou, pour parler franchement, ma conviction énergique repousse de toutes ses forces cette tendance manifeste, que vous avez sans doute remarquée, qui vous entraîne aussi peut-être, à invoquer en toutes choses l'intervention de l'État, c'est-à-dire la réalisation de nos utopies, ou, si l'on veut, de nos systèmes, avec la *contrainte légale* pour principe, et l'*argent du public* pour moyen.

On a beau inscrire sur son drapeau *Association volontaire*, je dis que lorsqu'on appelle à son aide la loi et l'impôt, l'enseigne est aussi menteuse qu'elle puisse l'être, puisqu'il n'y a plus alors ni *association* ni *volonté*.

Je m'attacherai à démontrer que l'intervention exagérée de l'État ne peut accroître le bien-être des masses, et qu'elle tend au contraire à le diminuer ;

Qu'elle efface le premier mot de notre devise républicaine, le mot *liberté* ;

Que si elle est fausse en principe, elle est particulièrement dangereuse pour la France, et qu'elle menace d'engloutir, dans un grand et irréparable désastre, et les fortunes particulières, et la fortune publique, et le sort des classes ouvrières, et les institutions, et la République.

Je dis, d'abord, que les promesses de ce déplorable système sont illusoires.

Et, en vérité, cela me semble si clair, que j'aurais honte de me livrer à cet égard à une longue démonstration, si des faits éclatants ne me prouvaient que cette démonstration est nécessaire.

Car quel spectacle nous offre le pays ?

A l'Hôtel-de-Ville la *curée des places*, au Luxembourg la *curée des salaires*. Là, ignominie ; ici, cruelle déception.

Quant à la *curée des places*, il semble que le remède serait de supprimer toutes les fonctions inutiles, de réduire le traitement de celles qui excitent la convoitise ; mais on laisse cette proie tout entière à l'avidité de la bourgeoisie, et elle s'y précipite avec fureur.

Aussi qu'arrive-t-il ? Le peuple, de son côté, le peuple des travailleurs, témoin des douceurs d'une existence assurée sur les ressources du public, oubliant qu'il est lui-même ce public, oubliant que le budget est formé de sa chair et de son sang, demande, lui aussi, qu'on lui prépare une curée.

De longues députations se pressent au Luxembourg, et que demandent-elles ? L'accroissement des salaires, c'est-à-dire, en définitive, une amélioration dans les moyens d'existence des travailleurs.

Mais ceux qui assistent personnellement à ces députations, n'agissent pas seulement pour leur propre compte. Ils entendent bien représenter toute la grande confraternité des travailleurs qui peuplent nos villes aussi bien que nos campagnes.

Le bien-être matériel ne consiste pas à gagner plus d'argent. Il consiste à être mieux nourri, vêtu, logé, chauffé, éclairé, instruit, etc., etc.

Ce qu'ils demandent donc, en allant au fond des choses, c'est qu'à dater de l'ère glorieuse de notre révolution, chaque Français appartenant aux classes laborieuses ait plus de pain, de vin, de viande, de linge, de meubles, de fer, de combustible, de livres, etc., etc.

Et, chose qui passe toute croyance, plusieurs veulent en même temps que le travail qui produit ces choses soit diminué. Quelques-uns même, heureusement en petit nombre, vont jusqu'à solliciter la destruction des machines.

Se peut-il concevoir une contradiction plus flagrante ?

A moins que le miracle de l'urne de Cana ne se renouvelle dans la caisse du percepteur, comment veut-on que l'État y puise plus que le peuple n'y a mis ? Croit-on que, pour chaque pièce de cent sous qui y entre, il soit possible d'en faire sortir dix francs ? Hélas ! c'est tout le contraire. La pièce de cent sous que le peuple y jette tout entière n'en sort que fort ébréchée, car il faut bien que le percepteur en garde une partie pour lui.

En outre, que signifie l'argent ? Quand il serait vrai qu'on peut puiser dans le Trésor public un fonds de salaires autre que celui que le public lui-même y a mis, en serait-on plus avancé ? Ce n'est pas d'argent qu'il s'agit, mais d'aliments, de vêtements, de logement, etc.

Or, l'*organisateur* qui siége au Luxembourg a-t-il la puissance de multiplier ces choses par des décrets ? ou peut-il faire que, si la France produit 60 millions d'hectolitres de blé, chacun de nos 36 millions de concitoyens en reçoive 3 hectolitres, et de même pour le fer, le drap, le combustible ?

Le recours au Trésor public, comme système général, est donc déplorablement faux. Il prépare au peuple une cruelle déception.

On dira sans doute : « Nul ne songe à de telles absurdités. Mais il est certain que les uns ont trop en France, et les autres pas assez. Ce à quoi l'on vise, c'est à un juste nivellement, à une plus équitable répartition. »

Examinons la question à ce point de vue.

Si l'on voulait dire qu'après avoir retranché tous les impôts qui peuvent l'être, il faut, autant que possible, faire

40.

peser ceux qui restent sur la classe qui peut le mieux les supporter, on ne ferait qu'exprimer nos vœux. Mais cela est trop simple pour des *organisateurs;* c'est bon pour des *économistes.*

Ce qu'on veut, c'est que tout Français soit bien pourvu de toutes choses. On a annoncé d'avance que l'État garantissait le bien-être à tout le monde ; et la question est de savoir s'il y a moyen de presser assez la classe riche, en faveur de la classe pauvre, pour atteindre ce résultat.

Poser la question, c'est la résoudre ; car, pour que tout le monde ait plus de pain, de vin, de viande, de drap, etc., il faut que le pays en produise davantage ; et comment pourrait-on en prendre à une seule classe, même à la classe riche, plus que toutes les classes ensemble n'en produisent ?

D'ailleurs, remarquez-le bien : il s'agit ici de l'impôt. Il s'élève déjà à un milliard et demi. Les tendances que je combats, loin de permettre aucun retranchement, conduisent à des aggravations inévitables.

Permettez-moi un calcul approximatif.

Il est fort difficile de poser le chiffre exact des deux classes ; cependant on peut en approcher.

Sous le régime qui vient de tomber, il y avait 250 mille électeurs. A quatre individus par famille, cela répond à un million d'habitants, et chacun sait que l'électeur à 200 francs était bien près d'appartenir à la classe des propriétaires malaisés. Cependant, pour éviter toute contestation, attribuons à la classe riche, non-seulement ce million d'habitants, mais seize fois ce nombre. La concession est déjà raisonnable. Nous avons donc seize millions de riches et vingt millions sinon de pauvres, du moins de frères qui ont besoin d'être secourus. Si l'on suppose qu'un supplément bien modique de 25 cent. par jour est indispensable pour réaliser des vues philanthropiques plus bienveillantes qu'éclairées, c'est un impôt de cinq millions par jour ou près de deux milliards par an, nous pouvons même dire deux milliards avec les frais de perception.

Nous payons déjà un milliard et demi. J'admets qu'avec un système d'administration plus économique on réduise ce chiffre d'un tiers : il faudrait toujours prélever *trois milliards*. Or, je le demande, peut-on songer à prélever trois milliards sur les seize millions d'habitants les plus riches du pays ?

Un tel impôt serait de la confiscation, et voyez les conséquences. Si, en fait, toute propriété était confisquée à mesure qu'elle se forme, qui est-ce qui se donnerait la peine de créer de la propriété ? On ne travaille pas seulement pour vivre au jour le jour. Parmi les stimulants du travail, le plus puissant peut-être, c'est l'espoir d'acquérir quelque chose pour ses vieux jours, d'établir ses enfants, d'améliorer le sort de sa famille. Mais si vous arrangez votre système financier de telle sorte que toute propriété soit confisquée à mesure de sa formation, alors, nul n'étant intéressé ni au travail ni à l'épargne, le capital ne se formera pas ; il décroîtra avec rapidité, si même il ne déserte pas subitement à l'étranger ; et, alors, que deviendra le sort de cette classe même que vous aurez voulu soulager ?

J'ajouterai ici une vérité qu'il faut bien que le peuple apprenne.

Quand dans un pays l'impôt est très-modéré, il est possible de le répartir selon les règles de la justice et de le prélever à peu de frais. Supposez, par exemple, que le budget de la France ne s'élevât pas au delà de cinq à six cents millions. Je crois sincèrement qu'on pourrait, dans cette hypothèse, inaugurer l'*impôt unique*, assis sur la propriété réalisée (mobilière et immobilière).

Mais lorsque l'État soutire à la nation le quart, le tiers, la moitié de ses revenus, il est réduit à agir de ruse, à multiplier les sources de recettes, à inventer les taxes les plus

bizarres, et en même temps les plus vexatoires. Il fait en
sorte que la taxe se confonde avec le prix des choses, afin
que le contribuable la paye sans s'en douter. De là les impôts de consommation, si funestes aux libres mouvements
de l'industrie. Or quiconque s'est occupé de finances sait
bien que ce genre d'impôt n'est productif qu'à la condition
de frapper les objets de la consommation la plus générale.
On a beau fonder des espérances sur les taxes somptuaires,
je les appelle de tous mes vœux par des motifs d'équité,
mais elles ne peuvent jamais apporter qu'un faible contingent à un gros budget. Le peuple se ferait donc complète-
ment illusion s'il pensait qu'il est possible, même au gouvernement le plus populaire, d'aggraver les dépenses
publiques, déjà si lourdes, et en même temps de les mettre
exclusivement à la charge de la classe riche.

Ce qu'il faut remarquer, c'est que, dès l'instant qu'on a
recours aux impôts de consommation (ce qui est la conséquence nécessaire d'un lourd budget), l'égalité des charges
est rompue, parce que les objets frappés de taxes entrent
beaucoup plus dans la consommation du pauvre que dans
celle du riche, proportionnellement à leurs ressources
respectives.

En outre, à moins d'entrer dans les inextricables difficultés
des classifications, on met sur un objet donné, le vin, par
exemple, un impôt uniforme, et l'injustice saute aux yeux.
Le travailleur, qui achète un litre de vin de 50 c. le litre,
grevé d'un impôt de 50 c., paye 100 pour 100. Le millionnaire, qui boit du vin de Lafitte de 10 francs la bouteille,
paye 5 pour 100.

Sous tous les rapports, c'est donc la classe ouvrière qui
est intéressée à ce que le budget soit réduit à des proportions qui permettent de simplifier et égaliser les impôts. Mais pour cela il ne faut pas qu'elle se laisse éblouir
par tous ces projets philanthropiques, qui n'ont qu'un

seul résultat certain : celui d'exagérer les charges nationales.

Si l'exagération de l'impôt est incompatible avec l'égalité contributive, et avec cette sécurité indispensable pour que le capital se forme et s'accroisse, elle n'est pas moins incompatible avec la liberté.

Je me rappelle avoir lu dans ma jeunesse une de ces sentences si familières à M. Guizot, alors simple professeur suppléant. Pour justifier les lourds budgets, qui semblent les corollaires obligés des monarchies constitutionnelles, il disait : *La liberté est un bien si précieux qu'un peuple ne doit jamais la marchander.* Dès ce jour, je me dis : M. Guizot peut avoir des facultés éminentes, mais ce serait assurément un pitoyable homme d'État.

En effet, la liberté est un bien très-précieux et qu'un peuple ne saurait payer trop cher. Mais la question est précisément de savoir si un peuple surtaxé peut être libre, s'il n'y a pas incompatibilité radicale entre la liberté et l'exagération de l'impôt.

Or, j'affirme que cette incompatibilité est radicale.

Remarquons, en effet, que la fonction publique n'agit pas sur les choses, mais sur les hommes ; et elle agit sur eux avec autorité. Or l'action que certains hommes exercent sur d'autres hommes, avec l'appui de la loi et de la force publique, ne saurait jamais être neutre. Elle est essentiellement nuisible, si elle n'est pas essentiellement utile.

Le service de fonctionnaire public n'est pas de ceux dont on débat le prix, qu'on est maître d'accepter ou de refuser. Par sa nature, il est *imposé.* Quand un peuple ne peut faire mieux que de confier un *service* à la force publique, comme lorsqu'il s'agit de sécurité, d'indépendance nationale, de répression des délits et des crimes, il faut bien qu'il crée cette autorité et s'y soumette.

Mais s'il fait passer dans le service public ce qui aurait fort bien pu rester dans le domaine des services privés, il s'ôte la faculté de débattre le sacrifice qu'il veut faire en échange de ces services, il se prive du droit de les refuser; il diminue la sphère de sa liberté.

On ne peut multiplier les fonctionnaires sans multiplier les fonctions. Ce serait trop criant. Or, multiplier les fonctions, c'est multiplier les atteintes à la liberté.

Comment un monarque peut-il confisquer la liberté des cultes? En ayant un clergé à gages.

Comment peut-il confisquer la liberté de l'enseignement? En ayant une université à gages.

Que propose-t-on aujourd'hui? De faire le commerce et les transports par des fonctionnaires publics. Si ce plan se réalise, nous payerons plus d'impôts, et nous serons moins libres.

Vous voyez donc bien que, sous des apparences philanthropiques, le système qu'on préconise aujourd'hui est illusoire, injuste, qu'il détruit la sécurité, qu'il nuit à la formation des capitaux et, par là, à l'accroissement des salaires, enfin, qu'il porte atteinte à la liberté des citoyens.

Je pourrais lui adresser bien d'autres reproches. Il me serait facile de prouver qu'il est un obstacle insurmontable à tout progrès, parce qu'il paralyse le ressort même du progrès, la vigilance de l'intérêt privé.

Quels sont les modes d'activité humaine qui offrent le spectacle de la stagnation la plus complète? Ne sont-ce pas précisément ceux qui sont confiés aux services publics? Voyez l'enseignement. Il en est encore où il en était au moyen âge. Il n'est pas sorti de l'étude de deux langues mortes, étude si rationnelle autrefois, et si irrationnelle aujourd'hui. Non-seulement on enseigne les mêmes choses, mais on les enseigne par les mêmes méthodes. Quelle industrie, excepté celle-là, en est restée où elle en était il y a cinq siècles?

Je pourrais accuser aussi l'exagération de l'impôt et la

multiplication des fonctions de développer cette ardeur effrénée pour les places qui, en elle-même et par ses conséquences, est la plus grande plaie des temps modernes. Mais
l'espace me manque, et je confie ces considérations à la
sagacité du lecteur.

Je ne puis m'empêcher, cependant, de considérer la
question au point de vue de la situation particulière où la
révolution de Février a placé la France.

Je n'hésite pas à le dire : si le bon sens du peuple, si le
bon sens des ouvriers ne fait pas bonne et prompte justice
des folles et chimériques espérances que, dans une soif
désordonnée de popularité, on a jetées au milieu d'eux, ces
espérances déçues seront la fatalité de la République.

Or elles seront déçues, parce qu'elles sont chimériques.
Je l'ai prouvé. On a promis ce qu'il est matériellement impossible de tenir.

Quelle est notre situation? En mourant, la monarchie
constitutionnelle nous laisse pour héritage une dette dont
l'intérêt seul grève nos finances d'un fardeau annuel de
trois cents millions, sans compter une somme égale de
dette flottante.

Elle nous laisse l'Algérie, qui nous coûtera pendant longtemps cent millions par an.

Sans nous attaquer, sans même nous menacer, les rois
absolus de l'Europe n'ont qu'à maintenir leurs forces militaires actuelles pour nous forcer à conserver les nôtres. De
ce chef, c'est cinq à six cents millions à inscrire au budget
de la guerre et de la marine.

Enfin, il reste tous les services publics, tous les frais de
perception, tous les travaux d'utilité nationale.

Faites le compte, arrangez les chiffres comme vous voudrez, et vous verrez que le budget des dépenses est inévi-
tablement énorme.

Il est à présumer que les sources ordinaires des recettes

seront moins productives, dès la première année de la révolution. Supposez que le déficit qu'elles présenteront soit compensé par la suppression des sinécures et le retranchement des fonctions parasites.

Le résultat forcé n'en est pas moins qu'il est déjà bien difficile de donner actuellement satisfaction au contribuable.

Et c'est dans ce moment que l'on jette au milieu du peuple le vain espoir qu'il peut, lui aussi, puiser la vie dans ce même trésor, qu'il alimente de sa propre vie !

C'est dans ce moment, où l'industrie, le commerce, le capital et le travail auraient besoin de sécurité et de liberté pour élargir la source des impôts et des salaires, c'est dans ce moment que vous suspendez sur leur tête la menace d'une foule de combinaisons arbitraires, d'institutions mal digérées, mal conçues, de plans d'organisation éclos dans le cerveau de publicistes, pour la plupart étrangers à cette matière !

Mais qu'arrivera-t-il, au jour de la déception, et ce jour doit nécessairement arriver ?

Qu'arrivera-t-il quand l'ouvrier s'apercevra que le travail fourni par l'État n'est pas un travail *ajouté* à celui du pays, mais *soustrait* par l'impôt sur un point pour être versé par la charité sur un autre, avec toute la diminution qu'implique la création d'administrations nouvelles ?

Qu'arrivera-t-il quand vous serez réduit à venir dire au contribuable : Nous ne pouvons toucher ni à l'impôt du sel, ni à l'octroi, ni à la taxe sur les boissons, ni à aucune des inventions fiscales les plus impopulaires ; bien loin de là, nous sommes forcés d'en imaginer de nouvelles ?

Qu'arrivera-t-il quand la prétention d'accroître forcément la masse des salaires, abstraction faite d'un accroissement correspondant de capital (ce qui implique la contradiction la plus manifeste), aura désorganisé tous les ateliers, sous prétexte d'organisation, et forcé peut-être le capital à chercher ailleurs l'air vivifiant de la liberté ?

Je ne veux pas m'appesantir sur les conséquences. Il me suffit d'avoir signalé le danger tel que je le vois.

Mais quoi ! dira-t-on, après la grande révolution de Février, n'y avait-il donc rien à faire? n'y avait-il aucune satisfaction à donner au peuple ? Fallait-il laisser les choses précisément au point où elles étaient avant? N'y avait-il aucune souffrance à soulager?

Telle n'est pas notre pensée.

Selon nous, l'accroissement des salaires ne dépend ni des intentions bienveillantes, ni des décrets philanthropiques. Il dépend, et il dépend uniquement de l'accroissement du capital. Quand dans un pays, comme aux États-Unis, le capital se forme rapidement, les salaires haussent et le peuple est heureux.

Or, pour que les capitaux se forment, il faut deux choses : sécurité et liberté. Il faut de plus qu'ils ne soient pas ravis à mesure par l'impôt.

C'est là, ce nous semble, qu'étaient la règle de conduite et les devoirs du gouvernement.

Les combinaisons nouvelles, les arrangements, les organisations, les associations devaient être abandonnés au bon sens, à l'expérience et à l'initiative des citoyens. Ce sont choses qui ne se font pas à coups de taxes et de décrets.

Pourvoir à la sécurité universelle en rassurant les fonctionnaires paisibles, et, par le choix éclairé des fonctionnaires nouveaux, fonder la vraie liberté par la destruction des priviléges et des monopoles, laisser librement entrer les subsistances et les objets les plus nécessaires au travail, se créer, sans frais, des ressources par l'abaissement des droits exagérés et l'abolition de la prohibition, simplifier tous les rouages administratifs, tailler en plein drap dans la bureaucratie, supprimer les fonctions parasites, réduire les gros traitements, négocier immédiatement avec les puissances étrangères la réduction des armées, abolir l'octroi et l'impôt sur le sel, et remanier profondément l'impôt des boissons, créer une taxe somptuaire, telle est, ce me semble, la mission d'un gouvernement populaire, telle est la mission de notre république.

Sous un tel régime d'ordre, de sécurité et de liberté, on verrait les capitaux se former et vivifier toutes les branches d'industrie, le commerce s'étendre, l'agriculture progresser, le travail recevoir une active impulsion, la main-d'œuvre recherchée et bien rétribuée, les salaires profiter de la concurrence des capitaux de plus en plus abondants, et toutes ces forces vives de la nation, actuellement absorbées par des administrations inutiles ou nuisibles, tourner à l'avantage physique, intellectuel et moral du peuple tout entier.

FIN DU DEUXIÈME VOLUME.

TABLE DES MATIÈRES

DU DEUXIÈME VOLUME.

FIN DE LA TABLE DES MATIÈRES.

CORBEIL. — Typogr. et stér. de Crété.

ERRATA.

Page 2, ligne dernière, *au lieu de :* les esprit, *lisez :* les esprits.
— 3, — 23, *au lieu de :* forme du gouvernement, *lisez :* forme de gouvernement.
— 11, — 28, *au lieu de :* ministres de finances, *lisez :* ministre des finances.
— 15, — 1, *au lieu de :* qui ne le céderait pas, *lisez :* qui ne les céderait pas.
— 20, — 9, *au lieu de :* Quant aux choix, *lisez :* Quant au choix.
— 36, — 29-30, *au lieu de :* le France eût demandées, *lisez :* la France eût demandés.
— 37, — 5, *au lieu de :* ils s'ensuit, *lisez :* il s'ensuit.
— 38, — 2, *au lieu de :* nos fleuves contenues, *lisez :* nos fleuves contenus.
— 43, — 18, *au lieu de :* leurs fermera, *lisez :* leur fermera.
— 46, — 33, *au lieu de :* Si donc le gain, *lisez :* Si donc le grain.
— 49, — 12, *au lieu de :* sont plus sensibles, *lisez :* sont le plus sensibles.
— 49, — 29, *au lieu de :* Elle dispose, *lisez :* Elle disposa.
— 51, — 8, *au lieu de :* qu'il ne peut en être ainsi, *lisez :* qu'il ne put en être ainsi.
— 63, — 2, *au lieu de :* les circonstances las plus favorables, *lisez :* les circonstances les plus favorables.
— 72, — 23, *au lieu de :* de s'opposer, *lisez :* à s'opposer.

www.ingramcontent.com/pod-product-compliance
Lightning Source LLC
Chambersburg PA
CBHW031616210326
41599CB00021B/3206

www.ingramcontent.com/pod-product-compliance
Lightning Source LLC
Chambersburg PA
CBHW061258220326
41599CB00028B/5699